全国高等教育自学考试指定教材

法律专业（本科段）

# 法律文书写作

（含：法律文书写作自学考试大纲）

（2018年版）

全国高等教育自学考试指导委员会　组编

主　编　刘金华
副主编　雷梅英
撰稿人　（以撰写章节先后为序）
　　　　刘金华　雷梅英　田荔枝
　　　　卓朝君　王小明　程　滔
审稿人　顾克广　率蕴铤　葛燕青

图书在版编目(CIP)数据

法律文书写作:2018年版/刘金华主编. —北京:北京大学出版社,2018.4
（全国高等教育自学考试指定教材）
ISBN 978-7-301-29312-6

Ⅰ.①法… Ⅱ.①刘… Ⅲ.①法律文书—写作—中国—高等教育—自学考试—教材 Ⅳ.①D926.13

中国版本图书馆CIP数据核字(2018)第037775号

| | |
|---|---|
| 书　　　名 | 法律文书写作(2018年版)（含:法律文书写作自学考试大纲） |
| | FALU WENSHU XIEZUO |
| 著作责任者 | 刘金华　主编 |
| 责 任 编 辑 | 孙战营 |
| 标 准 书 号 | ISBN 978-7-301-29312-6 |
| 出 版 发 行 | 北京大学出版社 |
| 地　　　址 | 北京市海淀区成府路205号　100871 |
| 网　　　址 | http://www.pup.cn |
| 电 子 信 箱 | law@pup.pku.edu.cn |
| 新 浪 微 博 | @北京大学出版社　@北大出版社法律图书 |
| 电　　　话 | 邮购部 62752015　发行部 62750672　编辑部 62752027 |
| 印 刷 者 | 河北滦县鑫华书刊印刷厂 |
| 经 销 者 | 新华书店 |
| | 787毫米×1020毫米　16开本　19.75印张　432千字 |
| | 2018年4月第1版　2023年9月第8次印刷 |
| 定　　　价 | 41.00元 |

未经许可，不得以任何方式复制或抄袭本书之部分或全部内容。
**版权所有，侵权必究**
举报电话: 010-62752024　电子信箱: fd@pup.pku.edu.cn
图书如有印装质量问题，请与出版部联系，电话: 010-62756370

# 组编前言

21世纪是一个变幻难测的世纪,是一个催人奋进的时代。科学技术飞速发展,知识更替日新月异。希望、困惑、机遇、挑战,随时随地都有可能出现在每一个社会成员的生活之中。抓住机遇,寻求发展,迎接挑战,适应变化的制胜法宝就是学习——依靠自己学习、终生学习。

作为我国高等教育组成部分的自学考试,其职责就是在高等教育这个水平上倡导自学、鼓励自学、帮助自学、推动自学,为每一个自学者铺就成才之路。组织编写供读者学习的教材就是履行这个职责的重要环节。毫无疑问,这种教材应当适合自学,应当有利于学习者掌握和了解新知识、新信息,有利于学习者增强创新意识,培养实践能力,形成自学能力,也有利于学习者学以致用,解决实际工作中所遇到的问题。具有如此特点的书,我们虽然沿用了"教材"这个概念,但它与那种仅供教师讲、学生听,教师不讲、学生不懂,以"教"为中心的教科书相比,已经在内容安排、编写体例、行文风格等方面都大不相同了。希望读者对此有所了解,以便从一开始就树立起依靠自己学习的坚定信念,不断探索适合自己的学习方法,充分利用自己已有的知识基础和实际工作经验,最大限度地发挥自己的潜能,达到学习的目标。

欢迎读者提出意见和建议。

祝每一位读者自学成功。

全国高等教育自学考试指导委员会<br>2017年1月

# 目　录

## 法律文书写作自学考试大纲

前言 ········································································································· 5
Ⅰ　课程性质与课程目标 ············································································· 7
Ⅱ　考核目标 ····························································································· 9
Ⅲ　课程内容与考核要求 ············································································ 10
Ⅳ　关于大纲的说明与考核实施要求 ····························································· 49
附录一　参考样卷 ······················································································ 52
附录二　参考样卷答案 ················································································ 56
大纲后记 ·································································································· 58

## 法律文书写作

**第一章　绪论** ·························································································· 63
　第一节　法律文书的概念和特点 ································································· 63
　第二节　法律文书的种类和作用 ································································· 66
　第三节　法律文书的历史沿革 ···································································· 68
　第四节　法律文书写作的基本要求 ······························································ 73

**第二章　公安机关刑事法律文书** ··································································· 78
　第一节　概述 ························································································· 78
　第二节　立案决定书 ················································································ 82
　第三节　取保候审决定书、执行通知书 ························································ 83
　第四节　监视居住决定书、执行通知书 ························································ 86
　第五节　提请批准逮捕书 ·········································································· 89
　第六节　通缉令 ······················································································ 92
　第七节　起诉意见书 ················································································ 94
　第八节　补充侦查报告书 ·········································································· 99
　第九节　呈请类报告书 ············································································· 101
　第十节　要求复议意见书 ·········································································· 103
　第十一节　提请复核意见书 ······································································· 105

## 第三章　人民检察院刑事法律文书 … 108
### 第一节　概述 … 108
### 第二节　立案决定书 … 111
### 第三节　批准逮捕决定书 … 113
### 第四节　起诉书 … 115
### 第五节　不起诉决定书 … 120
### 第六节　公诉意见书 … 125
### 第七节　刑事抗诉书 … 127
### 第八节　检察建议书 … 131

## 第四章　人民法院刑事裁判文书 … 135
### 第一节　概述 … 135
### 第二节　第一审刑事判决书 … 135
### 第三节　第二审刑事判决书 … 145
### 第四节　再审刑事判决书 … 149
### 第五节　刑事裁定书 … 151

## 第五章　人民法院民事裁判文书 … 157
### 第一节　概述 … 157
### 第二节　第一审民事判决书 … 159
### 第三节　第二审民事判决书 … 165
### 第四节　再审民事判决书 … 169
### 第五节　民事调解书 … 174
### 第六节　民事裁定书 … 177

## 第六章　人民法院行政裁判文书 … 185
### 第一节　概述 … 185
### 第二节　第一审行政判决书 … 187
### 第三节　第二审行政判决书 … 196
### 第四节　再审行政判决书 … 200
### 第五节　行政赔偿调解书 … 203
### 第六节　行政裁定书 … 205

## 第七章　监狱法律文书 … 210
### 第一节　概述 … 210
### 第二节　罪犯入监登记表 … 211
### 第三节　罪犯奖惩审批表 … 212
### 第四节　罪犯评审鉴定表 … 213
### 第五节　罪犯暂予监外执行审批表 … 214

第六节　提请减刑建议书 …………………………………………… 215
　　第七节　提请假释建议书 …………………………………………… 216
　　第八节　对罪犯刑事判决提请处理意见书 ………………………… 218
　　第九节　监狱起诉意见书 …………………………………………… 219
　　第十节　罪犯出监鉴定表 …………………………………………… 221

第八章　行政执法法律文书 ……………………………………………… 224
　　第一节　概述 ………………………………………………………… 224
　　第二节　行政处罚法律文书 ………………………………………… 225
　　第三节　行政复议法律文书 ………………………………………… 231

第九章　律师实务文书 …………………………………………………… 238
　　第一节　概述 ………………………………………………………… 238
　　第二节　诉状类文书 ………………………………………………… 240
　　第三节　申请书 ……………………………………………………… 254
　　第四节　法庭发言词 ………………………………………………… 261

第十章　仲裁、公证法律文书 …………………………………………… 268
　　第一节　仲裁法律文书 ……………………………………………… 268
　　第二节　公证法律文书 ……………………………………………… 279

第十一章　笔录 …………………………………………………………… 291
　　第一节　概述 ………………………………………………………… 291
　　第二节　现场勘验笔录 ……………………………………………… 293
　　第三节　询问笔录 …………………………………………………… 294
　　第四节　讯问笔录 …………………………………………………… 296
　　第五节　法庭审理笔录 ……………………………………………… 298
　　第六节　合议庭评议笔录 …………………………………………… 302

参考文献 …………………………………………………………………… 304

后记 ………………………………………………………………………… 305

全国高等教育自学考试
法律专业（本科段）

# 法律文书写作自学考试大纲

全国高等教育自学考试指导委员会　制定

# 大 纲 目 录

| | |
|---|---|
| 前言 | 5 |
| Ⅰ 课程性质与课程目标 | 7 |
| Ⅱ 考核目标 | 9 |
| Ⅲ 课程内容与考核要求 | 10 |
|   第一章 绪论 | 10 |
|     一、学习的目的与要求 | 10 |
|     二、基本内容 | 10 |
|     三、考核知识点与考核要求 | 11 |
|     四、考核重点和难点 | 12 |
|   第二章 公安机关刑事法律文书 | 12 |
|     一、学习的目的与要求 | 12 |
|     二、基本内容 | 12 |
|     三、考核知识点和考核要求 | 15 |
|     四、考核重点和难点 | 16 |
|   第三章 人民检察院刑事法律文书 | 17 |
|     一、学习的目的与要求 | 17 |
|     二、基本内容 | 17 |
|     三、考核知识点和考核要求 | 19 |
|     四、考核重点和难点 | 20 |
|   第四章 人民法院刑事裁判文书 | 20 |
|     一、学习目标与要求 | 20 |
|     二、基本内容 | 20 |
|     三、考核知识点和考核要求 | 22 |
|     四、考核重点和难点 | 22 |
|   第五章 人民法院民事裁判文书 | 23 |
|     一、学习的目的与要求 | 23 |
|     二、基本内容 | 23 |
|     三、考核知识点和考核要求 | 24 |
|     四、考核重点和难点 | 25 |

## 第六章 人民法院行政裁判文书 ......25
一、学习的目的与要求 ......25
二、基本内容 ......26
三、考核知识点和考核要求 ......27
四、考核重点和难点 ......28

## 第七章 监狱法律文书 ......28
一、学习的目的与要求 ......28
二、基本内容 ......28
三、考核知识点和考核要求 ......30
四、考核重点和难点 ......32

## 第八章 行政执法法律文书 ......32
一、学习的目的与要求 ......32
二、基本内容 ......32
三、考核知识点和考核要求 ......34
四、考核重点和难点 ......35

## 第九章 律师实务文书 ......36
一、学习的目的与要求 ......36
二、基本内容 ......36
三、考核知识点和考核要求 ......39
四、考核重点和难点 ......41

## 第十章 仲裁、公证法律文书 ......41
一、学习的目的与要求 ......41
二、基本内容 ......42
三、考核知识点考核要求 ......43
四、考核重点和难点 ......45

## 第十一章 笔录 ......45
一、学习的目的与要求 ......45
二、基本内容 ......45
三、考核知识点和考核要求 ......47
四、考核重点和难点 ......48

Ⅳ 关于大纲的说明与考核实施要求 ......49

附录一 参考样卷 ......52

附录二 参考样卷答案 ......56

大纲后记 ......58

# 前　言

为了适应社会主义现代化建设事业的需要,鼓励自学成才,我国在20世纪80年代初建立了高等教育自学考试制度。高等教育自学考试是个人自学、社会助学和国家考试相结合的一种高等教育形式。应考者通过规定的专业课程考试并经思想品德鉴定达到毕业要求的,可获得毕业证书;国家承认学历并按照规定享有与普通高等学校毕业生同等的有关待遇。经过30多年的发展,高等教育自学考试为国家培养造就了大批专门人才。

课程自学考试大纲是国家规范自学者学习范围、要求和考试标准的文件。它是按照专业考试计划的要求,具体指导个人自学、社会助学、国家考试、编写教材及自学辅导书的依据。

为更新教育观念,深化教学内容方式、考试制度、质量评价制度改革,更好地提高自学考试人才培养的质量,全国考委各专业委员会按照专业考试计划的要求,组织编写了法律文书写作课程自学考试大纲。

新编写的大纲,在层次上,参照一般普通高校本科水平;在内容上,力图反映学科的发展变化以及近年来研究的成果。

全国考委法学类专业委员会参照普通高等学校法律文书写作课程的教学基本要求,结合自学考试法学专业的实际情况,组织编写的《法律文书写作自学考试大纲》,经教育部批准,现颁发施行。各地教育部门、考试机构应认真贯彻执行。

全国高等教育自学考试指导委员会
2018年1月

# Ⅰ  课程性质与课程目标

### 一、课程性质和特点

法律文书写作是全国高等教育自学考试法律专业的必考课,是法学教育不可缺少的重要组成部分。

该课程主要具有以下几个特点:一是综合性。法律文书写作属于综合性的法学学科,涉及实体法和程序法的内容,在知识的掌握和运用上,具有综合性的特点。二是法定性。法律文书需要依法制作,为了保证文书制作的规范性,我国有关法律或司法解释对文书的具体内容和格式,大都作出了明确具体的规定,文书制作者应当依照法律规定,制作和使用相关的法律文书。三是实用性。法律文书是有关法律活动的忠实记录,是具体实施法律的体现,是为解决法律问题制作的,因此具有实用性的特点。

### 二、课程目标

法律文书写作属于实用性较强的应用写作课,课程设置的目标是,希望应考者通过学习,掌握法律文书的基本概念、特点、种类和作用,熟知各种不同类型法律文书的概念、作用,具体写作要求,文书写作需要注意的问题,最终做到能写会用。

### 三、与相关课程的联系与区别

法律文书写作课程综合性的特点,决定了该门课程与相关课程关系密切。首先,该门课程与相关的实体法和程序法密切相关。法律文书的具体写作要求,大都由程序法作出规定,不同种类文书的结合,体现了诉讼程序的全部运作过程。涉及具体案件的处理解决,则需要依据实体法作出判定。其次,该门课程与通常的写作课、法律语言课程关系密切。法律文书写作需要运用法言法语,将法律的具体施行过程以书面的形式体现出来。因此,具有基本的写作能力必不可少。

法律文书写作与相关课程存在较大的区别。首先,相关的实体法、程序法课程,只涉及具体法律知识的掌握和具体运用,不涉及写作问题。法律文书写作不仅涉及具体法律知识的了解和掌握,而且涉及具体写作。其次,通常写作课程不涉及法律知识的具体运用,而法律文书写作课程不仅涉及写作,也涉及法律知识的具体运用,要求应考者不仅掌握相关的法律知识,还需要落实到书面上,做到能写会用。

**四、课程的重点和难点**

本课程的重点是文书写作基本知识的掌握,包括文书的概念、特点、作用和种类,具体写作要求,文书写作需要注意的问题等。课程的难点是运用所学知识,做到能写会用文书。由于本课程的综合性和实际应用性比较强,为了学好本课程,一般应先学习和掌握相关实体法和程序法等课程的基本知识,再学习法律文书写作课程。

# Ⅱ 考核目标

识记(Ⅰ):要求应考者掌握教材中涉及的法律文书的基本概念、特点、种类和作用等基本知识。

领会(Ⅱ):要求在识记的基础上,应考者能够熟知各种法律文书的用途、具体写作要求和文书写作需要注意的问题。

应用(Ⅲ):要求应考者掌握法律文书的基本知识、具体写作要求和文书写作中需要注意的问题,达到能写会用的要求。

# Ⅲ 课程内容与考核要求

## 第一章 绪 论

### 一、学习的目的与要求

通过本章学习,要求应考者从总体上掌握法律文书写作课程的基本内容,包括基本概念、特点、种类、作用、历史沿革、文书写作需要注意的问题等,初步了解课程的学习内容,以及学习本门课程需要达到的目的。本章论述的内容,对后续具体法律文书知识的学习和运用具有指导作用。

### 二、基本内容

#### 第一节 法律文书的概念和特点

(一)法律文书的概念
广义的法律文书。狭义的法律文书。
广义的法律文书,是指一切涉及法律内容的文书,包括规范性法律文书和非规范性法律文书。
狭义的法律文书仅指非规范性法律文书。
(二)法律文书的特点
1. 目的的明确性
2. 内容的法定性
3. 形式的程式性
4. 语言的准确性
5. 使用的实效性

## 第二节 法律文书的种类和作用

(一) 法律文书的种类
依据不同的标准,法律文书可以划分为不同的种类。
(二) 法律文书的作用
1. 实施法律的重要手段
2. 法律活动的忠实记录
3. 法制宣传的生动教材
4. 考核司法人员的重要尺度

## 第三节 法律文书的历史沿革

(一) 我国古代的法律文书
(二) 我国近代和现代的法律文书

## 第四节 法律文书写作的基本要求

(一) 遵循格式
(二) 写清事实
需要注意以下几点具体要求:(1)选择真实的案件材料。(2)写清事实基本要素。(3)详细叙述关键性情节。(4)写清事实争执焦点。(5)明确事实因果关系。
(三) 阐明理由
阐述文书理由主要需要注意以下几点:(1)运用证据认定案件事实。(2)依据法律分析事理。(3)引用法律作为依据。(4)事实理由协调一致。
(四) 注重语言
涉及语言的运用,主要应当注意以下几点:(1)语句简练规范。(2)使用术语恰当。(3)记叙方法明确。(4)文书语言文明。

# 三、考核知识点与考核要求

(一) 法律文书的概念和特点
识记:(1)法律文书的概念。(2)法律文书的特点。
领会:法律文书的内涵和外延。

（二）法律文书的种类和作用
识记：法律文书的种类。
领会：法律文书的作用。
（三）法律文书的历史沿革
识记：不同阶段法律文书发展的特点。
领会：现代法律文书的发展状况。
（四）法律文书写作的基本要求
识记：遵循格式。
领会：注重语言、写清事实、阐明理由。

## 四、考核重点和难点

**考核重点**：法律文书的概念、特点、种类、作用、写作的基本要求。
**考核难点**：文书写作的各项基本要求。

# 第二章 公安机关刑事法律文书

## 一、学习的目的与要求

通过本章学习，要求应考者全面掌握公安机关刑事法律文书的概念、特点和种类，熟知和掌握各类文书的概念、作用、具体写作要求和文书写作需要注意的问题，并达到结合司法实践，实际会写的要求。

## 二、基本内容

### 第一节 概 述

（一）公安机关刑事法律文书的概念和作用
（二）公安机关刑事法律文书的特点和种类

## 第二节　立案决定书

（一）概念和作用
（二）具体写作要求

立案决定书为两联填充式文书。第二联（正本联）正文部分应写明两项内容：一是法律依据；二是决定事项。

（三）文书写作需要注意的问题

## 第三节　取保候审决定书、执行通知书

（一）概念和作用
（二）具体写作要求

取保候审决定书为四联填充式文书。正本和副本正文部分均应依次填写六项内容，即犯罪嫌疑人的基本情况、案件名称、取保候审原因、法律依据、取保候审的起算时间和保证方式。

（三）文书写作需要注意的问题

## 第四节　监视居住决定书、执行通知书

（一）概念和作用
（二）具体写作要求

监视居住决定书、执行通知书属四联填充式文书。正本、副本正文的内容和填写要求相同，均包括决定事项、监视居住期间应当遵守的规定。

（三）文书写作需要注意的问题

## 第五节　提请批准逮捕书

（一）概念和作用
（二）具体写作要求

提请逮捕书为叙述式文书。正文部分包括案件事实、证据和法律依据三项内容。

（三）文书写作需要注意的问题

## 第六节　通　缉　令

（一）概念和作用

（二）具体写作要求

通缉令属于多联填充式文书。对内发布联和对外发布联的正文,应写明犯罪嫌疑人的基本情况、发布范围、简要案情、工作要求和注意事项、附件。

（三）文书写作需要注意的问题

## 第七节　起诉意见书

（一）概念和作用

（二）具体写作要求

起诉意见书为叙述式文书。正文是起诉意见书的核心内容,包括犯罪事实、证据、案件的有关情节,提出起诉意见的理由和法律依据。

（三）文书写作需要注意的问题

## 第八节　补充侦查报告书

（一）概念和作用

（二）具体写作要求

补充侦查报告书属叙述式文书。正文是文书的核心内容,包括补充侦查事由和补充侦查结果。

（三）文书写作需要注意的问题

## 第九节　呈请类报告书

（一）概念和作用

（二）具体写作要求

呈请类报告书属叙述式文书。正文是文书的核心内容,主要应写明犯罪嫌疑人的基本情况、呈请事项、事实依据、法律依据及结语四项内容。

（三）文书写作需要注意的问题

## 第十节 要求复议意见书

（一）概念和作用

（二）具体写作要求

要求复议意见书为单联填充式文书。正文是文书的核心内容，包括要求复议的事项、要求复议的理由、提出复议的法律依据和要求。

（三）文书写作需要注意的问题

## 第十一节 提请复核意见书

（一）概念和作用

（二）具体写作要求

提请复核意见书为单联填充式文书。正文是文书的核心内容，包括提请复核的事项、提请复核的理由、提请复核的法律依据和要求。

（三）文书写作需要注意的问题

## 三、考核知识点和考核要求

（一）概述

识记：公安机关刑事法律文书的概念、作用、特点和种类。

领会：公安机关刑事法律文书的发展演变。

（二）立案决定书

识记：立案决定书的概念、作用。

领会：具体写作要求、文书写作需要注意的问题。

应用：按照格式要求项目认真填写。

（三）取保候审决定书、执行通知书

识记：概念、作用。

领会：具体写作要求、文书写作需要注意的问题。

应用：按照格式要求项目认真填写。

（四）监视居住决定书、执行通知书

识记：概念、作用。

领会：具体写作要求、文书写作需要注意的问题。

应用：按照格式要求项目认真填写。

（五）提请批准逮捕书

识记：概念、作用。

领会：具体写作要求、文书写作需要注意的问题。

应用：文书中各项不同内容的写法。

（六）通缉令

识记：概念、作用。

领会：具体写作要求、文书写作需要注意的问题。

应用：文书中各项不同内容的写法。

（七）起诉意见书

识记：概念、作用。

领会：具体写作要求、文书写作需要注意的问题。

应用：文书中各项不同内容的写法。

（八）补充侦查报告书

识记：概念、作用。

领会：具体写作要求、文书写作需要注意的问题。

应用：文书中各项不同内容的写法。

（九）呈请类报告书

识记：概念、作用。

领会：具体写作要求、文书写作需要注意的问题。

应用：文书中各项不同内容的写法。

（十）要求复议意见书

识记：概念、作用。

领会：具体写作要求、文书写作需要注意的问题。

应用：文书中各项不同内容的写法。

（十一）提请复核意见书

识记：概念、作用。

领会：具体写作要求、文书写作需要注意的问题。

应用：文书中各项不同内容的写法。

## 四、考核重点和难点

**考核重点**：公安机关刑事法律文书概述，二至十一节每种文书的概念、作用、具体写作要求、文书写作需要注意的问题。

**考核难点**：二至十一节每种文书的具体写作要求，做到能写会用。

# 第三章 人民检察院刑事法律文书

## 一、学习的目的与要求

通过本章学习,要求应考者全面掌握检察机关刑事法律文书的概念、作用、特点和种类,熟知和掌握各种常用文书的概念、作用、具体写作要求和文书写作需要注意的问题,并能达到结合司法实践,实际会写的要求。

## 二、基本内容

### 第一节 概 述

(一)人民检察院法律文书的概念和作用
(二)人民检察院法律文书的特点和分类
人民检察院法律文书的种类繁多,按照不同的标准可以进行不同的分类。

### 第二节 立案决定书

(一)概念和作用
(二)具体写作要求
立案决定书为两联填空式文书,应按照格式要求填写涉案人基本情况、立案的法律依据和决定事项。
(三)文书写作需要注意的问题

### 第三节 批准逮捕决定书

(一)概念和作用
(二)具体写作要求
批准逮捕决定书为四联填空式文书,应按照格式要求填写案件来源、审查意见、法律依据和决定事项。
(三)文书写作需要注意的问题

## 第四节 起 诉 书

（一）概念和作用

（二）具体写作要求

起诉书为叙述式文书，主要应写明：(1) 被告人的基本情况；(2) 案由和案件来源；(3) 案件事实和证据：涉及案件事实，针对不同案情，有六种不同写法；(4) 起诉的理由、法律依据和决定事项。

（三）文书写作需要注意的问题

## 第五节 不起诉决定书

（一）概念和作用

（二）具体写作要求

不起诉决定书为叙述式文书，主要应写明：(1) 被不起诉人的基本情况；(2) 案由和案件来源；(3) 案件事实：针对三种不同情形，有三种不同的写法；(4) 不起诉的理由、法律依据和决定事项。

（三）文书写作需要注意的问题

## 第六节 公诉意见书

（一）概念和作用

（二）具体写作要求

公诉意见书为叙述式文书，主要应写明：(1) 出庭任务及法律依据；(2) 具体意见；(3) 结论。

（三）文书写作需要注意的问题

## 第七节 刑事抗诉书

（一）概念和作用

（二）具体写作要求

刑事抗诉书为叙述式文书，主要应写明：(1) 原判决或者裁定的情况；(2) 抗诉理由，应从原判决或裁定认定事实错误、适用法律错误、量刑不当和违反诉讼程序等方面进行论证；(3) 结论性的意见、法律根据和要求事项。

（三）文书写作需要注意的问题

## 第八节　检察建议书

（一）概念和作用
（二）具体写作要求

检察建议书为叙述式文书，主要应写明：(1) 问题来源或者提出建议的起因；(2) 应当消除的隐患以及违法现象；(3) 提出检察建议依据的法律、法规及有关规定；(4) 治理防范的具体意见；(5) 要求事项。

（三）文书写作需要注意的问题

## 三、考核知识点和考核要求

（一）概述
识记：人民检察院法律文书的概念、作用、特点、分类。
应用：人民检察院法律文书的发展过程。
（二）立案决定书
识记：立案决定书的概念、作用。
领会：具体写作要求、文书写作需要注意的问题。
应用：按照格式要求项目认真填写。
（三）批准逮捕决定书
识记：批准逮捕决定书的概念、作用。
领会：具体写作要求、文书写作需要注意的问题。
应用：按照格式要求项目认真填写。
（四）起诉书
识记：概念、作用。
领会：具体写作要求、文书写作需要注意的问题。
应用：文书中各项不同内容的写法。
（五）不起诉决定书
识记：概念、作用。
领会：具体写作要求、文书写作需要注意的问题。
应用：文书中各项不同内容的写法。
（六）公诉意见书
识记：概念、作用。
领会：具体写作要求、文书写作需要注意的问题。
应用：文书中各项不同内容的写法。

（七）刑事抗诉书
识记：概念、作用。
领会：具体写作要求、文书写作需要注意的问题。
应用：文书中各项不同内容的写法。
（八）检察建议书
识记：概念、作用。
领会：具体写作要求、文书写作需要注意的问题。
应用：文书中各项不同内容的写法。

## 四、考核重点和难点

**考核重点**：人民检察院法律文书概述，二至八节每种文书的概念、作用、具体写作要求、文书写作需要注意的问题。

**考核难点**：二至八节每种文书的具体写作要求，做到能写会用。

# 第四章　人民法院刑事裁判文书

## 一、学习目标与要求

通过本章学习，要求应考者掌握人民法院刑事裁判文书的概念、作用和分类，熟知和掌握各种常用文书的概念、作用、具体写作要求、文书写作需要注意的问题，并能达到结合司法实践，实际会写的要求。

## 二、基本内容

### 第一节　概　　述

（一）人民法院刑事裁判文书的概念和作用
（二）人民法院刑事裁判文书的分类
人民法院刑事裁判文书主要包括刑事判决书和刑事裁定书两大类别。

## 第二节　第一审刑事判决书

（一）概念和作用

（二）具体写作要求

第一审刑事判决书由首部、正文和尾部组成。应当依次写明以下内容：(1)首部。包括标题、案号、公诉机关项、被告人的基本情况和辩护人的基本情况，以及案件来源、审理组织、审判方式和审判经过。(2)正文。包括事实、理由和判决结果。(3)尾部。包括交代上诉期限、上诉法院、上诉方式，署名和写明日期等内容。

（三）文书写作需要注意的问题

## 第三节　第二审刑事判决书

（一）概念和作用

（二）具体写作要求

第二审刑事判决书由首部、正文和尾部组成。依次应写明以下内容：(1)首部。包括标题、案号、抗诉方和上诉方的称谓及基本情况、案件来源和审判经过。(2)正文。包括事实、理由和判决结果。(3)尾部。包括交代判决的法律效力、署名和写明日期等。

（三）文书写作需要注意的问题

## 第四节　再审刑事判决书

（一）概念和作用

（二）具体写作要求

再审刑事判决书由首部、正文和尾部组成。正文是文书的核心内容，包括事实、理由和判决结果。

（三）文书写作需要注意的问题

## 第五节　刑事裁定书

（一）概念、种类和作用

（二）第一审刑事裁定书

1．概念和种类

2．具体写作要求

第一审刑事裁定书（驳回自诉用）由首部、正文和尾部组成。

3．文书写作需要注意的问题

（三）第二审刑事裁定书

1. 概念和种类

2. 具体写作要求

第二审刑事裁定书由首部、正文和尾部组成。

3. 文书写作需要注意的问题

第二审刑事裁定书的文书格式，是按照公诉案件被告人提出上诉设计的，如果情况发生变化，需要注意相关内容写作的变化。

## 三、考核知识点和考核要求

（一）概述

识记：人民法院刑事裁判文书的概念、作用和分类。

（二）第一审刑事判决书

识记：文书的概念、作用。

领会：具体写作要求、文书写作需要注意的问题。

应用：文书中各项不同内容的写法。

（三）第二审刑事判决书

识记：文书的概念、作用。

领会：具体写作要求、文书写作需要注意的问题。

应用：文书中各项不同内容的写法。

（四）再审刑事判决书

识记：文书的概念、作用。

领会：具体写作要求、文书写作需要注意的问题。

应用：文书中各项不同内容的写法。

（五）刑事裁定书

识记：文书的概念、作用、种类、刑事判决书与刑事裁定书的区别。

领会：具体写作要求、文书写作需要注意的问题。

应用：文书中各项不同内容的写法。

## 四、考核重点和难点

**考核重点**：人民法院刑事裁判文书概述，二至五节每种文书的概念、作用、具体写作要求、文书写作需要注意的问题。

**考核难点**：掌握二至五节每种文书的具体写作要求，做到能写会用。

# 第五章 人民法院民事裁判文书

## 一、学习的目的与要求

通过本章学习,要求应考者掌握民事裁判文书的概念、特点、种类、作用,熟知并掌握各种具体民事裁判文书的概念、作用、具体写作要求、文书写作需要注意的问题,并能够结合实际,达到能写会用的要求。

## 二、基本内容

### 第一节 概 述

（一）人民法院民事裁判文书的概念和特点
（二）人民法院民事裁判文书的种类和作用

### 第二节 第一审民事判决书

（一）概念和作用
（二）普通程序适用的第一审民事判决书
1. 具体写作要求
该文书由首部、正文和尾部组成。正文是文书的核心内容,应当写明事实、理由、裁判依据和判决主文。
2. 文书写作需要注意的问题
（三）简易程序适用的第一审民事判决书
1. 具体写作要求
2. 文书写作需要注意的问题

### 第三节 第二审民事判决书

（一）概念和作用

### （二）具体写作要求

该文书由首部、正文和尾部组成。正文部分是文书的核心内容，主要包括事实、理由和判决主文。

### （三）文书写作需要注意的问题

## 第四节　再审民事判决书

### （一）概念和作用
### （二）具体写作要求

该文书由首部、正文和尾部组成。正文部分是文书的核心内容，包括事实、理由和判决结果。

### （三）文书写作需要注意的问题

## 第五节　民事调解书

### （一）概念和作用
### （二）具体写作要求

该文书由首部、正文和尾部组成。正文是文书的核心内容，包括当事人的诉讼请求和案件事实、调解结果、法院对协议内容的确认和诉讼费用的负担。

### （三）文书写作需要注意的问题

## 第六节　民事裁定书

### （一）概念和作用
### （二）具体写作要求

该文书由首部、正文和尾部组成。正文是文书的核心内容，包括案由和案件来源，当事人的诉讼请求、事实和理由；法院经审查认定的理由和适用的法律，以及裁决结果等。

### （三）文书写作需要注意的问题

# 三、考核知识点和考核要求

（一）民事裁判文书概述

识记：民事裁判文书的概念、特点、种类和作用。

（二）第一审民事判决书

识记：概念、作用。

领会：具体写作要求、文书写作需要注意的问题。
应用：文书中各项内容的不同写法。
（三）第二审民事判决书
识记：概念、作用。
领会：具体写作要求、文书写作需要注意的问题。
应用：文书中各项内容的不同写法。
（四）再审民事判决书
识记：概念、作用。
领会：具体写作要求、文书写作需要注意的问题。
应用：文书中各项内容的不同写法。
（五）民事调解书
识记：概念、作用。
领会：具体写作要求、文书写作需要注意的问题。
应用：文书中各项内容的不同写法。
（六）民事裁定书
识记：概念、作用。
领会：具体写作要求、文书写作需要注意的问题。
应用：文书中各项内容的不同写法。

## 四、考核重点和难点

**考核重点**：民事裁判文书概述，各种具体文书的概念、作用、具体写作要求、文书写作需要注意的问题。

**考核难点**：掌握各种民事判决书、民事调解书、民事裁定书的具体写作要求，做到能写会用。

# 第六章　人民法院行政裁判文书

## 一、学习的目的与要求

通过本章学习，要求应考者全面掌握人民法院的行政裁判文书，熟知并掌握行政裁判文书中常用法律文书的概念、作用、具体写作要求和文书写作需要注意的问题，并达到结合司法实践,能写会用的要求。

## 二、基本内容

### 第一节 概　　述

（一）人民法院行政裁判文书的概念和作用
（二）人民法院行政裁判文书的特点和种类

### 第二节　第一审行政判决书

（一）概念和作用
（二）具体写作要求
　　该文书为叙述式文书,由首部、正文和尾部组成。正文部分是文书的核心,应写明事实、理由和判决结果。
（三）文书写作需要注意的问题

### 第三节　第二审行政判决书

（一）概念和作用
（二）具体写作要求
　　该文书为文字叙述式文书,由首部、正文和尾部组成。正文部分应写明事实、理由和判决结果。
（三）文书写作需要注意的问题

### 第四节　再审行政判决书

（一）概念和作用
（二）具体写作要求
　　该文书为叙述式文书,由首部、正文和尾部组成。正文部分应写明事实、理由和判决结果。
（三）文书写作需要注意的问题

## 第五节 行政赔偿调解书

（一）概念和作用
（二）具体写作要求
该文书为叙述式文书，由首部、正文和尾部组成。正文部分应写明事实、理由与协议内容。
（三）文书写作需要注意的问题

## 第六节 行政裁定书

（一）概念和作用
在掌握行政裁定书概念和作用的同时，应注意行政裁定书的适用范围。
（二）具体写作要求
该文书为文字叙述式文书，由首部、正文和尾部组成。正文部分应写明：(1) 裁定所针对的程序事项；(2) 作出裁定的理由和法律依据；(3) 裁定结果。
（三）文书写作需要注意的问题

# 三、考核知识点和考核要求

（一）概述
识记：人民法院行政裁判文书的概念、作用、特点和种类
（二）第一审行政判决书
识记：概念、作用。
领会：具体写作要求、文书写作需要注意的问题。
应用：文书中各项内容的不同写法。
（三）第二审行政判决书
识记：概念、作用。
领会：具体写作要求、文书写作需要注意的问题。
应用：文书中各项内容的不同写法。
（四）再审行政判决书
识记：概念、作用。
领会：具体写作要求、文书写作需要注意的问题。
应用：文书中各项内容的不同写法。
（五）行政赔偿调解书
识记：概念、作用。

领会:具体写作要求、文书写作需要注意的问题。
应用:文书中各项内容的不同写法。
(六)行政裁定书
识记:概念、作用。
领会:具体写作要求、文书写作需要注意的问题。
应用:文书中各项内容的不同写法。

## 四、考核重点和难点

**考核重点**:行政裁判文书概述,各种文书的概念和作用,具体写作要求,文书写作需要注意的问题。

**考核难点**:掌握各种行政判决书、行政赔偿调解书、行政裁定书的具体写作要求,做到能写会用。

# 第七章 监狱法律文书

## 一、学习的目的与要求

通过本章学习,要求应考者全面掌握监狱法律文书的内容,包括监狱法律文书的概念、作用和分类,熟知和掌握各类常用监狱法律文书的概念、作用、具体写作要求和文书写作时需要注意的问题,并能结合司法实践,达到能写会用的要求。

## 二、基本内容

### 第一节 概 述

(一)监狱法律文书的概念和作用
(二)监狱法律文书的分类

## 第二节 罪犯入监登记表

（一）概念和作用
（二）具体写作要求
该文书是表格类文书，应按表格中的要求依次填写相关内容。
（三）文书写作需要注意的问题

## 第三节 罪犯奖惩审批表

（一）概念和作用
（二）具体写作要求
该文书是表格类文书，应按表格中的要求依次填写相关内容。
（三）文书写作需要注意的问题

## 第四节 罪犯评审鉴定表

（一）概念和作用
（二）具体写作要求
该文书是表格类文书，应按表格中的要求依次填写相关内容。
（三）文书写作需要注意的问题

## 第五节 罪犯暂予监外执行审批表

（一）概念和作用
（二）具体写作要求
该文书是表格类文书，应按表格中的要求依次填写相关内容。
（三）文书写作需要注意的问题

## 第六节 提请减刑建议书

（一）概念和作用
（二）具体写作要求
该文书是文字叙述类文书，由首部、正文和尾部组成，正文部分应当写明事实根据、减刑理由、法律依据和建议事项。
（三）文书写作需要注意的问题

## 第七节　提请假释建议书

（一）概念和作用
（二）具体写作要求
该文书是文字叙述类文书，由首部、正文和尾部组成，正文部分应当写明事实根据、假释理由、法律依据和建议事项。
（三）文书写作需要注意的问题

## 第八节　对罪犯刑事判决提请处理意见书

（一）概念和作用
（二）具体写作要求
该文书是填空类文书，按要求依次填写相关内容即可。
（三）文书写作需要注意的问题

## 第九节　监狱起诉意见书

（一）概念和作用
（二）具体写作要求
该文书是文字叙述类文书，由首部、正文和尾部组成，正文部分应当写明主要犯罪事实、法律依据和决定事项。
（三）文书写作需要注意的问题

## 第十节　罪犯出监鉴定表

（一）概念和作用
（二）具体写作要求
该文书是表格类文书，应按表格中的要求依次填写相关内容。
（三）文书写作需要注意的问题

## 三、考核知识点和考核要求

（一）概述
识记：概念、作用和分类。

（二）罪犯入监登记表

识记：文书的概念、作用。

领会：具体写作要求、文书写作需要注意的问题。

应用：文书中各项内容的不同写法。

（三）罪犯奖惩审批表

识记：文书的概念、作用。

领会：具体写作要求、文书写作需要注意的问题。

应用：文书中各项内容的不同写法。

（四）罪犯评审鉴定表

识记：文书的概念、作用。

领会：具体写作要求、文书写作需要注意的问题。

应用：文书中各项内容的不同写法。

（五）罪犯暂予监外执行审批表

识记：文书的概念、作用。

领会：具体写作要求、文书写作需要注意的问题。

应用：文书中各项内容的不同写法。

（六）提请减刑建议书

识记：文书的概念、作用。

领会：具体写作要求、文书写作需要注意的问题。

应用：文书中各项内容的不同写法。

（七）提请假释建议书

识记：文书的概念、作用。

领会：具体写作要求、文书写作需要注意的问题。

应用：文书中各项内容的不同写法。

（八）对罪犯刑事判决提请处理意见书

识记：文书的概念、作用。

领会：具体写作要求、文书写作需要注意的问题。

应用：文书中各项内容的不同写法。

（九）监狱起诉意见书

识记：文书的概念、作用。

领会：具体写作要求、文书写作需要注意的问题。

应用：文书中各项内容的不同写法。

（十）罪犯出监鉴定表

识记：文书的概念、作用。

领会：具体写作要求、文书写作需要注意的问题。

应用：文书中各项内容的不同写法。

## 四、考核重点和难点

**考核重点：**监狱法律文书的概念、作用和分类，各类常用监狱法律文书的概念、作用、具体写作要求和文书写作需要注意的问题。

**考核难点：**熟知和掌握各种常用监狱法律文书的具体写作要求，做到能写会用。

# 第八章 行政执法法律文书

## 一、学习的目的与要求

通过本章学习，要求应考者掌握行政执法法律文书的概念、特点、种类和作用，熟知和掌握各种行政执法法律文书的概念、作用、具体写作要求和文书写作需要注意的问题，并能够结合实际，达到能写会用的要求。

## 二、基本内容

### 第一节 概 述

（一）行政执法法律文书的概念和特点
（二）行政执法法律文书的种类和作用

### 第二节 行政处罚法律文书

（一）行政处罚法律文书概述
1. 概念和特点
2. 种类和作用
（二）行政处罚事先告知书
1. 概念和作用
2. 具体写作要求

行政处罚事先告知书属于填空式法律文书,正文部分是文书的核心内容,包括被告知人违法行为的情况、拟决定处罚的具体形式、适用的法律依据以及交待被告知人的权利等。

3. 文书写作需要注意的问题

(三) 责令改正通知书

1. 概念和作用

2. 具体写作要求

责令改正通知书属于填空式法律文书,正文部分应当写明被通知人违法行为的性质、违反的法律规范、行政机关决定的法律依据、责令改正的期限、改正的内容与要求等。

3. 文书写作需要注意的问题

(四) 当场行政处罚决定书

1. 概念和作用

2. 具体写作要求

当场行政处罚决定书属于填空式法律文书,正文部分应当写明当事人的违法行为,行政处罚依据,罚款数额、时间、地点,以及交代被处罚人享有的权利等。

3. 文书写作需要注意的问题

(五) 行政处罚决定书

1. 概念和作用

2. 具体写作要求

正文是文书的核心内容,应当写明违法事实和证据、行政处罚的种类和依据、行政处罚的履行方式和期限、救济途径等。

3. 文书写作需要注意的问题

## 第三节 行政复议法律文书

(一) 行政复议法律文书概述

1. 行政复议法律文书的概念和作用

2. 行政复议法律文书的种类

(二) 行政复议申请书

1. 概念和作用

2. 具体写作要求

正文主要包括行政复议请求、申请行政复议的主要事实和理由两部分内容

3. 文书写作需要注意的问题

(三) 行政复议受理通知书

1. 概念和作用

2. 具体写作要求

行政复议受理通知书属于填空类文书,正文部分应当写明受理复议案件的情况、审查依据、审查结果等。

3. 文书写作需要注意的问题

(四)行政复议答辩书

1. 概念和作用

2. 具体写作要求

行政复议答辩书由首部、正文和尾部组成,正文部分主要应当写明答辩理由。

3. 文书写作需要注意的问题

(五)行政复议决定书

1. 概念和作用

2. 具体写作要求

行政复议决定书由首部、正文和尾部组成,正文部分主要应当写明申请复议的请求、事实与理由,被申请人答辩的主要事实和理由,复议机关认定的事实、理由和法律依据,行政复议的决定四个方面的内容。

3. 文书写作需要注意的问题

## 三、考核知识点和考核要求

(一)行政执法法律文书概述

识记:概念、特点、种类和作用。

(二)行政处罚法律文书

1. 行政处罚法律文书概述

识记:概念、特点、种类和作用。

2. 行政处罚事先告知书

识记:概念、作用。

领会:具体写作要求、文书写作需要注意的问题。

应用:文书中各项内容的不同写法。

3. 责令改正通知书

识记:概念、作用。

领会:具体写作要求、文书写作需要注意的问题。

应用:文书中各项内容的不同写法。

4. 当场行政处罚决定书

识记:概念、作用。

领会:具体写作要求、文书写作需要注意的问题。

应用:文书中各项内容的不同写法。

5. 行政处罚决定书
识记：概念、作用。
领会：具体写作要求、文书写作需要注意的问题。
应用：文书中各项内容的不同写法。

（三）行政复议法律文书

1. 行政复议法律文书概述
识记：概念、特点、种类和作用。

2. 行政复议申请书
识记：概念、作用。
领会：具体写作要求、文书写作需要注意的问题。
应用：文书中各项内容的不同写法。

3. 行政复议受理通知书
识记：概念、作用。
领会：具体写作要求、文书写作需要注意的问题。
应用：文书中各项内容的不同写法。

4. 行政复议答辩书
识记：概念、作用。
领会：具体写作要求、文书写作需要注意的问题。
应用：文书中各项内容的不同写法。

5. 行政复议决定书
识记：概念、作用。
领会：具体写作要求、文书写作需要注意的问题。
应用：文书中各项内容的不同写法。

## 四、考核重点和难点

**考核重点**：行政执法法律文书概述、行政处罚法律文书概述、行政复议法律文书概述，各种文书的概念和作用，具体写作要求，文书写作需要注意的问题。

**考核难点**：熟知和掌握各种行政执法法律文书的具体写作要求，做到能写会用。

# 第九章 律师实务文书

## 一、学习的目的与要求

通过本章学习,要求应考者全面掌握律师实务文书的基本内容,包括概念、作用、特点和种类,熟知和掌握律师实务文书中常用的诉状类文书、申请书、法庭发言词等文书的概念、作用、具体写作要求、文书写作需要注意的问题,并达到结合司法实践,能写会用的要求。

## 二、基本内容

### 第一节 概 述

（一）律师实务文书的概念和作用
（二）律师实务文书的特点和种类

### 第二节 诉状类文书

（一）概述
1. 概念和作用
2. 特点和种类
（二）民事起诉状
1. 概念和作用
2. 具体写作要求

民事起诉状为文字叙述式文书,包括首部、正文和尾部。正文部分主要应写明:(1)诉讼请求;(2)事实和理由;(3)证据和证据来源、证人姓名和住址。

3. 文书写作需要注意的问题
（三）民事上诉状
1. 概念和作用

2. 具体写作要求

民事上诉状为文字叙述式文书,包括首部、正文和尾部。正文部分应写明上诉请求和上诉理由。上诉理由应当首先指出原审判决书中存有的错误与问题,在此基础上展开论述,论证所提上诉请求的合理性、合法性。

3. 文书写作需要注意的问题

（四）行政起诉状

1. 概念和作用

2. 具体写作要求

行政起诉状为文字叙述式文书,包括首部、正文和尾部。正文部分主要应写明诉讼请求和事实依据。

3. 文书写作需要注意的问题

（五）行政上诉状

1. 概念和作用

2. 具体写作要求

行政上诉状为文字叙述式文书,正文部分主要应写明:(1)上诉请求;(2)上诉理由。

3. 文书写作需要注意的问题

（六）民事、行政答辩状

1. 概念和作用

2. 具体写作要求

答辩状为文字叙述式文书,由首部、正文和尾部组成。正文应当写明答辩意见。

3. 文书写作需要注意的问题

（七）刑事自诉状

1. 概念和作用

2. 具体写作要求

刑事自诉状为文字叙述式文书,包括首部、正文和尾部。正文部分主要应写明:(1)案由;(2)诉讼请求;(3)事实与理由;(4)证据和证据来源、证人姓名和住址。

3. 文书写作需要注意的问题

（八）刑事上诉状

1. 概念和作用

2. 具体写作要求

刑事上诉状为文字叙述式文书,包括首部、正文和尾部。正文部分应写明:(1)上诉请求;(2)上诉理由。

3. 文书写作需要注意的问题

## 第三节 申　请　书

（一）概述
1. 申请书的概念和作用
2. 申请书的特点和种类
（二）民事再审申请书
1. 概念和作用
2. 具体写作要求

民事再审申请书为文字叙述式文书,包括首部、正文和尾部。正文部分主要应写明再审请求、事实和理由两部分。

3. 文书写作需要注意的问题
（三）财产保全申请书
1. 概念和作用
2. 具体写作要求

财产保全申请书为文字叙述式文书,包括首部、正文和尾部。正文部分主要应写明：(1)请求事项;(2)事实和理由;(3)担保。

3. 文书写作需要注意的问题
（四）先予执行申请书
1. 概念和作用
2. 具体写作要求

先予执行申请书为文字叙述式文书,包括首部、正文和尾部。正文部分主要应写明：(1)请求事项;(2)事实和理由;(3)担保。

3. 文书写作需要注意的问题
（五）申请执行书
1. 概念和作用
2. 具体写作要求

申请执行书为文字叙述式文书,包括首部、正文和尾部。正文部分的请求事项,必须以人民法院生效的裁判等法律文书为依据,写明法律文书中载明的被申请人所负担的给付义务。

3. 文书写作需要注意的问题

## 第四节　法庭发言词

（一）概述
1. 概念和作用
2. 特点和种类

3. 法庭发言词与自诉状、起诉状、答辩状的区别
4. 论辩说理的方法

（二）辩护词
1. 概念和作用
2. 具体写作要求

辩护词用于法庭辩论中的发言，包括前言、辩护意见和结束语三个部分。

3. 文书写作需要注意的问题

（三）代理词
1. 概念和作用
2. 具体写作要求

代理词用于法庭辩论中的发言，包括前言、代理意见和结束语三个部分。

3. 文书写作需要注意的问题

## 三、考核知识点和考核要求

（一）律师实务文书概述
识记：律师实务文书的概念、作用、特点和种类。

（二）诉状类文书
1. 概述
识记：概念、作用、特点和种类。
2. 民事起诉状
识记：概念、作用。
领会：具体写作要求、文书写作需要注意的问题。
应用：文书中各项内容的不同写法。
3. 民事上诉状
识记：概念、作用。
领会：具体写作要求、文书写作需要注意的问题。
应用：文书中各项内容的不同写法。
4. 行政起诉状
识记：概念、作用。
领会：具体写作要求、文书写作需要注意的问题。
应用：文书中各项内容的不同写法。
5. 行政上诉状
识记：概念、作用。

领会:具体写作要求、文书写作需要注意的问题。
应用:文书中各项内容的不同写法。

6. 民事、行政答辩状

识记:概念、作用。
领会:具体写作要求、文书写作需要注意的问题。
应用:文书中各项内容的不同写法。

7. 刑事自诉状

识记:概念、作用。
领会:具体写作要求、文书写作需要注意的问题。
应用:文书中各项内容的不同写法。

8. 刑事上诉状

识记:概念、作用。
领会:具体写作要求、文书写作需要注意的问题。
应用:文书中各项内容的不同写法。

(三) 申请书

1. 概述

识记:申请书的概念、作用、特点、种类。

2. 民事再审申请书

识记:概念、作用。
领会:具体写作要求、文书写作需要注意的问题。
应用:文书中各项内容的不同写法。

3. 财产保全申请书

识记:概念、作用。
领会:具体写作要求、文书写作需要注意的问题。
应用:文书中各项内容的不同写法。

4. 先予执行申请书

识记:概念、作用。
领会:具体写作要求、文书写作需要注意的问题。
应用:文书中各项内容的不同写法。

5. 申请执行书

识记:概念、作用。
领会:具体写作要求、文书写作需要注意的问题。
应用:文书中各项内容的不同写法。

（四）法庭发言词

1. 概述

识记：法庭发言词的概念、作用、特点、种类，法庭发言词与自诉状、起诉状、答辩状的区别，论辩说理的方法。

2. 辩护词

识记：概念、作用。

领会：具体写作要求、文书写作需要注意的问题。

应用：文书中各项内容的不同写法。

3. 代理词

识记：概念、作用。

领会：具体写作要求、文书写作需要注意的问题。

应用：文书中各项内容的不同写法。

## 四、考核重点和难点

**考核重点**：律师实务文书的概念、作用、特点和种类；诉状类文书、申请书、法庭发言词的概述，各种诉状类文书、各种申请书、法庭发言词（辩护词、代理词）的概念、作用、具体写作要求、文书写作需要注意的问题。

**考核难点**：熟知和掌握各种文书的具体写作要求，做到能写会用。

# 第十章　仲裁、公证法律文书

## 一、学习的目的与要求

通过本章学习，要求应考者全面掌握仲裁法律文书和公证法律文书的基本内容，包括概念、特点、种类、作用等，熟知并掌握各种常用的仲裁和公证法律文书的概念、作用、具体写作要求和文书写作需要注意的问题，并达到结合司法实践，能写会用的要求。

# 二、基本内容

## 第一节　仲裁法律文书

（一）概述
1. 仲裁法律文书的概念和种类
2. 仲裁法律文书的特点
3. 制作仲裁法律文书的要求

（二）仲裁协议书
1. 概念和作用
2. 具体写作要求

根据《仲裁法》的规定，仲裁协议书的正文部分主要应当写明以下内容：请求仲裁的意思表示、仲裁事项、选定的仲裁委员会。

3. 文书写作需要注意的问题

（三）仲裁申请书
1. 概念和作用
2. 具体写作要求

正文是文书的核心内容，应当写明仲裁依据、仲裁请求、申请仲裁的事实与理由。

3. 文书写作需要注意的问题

（四）仲裁答辩书
1. 概念和作用
2. 具体写作要求

正文是仲裁答辩书的核心内容，包括答辩理由和答辩意见。

3. 文书写作需要注意的问题

（五）仲裁反请求书
1. 概念和作用
2. 具体写作要求

正文是文书的核心内容，应当写明仲裁反请求、提出反请求所根据的事实、提出反请求的理由。

3. 文书写作需要注意的问题

（六）仲裁裁决书
1. 概念和作用
2. 具体写作要求

正文部分是仲裁裁决书的重点，应当写明案情、仲裁庭的意见和裁决结果三部分内容。
3. 文书写作需要注意的问题
（七）仲裁调解书
1. 概念和作用
2. 具体写作要求
正文是文书的核心内容，应当写明双方申请人争议的事实和仲裁请求、调解协议的具体内容和仲裁庭对调解协议的审查。
3. 文书写作需要注意的问题

## 第二节　公证法律文书

（一）概述
1. 公证法律文书的概念和特点
2. 公证法律文书的种类
3. 公证法律文书的作用
4. 公证书的结构和写法
（二）公证申请书
1. 概念和作用
2. 具体写作要求
3. 文书写作需要注意的问题
（三）几种常用的公证法律文书
1. 合同公证书
2. 继承权公证书
3. 遗嘱公证书
4. 委托公证书

# 三、考核知识点考核要求

（一）仲裁法律文书
1. 概述
识记：仲裁法律文书的概念、种类、特点和制作要求。
2. 仲裁协议书
识记：文书的概念、作用。
领会：具体写作要求、文书写作需要注意的问题。
应用：文书中各项内容的不同写法。

3. 仲裁申请书

识记:文书的概念、作用。

领会:具体写作要求、文书写作需要注意的问题。

应用:文书中各项内容的不同写法。

4. 仲裁答辩书

识记:文书的概念、作用。

领会:具体写作要求、文书写作需要注意的问题。

应用:文书中各项内容的不同写法。

5. 仲裁反请求书

识记:文书的概念、作用。

领会:具体写作要求、文书写作需要注意的问题。

应用:文书中各项内容的不同写法。

6. 仲裁裁决书

识记:文书的概念、作用。

领会:具体写作要求、文书写作需要注意的问题。

应用:文书中各项内容的不同写法。

7. 仲裁调解书

识记:文书的概念、作用。

领会:具体写作要求、文书写作需要注意的问题。

应用:文书中各项内容的不同写法。

(二)公证法律文书

1. 概述

识记:公证法律文书的概念、特点、种类、作用。

应用:公证书的结构和写法。

2. 公证申请书

识记:公证申请书的概念、作用。

领会:具体写作要求、文书写作需要注意的问题。

应用:文书中各项内容的不同写法。

3. 几种常用的公证法律文书

(1)合同公证书

识记:文书的概念、作用。

领会:具体写作要求、文书写作需要注意的问题。

应用:文书中各项内容的不同写法。

(2)继承权公证书

识记:文书的概念、作用。

领会:具体写作要求、文书写作需要注意的问题。

应用:文书中各项内容的不同写法。

(3) 遗嘱公证书

识记：文书的概念、作用。

领会：具体写作要求、文书写作需要注意的问题。

应用：文书中各项内容的不同写法。

(4) 委托公证书

识记：文书的概念、作用。

领会：具体写作要求、文书写作需要注意的问题。

应用：文书中各项内容的不同写法。

## 四、考核重点和难点

**考核重点**：仲裁法律文书和公证法律文书的概述，包括概念、特点、作用和种类等，各种常用仲裁、公证法律文书的概念、作用、具体写作要求、文书写作需要注意的问题。

**考核难点**：熟知和掌握各种常用仲裁法律文书和公证法律文书的具体写作要求，做到能写会用。

# 第十一章 笔 录

## 一、学习的目的与要求

通过本章学习，要求应考者全面掌握笔录的基本知识，包括概念、特点、作用和种类，熟知和掌握司法实践中几种常用笔录的概念、作用、具体写作要求和文书写作需要注意的问题，并能达到结合司法实践，能写会用的要求。

## 二、基本内容

### 第一节 概 述

(一) 笔录的概念和特点

(二) 笔录的作用和种类

## 第二节　现场勘验笔录

（一）概念和作用

（二）具体写作要求

现场勘验笔录由首部、正文和尾部组成。(1)首部包括标题和笔录头。(2)正文是文书的核心内容，主要包括勘验情况和勘验结果。(3)尾部主要包括附项和签署。

（三）文书写作需要注意的问题

## 第三节　询问笔录

（一）概念和作用

（二）具体写作要求

询问笔录由首部、正文和尾部组成。(1)首部包括标题和笔录头。(2)正文应当写明调查人向被调查人告知的有关事项、提问的内容和被调查人的陈述内容。(3)尾部应当记明履行核对手续和署名手续的情况。

（三）文书写作需注意的问题

## 第四节　讯问笔录

（一）概念和作用

（二）具体写作要求

讯问笔录由首部、正文和尾部组成。(1)首部包括标题和笔录头。(2)正文是文书的核心内容，主要包括查明犯罪嫌疑人身份情况和讯问实况，一般采用问答的方式进行记录。(3)尾部主要包括核对笔录内容、签名盖章和写明日期。

（三）文书写作需要注意的问题。

## 第五节　法庭审理笔录

（一）概念和作用

（二）具体写作要求

法庭审理笔录由首部、正文和尾部组成。(1)首部包括文书名称和笔录头。(2)正文是文书的核心内容，主要包括宣布开庭、法庭调查、法庭辩论、当事人最后陈述、合议庭评议、法庭宣判等内容，是对法庭审理全部活动的忠实记载。(3)尾部主要包括核对笔录内容，由相关人员签名或盖章。

（三）文书写作需要注意的问题

## 第六节　合议庭评议笔录

（一）概念和作用

（二）具体写作要求

合议庭评议笔录由首部、正文和尾部组成。(1)首部包括标题和笔录头。(2)正文是文书的核心内容，案件性质的不同，笔录正文内容也不同。刑事案件和民事案件合议庭评议笔录的正文部分内容，存在较大的差别。(3)尾部。包括核对审阅和签名。

（三）文书写作需要注意的问题

## 三、考核知识点和考核要求

（一）概述

识记：笔录的概念、特点、作用和种类。

（二）现场勘验笔录

识记：文书的概念、作用。

领会：具体写作要求、文书写作需要注意的问题。

应用：文书中各项内容的不同写法。

（三）询问笔录

识记：文书的概念、作用。

领会：具体写作要求、文书写作需要注意的问题。

应用：文书中各项内容的不同写法。

（四）讯问笔录

识记：文书的概念、作用。

领会：具体写作要求、文书写作需要注意的问题。

应用：文书中各项内容的不同写法。

（五）法庭审理笔录

识记：文书的概念、作用。

领会：具体写作要求、文书写作需要注意的问题。

应用：文书中各项内容的不同写法。

（六）合议庭评议笔录

识记：文书的概念、作用。

领会：具体写作要求、文书写作需要注意的问题。

应用：文书中各项内容的不同写法。

## 四、考核重点和难点

**考核重点**:笔录文书的概述,二至六节每种文书的概念、作用、具体写作要求、文书写作需要注意的问题。

**考核难点**:熟知和掌握二至六节每种文书的具体写作要求,做到能写会用。

# Ⅳ 关于大纲的说明与考核实施要求

**一、课程自学考试大纲的目的和作用**

编写课程自学考试大纲的目的主要是为了确定考核目标,作用主要是为了便于自学应考者自学、便于社会助学、便于自学考试命题。具体体现在以下几个方面:(1)便于应考者明确考试的内容和要求,有针对性地进行学习;(2)便于社会助学者能够有针对性地进行教学辅导。(3)便于自学考试命题者根据考试大纲确定的考核目标命题,达到考核自学者知识掌握情况的目的。法律文书写作课程实用性较强,要求应考者通过学习不仅掌握法律文书写作的基本知识,而且需要达到能写会用的要求。为此,本大纲列出了考核目标,即考核知识点和考核要求。

**二、课程自学考试大纲与教材的关系**

课程自学考试大纲与教材是相辅相成的关系,考试大纲是学习和考核的依据,教材是课程知识内容和范围的详细讲解,大纲内容与教材内容具有一致性,教材内容是大纲内容的充实和拓展,大纲里的考核知识点,教材里都有,教材中的内容,大纲里不一定都有体现。在学习过程中,应考者应当以大纲中列明的考核知识点和考核范围为基准,认真自学教材中的具体内容,熟知和掌握相关知识,并做到能写会用。

**三、关于自学教材**

《法律文书写作》,全国高等教育自学考试指导委员会组编,刘金华主编,北京大学出版社 2018 年版。

**四、关于自学要求和自学方法的指导**

本大纲的课程基本要求是依据专业考试计划和专业培养目标而确定的。课程基本要求还明确了课程的基本内容,以及对基本内容掌握的程度。基本要求中的知识点构成了课程内容的主体部分。因此,课程基本内容掌握程度、课程考核知识点是高等教育自学考试考核的主要内容。

为有效地指导个人自学和社会助学,本大纲已指明了课程的重点和难点,在章节的基本要求中一般也指明了章节内容的重点和难点。

本课程共 3 学分。

法律文书写作属于法学综合性学科,应考者在自学时,在自学要求和方法上应当做到以下几点:

一是全面系统的学习。法律文书写作课程,涉及的知识面较广,具体文书写作内容复杂多样,应考者应当首先通读全文,了解文书的总体内容,掌握法律文书写作的总体要求,熟知各种文书的含义,在实践中的作用,具体内容的写作要求,需要注意的问题等。然后,将文书写作的基本要求与各种不同文书写作的具体要求相结合,达到掌握基本知识,能写会用文书的要求。

二是重点学习。在全面系统学习的基础上,应考者应当以教学考试大纲为基准,针对考核知识点和考核要求,结合教材内容,重点、有针对性地进行学习。

三是结合实践学习。法律文书写作课程实践性较强,除有些需要掌握的基本知识外,重点应当是做到能写会用文书。因此,应考者应当结合实践,多进行文书的练习写作,以提高文书写作能力和实际应用水平,达到自学考试规定的学习目标,适应实践需要。

### 五、对社会助学的要求

社会助学者,主要目的是欲通过助学活动,指导应考者全面系统地学习好本门课程。因此,应当了解和掌握本门课程的特点,严格按照教材中的内容和考试大纲中规定的考核目标,对应考者进行学习指导。

在具体助学活动中,社会助学者应当将重点放在应考者基本知识的熟知和掌握,以及法律文书写作能力的培养和提高上。因此,要求社会助学者应当熟悉法律实践活动,并具有一定的法律文书写作经验。

### 六、对考核内容的说明

涉及考核内容,主要包括三部分,即基本知识、文书写作要求和需要注意的问题、具体的文书写作。从教材内容看,本课程分为文体总论和文体分论两部分内容,文体总论部分主要介绍了文书写作的基本内容和要求,文体分论则分别介绍了各类不同性质文书的具体写作要求,文体总论对文体分论内容的学习具有指导作用。在学习过程中,首先,要求应考者掌握教材中涉及的各种法律文书的基本概念、特点、种类和作用等基本知识,要将法律文书相关的基本知识记清、记牢;其次,熟知各种法律文书的用途、具体写作要求和文书写作需要注意的问题;最后,掌握各种不同种类法律文书的具体概念、作用、具体写作要求和文书写作中需要注意的问题,做到能写会用。

### 七、关于考试命题的若干规定

1. 考试时间

本课程为闭卷笔试,考试时间为 150 分钟,满分 100 分。

2. 具体考试内容

根据教材和考试大纲有关考核目标的要求,《法律文书写作》考试内容具体分为以下两个部分:

第一部分为写作知识的考试,包括绪论中法律文书的概念、特点、种类、作用和具体的写作要求,以及具体各章节中的具体文书的概念、特点、种类、作用,具体写作要求和文书写作中需要注意的问题。

第二部分为具体的法律文书写作,即提供一定的案件实例,要求应考者根据案件实例,拟写出某种具体的法律文书。

3. 不同能力层次的分数比例

在法律文书考试命题中,总的命题范围要求是,既要把握文书写作的重点内容,又要注意课程内容各章的覆盖面。在具体试题中,对不同能力层次要求的分数比例如下:识记占 20%;领会占 20%;应用占 60%。

4. 难易程度结构

试题应当合理安排难易程度结构。试题的难易程度通常分为难、较难、易、较易四个级别。每份试卷中难易试题的分值比例约为:难占 10%;较难占 20%;易占 40%;较易占 30%。

5. 考试的题型主要包括单项选择题、简答题、写作主题和写作辅题。请参照附录中的样卷。

# 附录一  参考样卷

**一、单项选择题**：在每小题列出的备选项中只有一项是最符合题目要求的,请将其选出。

1. 法律文书的语体风格属于 （    ）
   A. 记叙文语体    B. 公文语体    C. 议论文语体    D. 说明文语体
2. 正式对刑、民判决书规定统一结构内容的是 （    ）
   A. 清代的《考试法官必要》    B. 宋代的《名公书判清明集》
   C. 明代的《文体明辨序说》    D. 明代的《肖曹遗笔》
3. 有权发布通缉令的机关是 （    ）
   A. 人民检察院    B. 公安机关    C. 人民法院    D. 司法局
4. 第二审刑事裁定书中,维持原判的裁定结果应当表述为 （    ）
   A. 维持原判,驳回起诉    B. 维持原判
   C. 驳回上诉,维持原判    D. 驳回上诉
5. 对服刑改造期间的罪犯符合法定假释条件,向法院建议审核裁定时制作的文书是提请假释建议书。该文书的制作主体是 （    ）
   A. 监狱    B. 检察机关    C. 司法局    D. 公安机关
6. 第一审民事判决书的事实部分应当写明:原告起诉的诉讼请求、事实和理由,被告答辩的事实和理由,人民法院认定的 （    ）
   A. 事实和理由    B. 事实和结果
   C. 事实和法律依据    D. 证据和事实
7. 被告人委托的辩护人为维护被告人的合法权益,在法庭辩论阶段所作的系统性发言,称为 （    ）
   A. 公诉意见书    B. 辩护词    C. 法律意见书    D. 代理词
8. 按照证词格式的不同,公证书可以分为要素式公证书和 （    ）
   A. 定式公证书    B. 不定式公证书    C. 认证式公证书    D. 鉴证式公证书
9. 第二审刑事判决书中,公诉案件的被告人提出上诉的,第一项写 （    ）
   A. 上诉人    B. 原审被告人    C. 公诉机关    D. 原审公诉机关
10. 不起诉决定书中,对当事人使用的规范称谓是 （    ）
    A. 犯罪嫌疑人    B. 人犯    C. 被不起诉人    D. 被告人
11. 人民检察院对公安机关提请批准逮捕犯罪嫌疑人的案件进行审查后,认为犯罪嫌疑人符合法定的逮捕条件,依法批准逮捕犯罪嫌疑人时制作的法律文书是 （    ）

A. 逮捕决定书　　　　　　　　　　B. 批准逮捕决定书
C. 逮捕通知书　　　　　　　　　　D. 逮捕犯罪嫌疑人意见书

12. 第一审刑事判决书的判决结果，宣告被告人无罪的，应当表述为　　　（　　）
    A. 判决被告人×××无罪　　　　B. 被告人×××无罪释放
    C. 被告人×××无罪　　　　　　D. 宣告被告人×××无罪

13. 公安机关、人民检察院和人民法院为查明案件事实，在依法讯问犯罪嫌疑人或被告人时，记录讯问情况的文字材料，称为　　　　　　　　　　　　　　　　（　　）
    A. 调查笔录　　B. 庭审笔录　　C. 评议笔录　　D. 讯问笔录

14. 第一审行政判决书中，判决行政机关在一定期限内履行法定职责的，判决结果应当写为　　　　　　　　　　　　　　　　　　　　　　　　　　　　　　（　　）
    A. 裁决被告××××　　　　　　B. 责令被告××××
    C. 判决被告××××　　　　　　D. 责成被告××××

15. 在公安机关文书中，取保候审决定书属于　　　　　　　　　　　　　（　　）
    A. 调查类文书　　　　　　　　　B. 立案破案类文书
    C. 强制措施类文书　　　　　　　D. 侦查终结类文书

二、简答题

16. 法律文书写作的基本要求有哪些？

17. 行政复议决定书的正文部分主要应当写清哪些内容？

三、写作主题

18. 根据下列案情材料，制作一份刑事自诉状。

2015年3月，××市××区人民法院依法组成合议庭，公开开庭审理了王林诉张旭故意伤害一案。法院经过审理，依法判决张旭犯故意伤害罪，判处管制1年，并赔偿王林医药费等经济损失共计1.5万元。

具体案件事实如下：王林与张旭是同学，2013年10月，王林因做生意资金不足，向张旭借款5万元，双方约定，1年以后王林归还借款。由于生意经营不善，导致亏本，王林没有按约定将借款归还张旭。张旭多次向王林讨要欠款未果。2014年11月7日，张旭到王林家索要欠款。在王林的家中，张旭与王林发生争吵，张旭拉扯王林到××派出所处理。在去派出所的途中，遇到王林的邻居李学，李学将王林和张旭劝入其经营的"吉利鞋店"内，进行协商。在协商过程中，双方再次发生冲突，二人厮打在一起，之后被李学劝开。王林当天感到头部不适，遂到××区医院检查治疗。医院的诊断结果是：(1)脑震荡；(2)左耳骨膜穿孔。为此，王林住院治疗15天，花费医药费共计6200元。经××公安司法鉴定中心鉴定，王林为轻伤。2014年12月1日，王林向××市××区人民法院提起诉讼，要求追究张旭的刑事责任，并赔偿其医疗费用等经济损失共计3万元。

王林向人民法院提交证据如下：(1)身份证复印件一份，证明自己的身份；(2)××公安司法鉴定中心鉴定意见一份,证明其伤情为轻伤;(3)××区医院出院证明书一份,证明王林受伤情况;(4)××区医院病历及用药清单各一份,证明王林受伤治疗情况;(5)××区医院医药费发票5张,证明王林花费医药费6200元;(6)交通费票据4张,证明王林去医院复查花去交通费240元。

王林认为,公民的身体健康受法律保护,不受非法侵害。张旭故意殴打自己,致使自己受了轻伤,请求法院判决张旭构成故意伤害罪,并赔偿自己的医药费用和各种经济损失3万元。

当事人的基本情况如下:

王林:29岁,男,汉族,××省××市人,自由职业者,住××省××市××区××路××号。

张旭:29岁,男,汉族,××省××市人,自由职业者,住××省××市××区×路×号。

附:

《中华人民共和国刑法》第二百三十四条第一款规定:故意伤害他人身体的,处三年以下有期徒刑、拘役或者管制。

《中华人民共和国刑法》第三十八条第一款规定:管制的期限,为三个月以上二年以下。

《中华人民共和国刑法》第三十六条第一款规定:由于犯罪行为而使被害人遭受经济损失的,对犯罪分子除依法给予刑事处罚外,并应根据情况判处赔偿经济损失。

《中华人民共和国刑事诉讼法》第二百零四条规定:自诉案件包括下列案件:

(一)告诉才处理的案件;

(二)被害人有证据证明的轻微刑事案件;

(三)被害人有证据证明对被告人侵犯自己人身、财产权利的行为应当依法追究刑事责任,而公安机关或者人民检察院不予追究被告人刑事责任的案件。

**四、写作辅题**

19. 根据下列案情材料,制作一份第一审民事裁定书。

李红与张亮于2003年3月相识,1个月后,双方建立了恋爱关系。2010年7月,李红与张亮办理了结婚登记,婚后育有一女(2岁)。李红与张亮的夫妻感情一直较好,只是偶尔因家庭琐事发生争吵。2013年5月14日,李红与张亮又因家庭琐事发生争吵,李红带着女儿搬离与张亮共同租住的房屋另行居住。2014年2月17日,李红向××区人民法院提起诉讼,要求与张亮离婚,同时提出女儿归自己抚养,要求张亮每月给付抚养费800元;夫妻共有的冰箱一台、电脑一台、液晶电视机一台、热水器一台、电磁炉一台、电饭锅一个、煤气罐一个归张亮所有。李红起诉提供的证据材料有:李红的身份证复印件、结婚证等。

××区人民法院经审理认为:离婚案件关键看夫妻感情是否破裂。本案中,李红与张亮相恋7年才结婚,并且没有证据证实李红与张亮性格不合,双方当事人只是偶尔因家庭琐事发生争吵,不可能因此导致夫妻感情破裂。鉴于此,法院在经过李红与张亮同意后,对案件进行调解。经过调解,李红认为,自己与张亮离婚对孩子的影响会很大,于2014年3月10日向法院提出撤回离婚诉讼的申请。××市××区人民法院于2014年3月15日制作了编号为(2014)×民初字第25号民事裁定书,准予李红撤回起诉。案件受理费300元,减半收取150元。本案件的审理,由李冬、王强、李莉组成合议庭,李冬担任审判长,王铮担任书记员。

当事人的基本情况如下:

李红:35岁,女,汉族,××公司员工,××省××市人,住××省××市××区×路×号。

张亮:36岁,男,汉族,××公司员工,××省××市人,住××省××市××区××路×号。

附:

《中华人民共和国民事诉讼法》第一百四十五条第一款规定:宣判前,原告申请撤诉的,是否准许,由人民法院裁定。

《中华人民共和国民事诉讼法》第一百五十四条第一款规定:裁定适用于下列范围:……(五)准许或者不准许撤诉……

# 附录二  参考样卷答案

## 一、单项选择题

1. B  2. A  3. B  4. C  5. A  6. D  7. B  8. A  9. D  10. C
11. B  12. C  13. D  14. B  15. C

## 二、简答题

16. 遵循格式、写清事实、阐明理由、注重语言。

17. 申请复议的请求、事实与理由，被申请人答辩的主要事实和理由，复议机关认定的事实、理由和法律依据，行政复议的决定。

## 三、写作主题

18. 刑事自诉状可分为三个部分，即首部、正文和尾部。

第一部分  首部

（一）标题。应当写明：刑事自诉状。

（二）当事人的基本情况。应当分别写明自诉人和被告人的姓名、性别、出生日期、民族、职务、工作单位、住址，以及联系方式等。

（三）案由和诉讼请求。案由应写明：故意伤害。诉讼请求应当写明：请求法院依法追究张旭的刑事责任；请求法院判决张旭赔偿王林医疗费等经济损失3万元。

第二部分  正文

应当依次写明以下几项内容：

（一）事实与理由。

应当写明：(1)被告人侵犯被害人人身权的犯罪事实；(2)证明犯罪事实的证据、有关证人的具体情况等；(3)向人民法院提起诉讼的法律依据。

（二）证据和证据来源、证人姓名和住址。

应当写明：(1)身份证复印件一份，证明自己的身份；(2)××公安司法鉴定中心鉴定意见一份，证明其伤情为轻伤；(3)××区医院出院证明书一份，证明王林受伤情况；(4)××区医院病历及用药清单各一份，证明王林受伤治疗情况；(5)××区医院医药费发票5张，证明王林花费医药费6200元；(6)交通费票据4张，证明王林去医院复查花去交通费240元。

第三部分  尾部

（一）写明此致××市××区人民法院。

（二）自诉人署名，写明年月日。

（三）附项。写明诉状副本1份。

**四、写作辅题**

19.第一审民事裁定书可分为三个部分，即首部、正文和尾部。

第一部分　首部

（一）标题。第一行写：××市××区人民法院；第二行写：民事裁定书。

（二）案号。（2014）×民初字第25号。

（三）当事人的基本情况。应当分别写明原被告的姓名、性别、出生年月日、民族、工作单位和职务或者职业、住所等。

第二部分　正文

应当依次写明以下几项内容：

（一）案由和撤诉请求。本院在审理原告李红诉被告张亮离婚一案中，原告李红于2014年3月10日向本院提出撤诉申请。

（二）法院审查情况。本院认为……（写明准予撤诉的理由）。依据《中华人民共和国民事诉讼法》第一百四十五条第一款的规定，裁定如下：

（三）准许撤诉的裁定结果。表述为：准许原告李红撤回起诉。

第三部分　尾部

（一）案件受理费300元，减半收取150元。

（二）审判员署名，写明年月日。

（三）书记员署名。

# 大纲后记

经全国高等教育自学考试指导委员会同意,由法学类专业委员会负责高等教育自学考试法律专业大纲的审定工作。

法律专业《法律文书写作自学考试大纲》由刘金华(中国政法大学教授)担任主编,参加编写的人员有雷梅英(山西省政法管理干部学院教授)、田荔枝(山东大学副教授)、卓朝君(中南财经政法大学副教授)、王小明(北京联合大学副教授)、程滔(中国政法大学教授)。

中国政法大学顾克广教授、率蕴铤教授,北京市政法职业学院葛燕青教授三人对本大纲进行了认真的审定,法学类专业委员会秘书长王磊教授同时参加了审定工作,提出了一些修改意见。针对修改意见,由刘金华、王小明、雷梅英、卓朝君四人组成小组,再一次对大纲内容进行了修改和完善,大纲最后经主编刘金华教授统一修订后定稿。

对于编审人员付出的辛勤劳动,在此表示一并感谢!

全国高等教育自学考试指导委员会
法学类专业委员会
2017 年 10 月

全国高等教育自学考试指定教材
法律专业(本科段)

# 法律文书写作

全国高等教育自学考试指导委员会　组编

# 编 者 的 话

法律文书是记录法律活动的文字载体,是具体实施法律的重要工具。《法律文书写作》是具有法律专业性质的应用写作课,是国家自学考试中法律专业本科阶段必考的课程。

《法律文书写作》课程的学习目标和内容,是以基本的写作理论为指导,根据我国实体法和程序法的规定,按照相关文书格式规范的要求,了解和掌握各类法律文书的概念、特点、作用、具体写作要求和写作中需要注意的问题,达到能写会用的程度。

作为一门综合性的法律专业课程,国家法律的修改,将会导致法律文书写作内容发生变化。近年来,随着国家法制的不断发展和完善,国家立法机关对诸多的法律制度进行了修改和完善。例如,2012年3月修改了《中华人民共和国刑事诉讼法》、2012年8月修改了《中华人民共和国民事诉讼法》、2014年11月修改了《中华人民共和国行政诉讼法》、2017年3月通过了《中华人民共和国民法总则》等。此外,为了配合新修改的法律制度的施行,相关法律职能部门对法律文书的格式规范,也做了相应的修改和完善。例如,为了保证文书制作的规范性,2012年,公安部、最高人民检察院相继修订了刑事法律文书格式样本,2016年2月,最高人民法院审议通过了《民事诉讼文书样式》和《人民法院民事裁判文书制作规范》等。上述法律的修改完善,导致已有的《法律文书写作》教材内容陈旧。因此,根据全国高等教育自学考试指导委员会的要求,对法律文书写作自学考试教材进行重新编写。

此次教材编写,根据全国高等教育自学考试指导委员会的要求,遵循原教材的总体结构,以新修改的法律制度为依托,根据文书格式规范的要求,呈现最新的法律文书写作知识,供应考者学习使用,并供法律工作者从事法律实务参考。本书作者主要是全国各高等院校从事法律文书写作教学和研究工作的专业人员。期望此书的出版,能够对法律文书写作教学和法律实践有所裨益。

本书作者和分工如下(以撰写章节先后为序):

刘金华(中国政法大学教授):第一章、第五章、第七章、第八章

雷梅英(山西省政法管理干部学院教授):第二章、第三章

田荔枝(山东大学副教授):第四章、第十一章

卓朝君(中南财经政法大学副教授):第六章

王小明(北京联合大学副教授):第九章

程滔(中国政法大学教授):第十章

刘金华<br>
2017年10月

# 第一章 绪 论

## 第一节 法律文书的概念和特点

### 一、法律文书的概念

法律文书有广义和狭义之分。广义的法律文书,是指一切涉及法律内容的文书,包括规范性法律文书和非规范性法律文书。其中,规范性法律文书,是指国家有关机关颁布的具有普遍约束力的规范性法律文件。例如,法律、行政法规、地方性法规及规章等。非规范性法律文书,是指公安机关(含国家安全机关)、检察机关、人民法院、监狱、行政机关、仲裁组织、公证机构等依法制作的处理各类诉讼案件和非诉讼案件的法律文书,以及案件当事人、律师和律师事务所等自书或者代书的具有法律效力或法律意义的非规范性文件的总称。狭义的法律文书仅指非规范性法律文书。

非规范性法律文书只适用于特定的案件和特定的人,这些法律文书的制作主体不尽相同,有的是国家司法机关、行政机关,有的是法定组织,有的是案件当事人、律师或律师事务所等。它们的作用也有较大的区别,有的具有法律效力和强制性,有的具有法律意义,不具有强制性。但是,需要注意的是,无论是哪种法律文书,都需要依法制作。

在司法实践中,与法律文书相关的概念还有诉讼文书和司法文书,这两个概念极易与法律文书的概念相混淆。实际上,法律文书、诉讼文书、司法文书三者之间是有区别的。严格意义上的司法文书,是指司法机关在办理各类诉讼案件时制作和使用的法律文书。诉讼文书,是指涉及诉讼活动时制作和使用的文书。诉讼文书不仅包括司法机关办理各类诉讼案件时制作和使用的文书,也包括案件当事人、诉讼代理人等为了保证诉讼的顺利进行,依据法定的诉讼程序,向司法机关提交的各种涉及诉讼活动的文书。例如,起诉状、答辩状等。非规范性法律文书包含诉讼文书和司法文书,但不限于此,同时还包含各种非诉讼法律文书。三者之间是包涵与被包涵的关系。

综上所述,非规范性法律文书涵盖的内容大体包括以下几部分:(1)公安机关、检察机关、人民法院、监狱等处理案件制作和使用的文书;(2)国家行政机关依法履行法定职责、行使行政权力制作和使用的文书;(3)国家授权的法定机构和组织依法制作和使用的公证文书和仲裁文书;(4)案件当事人、律师或律师事务所等制作和使用的文书。本教材主要介绍非规范性法律文书的主要内容,全书所称法律文书皆指非规范性法律文书。

### 二、法律文书的特点

法律文书是实施法律的重要工具,是司法公正的载体。法律文书从制作和使用过程

看,主要具有以下几方面的特点:

(一) 目的的明确性

根据《现代汉语词典》的解释,目的是指想要达到的地点或境地;想要得到的结果。法律文书是为了解决某一法律问题制作的,是具体实施法律的重要工具,文书制作和使用都必须具有明确的目的。例如,公安机关对案件侦查终结后,认为犯罪事实清楚,证据确实充分,依法应当追究犯罪嫌疑人的刑事责任,依法制作起诉意见书,目的是将案件移送同级人民检察院审查起诉。又如,检察机关制作起诉书,目的是为了指控被告人实施的行为构成犯罪,将案件移交人民法院,由人民法院依法作出裁决,追究被告人的刑事责任。再如,人民法院依法对案件进行审理后,依法制作判决书,目的是明确罪与非罪、是非责任,通过裁判惩罚犯罪、明确权利义务和责任,以达到维护当事人合法权益的目的。法律文书只有首先明确文书的制作目的,才能为文书制作确定明确的方向和目标,才能使文书制作中心思想明确,文书内容的写作紧紧围绕目的,做到目的明确,中心思想突出,才能使文书更好地发挥法律效用。

(二) 内容的法定性

法律文书是为具体实施法律制作的,要求必须依法制作,目的主要是为了保证法律文书的规范性和权威性,以保证案件审理的公正性。为了保证法律文书内容符合法定性的要求,我国相关法律对法律文书的内容规范大都作出了比较明确具体的规定。例如,我国《民事诉讼法》第121条规定:起诉状应当记明下列事项:(1)原告的姓名、性别、年龄、民族、职业、工作单位、住所、联系方式,法人或者其他组织的名称、住所和法定代表人或者主要负责人的姓名、职务、联系方式;(2)被告的姓名、性别、工作单位、住所等信息,法人或者其他组织的名称、住所等信息;(3)诉讼请求和所根据的事实与理由;(4)证据和证据来源,证人姓名和住所。该法第152条规定:判决书应当写明判决结果和作出该判决的理由。判决书内容包括:(1)案由、诉讼请求、争议的事实和理由;(2)判决认定的事实和理由、适用的法律和理由;(3)判决结果和诉讼费用的负担;(4)上诉期间和上诉的法院。判决书由审判人员、书记员署名,加盖人民法院印章。我国法律对法律文书写作内容作出明确具体规定的,文书制作者应当依法制作法律文书。

除法律规定外,我国公安机关、检察机关、人民法院、仲裁组织、公证机构等都依法对文书格式作出了严格、规范的规定,文书制作者在制作和使用法律文书时,应当严格按照文书格式的要求制作文书。

(三) 形式的程式性

法律文书程式化的特点非常明显。所谓程式,是指一定的格式。正是文书程式化的要求,使得具体制作出来的法律文书更具规范性。法律文书程式化的表现具体体现在以下两个方面:

1. 结构固定化

根据法律文书格式的要求,法律文书大都具有固定的结构,包括首部、正文和尾部三部分。首部一般包括文书制作机关名称、文种名称、文书编号;当事人的基本情况,案由、案件来源和审理经过等。正文一般包括案件事实、处理理由、处理结果或处理意见等。尾部一般包括交代有关事项、署名、日期、用印、附注事项等。以上是对绝大多数法律文书结构程式的概括，涉及有些报告类、表格类文书的程式结构，可能会稍有不同。

2. 用语成文化

用语成文化是法律文书形式程式化的又一特点。在法律文书制作中，有的文书根据格式要求，有些文字已经统一印制在格式中，文书制作者只需要将适当的文字填入格式即可。例如，在民事诉讼中，通知当事人交纳诉讼费用通知书的格式，正文部分的内容是：

……(写明当事人及案由)一案，你向本院提起诉讼/反诉/上诉/申请。依照《中华人民共和国民事诉讼法》第一百一十八条、《诉讼费用交纳办法》规定，你应当交纳案件受理费××元、申请费××元、其他诉讼费××元，合计××元。限你于收到本通知书次日起七日内向本院预交。期满仍未预交的，按撤回起诉/反诉/上诉/申请处理。

本院诉讼费专户名称：××××人民法院(财政汇缴专户)；开户银行：××××银行；账号：××××。

上述文书，根据文书格式内容的要求，只需填写出当事人及案由，具体费用金额，法院的开户银行、账号即可。另外，还有些法律文书，在行文上有统一的要求。例如，第一审民事判决书的尾部，交代上诉权的内容，虽然没有事先印制好，但是根据法律规定，要求按照统一规定的文字书写。具体内容如下：如不服本判决，可以在判决书送达之日起十五日内，向本院递交上诉状，并按照对方当事人或者代表人的人数提出副本，上诉于××××人民法院。

(四)语言的准确性

法律文书的思想内容需要通过语言这一特定的形式来表达。语言准确是对法律文书写作的基本要求。所谓语言准确，是指所使用的概念和词语能正确反映事物的本质。由于法律文书的内容与当事人的生命、自由、财产密切相关，同时也涉及法律的正确实施，因此在文书制作时，无论是当事人基本情况的说明，对案件事实的叙述，还是对处理理由的阐述等，都应当做到语言准确，应当避免含糊其辞，似是而非，语义两歧的情形出现，更应当注意法言法语的使用。因为在法律文书的写作中，有些法言法语如果用其他的词语来代替，难以准确地表达其内涵。例如，当事人身份和地位的确定，根据我国相关法律规定，在刑事诉讼中，当事人分别称为犯罪嫌疑人、被告人、自诉人、被害人等。在民事诉讼中，当事人分别称为原告、被告、上诉人、被上诉人、有独立请求权的第三人、无独立请求权的第三人等。当事人的称谓是法律统一规定的，在文书中不能随意书写。再如，涉及案件事实的叙述，有关"抢劫"和"抢夺"或"询问"和"讯问"等词语的使用，由于这些词语是不同的法律概念，各有不同的内涵，在任何情况下都不能互相替代、混淆使用。

(五)使用的实效性

法律文书是为具体实施法律制作的，因此具有使用的实效性特点。法律文书使用的实效性，是靠国家强制力做保障的。所谓实效性，是指法律文书具有的法律效力或法律意义。法律文书要解决的问题是明确的、具体的，是具有针对性的。在司法实践中，有一部分法律文书需要执行,依法具有法律效力,法律实施的实效性非常明显。例如,公安机关依法制作的拘留证、逮捕证等。又如,人民法院制作的民事判决书,一旦发生法律效力,义务人不履行义务,权利人依法可以向人民法院申请强制执行。为了保证生效判决、裁定的执行,我国《刑法》还规定了拒不履行判决裁定罪。另一部分法律文书,虽然不具有明显的法律效力,不需要执行,但是在处理各类诉讼和非诉讼案件中也是不可或缺的,具有一定的法律意义。例如,在法庭辩论过程中,出席法庭的公诉人发表的公诉意见,辩护人发表的辩护词,诉讼代理人发表的代理词等,虽然不需要执行,但是对人民法院公正裁判案件具有较大的参考价值。又如,在案件审理中制作的各类笔录,虽然不需要执行,但是具有一定的法律意义,即有的可以作为证据使用,有的可以表明诉讼程序的合法性,有的可以作为检查执法情况的依据。总之,法律文书的制作必须注意文书的实效性,以保证文书充分发挥应有的作用。

## 第二节 法律文书的种类和作用

### 一、法律文书的种类

法律文书依据不同的标准,可以划分为不同的种类:(1)依据文书制作主体的不同,法律文书可以分为公安机关的法律文书、检察机关的法律文书、人民法院的诉讼文书、监狱法律文书、行政执法法律文书、公证文书、仲裁文书、律师和律师事务所文书等。(2)依据文种的不同,法律文书可以分为判决类文书、裁定类文书、决定类文书、报告类文书、通知类文书。(3)依据写作和表达方式的不同,法律文书可以分为叙述式文书、表格式文书、填空式文书、笔录式文书。(4)依据行文体式的不同,法律文书可以分为致送式文书、宣告式文书、信函式文书。

### 二、法律文书的作用

法律文书是进行各种诉讼活动和非诉讼活动的产物,客观地记载了法律活动的整个过程,在法律施行中具有重要的意义,起着重要的作用。

(一)实施法律的重要手段

国家制定和颁布法律,目的是付诸实施,以发挥法律应有的效用。法律的施行通常包括以下两个方面:一方面是规范人们的法律行为,以法律的形式告知人们应当怎样做,不应当怎样做;另一方面是对违法或者犯罪者进行制裁。根据法律规定,不同的权力机构承担的职责不同。侦查、拘留、执行逮捕和预审是公安机关的职责;行使公诉权和检察监督权是检察机关的职责;行使审判权是法院的职责;依法维护委托人的合法权益是诉讼代理人的职责等。上述法定职责的履行,都需要制作相应的法律文书。以刑事诉讼为例,我国《刑事诉讼法》规定,公安机关拘留犯罪嫌疑人的时候,必须出示拘留证;公安机关要求逮捕犯罪嫌疑人的时候,应当制作提请批准逮捕书,连同案卷材料、证据,一并移送同级人民检察院审查批准；公安机关逮捕人的时候，必须出示逮捕证；公诉人在法庭上宣读起诉书后，被告人、被害人可以就起诉书指控的犯罪进行陈述，公诉人可以讯问被告人；判决书应当由审判人员和书记员署名，并且写明上诉的期限和上诉的法院等。上述法律规定说明，在法律实施过程中，法律文书具有重要的地位作用，是法定的机关或组织依法履行职责的书面凭证。可以说，法律文书是各种法律活动的忠实记录，是实施法律的重要手段。

（二）法律活动的忠实记录

对于法定机关和组织应当履行的职责，法律作出了明确的规定。法定机关和组织依法履行职责的活动，法律文书都做了忠实的记录。在法律文书的制作和使用过程中，有的法律文书是启动诉讼程序的凭证。例如，民事起诉状、刑事自诉状等；有的法律文书是依法实施的各种诉讼活动的忠实记录。例如，调查笔录、讯问笔录、询问笔录等；有的法律文书是引起后续诉讼活动的凭证。例如，起诉意见书、起诉书等；有的法律文书是对诉讼活动依法作出的结论。例如，判决书、裁定书、调解书等。以刑事诉讼为例，整个诉讼过程都离不开法律文书：立案，需要制作立案决定书；对案件进行侦破，需要制作侦查计划；破案，需要制作破案报告；预审，需要制作预审终结报告；认为犯罪嫌疑人实施的行为构成犯罪，应当依法追究刑事责任，需要制作起诉意见书，将案件移送检察机关审查起诉；检察机关提起公诉，需要制作起诉书，将案件交付人民法院审判；人民法院对案件进行审理后，需要制作刑事判决书，以结束案件的审判。在整个案件审理过程中，还需要制作大量的调查笔录、询问笔录、讯问笔录等。总之，各种法律活动的进行，都需要有一定的文字记载，这些文字记载就是法律文书。法律文书对各项法律活动的忠实记录，不仅有利于保障法律活动严格按照法定程序进行，保证办案质量，而且也为法定机关和组织总结办案经验，进行执法检查提供了依据。

（三）法制宣传的生动教材

从司法实践活动看，凡属对外公开的法律文书，都有明显的法制宣传教育作用。例如，公诉人在法庭上宣读的起诉书，代理人、辩护人在法庭上发表的代理意见、辩护意见，以及人民法院对案件审理后制作的判决书等，对社会公众均具有法制宣传教育的作用。这些法律文书，通过以案说法，告知人们何为罪与非罪，依法触犯刑律应当受到何种处罚；何为合法与违法，实施了违约、侵权等行为，应当承担何种法律责任等。党的十八届三中全会以来，人民法院加快推进司法公开工作，最高人民法院先后出台了《关于推进司法公开三大平台建设的若干意见》《关于人民法院在互联网公布裁判文书的规定》《关于人民法院执行流程公开的若干意见》等规范性文件，并依托现代信息技术，推进审判流程公开、裁判文书公开、执行信息公开三大平台建设，运用网络、微博、微信、移动新闻客户端等载体，进一步拓展司法公开工作的广度和深度，目的是为了增加司法的透明度，强化司法的公信力。其中，裁判文书公开是司法公开的重要内容。总之，法律文书的宣传教育作用是不容忽视的，法律文书是法制宣传的生动教材。

（四）考核司法人员的重要尺度

法律文书是实施法律的重要工具，法律文书质量的高低与执法人员的办案水平密切相关,因为要制作出高质量的法律文书,不仅需要文书制作者具有法学理论基础、法律专业知识、文书写作能力,还需要文书制作者具有严谨的逻辑思维与推理能力,以及丰富的工作经验。因此,法律文书是综合考核司法人员的重要尺度。在司法实践中,涉及文字叙述类文书的制作,更具考核司法人员办案能力和水平的适用性。例如,公安机关制作的起诉意见书等;检察机关制作的起诉书、公诉意见书、抗诉书等;人民法院制作的判决书、裁定书、调解书等。这些文字叙述类法律文书,是对文书制作者工作能力、工作作风、工作责任心、文字写作能力等的综合检验。因此,是考核司法人员的重要尺度。实际上,早在1986年9月,最高人民检察院办公厅就在下达的《印发全国刑事检察文书座谈会两个文件的通知书》中明确指出:今后,要把刑检文书制作质量列为考核、任命、提升法律职称应具备的基本条件之一。考核检查的重点是起诉书、不起诉决定书、抗诉书、公诉意见书等。总之,作为国家法律工作者,应该充分认识法律文书的重要作用,认真对待法律文书的制作,不断提高业务素质,增强工作的责任心,以切实提高法律文书的制作质量,充分发挥法律文书的职能作用。

## 第三节 法律文书的历史沿革

我国是一个具有悠久历史的文明古国,有着深远的文化渊源和丰厚的文化遗产。法律文书的历史发展也不例外,历史悠久、源远流长。法律文书是随着阶级、国家、法律的出现而产生的,是随着国家政治经济的发展而发展的,迄今为止,主要经历了古代、近代和现代的历史发展历程。

### 一、我国古代的法律文书

法律文书是属于上层建筑中的一种文化现象,其产生和发展经历了较为漫长的历史时期,并且随着社会政治和经济的发展变化,法律文书的发展历史也必将会不断发生变化。法律文书的产生需要具备两个条件:一是法律必须达到相当完备的程度,因为法律文书是伴随着法律的产生而产生的,是实施法律的工具。二是必须具有较为完善系统的文字,因为法律文书是用文字书写的。

(一)先秦时期的法律文书

文字作为记录语言的符号,产生于我国殷商时期,引以为证的是甲骨文,距今已有大约四千年的历史。西周时期,随着青铜铸造技术的娴熟,又出现了浇铸在青铜器皿上的钟鼎文,也称铭文。法律的出现,是在我国进入阶级社会并建立国家之后。我国历史上建立的第一个奴隶制国家是夏朝,法律的表现形式是"诰""训""誓"等。据考证,我国夏朝时期,刑罚已经比较齐备,所谓夏刑三千条,即《夏书》所说的"昏、墨、贼、杀、皋陶之刑"。夏朝制定法律的目的,主要是为了镇压人民的反抗,维护自己的统治秩序。至西周时期,法律思想更趋成熟,法律制度也更加完备。

早在殷商的甲骨文和西周的钟鼎文中,就有一些记载奴隶主对奴隶的惩罚和王室贵族之间争讼的裁决。1975年,陕西省岐山县董家村发现了一件出土的青铜器—匜(古代洗涤用具),上面铸有157个文字,被称为《朕匜铭文》,内容记载了在一起诉讼案件中,一位名叫伯杨父的法官,对某人指控一个叫牧牛的人抢走其奴隶,对牧牛处以鞭刑和罚金的裁决。该判词转译成现代汉语大意如下:你的师父打官司。你违背了先前的誓言。现在你立下誓言,到嗇去见朕,交还五个奴隶。既然已经立下誓言,你也应遵守誓词。最初的责罚,我本应鞭你一千,并墨蔑黑屋;现在我赦免你,鞭你五百,罚铜三百锾。

需要注意的是,此铭文并不是裁判文本,乃是语判的记录。上述裁判包括了案件事实、量刑情节、法律责任等,事实清楚,责任明确,语言简洁,含义明确,近似于后来的判决书。

相传,西周中叶的诉讼程序和法律文书已经相对齐备。对于重要的刑事案件,须向官府呈递"剂"(书状);审讯要听"两辞"(双方供词),并记录在案,叫做"供"(法庭笔录);裁判要有"书",并当庭宣布,叫做"读鞠"(宣判);执行判决叫做"用法"(执行)等,整个诉讼过程均有相应的法律文书。

先秦时期,比较成熟的法律文书代表,是《国语·晋语》中记载的,晋惠公处理部下庆郑的一份类似判决书的文字。具体内容如下:

君(指晋惠公)令司马说刑之。司马说进三军之士而数庆郑曰:夫《韩之誓》曰:失次犯令,死;将止不面夷,死;伪言误众,死。今庆郑失次犯令,而罪一也;郑擅进退,而罪二也;女(汝)误梁由靡,使失秦公,而罪三也;君亲止,女(汝)不面夷,而罪四也;郑也就刑。

上述法律文书的叙写,先引用战前誓词中明确规定的三条军法,然后对照庆郑的罪行,依法作出裁决,文书叙写有理有据,具有较强的说服力。

到了春秋时期,已经有了比较完备的诉讼、审理制度。当时的法律规定,除轻微的案件可以口头陈述,一般应当具状告官,所具之状,指的就是书状。

(二) 秦汉时期的法律文书

早在秦始皇统一六国前,秦孝公任用商鞅变法,对法律进行了重大的变革,改"法"为"律",为秦代的法律发展奠定了基础。秦始皇统一中国后,为巩固专制的中央集权制度,历行法制,在政治、经济、生活等方面都有法律规定。1975年12月,在湖北云梦县睡虎地发掘了一组墓葬,出土了大量记载秦法律令的竹简,内容极其丰富,被称为《秦墓竹简》。其中,与法律文书直接相关的是《封诊式》竹简。"封",是指查封。"诊",是指诊察、勘验、检验。"式",是指格式和程式。《封诊式》是关于查封、检验的程式的汇集,是我国最早的法律文书样式的汇编,共98枚,经专家整理后,分为25篇独立的文字,每篇简首写有小标题,除置于卷首的《治狱》和《讯狱》是官吏审理案件的原则和要求外,其余各节"爰书",均为"封守""履""有鞠"等方面的法律文书程式。另外,还有案发现场的勘验和法医的检验报告。竹简中包括了各类案例,但所述案例皆不是用真名,而是用甲乙丙丁代替,这表明其选用的是极为典型的案例,是供官吏学习和具体处理案件时参考使用的。从程式要求看,《封诊式》中的文书样式严谨规范,内容细致,语言特征通俗易懂,揭示了法律文书作为一种处理法律事务的公文书,在当时已经取得了相当的地位。

汉代时期,儒家思想逐渐渗透至法律领域,一种以儒家经义为指导思想的审判方式也在汉中期产生,这就是董仲舒等人倡导的《春秋决狱》。《春秋决狱》从法律实践方面,为封建正统法律思想的建立创造了条件,裁判文书开始了"引礼为律"的做法,把儒家思想渗透至法律实践活动中,使封建法律儒家化。《春秋决狱》一书所收的判词,应当是现存最早的拟判。所谓拟判,是指虚构或模拟的判词,并无实际的法律效力,但是会对实判的制作产生影响或为实判所效仿。同时,在汉代时期,亦出现了自言文书。所谓"自言",是指原告向官府提起的诉讼。它不是一种口诉行为,必须提交文书。自言文书有着明确的程式要求,据居延汉简推断,大约需写明自言者的身份、籍贯、爵位、姓名、年龄,之后还需写明对方当事人的身份、姓名、发生争议时的标的和价值,以及对方当事人现任的职务等。此外,汉代时期,还有"诏所名捕",即下诏书指明追捕者,类似于现代的通缉令。总之,汉代的法律文书种类齐全,用语通俗易懂,并形成了相对固定的模式,为后来法律文书的发展奠定了基础。

(三)唐宋时期的法律文书

隋唐时期,处于封建社会的鼎盛阶段。当时大兴科举,特别是唐代的科举取士中,增添了"试判"的内容,规定了"试判三则",提高了最具代表性的法律文书——判的地位。许多文人举子为了考取功名,应试之前要做好写"判"的准备,甚至事先写好许多虚拟案情的"判",这也就是后人所说的"拟判"。直至今日,我们还能看到许多当时文人流传下来的这种"拟判"。例如,白居易的《甲乙判》,保留了102篇判决书,就是这种拟判。这些拟判,文辞典雅庄重,表达准确清晰,说理充分有力,且多为骈体,使唐朝判词的制作水平有了较大的提高。

《唐律》对案件的起诉与受理也作出了明确的规定,即当事人产生纠纷向官府告诉,应当向官府呈交"辞牒",也就是现今的诉状。起诉或控告他人,必须注明具体的时间,所指陈的事实也必须真实,否则就要被笞五十。若对第一衙门的判决不服,当事人应当向原衙门申请发给"不理状",并以此为凭,由下至上逐级上诉。根据当时的律法,当事人的口供是最重要的证据,为了取得证词,允许拷讯,并且规定了法定的拷讯程序。由此可知,当时刑讯笔录的制作应当是相当完备的。

宋代保留下来的判词,大多是实判,即依据案情作出裁判。由于经过唐中后期的散文化运动,宋代的实判已经由骈体判变为散体判。较为著名的实判专著是《名公书判清明集》,多出自名家之手,且皆为散体判和实判,每一判词,均有具体的时间、地点、当事人姓氏、双方当事人争议的事实、官府查证认定的事实,以及斟酌本案和情理,官府援引法律作出的判决。同时,宋代对诉状的格式和内容也进行了严格的限定。

《宋刑统》卷二十四《斗讼》规定:诉状须注明年月,指陈事实,不得称疑,且要写明告诉人的姓名,不能投匿名状。制作诉状,须使用官府颁发的印子。当事人的诉状稍有不合则不予受理。总之,宋代以判为主要表现形式的法律文书,不仅保持了唐代判词重说理,表述准确精练的特点,而且其实判性质使判词的语言更加平实流畅,更加注重事实和情理的分析,进而确定了散体判词的主体地位,为明清散体判的逐渐盛行奠定了基础。

(四) 明清时期的法律文书

明代时期,中国古代的判词已经确立了自己独特的风格和地位,流传下来的主要有:李清的《折狱新语》、祁彪佳的《莆阳谳牍》、张肯堂的《䕹辞》等。其中,李清的《折狱新语》,收录了判词230篇,是现存唯一的一部明朝判词专集,它是作者在宁波府推官任内审理各类民刑案件的结案判词,是当时的地方司法实录。总体而言,从程序上看,判词已有审语与看语之分:对自己有权处理的案件,裁判者拟具判词后即予宣告,称为审语;对自己无权判决的案件,则拟具判词后还需转呈上级审核批准,称为看语。从内容上看,判词中案件事实、判决理由、裁判根据和结果一应俱全,并且形成了有机整体。

清代时期,保留至今的判词卷帙浩繁,显示出了极高的水平,堪称我国古代判词的最高峰。判词专集主要有:《樊山判牍》《陆稼书判牍》《于成龙判牍菁华》《张船山判牍》《清朝名吏判牍选》等。另外,清代的档案材料中也收录了大量的判词。清朝的判词多为实判,语言表述有的用骈体,有的用散体。由于个案的不同,有的判词重在认定事实和分析、说明;有的判词重在分析和评价,对争议事件根据法理、法律进行条分缕析的剖析,并据以裁判。这一时期的判词讲究用词,注重援引律例分析案情,达到了完善的境地。

## 二、我国近代和现代的法律文书

(一) 我国近代的法律文书

清朝中后期,封建专制社会最终走向衰亡。加之,西方列强国家的坚船利炮入侵,延续几千年的中华法系受到了猛烈的冲击。1840年,西方法律思想和法律制度逐步传入中国,清政府借鉴外国经验,开始变法修律。在法律文书方面,清末宣统年间,由奕劻、沈家本编纂了《考试法官必要》,吸收了国外法律文书的经验,对刑事、民事判决书的结构内容作了统一的规定。其中,刑事判决书须载明:(1) 罪犯之姓名、籍贯、年龄、住所、职业;(2) 犯罪之事实;(3) 证明犯罪之理由;(4) 援引法律某条;(5) 援引法律之理由。民事判决书须载明:(1) 诉讼人之姓名、籍贯、年龄、住所、职业;(2) 呈诉事项;(3) 证明理由之缘由;(4) 判之理由。上述规定,确定了结构统一、内容特定、语言朴实的程式化法律文书,开启了中国近代法律文书的先河。

民国时期的判决书,基本上沿用了上述文书格式,只是增加了有关审判庭之名声、推事姓名和制判年月日等内容。

抗日战争和解放战争时期,除边区和解放区革命政府之外,皆遵循国民党的"六法全书",沿用国民政府制定的文书格式。边区和解放区革命政府辖区则适用自己的法律。关于法律文书写作,1942年《陕甘宁边区刑事诉讼条例草案》第44条规定:判词文字须力求通俗。《陕甘宁边区民事诉讼条例草案》第28条规定:判决书分主文事实理由各项,用通俗文字说明之。1944年7月,陕甘宁边区编辑了《陕甘宁边区判例汇编》,其中,判词是其主要内容。

上述文书制作要求,对新中国成立后法律文书的制作,产生了较大的影响。

## (二) 我国现代的法律文书

中华人民共和国成立初期，基本上沿用了革命根据地时期的文书格式。1951年，中央人民政府司法部借鉴苏联、东欧等社会主义国家的文书格式，制定了一套《诉讼用纸格式》和一套《公证文书格式》，这是新中国历史上第一次对法律文书格式进行系统的规范。上述文书格式，一直沿用到"文化大革命"。"文化大革命"期间，公检法被"砸烂"，法律文书更是遭到了极大的破坏。

"文化大革命"结束后，随着法制建设的不断恢复和发展，我国开始逐渐健全和规范法律文书的制作和使用。1982年，为了配合《民事诉讼法（试行）》的施行，最高人民法院制定了《民事诉讼文书样式》，共计70种。《民事诉讼法》和《行政诉讼法》施行后，1992年，最高人民法院印发了《法院诉讼文书格式（试行）》，共计14类310种，于1993年1月1日开始施行。1983年，最高人民检察院制定了《刑事检察文书格式（样本）》。1991年，最高人民检察院颁布了《人民检察院制作刑事检察文书的规定》，并重新修订了《刑事检察文书格式（样本）》。1989年，公安部制定了《预审文书格式》，共计48种。1981年，司法部制定了《公证书试行格式》，共计24种。1992年司法部对公证书格式进行了修订，共计59类106种。至此，各类法律文书规范基本确立。

在法制改革进程中，法律文书规范的改革也日益开展。适应司法实践的需要，有关机关和部委陆续颁发了许多新的文书格式样式。例如，2003年，《关于民事诉讼证据的若干规定》施行后，最高人民法院印发了《〈关于民事诉讼证据的若干规定〉文书样式（试行）》，共计31种。同年，为了配合《中华人民共和国海事诉讼特别程序法》的施行，最高人民法院印发了《海事诉讼文书样式（试行）》，共计9类87种。为了配合《关于适用简易程序审理民事案件的若干规定》的施行，最高人民法院印发了《关于简易程序诉讼文书样式（试行）》，其中包括新的文书样式16种等。

近年来，我国立法机关对诸多法律制度进行了修改和完善，包括《刑事诉讼法》《民事诉讼法》《行政诉讼法》等。随着各项法律制度的不断健全、发展和完善，有关机关对各类法律文书的规范也相应地进行了修改和完善。例如，2005年8月28日，第十届全国人民代表大会常务委员会第十七次会议通过了《中华人民共和国公证法》，该法已于2006年3月1日起施行。为了贯彻落实《公证法》，2011年司法部对以往的公证文书格式进行了全面的清理和修订，颁发了《公证文书格式（2011年版）》，将原来14类59种文书格式，调整为3类35式，并发布了《关于推行新的定式公证书格式的通知》，使该文书格式在全国范围内施行。

又如，2012年3月14日，第十一届全国人民代表大会第五次会议通过了《关于修改〈中华人民共和国刑事诉讼法〉的决定》，对《刑事诉讼法》进行了较为广泛的修改，该法已于2013年1月1日起开始施行。为了配合《刑事诉讼法》的施行，最高人民检察院出台了《人民检察院法律文书格式（2012年版）》，公安部也对2002年12月18日印发的《公安机关刑事法律文书格式》进行了修改，印发了《公安机关刑事法律文书格式（2012年版）》。

再如，2012年8月31日，第十一届全国人民代表大会常务委员会第二十八次会议通过了《关于修改〈中华人民共和国民事诉讼法〉的决定》，对《民事诉讼法》进行了修改，该法已于2013年1月1日起开始施行。为了配合《民事诉讼法》的施行，2015年2月4日，最高人民法院发布了《关于适用〈中华人民共和国民事诉讼法〉的解释》，2016年2月22日，最高人民法院审判委员会第1679次会议审议通过了《人民法院民事裁判文书制作规范》和《民事诉讼文书样式》，总计诉讼文书样式568个，其中人民法院用文书样式463个，当事人参考文书样式35个。该文书格式样式和规范已于2016年7月5日发布，并于2016年8月1日起开始施行。

总之，法律文书是具体实施法律的工具，随着法律不断的修改和完善，法律文书的格式和内容规范也会发生相应的变化，文书制作和使用者需注意法律和文书格式修改动向，适用新的文书格式要求和规范，制作出符合法律规定的文书，使法律文书真正发挥作用。

## 第四节 法律文书写作的基本要求

### 一、遵循格式

格式虽然是文书的外在表现形式，但是不可忽视，因为格式规范的文书，形式和内容才符合法律规定，才具有规范性和权威性。因此，制作法律文书，不可忽略文书制作格式的要求。一旦确定制作某种法律文书，就必须选择相应的文书格式，按格式的规范要求制作文书。

近年来，随着法制的不断健全和发展，新的法律不断颁布，已有的法律制度不断修改和完善，为了配合法律的施行，各司法机关、法定组织等也对各类法律文书的格式进行了修改和补充。目前在我国，各种不同类型的法律文书，大都有可以遵循的格式和写作规范要求。为了有效地发挥法律文书的效应，有关机关和组织在具体施行法律过程中，应当严格按照文书格式和写作规范的要求，制作符合法律规定的法律文书。

遵循格式制作法律文书，不仅要求文书制作者写明文书格式要求写明的各项事项，而且在行款方面应当注意，因为文书体例的不同，制作的文书是有区别的。要求法律文书的写作遵循格式，主要有以下几个方面的益处：一是使文书制作者有章可循，便于制作文书；二是有助于法律实施的统一性和规范性；三是有助于日后归档和查验。

总之，规范的法律文书既能够体现出法律的权威性和严肃性，也能够为文书制作者制作文书提供便利，更有利于保护当事人的合法权益。因此，应当按照规范的文书格式制作文书。

### 二、写清事实

事实是案件的基础，大多数法律文书的制作都涉及案件事实的叙写。特别是涉及诉讼的法律文书，更需要写清案件事实。为了写清各类法律文书的案件事实，需要注意以下几点具体要求：

(1) 选择真实的案件材料。制作法律文书要想写明案件事实,必然涉及选材问题。因此,法律文书写作的首要要求,应当是选材要真实。法律文书的内容,通常与当事人的切身利益密切相关。因此,文书制作中所选用的案件事实材料应当是真实可靠的,不能有半点虚假。尤其是司法文书的制作,案件事实的认定,理由的阐述,以及裁决结果的确定,都是依据所掌握的案件材料。如果选择的案件事实材料有误,或者事实材料被人歪曲,依据这样的案件事实材料得出的结论,就难以保证执法的公正性,就会影响到案件的公正处理。因此,法律文书写作的真实至关重要。同时,在选择案件事实材料时,应当注意主旨与材料的辩证关系。主旨,是指写作法律文书的目的和中心思想。首先,在选择案件事实材料时,材料是第一位的,主旨是第二位的,文书制作者应当依据所选择的案件材料确定文书制作的主旨;而当主旨确定以后,文书制作者就应当依据确定的主旨进行选材,这时,主旨又变成了第一位的,选材又变成了第二位的。在文书制作中,首先遇到的问题就是选材问题,文书制作者应当按照前述选材的要求,认真选材,为制作合格的文书做好准备。

(2) 写清事实基本要素。叙写法律文书,要想把事实写清,就需要写清涉及案件事实的基本要素,包括案件事实涉及的当事人、违法行为等,具体包括当事人实施违法行为的时间、地点、涉及的人、作出这一行为的原因(包括目的、动机)、具体的行为过程(包括情节、手段)、造成的某种后果、当事人的态度、证据等。上述各种要素应当在文书事实叙写中一一写清,事实要素叙写清楚了,案件事实就基本上呈现在文者面前了。目前,在法律文书制作中存在的主要问题是,涉及案件事实要素的叙写过于简单。当然,具体到某一个案件事实的叙写,还需要根据各类案件的不同特点,在诸多事实要素中有所侧重。例如,有的行为目的非常清楚,不言自明,自然无需多写;有的案件事实要素与行为性质有关,则必须详写。总之,法律文书各类案件事实部分的叙写,既要抓住属于核心内容的诸多要素,又要因案而异,不能千篇一律。

(3) 详细叙述关键性情节。所谓关键性情节,是指决定或者影响定性的情节,涉及当事人法律责任的情节,以及影响问题严重程度的情节。决定或影响定性的情节之所以必须写清,是因为只有写清这些情节,才能判明当事人的行为是否属于违法、犯罪或者是侵权。关键性的情节叙写清楚了,涉及法律责任的案件事实才能展现出来,依据这样的案件事实阐述理由,作出处理决定,才不会影响案件的定性,才能分清是非责任,令当事人心服口服。

(4) 写清事实争执焦点。在各类案件中,都可能存在分歧和争执。凡是涉及文书制作过程中争执焦点的问题,文书制作者应当抓住双方争议的意见和理由,把双方当事人争议的焦点准确地予以反映。因为在具体案件的解决中,必须有针对性地查明案件事实,阐述理由,在双方当事人有争议的问题上,只有明辨是非,分清正误,才能作出明确的决定。

(5) 明确事实因果关系。法律事实的叙写,应当说明事实的因果关系。因为任何行为的目的、行为本身和产生的后果之间,都存在必然的联系,这些必然的联系常常是判断问题性质的重要依据。因此,在叙述案件事实时,必须把这三者之间的关系叙写清楚,有联系的,要写清楚他们之间的因果关系;无联系的,也要具体说明他们之间不存在因果关系。只有这样,才能为确定问题的性质提供客观的事实依据。

### 三、阐明理由

理由是法律文书的灵魂,理由之前是案件事实,理由之后是作出的结论,理由起着承上启下的作用。因此,制作法律文书应当注意文书理由的阐述。在法律文书制作中,阐述文书理由主要需要注意以下几点:

(1) 运用证据认定案件事实。法律文书中有关事实的叙述,都应当以确凿的证据为依托,特别是诉讼类的文书,更应当写明认定案件事实的证据。因为有证据证明的事实,才最有说服力。以有证据证明的事实为基础,依据相关法律规定得出的结论,才更能令人信服。在法律文书写作中,涉及证据的叙写,还存在缺陷。有的法律文书中不叙写证据,有的法律文书中叙写证据非常的简单。因此,文书制作中,应当加强证据内容的叙写,以增强文书的说服力。目前,有些涉及诉讼类的文书,已经加强了证据叙写的要求。例如,民事、行政起诉状的写作,在文书格式中专门增加了证据叙写的要求,即在阐述清楚提起诉讼的事实与理由后,需要写清证据、证据的来源,证人的姓名和住址。涉及裁判类文书的制作,也要求写清认定案件事实的证据。

(2) 依据法律分析事理。法律文书通常涉及对当事人行为合法与违法、罪与非罪的判断。尤其是涉及诉讼的文书,依据法律分析事理,区分合法与违法、罪与非罪更显得至关重要。制作法律文书阐述理由应当以法为据,既注重分析事理,也注重分析法理。同时,由于法律与情理从本质上说应当是一致的。因此,文书写作也不应当忽视情理的阐述。涉及裁决类的法律文书,应当围绕罪与非罪、合法与违法等关键性情节展开说理。总之,法律文书的制作,应当在理由阐述中贯彻"以事实为根据,以法律为准绳"的原则,明确问题性质,区分罪与非罪、合法与违法,以法为据,以理服人,为最后得出的法律结果奠定基础。

(3) 引用法律作为依据。法律文书需要依法制作,因此适用法律的理由离不开相关的法律依据。目前,有的法律文书引用法律依据存在不规范、简单、缺乏针对性等问题。为了达到规范性的要求,法律文书引用法律依据应当注意以下几点:一是引用法律要具有针对性,应当针对案件的具体情况,尽量引用外延比较小、符合案件内容的法律条文作为依据。二是引用法律条文,应当尽量做到具体明确。涉及法律条文具有条款项的,应当具体引用到条款项。三是在不影响文字表述的情况下,应当尽可能引出法律条文,并注意法律条文的完整性。四是在法律条文的引用中,应当先引用法律规定,后引用行政规章。总之,法律条文应当紧扣案情,具有较强的针对性。

(4) 事实理由协调一致。在法律文书写作中,有些文书的写作内容需要做到前后一致,互相照应。以刑事判决书为例,对于某一犯罪行为,人民法院要依法追究被告人的刑事责任,叙写案件事实时,就应当围绕被告人实施的犯罪行为叙写案件事实,阐述理由也应当以案件事实为基础,依事论理,引用相关法律作为依据。然后,依法作出被告人有罪的判决。案件事实、阐述的理由与判决结果应当相互对应。不能后文的判决结果很重,而且前文没有与之相对应的应当受到处罚的案件事实,导致文书内容前后脱节。法律文书的写作,应当把理由作为一个中间环节,前面是事实,后面是处理决定,全文连贯一致,首尾相顾,环环相扣,任何前后矛盾的现象都是文书写作的大忌。

### 四、注重语言

为了实现法律文书的特定功能,文书制作者在制作法律文书时,应当选择和使用确切的语言和严谨的表述方式,传播特定的法律信息。法律文书属于公文语体,语言准确性要求很高,应当引起重视。在文书制作中,涉及语言的运用,主要应当注意以下几点:

(1) 语句简练规范。法律文书的语言文字属于规范性的书面语,句子成分要求叙写齐全。例如,文书中涉及当事人基本情况的叙写时,既要明确他们的法律地位、法律称谓,又要写明其姓名全称。特别是涉及多人的案件,在文书中必须将每个当事人的基本情况叙写清楚,不能随意省略。因为法律文书中的各个主体,在民事案中,要么是实体权利的享有者,要么是实体义务的承担者;在刑事案件中,往往是依法需要承担刑事责任者。因此,必须把他们的法律称谓和姓名叙写清楚,以防止混淆法律责任承担者和受损害一方的地位。在文书制作过程中,人称代词也应当尽量避免使用,以防止发生指代不明的情况。

(2) 使用术语恰当。制作法律文书经常会涉及一些法律术语的使用。例如,原告、被告、犯罪嫌疑人、申请人等,事实清楚、证据确凿、移送审查、审理查明等。法律术语一般比较简练,而且语意确切,解释单一,通常不会发生争议。因此,制作法律文书应当尽量使用法言法语。法律文书的制作,不同于文学作品和日常生活中语言的运用,文学作品在写作内容中,可以采用形象的比喻、拟人、夸张等写作方法,而法律文书的写作,应当尽量做到文风朴实,语言平实,应当多运用法言法语。制作法律文书使用法言法语并不意味着文书语言干瘪,枯燥乏味。由社会生活的复杂性、多样性决定,出现的法律问题也是形形色色的。因此,法律文书中所反映出来的案件事实也是千变万化的,法律文书的内容也是复杂丰富的。在法律文书制作中,应当尽量避免"千案一面"的做法。需要注意的是,要求多运用法言法语,并不等于文书通篇都使用法言法语,使阅读文书的人难以理解,也不能在必须使用法律术语时别出心裁,随意提出缺乏科学根据的概念,甚至生造词语,以致影响法律行为或处理理由的准确说明。

(3) 记叙方法明确。制作法律文书,通常涉及叙写方法的选择,尤其是涉及事实内容写作时,更应当注意记叙方法的选择。如前文所述,法律文书的语言属于公文语体,具体运用要求做到文风朴实,语言平实,应当多运用法言法语。文字力求朴实无华,力戒夸饰渲染,排斥夸张,比喻的修辞手法。在记叙方法上,一般不采取文学作品中常用的倒叙、补叙、插叙等叙事方式,而多采用"顺叙"的叙写方法,即按照时间的先后和事情发展的自然顺序记叙案件事实,使人看过后,能够清晰地了解案件的来龙去脉和发展过程。总体来说,案件事实的记叙,应当以直叙为主,不用曲笔,更不宜刻意追求文艺作品的表达效果。

(4) 文书语言文明。法律文书的内容大都与处理具体案件有关,因而对是非正误应当有鲜明的褒贬态度。对于肯定什么、否定什么、支持什么、批驳什么都应当有毫不含糊的褒贬和爱憎感情。同时,应当做到语言文明。通常需要注意以下两点:一是忌用方言土语。法律文书是为具体实施法律制作的,必须使用普通话的词语书写,因为其不仅仅是处理具体案件的工具,而且还具有一定的法制宣传教育作用。如果文书制作中,过多的使用方言土语,会使不懂方言土语的人看后不知所云,不解其意。但是,需要注意的是,在少数民族居住的地区,根据国家法律规定,依法可以使用少数民族语言制作法律文书的除外。二是忌用脏话。法律文书具有严肃性和权威性,在文书中不能有脏话。司法实践中,有些司法人员在执法过程中遇到阻力,甚至暴力抗法的情形,个别当事人对司法人员随意谩骂、殴打,对于这些谩骂的语言,不能全文不动地叙写在法律文书中。但是,也不能在文书中不反映这样的情节,因为这样的情节与处罚结果的轻重程度密切相关,叙写时可以采用概括的写法,即写明当事人在执法过程中暴力抗拒执法,对司法人员进行侮辱和谩骂,性质极其恶劣等即可。

**思考题:**
1. 什么是规范性法律文书?什么是非规范性法律文书?
2. 依据写作和表达方式的不同,法律文书可以分为哪几类?
3. 简述法律文书的特点和作用。
4. 法律文书写作的基本要求有哪些?
5. 法律文书叙写事实的具体要求有哪些?
6. 法律文书阐述理由应当注意哪些问题?
7. 法律文书引用法律作为依据应当注意哪些问题?
8. 法律文书在语言的具体运用上应当注意哪些问题?

# 第二章 公安机关刑事法律文书

## 第一节 概 述

**一、公安机关刑事法律文书的概念和作用**

公安机关刑事法律文书,是指公安机关在办理刑事案件过程中,依法制作的具有法律效力或法律意义的法律文书。

公安机关刑事法律文书是公安机关参与刑事诉讼,实施法律的工具,是整个刑事诉讼法律文书的重要组成部分,它与检察机关刑事法律文书和人民法院的刑事裁判文书共同构成了刑事法律文书的有机体系,充分体现了公、检、法三机关分工负责、互相配合、互相制约的原则。

公安机关刑事法律文书,是公安机关行使侦查权的主要文字载体,是对侦查活动的真实记录,也是公安机关对刑事案件和当事人作出处理决定的文字凭证。侦查程序是否合法、有效,案件事实、证据是否确实、充分,法律手续是否完备,都要通过法律文书反映出来。因此,制作公安机关刑事法律文书对保证严格执法,总结办案和执法的经验教训,提高办案质量和执法水平,研究刑事案件办案规律和犯罪活动规律,探讨制定预防犯罪的有效对策,完善公安法制建设,都起着十分重要的作用。

**二、公安机关刑事法律文书的特点和种类**

(一)公安机关刑事法律文书的特点

(1)制作主体的特定性。公安机关刑事法律文书是公安机关在履行刑事司法职能过程中制作和使用的法律文书,它的制作主体是具有法定权限的公安机关,其他任何机关、团体或者个人都无权制作和使用,即使是公安机关也必须在自己的法定权限范围内制作和使用,不能越权,否则将不具备应有的法律效力。例如,拘留证的制作,《公安机关办理刑事案件程序规定》(以下简称《程序规定》)第121条第1款明确规定:拘留犯罪嫌疑人,应当填写呈请拘留报告书,经县级以上公安机关负责人批准,制作拘留证。由此可见,拘留证的制发机关为县级以上公安机关,基层派出所无权制发拘留证。对于伪造、变造、买卖或者盗窃、抢夺、毁灭公安机关刑事法律文书的,将依法追究行为人的刑事责任。

(2)制作内容的合法性。公安机关制作的各种刑事法律文书,内容必须合法。这主要体现在两个方面:一是制作公安机关刑事法律文书,必须依据我国《刑事诉讼法》《刑法》和《程序规定》等有关法律规定,进行文书选取、制作填写和使用,目的是保证公安机关刑事法律文书的法律效力。二是各种刑事法律文书中所述内容务必真实,这是制作公安刑事法律文书最基本的要求。公安机关刑事法律文书是刑事诉讼程序中的第一手材料,只有内容真实可靠,证据确实充分,才能切实保证办案程序顺利进行。反之,如果法律文书中的内容不真实,必将会将办案活动引向歧路,影响刑事诉讼活动的顺利进行。公安机关刑事法律文书内容的真实大致包括:涉及的有关人员基本情况要真实;例如,姓名、性别、年龄、住址、单位及职业、简历等必须真实无误。所列举的事实必须真实;例如,起诉意见书所列举犯罪嫌疑人的犯罪事实,必须是经过查证属实有证据证明的,一些似是而非未经查实的问题均不得列入。所列举的证据必须真实可信,是经过查证无误的,证据与证据之间能够形成锁链关系。

(3) 制作使用的时效性。公安机关刑事法律文书都是在办案活动中遇到特定案情时依法制作的,具有较强的时效性。要在时间上严格做到及时,这样才不会贻误战机。尤其是对那些时效性要求极强的特殊文书,更应当在法定的时限内及时制作。例如,对犯罪嫌疑人在被拘留或逮捕之后的 24 小时之内必须进行第一次讯问,同时必须制作讯问笔录。否则,超过 24 小时后再进行讯问和制作讯问笔录就是违法行为。又如,犯罪嫌疑人拘留后,除无法通知或者涉嫌危害国家安全犯罪、恐怖活动犯罪,可能有碍侦查的情形以外,应当在 24 小时之内制作"拘留通知书",通知被拘留人的家属。有碍侦查的情形消失后,应当立即通知被拘留人的家属。超过 24 小时未制发"拘留通知书"通知被拘留人家属,是法律所不允许的。再如,公安机关对被拘留的人,认为需要逮捕的,应当在拘留后的 3 日以内,提请人民检察院审查批准逮捕。在特殊情况下,提请审查批准的时间可以延长 1 至 4 日。人民检察院应当自接到公安机关提请批准逮捕书后的 7 日以内,作出批准逮捕或者不批准逮捕的决定。这些都体现了制作公安机关刑事法律文书严格的时效性。

(二) 公安机关法律文书的种类

(1) 公安机关刑事法律文书的发展演变。公安机关刑事法律文书是随着人民公安保卫机关的产生而产生的。新中国成立后,中央人民政府成立了公安部,刑事侦查工作走向规范化,法律文书也逐渐趋向统一规范,共有法律文书样式 30 多件。1979 年我国第一部《刑法》《刑事诉讼法》颁布之后,法制建设得到不断加强,为适应"两法"实施的需要,公安部相继制定了一些法律文书。

1996 年 3 月,随着《刑事诉讼法》的修正,刑事诉讼制度不断完善,对公安机关侦查办案工作提出了更高要求。为了保证公安机关顺利实施修正后的《刑事诉讼法》,公安部组织专门力量,对各业务部门的侦查文书进行了全面清理,经过清理,可以继续使用的侦查文书共 58 种。在对 58 种文书进行修改、补充的基础上,又增加了 35 种侦查文书,共计 93 种,并制定了《公安机关刑事法律文书格式(样本)》,于 1996 年 11 月 14 日以公安部通知下发全国各级公安机关执行,以适应修正后的《刑事诉讼法》的需要。1998 年公安部修改了《程序规定》,随后,全国人大又相继对《刑法》进行了立法完善,鉴于此,公安部于 2002 年又对公安机关刑事法律文书进行了修改和补充,于 2002 年 12 月 18 日颁布了《公安机关刑事法律文书格式(2002)版》,并决定于 2003 年 5 月 1 日起施行。2012 年 3 月《刑事诉讼法》进行了修改,公安部对《程序规定》也做了全面修改。为保证文书式样与修改后的

《刑事诉讼法》同步施行,公安部在 2012 年 5 月起草了《公安机关刑事法律文书式样》送最高人民检察院、最高人民法院、司法部、国家安全部以及相关业务局和地方公安机关征求意见,并召开了由部相关业务局和部分地方公安机关参加的征求意见座谈会。在此基础上,公安部对 2002 年 12 月 18 日印发的《公安机关刑事诉讼法律文书格式(2002 版)》进行了修改、补充、完善,经部领导审批同意,2012 年 12 月 19 日,公安部以公通字[2012]62 号通知发布了《公安机关刑事法律文书式样(2012 版)》(以下简称《文书式样》),该《文书式样》从 2013 年 1 月 1 日起开始启用。修订后的《文书式样》删去原有文书 14 种,新增文书 32 种,将原有的 15 种文书合并为 6 种,修订后的文书式样共 97 种,分为八大类。

现行的《文书式样》在修订和完善时,根据《刑事诉讼法》和《程序规定》,坚持了以下三个原则:一是依法设置。即对法律赋予公安机关的权力,通过文书进一步地明确了操作程序,例如,根据修改后的《刑事诉讼法》新增技术侦查措施的规定,文书式样中增加了技术侦查文书,并根据法律规定的采取、执行、延长期限、解除程序,相应设计了采取技术侦查措施决定书等 4 种文书;修改后《刑事诉讼法》增加了查封措施,修订后的《程序规定》增加了查封、扣押决定程序,文书式样中相应增加了查封决定书、扣押决定书,以保证执行查封、扣押程序的严肃性。同时,为保障公民权利以及法律监督的规定切实予以执行,根据修改后《刑事诉讼法》关于当事人权利义务的规定,《文书式样》增加了被取保候审人义务告知书、被害人诉讼权利义务告知书、证人诉讼权利义务告知书等;根据执行公开的有关要求,增加了受案回执。二是务实好用。例如,根据现场勘验检查的实践需要,并参考公安部刑侦局《公安机关刑事案件现场勘验检查卷宗制作规范》,对现场勘验笔录进行了修改,增加了提取痕迹、物证登记表,以解决现场勘验提取物证来源不清的问题,有利于及时固定证据;为保证取保候审、监视居住措施的有效执行,增加了传讯通知书、保存证件清单。三是高效减负。为减轻基层负担,方便基层一线民警使用。一方面将一些内容相近的文书予以合并。例如,将检查、复验复查、侦查实验、搜查、查封、扣押、辨认、提取等笔录整合为通用笔录文书,由民警根据办案需要填写;将未成年犯罪嫌疑人法定代理人到场通知书、未成年人证人/被害人法定代理人到场通知书,合并为未成年人法定代理人到场通知书。同时,对在一种文书中能够一并解决的问题,不再另设单独文书,提高民警工作效率。例如,在拘留证、逮捕证中增加"属于律师会见需经许可的案件"的填写事项,一并解决送押犯罪嫌疑人时,将是否属于需经许可会见案件通知看守所的问题。从办案实践看,一些案件往往在受案环节尚难以准确判断案件性质,很难选择是填写刑事还是行政案件登记表。经研究,将两个登记表的格式统一,合并为受案登记表,并将讯问犯罪嫌疑人、询问违法嫌疑人、被害人、证人的笔录内容予以简化整合,形成询问/讯问笔录,作为刑事案件、行政案件通用法律文书,便于实际操作。

(2)公安机关刑事法律文书的分类。公安机关刑事法律文书的分类方法较多,以下为几种主要的分类方法:

一是根据组成联数的不同,可分为单联式文书和多联式文书。单联式文书在整体结构上只有一联组成,但一般要求制作多份,实际制作时可以对其复印,但有关单位印章或者特定对象签名不得复印。笔录类、审批类文书多为单联式文书。多联式文书一般是对外使用的。与单联式文书相比,多联式文书的制作要求较为严格。多联式文书一般由存根和正副本各联组成,各联之间有骑缝线。填写文书时,存根和正副本各联之间的有关内容应保持一致,骑缝线上要填写字号,并加盖印章。决定类、通知类文书多为多联式文书。

二是根据制作和表达方式的不同,可分为填充式文书、填表式文书和叙述式文书。填充式文书内容框架事先已经印刷完毕,制作时只需在空白处按照要求准确填写有关内容。通知类文书多数属于填充式文书。填表式文书与填充式文书大致相同,也是事先已经印刷好表格,制作时只需在空白处准确填写有关内容即可。二者不同之处在于,填充式文书多数为有存根的文书。例如,通知书等多联式文书。而填表式文书大多为无存根的文书。例如,清单类文书。叙述式文书的内容一般不固定,根据不同案由和制作目的,组成不同的文书内容。例如,各种笔录、决定书等。这类文书,一般只印制单位、文书名称、字号等开头内容,实际制作时,其他内容根据具体需要制作。

三是根据文书的内容和作用不同,可以将公安机关刑事法律文书分为决定类文书、通知类文书、笔录类文书和清单类文书。决定类文书是公安机关对案件有关事项或者当事人的有关权利义务作出处理决定时使用的文书。决定类文书一般由存根和正本组成。通知类文书是公安机关在办理案件和其他执法活动过程中,需要就有关决定和一些事务性问题通知有关单位和当事人时使用的文书。另外,由于需要将文书送达不同的当事人,虽然其通知事项一样,但表达方式应当有所不同。因此,除只有一个通知对象并且必须附卷留存的通知书以外,通知书应当分为正本、副本。通知书应当根据具体情形准确填写,涉及同一事项或者要素的,内容应当保持一致。笔录类文书是公安机关在调查取证过程中,对有关行为和结果予以记录和固定的文书。笔录是证明调查取证行为及过程的合法性和记录证据内容真实性的一种证据材料。此类文书一般是叙述式文书,只制作一份,并应当存卷。清单类文书是记录办案中扣押、保全、收缴有关物品、文件及其流转过程情况的单据。它是物品转移情况的证明,但具有十分重要的法律意义,也应当存卷。

四是根据侦查办案程序的不同,现行的《文书式样》将公安机关刑事法律文书分为八大类(共97种),即立案、管辖、回避文书,律师参与刑事诉讼文书,强制措施文书,侦查取证文书,技术侦查文书,执行文书,刑事通用文书和规范性文书。

其中,立案、管辖、回避文书包括受案登记表、立案决定书、不予立案通知书、指定管辖决定书等共8种。律师参与刑事诉讼文书包括提供法律援助通知书、准予会见犯罪嫌疑人决定书、通知书等共4种。强制措施文书包括拘传证、取保候审决定书、责令具结悔过决定书、提请批准逮捕书、提请批准延长侦查羁押期限意见书、释放通知书等共30种。侦查取证文书包括犯罪嫌疑人诉讼权利义务告知书、现场勘验笔录、查封决定书、扣押决定书、鉴定意见通知书、通缉令、起诉意见书等共37种。技术侦查文书包括采取技术侦查措施决定书、执行技术侦查措施通知书等共4种。执行文书包括减刑/假释建议书、收监执行通知书、刑满释放证明书等共6种。刑事通用文书包括呈请报告书、要求复议意见书、提请复核意见书等共5种。规范性文书包括刑事侦查卷案(封面)、卷内文书目录、卷内文书告知书共3种。本章的内容将依据此种分类顺序,选择几种主要的法律文书加以介绍。

## 第二节 立案决定书

### 一、概念和作用

立案决定书,是指公安机关发现犯罪事实或者犯罪嫌疑人,按照管辖范围审查后,决定立案侦查时制作的法律文书。

《刑事诉讼法》第107条法规定:"公安机关或者人民检察院发现犯罪事实或者犯罪嫌疑人,应当按照管辖范围,立案侦查。"第110条规定:"……公安机关对于报案、控告、举报和自首的材料,应当按照管辖范围,迅速进行审查,认为有犯罪事实需要追究刑事责任的时候,应当立案;认为没有犯罪事实,或者犯罪事实显著轻微,不需要追究刑事责任的时候,不予立案,并且将不立案的原因通知控告人。控告人如果不服,可以申请复议。"《程序规定》第175条第1款规定:公安机关接受案件后,经审查,认为有犯罪事实需要追究刑事责任,且属于自己管辖的,经县级以上公安机关负责人批准,予以立案;认为没有犯罪事实,或者犯罪事实显著轻微不需要追究刑事责任,或者具有其他依法不追究刑事责任情形的,经县级以上公安机关负责人批准,不予立案。

立案决定书是公安机关对刑事案件确认成立,并正式开展侦查活动的合法依据,只有立案以后,公安机关才能依法对案件进行侦查,不失时机地发现和收集证据,同时对犯罪嫌疑人采取各种侦查手段和强制措施,以使侦查工作顺利进行。

### 二、具体写作要求

根据公安部《文书式样》的规定,立案决定书为两联填充式文书。第一联为存根,统一保存,第二联为正本,副卷。两联均由首部、正文和尾部三部分组成。

(一)首部

首部包括标题和案号。

1. 标题。应分两行居中写明公安机关的名称和文书名称。例如,"××××公安局""立案决定书"。第一联在文书名称下一行居中加括号注明存根二字(存根联已印制好,依所列项目填写即可。下同),以表明与正本相同。

2. 案号。立案决定书的案号为:"×公( )立字[20××]×号"。案号由五部分组成,即制作法律文书的机关代字;例如,"京公"。"( )"括号内填写办案部门简称;例如,经济犯罪侦查部门制作的文书填写"经",刑事犯罪侦查部门制作的文书填写"刑"。字前面填写文书名称简称;例如,拘留证为"拘",提请批准逮捕书为"提捕"。"[ ]"内填写年度;年度后填写发文顺序号(下同)。

(二)正文

第二联(正本联)正文部分应写明两项内容:一是法律依据。文书式样将法律依据设置为可选项。在填写时,如果是公安机关在工作中发现犯罪事实或者犯罪嫌疑人的,法律依据选择《刑事诉讼法》第107条。如果是公民报案、控告、举报、扭送或者是犯罪嫌疑人自首的,选择《刑事诉讼法》第110条。二是决定事项。即在法律依据后面填写犯罪嫌疑人的姓名以及涉嫌的罪名,如"决定对李××涉嫌盗窃立案侦查"。

第一联(存根联)的正文部分应依次填写以下内容:案件名称、案件编号、犯罪嫌疑人姓名和性别、出生年月日、住址、单位及职务、批准人、批准时间、办案人、办案单位、填发时间、填发人。

（三）尾部

正本联的尾部,应写明制作文书的公安机关名称,写明文书制作的年、月、日,并加盖公安机关印章。

### 三、文书写作需要注意的问题

1. 制作立案决定书应当符合三个条件:一是有犯罪事实,需要追究刑事责任。犯罪嫌疑人有无犯罪事实,应根据证据加以认定。是否需要追究刑事责任,应根据《刑事诉讼法》第15条和《刑法》的有关规定,结合有关证据认定。只要有犯罪事实,需要追究行为人刑事责任的,即应立案侦查,而不管是否已经明确犯罪嫌疑人为何人。二是符合管辖规定,即案件属于本公安机关管辖。三是县级以上公安机关负责人已经批准立案侦查。公安机关受理案件后,经过审查,认为有犯罪事实需要追究刑事责任,且属于自己管辖的,由接受单位制作呈请立案报告书,经县级以上公安机关负责人批准,予以立案。县级以上公安机关负责人直接在受案登记表上批示立案侦查的,也应制作立案决定书。

2. 案件名称的填写。立案时能够确认犯罪嫌疑人的,填写犯罪嫌疑人的姓名和涉嫌的罪名。例如,"武××故意杀人案"。对于犯罪嫌疑人不明而被害人和被害情况清楚的案件,可写为"被害人+被害情况"。例如,"李××被抢劫案"。对于尚未确定犯罪嫌疑人的和被害人不明,或者犯罪嫌疑人、被害人人数众多不便概括以及需要保密等情况的,可采取以案件发生时间、立案时间或者地名来命名。例如,"2.13案""××(地名)抢劫案"。

3. 立案决定书存根联中的批准人,应填写批准制作该法律文书的有关负责人的姓名。批准时间应填写制作该法律文书的有关负责人的签字时间。办案人应填写办理案件民警的姓名,或者有关事项承办人的姓名。办案单位应填写办案单位或者部门的名称。填写时间应填写实际制作法律文书的时间。填写人应填写制作该法律文书的人的姓名(下同)。

## 第三节 取保候审决定书、执行通知书

### 一、概念和作用

取保候审决定书,是指公安机关在侦查过程,依照我国《刑事诉讼法》的有关规定,决定对犯罪嫌疑人采取取保候审措施时制作的法律文书。

我国《刑事诉讼法》第 64 条规定：公安机关根据案件情况，对犯罪嫌疑人可以取保候审。第 65 条规定：公安机关对有下列情形之一的犯罪嫌疑人，可以取保候审：(1) 可能判处管制、拘役或者独立适用附加刑的；(2) 可能判处有期徒刑以上刑罚，采取取保候审不致发生社会危险性的；(3) 患有严重疾病、生活不能处理，怀孕或者正在哺乳自己婴儿的妇女，采取取保候审不致发生社会危险性的；(4) 羁押期限届满，案件尚未办结，需要采取取保候审的。取保候审由公安机关执行。第 89 条第 3 款规定：对被拘留的犯罪嫌疑人，人民检察院不批准逮捕的，公安机关应当在接到通知后立即释放，并且将执行情况及时通知人民检察院。对于需要继续侦查，并且符合取保候审条件的，依法取保候审。第 96 条规定：犯罪嫌疑人被羁押的案件，不能在侦查羁押期限内办结的，对犯罪嫌疑人应当予以释放；需要继续查证的，对犯罪嫌疑人可以取保候审。《程序规定》第 77 条对适用取保候审的条件做了进一步的说明。这些法律规定都是制作取保候审决定书、执行通知书的法律依据。

取保候审是《刑事诉讼法》规定的刑事强制措施之一。取保候审决定书是具有法律效力的文书，它既是公安机关对犯罪嫌疑人采取取保候审措施的依据，也是犯罪嫌疑人通过保证人担保或者交纳保证金而取得取保候审的凭证。对犯罪嫌疑人依法采取取保候审措施，有利于公安机关调查取证以及有效约束犯罪嫌疑人，对公安机关侦查活动的顺利进行具有重要的作用。

**二、具体写作要求**

根据《文书式样》的规定，取保候审决定书为四联填充式文书。由取保候审决定书正本和副本、取保候审执行通知书及存根四联组成。存根由公安机关留存备查，取保候审决定书的正本交被取保候审人，副本附卷，执行通知书交执行单位。四联均由首部、正文和尾部三部分组成。

(一) 首部

首部包括标题、案号和执行机关名称。

1. 标题。应分两行居中写明公安机关名称和文书名称。取保候审决定书的正本和副本的标题写为："××××公安局""取保候审决定书"；执行通知联写为："××××公安局""取保候审执行通知书"；存根联写为："××××公安局""取保候审决定（执行）通知书"。

2. 案号。取保候审决定书、执行通知书的案号为："×公（）取保字[20××]×号"。

3. 执行机关名称。执行通知书首部的抬头应顶格填写被取保候审人居住地派出所的名称。公安机关决定取保候审的，应当及时通知被取保候审人居住地的派出所执行。必要时，办案部门可以协助执行。因此，抬头应填写被取保候审人居住地派出所。居住地包括户籍所在地、经常居住地，如果两地分属不同的公安派出所管辖，则应从有利于侦查和监督管理出发，选择便于执行取保候审的公安派出所。

(二) 正文

1. 取保候审决定书的正本和副本。取保候审决定书的正本是公安机关通知犯罪嫌疑人对其采取取保候审,并责令其接受保证人监督或者交纳保证金的依据和凭证。副本作为公安机关采取强制措施的凭证,用于附卷。正、副本的内容与填写要求一致。正文部分均应依次填写六项内容,即犯罪嫌疑人的基本情况、案件名称、取保候审原因、法律依据、取保候审的起算时间和保证方式。

(1) 犯罪嫌疑人的基本情况。包括姓名、性别、出生日期、住址、单位及职业、联系方式。

(2) 案件名称。可以用"犯罪嫌疑人姓名+涉嫌罪名"的方式填写。例如,"王××涉嫌故意杀人"。也可以填写案件代号。例如,"12.5故意杀人"。

(3) 取保候审的原因。可根据案件情况,按照《刑事诉讼法》第65条规定的有关事项分别填写。其中,因患有严重疾病被取保候审的,应写明患有何种疾病。

(4) 法律依据。《刑事诉讼法》关于取保候审的适用除了第65条第1款外,还有第89条第3款、第96条等条款,应根据案件具体情况准确适用法律条文。

(5) 取保候审起算时间。应当填写取保候审决定日期。同时,最高人民法院《关于适用〈中华人民共和国刑事诉讼法〉的解释》第165条规定,以月计算的期限,自本月某日至下月同日为1个月。期限起算日为本月最后一日的,至下月最后一日为1个月。下月同日不存在的,自本月某日至下月最后一日为1个月。半个月一律按15日计算。

(6) 保证方式。犯罪嫌疑人应当接受保证人×××(姓名)的监督(或交纳保证金(大写)_____元)。不能同时采取保证人保证和保证金保证,制作时可根据情况划掉不选择的内容。采取保证金形式取保候审的,保证金的起点数额为1000元。取保候审的决定机关应当综合考虑保证诉讼活动正常进行的需要,被取保候审人的社会危险性,案件的性质、情节,可能判处刑罚的轻重,以及被取保候审人的经济状况等情况,确定保证金数额。保证金应当以人民币交纳。

2. 取保候审执行通知书。取保候审通知书是取保候审决定机关通知执行机关对被取保候审人进行监督管理的依据和凭证。此联的正文应按格式要求,依次填写取保候审原因、案件名称、被取保候审人的姓名、性别、出生日期、住址、单位及职业、联系方式、取保候审起算日期和保证方式。

3. 取保候审决定书、执行通知书存根。存根作为公安机关采取取保候审措施的凭证,用于公安机关留存备查。填写存根联应按照顺序认真详细填写以下所列内容,即案件名称、案件编号、被取保候审人、出生日期、取保原因、起算时间、保证人、出生日期、保证金、办案单位、执行机关、批准人、批准时间、填发时间、填写人。

(三) 尾部

取保候审决定书的正副本以及取保候审执行通知书的尾部,均应写明制作文书的公安机关名称、文书制作的年、月、日,并加盖制作文书的公安机关印章。副本联在送达后还应由被取保候审人在左下方写明"本决定书已收到",写明收到的具体时间,并签名、捺指印。

### 三、文书写作需要注意的问题

1. 需要对犯罪嫌疑人取保候审的,应当制作呈请取保候审报告书,说明取保候审的理由、采取的保证方式和被取保候审人应当遵守的规定,经县级以上公安机关负责人批准,制作取保候审决定书、执行通知书。取保候审决定书应当向犯罪嫌疑人宣读,由犯罪嫌疑人在副本上签名、捺指印。

2. 对累犯、犯罪集团的主犯,以自伤、自残办法逃避侦查的犯罪嫌疑人,严重暴力犯罪以及其他严重犯罪的犯罪嫌疑人不得取保候审,但犯罪嫌疑人具有《程序规定》第77条第1款第3、4项规定情形的除外。

3. 取保候审最长不得超过12个月。公安机关在取保候审期间不得中断对案件的侦查,对取保候审的犯罪嫌疑人,根据案情变化,应当及时变更强制措施或者解除取保候审。

## 第四节　监视居住决定书、执行通知书

### 一、概念和作用

监视居住决定书,是指公安机关在侦查过程中依法决定对犯罪嫌疑人采取监视居住时,向犯罪嫌疑人宣布监视居住决定和向执行机关通知时制作的法律文书。

我国《刑事诉讼法》第64条规定:公安机关根据案件情况,对犯罪嫌疑人可以监视居住。第72条1款规定:公安机关对符合逮捕条件,有下列情形之一的犯罪嫌疑人,可以监视居住:(1)患有严重疾病、生活不能自理的;(2)怀孕或者正在哺乳自己婴儿的妇女;(3)系生活不能自理的人的唯一抚养人;(4)因为案件的特殊情况或者办理案件的需要,采取监视居住措施更为适宜的;(5)羁押期限届满,案件尚未办结,需要采取监视居住措施的。第72条第2款规定:对符合取保候审条件,但犯罪嫌疑人不能提出保证人,也不交纳保证金的,也可以监视居住。第69条第3款规定:被取保候审的犯罪嫌疑人违反取保候审应当遵守的规定,可以监视居住。第89条第3款规定:对于人民检察院不批准逮捕,公安机关需要继续侦查,且符合监视居住条件的,依法监视居住。第73条第1款规定:监视居住应当在犯罪嫌疑人的住处执行;无固定住处的,可以在指定的居所执行。对于涉嫌危害国家安全犯罪、恐怖活动犯罪、特别重大贿赂犯罪,在住处执行可能有碍侦查的,经上一级人民检察院或者公安机关批准,也可以在指定的居所执行。但是,不得在羁押场所、专门的办案场所执行。《程序规定》第105条、第106条对监视居住适用的条件和情形等内容也作了较为完整的规定,这些规定都是制作监视居住决定书、执行通知书的法律依据。

监视居住是公安机关责令犯罪嫌疑人不得随意离开其住所或者指定的居所,并对其加以监视和控制的一种强制方法。修改前的《刑事诉讼法》没有单独规定监视居住适用的

条件和情形,而是将监视居住和取保候审规定了相同的适用条件,监视居住决定书的内容和写法也与取保候审决定书基本相同,但监视居住对人身自由的限制程度要大大高于取保候审。修改后的《刑事诉讼法》单独规定了监视居住的条件和情形,《文书式样》也根据《刑事诉讼法》的规定作了更加详尽的规定,这不仅有利于司法实践中监视居住的正确应用,对犯罪嫌疑人的权利保护也大有帮助。

**二、具体写作要求**

根据《文书式样》的规定,监视居住决定书、执行通知书属四联填充式文书。由监视居住决定书正本、副本和监视居住执行通知书以及存根四联组成。存根联用于公安机关留存备查,监视居住决定书正本交被监视居住人,副本附卷,监视居住执行通知书交执行机关。四联均由首部、正文和尾部三部分组成。

(一)首部

1. 标题。应分两行居中写明公安机关名称和文书名称。监视居住决定书的正本和副本的标题写为:"××××公安局""监视居住决定书";执行通知联写为:"××××公安局""监视居住执行通知书";存根联写为"××××公安局""监视居住决定(执行)通知书"。

2. 案号。监视居住决定书、执行通知书的案号为:"×公( )监居字[20××]×号"。

3. 执行机关名称。执行通知书的首部,抬头应顶格写明负责执行监视居住的派出所或办案部门的名称。

(二)正文

1. 监视居住决定书的正本和副本。监视居住决定书的正本是告知犯罪嫌疑人对其监视居住的依据。副本作为公安机关采取监视居住的凭证,用于附卷。正、副本正文的内容和填写要求相同,均包括决定事项、监视居住期间应当遵守的规定。

决定事项应依次具体写明七项内容,即犯罪嫌疑人的基本情况、案件名称、监视居住的原因和法律依据、监视居住的地点、监视居住的类型、执行机关和监视居住期限起算的时间。

(1)犯罪嫌疑人的基本情况。应依次写明犯罪嫌疑人的姓名、性别、出生日期、住址。

(2)案件名称。写明犯罪嫌疑人涉嫌的罪名,可参考取保候审决定书、执行通知书的相关内容。

(3)监视居住的原因和法律依据。根据《刑事诉讼法》第72条、第69条第3款、第89条第3款等规定,区分情形填写。若是指定居所监视居住的,还应当同时引用《刑事诉讼法》第73条的规定。

(4)监视居住的地点。根据《刑事诉讼法》第73条的规定,监视居住应当在犯罪嫌疑人的住处执行;无固定住处的,可以在指定的居所执行。对于涉嫌危害国家安全犯罪、恐怖活动犯罪、特别重大贿赂犯罪,在住处执行可能有碍侦查的,经上一级公安机关批准,也可以在指定的居所执行。《程序规定》第108条规定,固定住处,是指被监视居住人在办案机关所在的市、县内生活的合法住处。指定的居所,是指公安机关根据案件情况,在办案机关所在的市、县内为被监视居住人指定的生活居所。

(5) 监视居住的类型。文书正文有"监视居住/指定居住监视居住"两种监视居住类型供选择,若属于指定居所监视居住的,则填写时将"监视居住"划掉即可。

(6) 执行机关。《程序规定》第113条规定,公安机关决定监视居住的,由被监视居住人住处或者指定居所所在地的派出所执行,办案部门可以协助执行。必要时,也可以由办案部门负责执行,派出所或者其他部门协助执行。因此,执行机关应填写实际执行的派出所名称或办案部门的名称。

(7) 监视居住期限起算时间。应当填写监视居住决定日期。根据最高人民法院《关于适用〈中华人民共和国刑事诉讼法〉的解释》第165条的规定,以月计算的期限,自本月某日至下月同日为1个月。期限起算日为本月最后一日的,至下月最后一日为1个月。下月同日不存在的,自本月某日至下月最后一日为1个月。半个月一律按15日计算。

被监视居住人在监视居住期间应当遵守的规定。这一内容已印制在文书上,具体表述为:"在监视居住期间,被监视居住人应当遵守下列规定:未经执行机关批准不得离开执行监视居住的处所;未经执行机关批准不得会见他人或者通信;在传讯的时候及时到案;不得以任何形式干扰证人作证;不得毁灭、伪造证据或者串供;将护照等出入境证件、身份证件、驾驶证件交执行机关保存。如果被监视居住人违反以上规定,情节严重的,可以予以逮捕;需要予以逮捕的,可以先行拘留。"

2. 监视居住执行通知书。监视居住执行通知书是有关执行机关(有关派出所或办案部门)对被采取监视居住的犯罪嫌疑人进行监督管理的依据。此联的正文应按格式要求依次填写监视居住的原因、监视居住场所、涉嫌的罪名、犯罪嫌疑人的基本情况、监视居住的类型、监视居住起算日期、监视居住期间应当遵守的规定。内容的填写要求与监视居住决定书正本相同。此联中是否属于律师会见需经许可的案件栏目,由侦查人员根据实际情况选择"是"或者"否"。

3. 监视居住决定书、执行通知书存根。存根联用于公安机关留存备查。存根联应按顺序填写清楚以下内容,即案件名称、案件编号、被监视居住人姓名和性别、出生日期、住址、监视居住原因、监视居住地点、指定居所、起算时间、执行机关、批准人、批准时间、办案人、办案单位、填发时间、填发人。

(三) 尾部

监视居住决定书的正本与副本以及监视居住执行通知书的尾部应写明制作文书的公安机关名称、文书制作的年、月、日,并加盖公安机关印章,副本联在送达后由被监视居住人在左下方写明"本决定书已收到",并签名、捺指印,写明收到的具体时间。

### 三、文书写作需要注意的问题

1. 对犯罪嫌疑人监视居住,应当制作呈请监视居住报告书,经县级以上公安机关负责人批准,对于涉嫌危害国家安全犯罪、恐怖活动犯罪、特别重大贿赂犯罪,在处所执行监视居住可能有碍侦查的,需经上一级公安机关批准。批准后,签发监视居住决定书。公安机关对犯罪嫌疑人决定监视居住的,应当向犯罪嫌疑人宣读监视居住决定书,由犯罪嫌疑人在副本的签收栏签名、捺指印,并将监视居住执行通知书送达执行机关。

2. 被监视居住的犯罪嫌疑人应将护照等出入境证件、身份证件、驾驶证件交执行机关保存,执行机关在收到犯罪嫌疑人的上述证件后,应开具保存证件清单一式三份,一份附卷,一份交证件持有人,一份交公安机关保管人员。

3. 对人民检察院决定不批准逮捕的犯罪嫌疑人,需要继续侦查,并且符合监视居住条件的,可以监视居住,并由侦查部门制作监视居住决定书、执行通知书。

## 第五节 提请批准逮捕书

### 一、概念和作用

提请批准逮捕书,是指公安机关对有证据证明有犯罪事实,有逮捕必要的犯罪嫌疑人,提请同级人民检察院审查批准逮捕时制作的法律文书。

我国《刑事诉讼法》第 78 条规定:逮捕犯罪嫌疑人、被告人,必须经过人民检察院批准或者人民法院决定,由公安机关执行。第 85 条规定:公安机关要求逮捕犯罪嫌疑人的时候,应当写出提请批准逮捕书,连同案卷材料、证据,一并移送同级人民检察院审查批准。必要的时候,人民检察院可以派人参加公安机关对于重大案件的讨论。《程序规定》第 133 条规定:需要提请批准逮捕犯罪嫌疑人的,应当经县级以上公安机关负责人批准,制作提请批准逮捕书,连同案卷材料、证据,一并移送同级人民检察院审查批准。以上这些规定都是公安机关制作提请批准逮捕书的法律依据。

提请批准逮捕书是公安机关行使诉讼权利并严格依法办案的一种表现形式,是公安机关提请逮捕犯罪嫌疑人的法律凭据,同时也是人民检察院审查批准逮捕的基础和依据,体现了公安机关与人民检察院在刑事诉讼中分工负责、互相制约的原则。由于逮捕是最严厉的一种强制措施,因此,公安机关在办理刑事案件过程中,需要逮捕犯罪嫌疑人的,应当严格依法履行审批手续,认真制作提请批准逮捕书。

### 二、具体写作要求

根据《文书式样》的规定,提请逮捕书为叙述式文书。由首部、正文和尾部三部分组成。

(一)首部

首部应写明标题和案号,犯罪嫌疑人的身份情况、违法犯罪经历以及因本案被采取的强制措施的情况,辩护人的情况,案由、案件来源和案件侦查过程。

1. 标题和案号。标题应居中分行写明制作文书的机关名称和文书名称。例如,"×××公安局""提请批准逮捕书"。提请批准逮捕书的案号为"×公( )提捕字[20××]

×号"。

2. 犯罪嫌疑人的身份情况,违法犯罪经历以及因本案被采取的强制措施的情况。犯罪嫌疑人的身份情况应写明:犯罪嫌疑人的姓名(包括曾用名、别名、绰号等与案件有关的名字,对未查清犯罪嫌疑人姓名的,按其自报的姓名填写)、性别、出生日期、出生地、身份证号码、职业或工作单位及职务(写明犯罪嫌疑人的工作单位名称及从事的职业种类)、居住地(包括户籍所在地、经常居住地、暂住地)、政治面貌(如果是人大代表、政协委员的应一并写明具体级、届代表、委员)。

违法犯罪经历以及因本案被采取强制措施的情况。犯罪嫌疑人如接受过刑事处罚、治安处罚的,应写清时间、种类及执行场所,同时应写明因本案被采取强制措施的情况。例如,"××××年×月××日因涉嫌××罪被××公安局刑事拘留,××××年×月××日被××人民检察院批准逮捕。"

如系共同犯罪案件,有多个犯罪嫌疑人需要追究刑事责任的,应按照首要分子、主犯、从犯、胁从犯的顺序排列犯罪嫌疑人,并逐一写明其身份等基本情况。

如果犯罪嫌疑人系单位犯罪案件,应写明单位名称、所在地址、法定代表人或代表人的姓名、性别和职务。

3. 辩护人的情况。如果犯罪嫌疑人有辩护律师的,应在犯罪嫌疑人身份情况下,写明辩护律师的姓名、所在律师事务所或法律援助机构的名称、律师执业证号码。

4. 案由、案件来源和案件侦查过程。案由,即案件性质。例如,"张××盗窃一案"。案件来源,即写明公安机关获取案件线索或者受理案件的来源,具体写明单位或者公民举报、控告、上级交办、有关部门移送、本局其他部门移交以及工作中发现等。案件侦查过程,简要写明侦查过程中的各个法律程序开始的时间。包括接受案件、立案的时间,具体写明犯罪嫌疑人归案的情况等。例如,"犯罪嫌疑人武××涉嫌抢劫一案,由被害人李××于20××年3月10日报案至我局。我局经过审查,于3月10日立案进行侦查。犯罪嫌疑人武××已于20××年3月14日被抓获归案。"

(二) 正文

提请批准逮捕书的正文包括案件事实、证据和法律依据三项内容。

1. 案件事实。叙述案件事实时,应以"经依法侦查查明"领起下文,然后围绕刑事诉讼法规定的逮捕条件,结合刑法规定的犯罪构成的要件,详细叙述经侦查认定的犯罪嫌疑人涉嫌犯罪的事实。重点写明已有证据证明发生了犯罪事实,犯罪事实是犯罪嫌疑人实施的,证明犯罪嫌疑人实施犯罪行为的证据已经查证属实;犯罪嫌疑人的行为具有《刑事诉讼法》第79条第1款规定的社会危害性的情形之一,有逮捕必要;或者有证据证明有犯罪事实,可能判处10年以上刑罚或者判处徒刑以上刑罚,曾经是故意犯罪的等。要抓住主要的案件事实进行叙述,即要反映出犯罪嫌疑人出于什么动机和目的,实施了什么犯罪行为,以及作案的具体时间、地点、手段、情节和危害后果。对于只有一个犯罪嫌疑人的案件,如犯罪嫌疑人实施了多次犯罪事实,触犯一个罪名的,应按时间顺序逐一叙述;对于触犯多个罪名的犯罪嫌疑人,应按主次顺序分别叙述其犯罪事实;对于共同犯罪的案件,首先应叙述犯罪嫌疑人共同犯罪的事实以及各个犯罪嫌疑人在共同犯罪中所处的地位和作用,然后依照犯罪嫌疑人的主次顺序,再分别叙述各个犯罪嫌疑人单独犯罪的事实。

2. 证据。在犯罪事实的叙述后,另起一段,以"认定上述事实的证据如下"引出列举的证据。提请批准逮捕书中所列的证据并不是案件的所有证据,而是已经查证属实的主要证据,所列的证据要能证明与犯罪事实的关系。

3. 法律依据。首先根据犯罪构成简要阐明犯罪嫌疑人的行为特征及其所触犯的刑法条文和所涉嫌的罪名。然后阐明提请批准逮捕犯罪嫌疑人的法律依据。例如,"综上所述,犯罪嫌疑人赵××、王××以非法占有为目的,采用以暴力相威胁的手段,劫取他人财物,其行为已触犯了《中华人民共和国刑法》第二百六十三条之规定,涉嫌抢劫罪,符合逮捕条件。依照《中华人民共和国刑事诉讼法》第七十九条、第八十五条之规定,特提请批准逮捕。"

(三) 尾部

尾部包括致送的人民检察院名称、署名、日期、加盖印章、附项。

1. 致送的人民检察院名称。在正文后,应分行先写致送用语"此致",下一行顶格写明主送的同级人民检察院名称。

2. 署名。在提请批准逮捕书的右下方应署文书制作的公安机关名称。

3. 日期。写明文书制作的具体年、月、日。

4. 加盖公安机关印章。

5. 附项。应写明卷案的份数和页数。

### 三、文书写作需要注意的问题

1. 需要提请批准逮捕犯罪嫌疑人的,应当经县级以上公安机关负责人批准,制作提请批准逮捕书一式三份,连同案卷材料、证据,一并移送同级人民检察院审查。

2. 提请批准逮捕书叙述犯罪事实时应注意以下四点:第一,因为逮捕不是侦查终结,不可能查清所有犯罪事实,逮捕的条件也只是有犯罪事实发生,而不是全部犯罪事实,所以所述有犯罪事实是从逮捕角度而不是从结案角度出发的,只要犯罪嫌疑人具备刑法条文中规定的犯罪构成要件的主要情节即可。第二,有证据证明的犯罪事实可以是犯罪嫌疑人实施的数个犯罪行为中的一个,不仅可以是犯罪嫌疑人实施的所有的或者主要的犯罪事实,而且可以是犯罪嫌疑人实施的次要的犯罪事实,但是,必须是依照法律规定可能判处徒刑以上刑罚的犯罪事实。第三,所写的犯罪事实必须是有证据证明的,获得的证据应当是直接证据、主要证据,而且已经查证属实,对于尚未查清无证据证明的事实不应写。第四,有的犯罪嫌疑人可能有多起犯罪事实,但只要有一起犯罪事实符合逮捕的条件,就可以提请批准逮捕。

3. 对于人民检察院不批准逮捕并通知补充侦查的,公安机关应当按照人民检察院补充侦查提纲的要求补充侦查。公安机关补充侦查完毕,认为符合逮捕条件的,应当重新提请批准逮捕,制作提请批准逮捕书。

4. 对于人民检察院决定不批准逮捕的,公安机关在收到不批准逮捕决定书后,如果犯罪嫌疑人已被拘留,应当立即释放,发给释放证明书,并将执行回执送达作出不批准逮捕决定的人民检察院。对已被拘留不批准逮捕的犯罪嫌疑人,公安机关认为需要补充侦查、要求复议或者提请复核的,可以变更为取保候审或者监视居住。

5. 提请批准逮捕书一般是一案一份,对共同犯罪案件需要提请批准逮捕数名犯罪嫌疑人的,制作一份文书,但案件如果不是对所有犯罪嫌疑人都提请批准逮捕的,在叙述犯罪事实时,应叙述清楚全部的犯罪事实,并对未提请批准逮捕的犯罪嫌疑人采取了何种强制措施的情况在文书中予以说明。

# 第六节 通 缉 令

### 一、概念和作用

通缉令,是指公安机关在办理刑事案件过程中,针对在逃的应当逮捕的犯罪嫌疑人发布追捕归案命令时制作的法律文书。

我国《刑事诉讼法》第153条规定:应当逮捕的犯罪嫌疑人如果在逃,公安机关可以发布通缉令,采取有效措施,追捕归案。各级公安机关在自己管辖的地区以内,可以直接发布通缉令;超出自己管辖的地区,应当报请有权决定的上级机关发布。《程序规定》第265条规定:应当逮捕的犯罪嫌疑人如果在逃,公安机关可以发布通缉令,采取有效措施,追捕归案。县级以上公安机关在自己管辖地区内,可以直接发布通缉令;超出自己管辖的地区,应当报请有权决定的上级公安机关发布。通缉令的发送范围,由签发通缉令的公安机关负责人决定。第266条规定:通缉令中应当尽可能写明被通缉人的姓名、别名、曾用名、绰号、性别、年龄、民族、籍贯、出生地、户籍所在地、居住地、职业、身份证号码、衣着和体貌特征、口音、行为习惯,并附被通缉人近期照片,可以附指纹及其他物证的照片。除了必须保密的事项以外,应当写明发案的时间、地点和简要案情。

通缉令具有法律强制性,是公安机关协同作战并动员和组织群众共同查获在逃的犯罪嫌疑人的有效方式。对于被通缉的对象,各地公安机关都可以将其抓捕,任何公民都有权利和责任将其扭送公安机关处理。因此,发布通缉令对于及时抓获犯罪嫌疑人和案件顺利侦破具有十分重要的作用。

### 二、具体写作要求

通缉令属于多联填充式文书。根据《文书式样》规定,通缉令由对内发布联、对外发布联和存根三联组成。

通缉令的存根是公安机关发布对犯罪嫌疑人通缉令的凭证。由公安机关留存备查,应按式样所规定的内容的顺序写明以下项目:案件名称、案件编号、被通缉人姓名、性别、出生日期、身份证号码、住址、单位及职业、通缉时间、批准人、批准时间、办案人、办案单位、填发时间和填发人。

对内发布联是公安机关依法对在逃的犯罪嫌疑人进行追捕的依据。对外发布联是公安机关通过广播、电视、报刊、计算机网络等方式对外发布通缉令的凭证。两联均包括首部、正文和尾部。

（一）首部

首部包括标题和案号。

1. 标题。对内发布和对外发布联的标题中不写制作通缉令的公安机关名称，应居中写明文书名称，即"通缉令"。存根联则应分行居中写明制作的公安机关名称和文书名称，即写明"××××公安局""通缉令"。

2. 案号。通缉令的案号为"×公（ ）缉字[20××]×号"。

（二）正文

对内发布联和对外发布联的正文，应写明犯罪嫌疑人的基本情况、发布范围、简要案情、工作要求和注意事项、附件。

1. 犯罪嫌疑人的基本情况。应当写明犯罪嫌疑人的姓名、性别、年龄、民族、职业、工作单位、户籍所在地、住址等。在逃人员网上编号（对外发布联不写此项）、身份证号码、体貌特征、行为特征、口音、携带物品、特长等。

体貌特征要写明通缉对象的面部特征、身高、肤色、体态、发型及颜色、生理病理特征、衣着等。行为特征要写明被通缉对象活动的一般规律、行为动作的特殊表现形态。口音要写明被通缉对象是否操有地方口音或操有何种地方口音。携带物品要写明被通缉对象逃跑时，是否携带枪支、弹药、爆炸物、赃款赃物以及有关物品的数量、特征等。特长应写明被通缉对象掌握何种技能，如驾驶、射击、摔跤、爆破等。例如，"犯罪嫌疑人刘××，男，1981年2月10日出生，××县人，在逃人员网上编号×××，身份证号×××，身高177厘米，留平头，国字脸，单眼皮，体格健壮，皮肤较黑，操东北口音，逃走时上身穿白色衬衣，下身穿浅蓝色牛仔裤，白色旅游鞋，携带一把自制手枪，该犯罪嫌疑人曾经练过五年摔跤，会驾驶汽车。"

2. 发布范围。根据《刑事诉讼法》第153条第2款的规定，公安机关在自己管辖的地区以内，可以直接发布通缉令；超出自己管辖的地区，应当报请有权决定的上级公安机关发布。因此，发布范围与公安机关的管辖范围密切相关。

3. 简要案情。写明被通缉的犯罪嫌疑人的作案时间、地点、手段、案件性质、情节及后果等。对涉密的内容应当选择性地予以说明。

4. 工作要求和注意事项。写明对被通缉对象的追捕措施以及抓获后的处置措施，并写明办案单位联系人、联系电话及通讯地址等。对内发布联一般写为："望各单位接此通缉令后，立即布置警力，严格控制，注意查缉，如果发现犯罪嫌疑人×××，立即拘捕并速告××公安局刑警大队。联系人、联系电话：×××、×××。"对外发布联可根据案情写明犯罪嫌疑人持有武器，具有危险性，请注意自我保护等内容。例如，"刘××体格健壮，随身携带有一把自制手枪，危险性很大，发现其时请立即与公安机关联系，并注意保护自身安全,不要惊动犯罪嫌疑人。"

5. 附件。对内发布联,有条件的,在附件中附犯罪嫌疑人照片、指纹、DNA 编号及社会关系。但公开发布的通缉令不得将犯罪嫌疑人的社会关系公开。对外发布联中的附件只需附犯罪嫌疑人的照片。

(三) 尾部

尾部包括署名、日期、加盖印章、抄送部门。

1. 署名。写明制发通缉令的公安机关名称。
2. 日期。写明具体的年、月、日。
3. 加盖公安机关印章。
4. 抄送部门。对内发布联应写明抄送的部门名称。例如,抄送部门:××公安局。

### 三、文书写作需要注意的问题

1. 通缉令适用的对象是在逃的犯罪嫌疑人,且犯罪嫌疑人符合逮捕条件,应当逮捕,否则即使在逃,也不能够发布通缉令。所谓应当逮捕,既包括检察机关已经批准逮捕的,也包括公安机关经过调查取证,认为犯罪嫌疑人符合逮捕条件,应当予以逮捕,但尚未提请检察机关批准的。对于应当逮捕但尚未提请批准逮捕的犯罪嫌疑人,应当办理刑事拘留手续,以免贻误战机。

2. 通缉令制作好后,要立即发布。根据案情需要,通缉令的发布方式有三种:一是对内发布,即将通缉令发布给有关单位,包括相关的公安机关、有关保卫部门和居委会等。二是对外发布,即通过新闻媒体发布,如广播、电视、报刊、互联网等。三是将通缉令张贴在有关场所,向社会公开通缉。

3. 公安部发布的通缉令分为 A 级和 B 级两种,具体写作要求相同,只是奖励金额和来源不同。A 级悬赏金由公安部奖励 5 万元且上不封顶,B 级悬赏金由省、区、市公安厅、局奖励 1 万元。在奖励方式上,对抓获 A 级公安部通缉令被通缉人或者提供线索的有关单位和个人,由公安部给予奖励;对抓获 B 级公安部通缉令被通缉人或者提供线索的有功单位和个人,则由申请发布通缉令的各级公安机关给予奖励。

## 第七节 起诉意见书

### 一、概念和作用

起诉意见书,是指公安机关对案件侦查终结后,认为犯罪事实清楚,证据确实、充分,应当追究犯罪嫌疑人的刑事责任,向同级人民检察院移送审查起诉时制作的法律文书。

《刑事诉讼法》第 160 条规定:公安机关侦查终结的案件,应当做到犯罪事实清楚,证据确实、充分,并且写出起诉意见书,连同案卷材料、证据一并移送同级人民检察院审查决定;同时将案件移送情况告知犯罪嫌疑人及其辩护律师。《程序规定》第 279 条规定:对侦查终结的案件,应当制作起诉意见书,经县级以上公安机关负责人批准后,连同全部案卷材料、证据,以及辩护律师提出的意见,一并移送同级人民检察院审查决定;同时将案件移送情况告知犯罪嫌疑人及其辩护律师。第 280 条规定:共同犯罪案件的起诉意见书,应当写明每个犯罪嫌疑人在共同犯罪中的地位、作用、具体罪责和认罪态度,并分别提出处理意见。

公安机关制作的起诉意见书,是对案件侦查终结活动的总结和结论,标志着侦查工作的结束,因此,它集中反映了公安机关办理刑事案件的质量,同时也是提请人民检察院依法对案件进行审查,并决定是否起诉的法定文件,是人民检察院审查起诉和人民法院审理案件的基础材料,充分体现了公检法三机关在刑事诉讼中分工负责、互相配合、互相制约的原则。由于公安机关在刑事诉讼活动中负责第一道工序,因此所制作的起诉意见书在刑事诉讼活动中起着非常重要的作用,必须认真制作。

**二、具体写作要求**

根据《文书式样》的规定,起诉意见书为叙述式文书。由首部、正文和尾部三部分组成。

(一)首部

首部应写明标题、案号、犯罪嫌疑人的身份情况及犯罪经历、辩护人的情况、案由、案件来源和案件侦查过程。

1. 标题。应居中分两行写明文书制作的公安机关名称和文书名称。例如,"××××公安局""起诉意见书"。

2. 案号。起诉意见书的案号应写为"×公( )诉字[20××]×号"。

3. 犯罪嫌疑人的身份情况及犯罪经历。应按《文书式样》规定的内容依次写明犯罪嫌疑人的姓名、性别、出生日期、出生地、身份证件种类及号码、民族、文化程度、职业或工作单位及职务、居住地、政治面貌、违法犯罪经历以及因本案被采取强制措施的情况。

叙写犯罪嫌疑人的身份情况,应注意以下几个问题:

(1)犯罪嫌疑人的姓名。应写犯罪嫌疑人合法身份证件上的姓名,如果没有合法身份证件的,应写在户籍登记中使用的姓名。如果犯罪嫌疑人是外国人,除应当填写其合法身份证件上的姓名外,还应当同时写明汉语译名。起诉意见书中应当在写明犯罪嫌疑人姓名的同时,写明犯罪嫌疑人使用过的其他名称,包括别名、曾用名、绰号等。如有必要,还可写明笔名、网名等名称。确实无法查明其真实姓名的,也可以暂填写其自报的姓名,查清其真实姓名后,按照查清后的姓名填写,对之前填写的内容可不再更改,但应当在案件卷宗中予以书面说明(犯罪嫌疑人出生日期、住址不明的,可参照上述规定写明)。

(2)犯罪嫌疑人的出生日期。犯罪嫌疑人的出生日期以公历(阳历)为准,除有特别说明的以外,一律具体到年月日。确定犯罪嫌疑人的出生日期应当以其合法身份证件上记载的出生日期为准,没有合法身份证件的,以户籍登记中的出生日期为准。

(3)犯罪嫌疑人的住址。写明犯罪嫌疑人被采取强制措施前的经常居住地。犯罪嫌疑人的经常居住地以户籍登记中的住址为准。如果该犯罪嫌疑人离开户籍所在地在其他地方连续居住满1年以上的,则以该地为经常居住地,并应当在填写经常居住地的同时注明户籍登记中的住址。

(4)身份证件种类及号码。应写明居民身份证、军官证、护照等法定身份证件的种类及号码。

(5)文化程度。应写明国家承认的学历。文化程度分为研究生(博士、硕士)、大学、大专、高中、初中、小学、文盲等档次。

(6)犯罪嫌疑人的单位及职业。写明犯罪嫌疑人的工作单位名称以及从事的职业种类。单位名称应当填写全称,必要时在前面加上地域名称。认定犯罪嫌疑人的工作单位,不能单纯凭人事档案是否在该单位,而应当视其是否实际在该单位工作。只要其实际在该单位工作的,即可认定为工作单位。职业应当填写从事工作的种类。没有工作单位的,可以根据实际情况填写经商、务工、农民、在校学生或者无业等。

(7)违法犯罪经历。犯罪嫌疑人如有违法犯罪经历的,应写明有关情况。如受过刑事处罚,应写明何时因何原因受过何单位给予的何种处罚。例如,"2014年7月5日,王××因犯盗窃罪被××县人民法院判处有期徒刑三年。"犯罪嫌疑人如有数次违法犯罪经历的,应按时间顺序逐一写明违法犯罪的时间、种类及执行场所、释放时间等。

(8)因本案被采取强制措施的情况。应写明因本案何时被采取何种强制措施。例如,"犯罪嫌疑人张××20××年×月×日因涉嫌抢劫罪被××市公安局刑事拘留,经××市人民检察院批准,于同年×月×日被依法逮捕。"如果案件变更强制措施的,应写明变更的有关情况。

(9)同案有多名犯罪嫌疑人的,应按犯罪嫌疑人在案件中的主次地位,按顺序逐一写明以上各项内容。

(10)犯罪嫌疑人如是单位犯罪的,应写明单位的名称、所在地址;法定代表人或代表人的姓名、性别和职务。

4.辩护人。如犯罪嫌疑人聘请了律师的,应写明律师的姓名,所在律师事务所或者法律援助机构的名称,律师执业证编号。

5.案由、案件来源和案件侦查过程。案由应根据犯罪事实和触犯的刑法条款来加以认定。案件来源是公安机关获取案件线索或者受理案件的来源,应写明是单位或者公民举报、控告、上级交办、有关部门移送以及工作中发现等。案件侦查过程应简要写明案件侦查过程中各个法律程序开始的时间,如接受案件、立案时间以及犯罪嫌疑人归案的情况。最后写明犯罪嫌疑人×××涉嫌××一案,现已侦查终结。例如,"犯罪嫌疑人李×涉嫌盗窃一案,由被害人孙××于20××年×月×日报案至我局,我局于×月×日立案并展开侦查。×月×日晚,被害人孙××在本县游戏厅发现犯罪嫌疑人李×后电话报警,刑侦大队将犯罪嫌疑人李×抓获,当场缴获苹果手机一部(型号:iphone6s,黑色机身,价值人民币4000元),银行卡3张。犯罪嫌疑人李×涉嫌盗窃一案,现已侦查终结。"

(二) 正文

正文是起诉意见书的核心内容,包括犯罪事实、证据、案件的有关情节,提出起诉意见的理由和法律依据。

1. 犯罪事实。开头应以"经依法侦查查明"引出对犯罪事实的叙述,然后围绕刑法规定的犯罪构成要件,详细叙述经公安机关侦查终结确认的犯罪嫌疑人的犯罪事实。

犯罪构成要件是认定犯罪的基本要求,也是起诉意见书赖以存在的基础。因此,要通过对事实的叙述,反映出犯罪嫌疑人构成犯罪的四个要件,即犯罪嫌疑人在实施犯罪时所侵害的客体,实施犯罪的具体行为,犯罪嫌疑人是否达到刑事责任年龄和具有刑事责任能力,主观上是故意还是过失。在具体叙写时,并不要求按照犯罪构成的四个要件全面展开,只需在叙述犯罪事实时,把构成犯罪的情节反映出来即可。具体讲就是要写清与定罪量刑有关的事实要素。即写明犯罪嫌疑人出于什么动机和目的,实施了什么犯罪行为、作案的时间、地点、手段、情节、危害后果以及证明这些犯罪事实的主要证据。

作案的时间和地点是任何刑事犯罪都必须具备的要素,对时间的叙写,要求准确写明犯罪嫌疑人具体作案的年、月、日,有些特殊案件还应确切到时、分。对于流窜作案的犯罪事实,要把犯罪嫌疑人作案经过的地域名称写清楚。犯罪的动机是刺激、促使犯罪嫌疑人以达到犯罪目的的内心起因、内在冲动或思想活动,是犯罪构成要件中的主观方面。有些案件中犯罪嫌疑人的犯罪动机隐藏很深,公安机关侦查时只能通过蛛丝马迹才能发现,而很多案件没有作案动机,比如过失致人死亡罪、交通肇事罪等。而犯罪目的则是犯罪嫌疑人在一定的动机推动下希望通过某种行为来达到某种结果的心理状态。动机和目的是定罪量刑时重点要考虑的要素,因此在叙述犯罪事实时不能把两者相混淆。作案的手段是犯罪嫌疑人实施犯罪行为时所采取的方式方法。情节是犯罪嫌疑人在实施犯罪行为过程中的情况变化,如犯罪未遂、中止等。危害后果是犯罪行为所造成的结果。起诉意见书的犯罪事实部分应结合案件的不同情况,采用不同的叙述方法,客观准确地写清楚这些构成犯罪事实的要素。

根据实际办案的经验,叙述犯罪事实主要有以下几种方法:

(1) 时间顺序法。即按照犯罪嫌疑人作案时间的先后顺序来叙述。这种写法适用于一人一次犯罪,多人一次犯罪和一人多次涉嫌同一性质罪行的案件。这种写法条理清楚,一目了然。

(2) 突出主罪法。即按照犯罪嫌疑人犯罪性质的轻重程度来叙述,先写重罪,再写轻罪。这种写法主要适用于一人或者多人多次犯罪,且涉嫌不同罪名的案件。如一人涉嫌杀人、抢劫、盗窃三种罪名,可先叙述杀人罪行,后叙述抢劫罪行,最后叙述盗窃罪行。采用这种写法,重点突出、主次清晰、数罪分明。

(3) 综合归纳法。这种写法适用于一人或者多人多次涉嫌同一罪名,而且作案的方式、方法、经过、手段等情节又大致相同的案件。如多次盗窃、多次抢劫或者多次诈骗等案件,可选择其中最严重、最有代表性的一次或两次犯罪事实加以详尽叙述,而对其他几次犯罪事实则可采用综合归纳的方法进行叙述。采用这种写法,既可避免重复啰嗦、文字冗长的弊病,又可以比较全面、具体地把全部犯罪事实叙述清楚。

(4) 多种方法并用。对于共同犯罪和集团犯罪案件,由于各个犯罪嫌疑人在犯罪过程中所处的地位不同,罪行交错,情节各异,罪责不一,触犯的法律条款也不尽相关等。对这类案件,大都采用综合归纳兼用其他方法进行叙述。即先用综合归纳法把共同犯罪的主要事实(可以性质为序,也可以时间为序)叙述清楚,然后按照主犯、从犯、胁从犯的顺序,把每一个犯罪嫌疑人除了参与共同犯罪以外还单独犯有的其他罪行,在叙述其共同犯罪事实后,再写清单独犯罪的事实。

2. 证据。在叙述犯罪事实后,另起一段以"认定上述事实的证据如下"引出列举的证据。起诉意见书中不需把证明犯罪嫌疑人犯罪事实的全部证据一一列举出来,而是要根据不同性质案件的不同特点,有针对性地列出部分主要证据。所列的相关证据应能说明与案件事实的关系。在列举证据之后,另起一段写明:"上述犯罪事实清楚,证据确定、充分,足以认定。"

3. 案件的有关情节。案件的有关情节应具体写明是否有累犯、立功、自首、和解等影响量刑的从重、从轻、减轻等犯罪情节。

4. 提出起诉意见的理由和法律依据。提出起诉意见的理由,要概括说明犯罪嫌疑人的行为触犯了我国《刑法》的条文和涉嫌的罪名,依法应当受到刑事处罚。移送起诉的法律依据是我国《刑事诉讼法》第160条的规定。对当事人和解的公诉案件,还应写明双方当事人已自愿达成和解协议以及履行情况,同时可以提出从宽处理的建议。这部分内容根据《文书式样》规定,可表述为:"综上所述,犯罪嫌疑人×××……(根据犯罪构成简要说明罪状),其行为已触犯《中华人民共和国刑法》第××条之规定,涉嫌××罪。依照《中华人民共和国刑事诉讼法》第一百六十条之规定,现将此案移送审查起诉(当事人和解的公诉案件,应当写明双方当事人已自愿达成和解协议以及履行情况,同时可以提出从宽处理的建议)。"

(三) 尾部

尾部包括受文单位、文书制作单位、日期、用印和附注五项内容。

1. 受文单位。写明接受移送案件的同级人民检察院的名称。具体应分行写为"此致""××××人民检察院"。

2. 文书制作单位。应写明制作起诉意见书的公安机关名称。

3. 日期。应写移送审查起诉的具体年、月、日。

4. 用印。加盖公安机关印章。

5. 附注。根据实际情况写明"本案卷宗×卷×页","随案移送物品×件。"

### 三、文书写作需要注意的问题

1. 公安机关制作起诉意见书必须是案件已经侦查终结,犯罪事实清楚,证据确实、充分,犯罪性质和罪名认定正确,法律手续完备,依法应当追究犯罪嫌疑人的刑事责任。

2. 侦查终结案件的处理,由县级以上公安机关负责人批准;重大、复杂、疑难的案件应当经过集体讨论决定。

3. 起诉意见书中要准确、全面叙述犯罪嫌疑人的犯罪事实。所谓准确,是指对犯罪嫌疑人的犯罪事实不夸大、不缩小、不主观臆断,要真实反映案件的本来面目。所谓全面,需要注意以下几点:一是对犯罪的全部行为,涉嫌几条罪行就写几条罪行;二是客观反映犯罪嫌疑人在侦查过程中检举、揭发他人犯罪活动或具有悔罪表现的事实;三是写明犯罪的法定从重、从轻、减轻处罚或者免除处罚情节方面的事实。

4. 严格分清罪与非罪的界限。不构成犯罪的事实,如犯罪嫌疑人违反行政法规或其他规定,受到党纪或政纪处罚的事实,不能写入起诉意见书中。与认定犯罪无关的事实,也不能写入起诉意见书。

5. 要准确、全面、完整地引用法律条文。应根据犯罪性质和案件的不同情况和需要,准确引用法律条文。有些案件不仅要引用确定犯罪性质(罪名)的条款,而且要引用反映犯罪预备、未遂、中止、自首、累犯、教唆的法律条文等。引用法律条文应写法律的全称,不能写简称;引用时要具体写明法律条文的序号,条文中有款、项的,要具体引用到款、项,而不能只笼统引用某条。

## 第八节　补充侦查报告书

### 一、概念和作用

补充侦查报告书,是指公安机关根据人民检察院的补充侦查决定书的要求,对案件进行补充侦查后,将补充侦查结果告知人民检察院时制作的法律文书。

《刑事诉讼法》第171条第2款规定:人民检察院审查案件,对于需要补充侦查的,可以退回公安机关补充侦查,也可以自行侦查。《程序规定》第285条规定:对于人民检察院退回补充侦查的案件,根据不同情况,报县级以上公安机关负责人批准,分别作如下处理:(一)原认定犯罪事实清楚,证据不够充分的,应当在补充证据后,制作补充侦查报告书,移送人民检察院审查;对无法补充的证据,应当作出说明;(二)在补充侦查过程中,发现新的同案犯或者新的罪行,需要追究刑事责任的,应当重新制作起诉意见书,移送人民检察院审查;(三)发现原认定的犯罪事实有重大变化,不应当追究刑事责任的,应当重新提出处理意见,并将处理结果通知退查的人民检察院;(四)原认定犯罪事实清楚,证据确实、充分,人民检察院退回补充侦查不当的,应当说明理由,移送人民检察院审查。

补充侦查有利于进一步查明案情,对证实犯罪,准确、有力依法打击犯罪分子,防止冤假错案,提高办案质量等方面都有积极的作用。因此,公安机关对于人民检察院的补充侦查决定应当认真执行,并制作好补充侦查报告书。

### 二、具体写作要求

根据《文书样式》规定,补充侦查报告书属叙述式文书。由首部、正文和尾部三部分组成。

(一) 首部

首部包括标题、案号和受文单位名称。

1. 标题。标题应分两行居中写明制作文书的机关名称、文书名称。例如,"××××公安局""补充侦查报告书"。

2. 案号。补充侦查报告书的案号为"×公( )补侦字[20××]×号"。

3. 受文单位名称。抬头顶格写明审查案件的人民检察院名称。

(二) 正文

正文包括补充侦查事由和补充侦查结果。

1. 补充侦查事由。应写明人民检察院退回补充侦查决定书的日期、案号及案件的名称。例如,"你院于2017年8月10日以×检×补侦[2017]第17号补充侦查决定书退回的李××诈骗案,已经补充侦查完毕,结果如下:……"。

2. 补充侦查结果。这部分应详细写明补充侦查的情况和结果以及所取得的证据。叙述时要针对人民检察院退回补充侦查决定书所附的侦查提纲所列内容,逐条予以说明。对于经补充侦查查清的问题,应写明查清的事实和证据,侦查的方法和结果;对于补充侦查仍未查清或无法查清的,要做情况说明,写明没有查清的原因;对于案卷材料中已清楚的或已有证据证明的,不需要补充侦查的,要注明要求补充的内容及证据在卷宗材料的第几卷第几页上;对于法律手续不完备而退补的案件,要写明已按法定程序补办法律手续的情况。最后,在报告书的结尾要写明"现将该案卷宗×卷×页及补充的查证材料×卷×页附后,请查收"。

(三) 尾部

尾部应写明制作文书的公安机关名称,写明日期,并加盖公安机关印章。

### 三、文书写作需要注意的问题

1. 补充侦查是经侦查终结,移送人民检察院审查起诉后,人民检察院退回公安机关的案件。对于提请批准逮捕后,人民检察院不批准逮捕,并要求补充侦查的,公安机关经过补充侦查,认为符合逮捕条件的,应当制作提请批准逮捕书,重新提请批准逮捕,不能制作补充侦查报告书。

2. 公安机关经过补充侦查,认为原认定犯罪事实清楚,证据不够充分的,在补充侦查后,制作补充侦查报告书。经过补充侦查,对有以下几种情形,不必制作补充侦查报告书:一是在补充侦查过程中,发现新的同案犯或者新的罪行,需要追究刑事责任的,应当重新制作起诉意见书,移送人民检察院审查;二是发现原认定的犯罪事实有重大变化,不应当追究刑事责任的,应当重新提出处理意见,并将处理结果通知退补侦查的人民检察院;三是原犯罪事实清楚,证据确实、充分,人民检察院退回补充侦查不当的,应当说明理由,移送人民检察院审查。

3. 补充侦查报告书一式两份,一份交退回补充侦查的人民检察院,一份由公安机关留存,附侦查工作卷。

## 第九节　呈请类报告书

### 一、概念和作用

呈请类报告书,是指公安机关办理刑事案件过程中,对于拟进行的有关诉讼行为呈报领导审批时制作的法律文书。

《程序规定》明确规定了"呈请拘传报告""呈请取保候审报告书""呈请监视居住报告书""呈请拘留报告书""呈请延长拘留期限报告书""呈请不予立案报告书""刑事案件报告书"等事项的适用条件和使用方法。上述事项的审批,都可以使用本文书。上述事项以外其他与刑事办案有关需要审批的事项,并且是《文书式样》没有明确规定的,均可制作呈请类报告书。

呈请类报告书属于刑事通用文书中的一种,是公安机关内部使用的审批性文书。刑事通用文书在刑事诉讼侦查的各个阶段均可适用。由于公安机关进行的有关诉讼活动往往涉及公民的人身权利或者财产权利,因此,《刑事诉讼法》和《规定程序》对公安机关有关诉讼活动都规定了比较明确的审批程序。认真制作呈请类报告书,严格按照规定的程序进行审批,对于规范公安机关刑事执法活动,保证准确、及时地惩治犯罪,保护公民的合法权益不受侵害具有十分重要的意义。

### 二、具体写作要求

根据《文书式样》的规定,呈请类报告书属叙述式文书,由审批栏、首部、正文和尾部组成。

(一)审批栏。包括办案单位意见栏、审核意见栏、领导指示栏。审核意见栏一般由审核人(部门)签署审核意见,部门审批事项不需要审核人(部门)签署的,此栏可以不填。通常的审核人、审核部门有法制员、法制部门、预审部门等。在2012年版《文书式样》中,呈请类报告书在2002版《文书格式》的基础上,增加了"办案单位意见"栏,目的是增加审批层次,使签署意见更为灵活地贴近实际,方便法制(预审)部门在"审核意见"一栏中增加意见。

(二)首部。写明题目。题目应在"呈请"与"报告书"之间的空白处写明呈请的事项,如"拘留、拘传、搜查"等。

(三)正文。正文应写明犯罪嫌疑人的基本情况、呈请事项、事实依据、法律依据及结语四项内容。

1. 犯罪嫌疑人的基本情况。包括姓名、性别、出生日期、身份证号码、民族、文化程度、职业或工作单位及职务、政治面貌(如是人大代表或者政协委员,一并写明具体级、届代表、委员)、采取强制措施情况、简历等。由于办案中需要的事项很多,每次呈请报告时,上述情况并不一定都要列举,可根据具体事项来确定。如果还不能确定犯罪嫌疑人的,写明案件基本情况即可。如果涉及其他人员的,如被害人等,应写明涉及的其他人的基本情况。

2. 呈请事项。呈请事项是呈请需要领导指示的内容,这项内容要明确具体、简明扼要、一目了然。例如,呈请立案;呈请采取或者解除强制措施、侦查措施;呈请破案、撤销案件;呈请对犯罪嫌疑人×××予以拘留等。

3. 事实依据。应详细叙述有关的案件事实,并对有关证据进行分析。例如,呈请搜查报告书中的事实依据,应写明案情以及为什么要进行搜查,通过搜查所要解决什么问题,还应写明如不及时进行搜查,有可能造成犯罪嫌疑人逃跑或毁灭、伪造、转移犯罪证据等情况。再如,呈请拘留报告书中的事实依据,应详细叙述已经查清的被拘留人的犯罪事实或者重大嫌疑事实。如果被拘留人是现行犯,要把犯罪的时间、地点、动机、目的、手段、情节、后果等情节反映出来。如果被拘留人是有重大嫌疑的,首先,要将认定嫌疑的事实根据叙述清楚,其次,还应写明适用拘留决定条件方面的事实,即正在预备犯罪、实施犯罪或者在犯罪后被及时发现的;被害人或者在场亲眼看到的人指认其犯罪的;在身边或者住所地发现有犯罪证据的;犯罪后企图自杀、逃跑或者在逃的;有毁灭、伪造证据或者串供可能的;不讲真实姓名、住址,身份不明的;有流窜作案、多次作案、结伙作案重大嫌疑的。如有上述情况,报告书中的事实依据部分应写明情况紧急,如果不对现行犯或者重大嫌疑人予以拘留,就会发生新的社会危害或者妨碍侦查工作的顺利进行等。另外,事实依据部分还应对证据进行分析。

4. 法律依据及结语。要写明依据的具体法律规定。例如,周××故意杀人案的法律依据和结语部分是这样叙述的:"综上所述,犯罪嫌疑人周××的行为触犯了《中华人民共和国刑法》第二百三十二条之规定,涉嫌故意杀人罪。为查清周××的犯罪事实,防止发生社会危险性,根据《中华人民共和国刑事诉讼法》第八十条之规定,拟对犯罪嫌疑人周××予以拘留。"

(三) 尾部

尾部首先应写明"妥否,请批示。"其次,在文书右下方写明办案单位名称和文书制作的具体年、月、日。

### 三、文书写作需要注意的问题

1. 呈请类报告书制作完毕后,应当由办案单位主要领导填写办理意见,然后送有关部门进行审核,审核部门签署意见后,送单位领导批示。

2. 根据领导批示,制作相关法律文书,开展有关侦查活动,如根据经领导批示同意的呈请立案报告书,可制作立案决定书,并开展有关侦查工作;根据经领导批示同意的呈请拘留犯罪嫌疑人×××报告书,可制作拘留证,对犯罪嫌疑人执行拘留。

3. 呈请类报告书属于内部审批性文书,经领导审批的呈请有关事项的报告书应当存入侦查工作卷。

## 第十节　要求复议意见书

### 一、概念和作用

要求复议意见书,是指公安机关认为同级人民检察院作出的不批准逮捕或者不起诉决定有错误,依法要求同级人民检察院对其原决定进行复议时制作的法律文书。

《刑事诉讼法》第 90 条规定:公安机关对人民检察院不批准逮捕的决定,认为有错误的时候,可以要求复议,但是必须将被拘留的人立即释放。第 175 条规定:对于公安机关移送起诉的案件,人民检察院决定不起诉的,应当将不起诉决定书送达公安机关。公安机关认为不起诉的决定有错误的时候,可以要求复议,如果意见不被接受,可以向上一级人民检察院提请复核。第 271 条第 2 款规定:对附条件不起诉的决定,公安机关要求复议、提请复核或者被害人申诉的,适用本法第 175 条、第 176 条的规定。《程序规定》第 137 条第 1 款规定,对人民检察院不批准逮捕的决定,认为有错误需要复议的,应当在收到不批准逮捕决定书后 5 日以内制作要求复议意见书,报经县级以上公安机关负责人批准后,送交同级人民检察院复议。第 283 条第 1 款规定:认为人民检察院作出的不起诉决定有错误的,应当在收到不起诉决定后 7 日以内制作要求复议意见书,经县级以上公安机关负责人批准后,移送同级人民检察院复议。第 319 条第 1 款规定:认为人民检察院作出的附条件不起诉决定有错误的,应当在收到不起诉决定书后 7 日以内制作要求复议意见书,经县级以上公安机关负责人批准,移送同级人民检察院复议。这些规定都是公安机关制作要求复议意见书的法律根据。

制作要求复议意见书是公安机关要求复议权的具体体现,依法行使要求复议权,对同级人民检察院办理刑事案件的活动进行制约,可以促使人民检察院正确执行法律,严格依法办事,确保办案质量,避免对应当受到刑罚处罚的犯罪嫌疑人打击不力。

### 二、具体写作要求

根据《文书式样》规定,要求复议意见书为单联填充式文书,由首部、正文和尾部三部分内容组成。

(一) 首部

首部包括标题、案号和受文单位名称。

1. 标题。应分两行居中写明制作文书的机关名称和文书名称。例如,"××××公安局""要求复议意见书"。

2. 案号。要求复议意见书的案号写为:"×公( )要复字[20××]×号"。

3. 受文单位名称。应顶格写明同级人民检察院的名称。

(二) 正文

正文包括要求复议的事项、要求复议的理由、提出复议的法律依据和要求。

1. 要求复议的事项。写明要求复议的案件的简要情况,即写明同级人民检察院作出不批准逮捕决定书或者不起诉决定书的制作时间、案号、案件名称及简要内容。在填写案件名称时,要与人民检察院决定书中的案件名称相一致。例如,"你院 2017 年 5 月 11 日以×××〔2017〕×号文决定对张××故意伤害案的犯罪嫌疑人不批准逮捕。"

2. 要求复议的理由。这部分是该文书的重点。要针对人民检察院作出不批准逮捕或不起诉决定的具体事实和证据,结合案件的实际情况,阐明公安机关要求复议的理由。对人民检察院不批准逮捕决定提出复议的,如果决定认定犯罪嫌疑人不构成犯罪,论证理由时,要重点论证犯罪嫌疑人的行为触犯了我国《刑法》的哪条规定,涉嫌什么罪名,应当对其追究刑事责任;如果人民检察院的决定是认为对犯罪嫌疑人没有逮捕必要的,复议理由则要论证对犯罪嫌疑人不采取逮捕的强制措施不足以防止犯罪嫌疑人发生新的社会危害性,或者不能保证侦查、起诉和审判活动的顺利进行。对人民检察院作出的不起诉决定提出复议的,要针对不起诉决定的理由,结合案件的具体情况进行论证。如果人民检察院认为犯罪嫌疑人的行为不构成犯罪而作出不起诉决定的,在论述复议理由时,要围绕犯罪行为的四个构成要件,论证犯罪嫌疑人触犯了《刑法》的哪条规定,涉嫌什么罪名,依法应对其追究刑事责任;如果人民检察院作出的决定认为犯罪嫌疑人的行为虽已构成犯罪,但犯罪情节轻微,依照《刑法》不需要判处刑罚或者免除刑罚的,则要论证犯罪嫌疑人的行为不具有上述法定条件的事实,并要以确凿、充分的证据加以论证。在要求复议的理由之后,可根据案件的具体情况,提出正确的处理意见。

3. 提出复议的法律依据和要求。提出复议的法律依据应根据要求复议的内容分别写明具体的法律条文。如果是对不批准逮捕的决定要求复议的,应引用《刑事诉讼法》第 90 条的规定;如果是对不起诉决定要求复议的,应引用《刑事诉讼法》第 175 条的规定;如果是对附条件不起诉决定要求复议的,应引用《刑事诉讼法》第 271 条的规定。在引用法律条文后,提出明确要求,即要求人民检察院对案件进行复议。例如,"特要求你院进行复议。"

(三)尾部

1. 写明接受要求复议意见书的人民检察院名称。具体分行写为:"此致""××××人民检察院"。

2. 署名。写明制作文书的公安机关名称。

3. 写明文书制作的年、月、日。

4. 加盖制作文书的公安机关印章。

5. 附注。注明所附案件卷宗的卷数及页数。

### 三、文书写作需要注意的问题

1. 公安机关制作要求复议意见书的前提必须是针对两种情形,即公安机关认为人民检察院作出的不批准逮捕决定、不起诉决定或者附条件不起诉决定有错误,否则不能制作要求复议意见书。

2. 要求复议的理由部分属"驳论"性的内容,制作时要注意对所驳的观点要明确,论据要确实充分,对事实情节的论证要有理有节,具有针对性和逻辑性。

3. 对人民检察院不批准逮捕、不起诉决定的案件,如果犯罪嫌疑人在押的应立即释放,不得以复议为由继续关押犯罪嫌疑人,对需要复议的案件,可在释放犯罪嫌疑人的同时,对犯罪嫌疑人采取取保候审或监视居住的强制措施。

4. 要求复议意见书一式两份,一份附卷,一份交接受复议意见书的人民检察院。

## 第十一节 提请复核意见书

### 一、概念和作用

提请复核意见书,是指公安机关要求复议的意见未被同级人民检察院接受,并认为同级人民检察院的复议决定有错误时,提请上一级人民检察院复核时制作的法律文书。

《刑事诉讼法》第90条规定:公安机关对人民检察院不批准逮捕的决定,认为有错误的时候,可以要求复议,但是必须将被拘留的人立即释放。如果意见不被接受,可以向上一级人民检察院提请复核。上级人民检察院应当立即复核,作出是否变更的决定,通知下级人民检察院和公安机关执行。第175条规定:对于公安机关移送起诉的案件,人民检察院决定不起诉的,应当将不起诉决定书送达公安机关。公安机关认为不起诉的决定有错误的时候,可以要求复议,如果意见不被接受,可以向上一级人民检察院提请复核。《程序规定》第137条第2款规定:如果意见不被接受,认为需要复核的,应当在收到人民检察院的复议决定书后5日以内制作提请复核意见书,报经县级以上公安机关负责人批准后,连同人民检察院的复议决定书,一并提请上一级人民检察院复核。第283条第2款规定:要求复议的意见不被接受的,可以在收到人民检察院的复议决定书后7日以内制作提请复核意见书,经县级以上公安机关负责人批准后,连同人民检察院的复议决定书,一并提请上一级人民检察院复核。

提请复核意见书是公安机关行使提请复核权的一种形式,它体现了公安机关和人民检察院在刑事诉讼中互相配合、互相制约的关系,对严厉打击刑事犯罪、正确实施法律和保证办案质量都具有积极的作用。

### 二、具体写作要求

提请复核意见书为单联填充式文书,由首部、正文和尾部组成。

（一）首部

首部包括标题、案号和受文单位名称。受文单位应写同级人民检察院的上一级人民检察院的名称。首部内容的写法可参考要求复议意见书。

（二）正文

正文包括提请复核的事项、提请复核的理由、提请复核的法律依据和要求。

1. 提请复核的事项。写明认为有错误的人民检察院的复议决定书的制作时间、案号和简要内容。

2. 提请复核的理由。要针对人民检察院复议决定书中的决定事项和理由,有针对性地逐一予以反驳,指出复议决定的事项不能成立。如复议决定书仍然维持原不批准逮捕的决定,就应针对维持原决定的理由,说明犯罪嫌疑人的行为已经符合逮捕的三个条件,并有确实的证据予以证明,从而明确指出同级人民检察院的复议决定有错误。如复议决定仍然坚持不起诉,则要阐明犯罪嫌疑人的行为涉嫌犯罪,应予以处罚。在论述提请复核的理由时,应把犯罪嫌疑人犯罪的时间、地点、动机、目的、经过、手段、后果等情节交待清楚,做到有理有据。对人民检察院因适用法律不当而导致复议决定错误决定时,可以从法理上进行论证,要根据犯罪嫌疑人的犯罪事实,说明应当引用哪一条法律才符合本案的实际情况。对一些比较复杂的案件,应抓住重点问题进行论述,说明复核的理由。在说明提请复核理由的基础上,提出对案件正确的处理意见,即应对犯罪嫌疑人逮捕或起诉。

3. 提请复核的法律依据和要求。应写明提请复核所依据的具体法律条文,之后写明要求人民检察院对案件进行复核。例如,"特提请你院对此案进行复核。"具体写法可参考要求复议意见书。

(三) 尾部

尾部的写法与复议意见书相同。

### 三、文书写作需要注意的问题

1. 提请复核意见书应在法定期限内制作。公安机关要求复议的意见不被同级人民检察院接受的,可以在收到人民检察院的复议决定书后5日或7日以内制作提请复核意见书,经县级以上公安机关负责人批准后,连同人民检察院的复议决定书,一并提请上一级人民检察院复核。

2. 公安机关制作提请复核意见书的案件应具备三个条件:必须是经过复议的案件,未经复议的案件,不得直接向上一级人民检察院提请复核;必须是公安机关要求复议意见未被接受而认为有再议必要的案件,如经过复议,没有再议的必要,也不必制作提请复核意见书;制作提请复核意见书,必须是原制作要求复议意见书的公安机关,其他任何机关没有要求提请复核的权利。

**思考题:**
1. 单联式和多联式文书在制作和使用时有什么特点和要求?
2. 现行的《文书式样》将公安机关刑事法律文书共有哪八大类?
3. 填充式文书中的案件名称应如何填写?
4. 制作立案决定书应当符合哪些条件?
5. 提请批准逮捕决定书叙述犯罪事实应注意哪些问题?
6. 通缉令的发布有哪几种?

7. 起诉意见书中如何准确全面叙述犯罪事实？
8. 起诉意见书引用法律条文时应注意什么问题？
9. 哪些情况可以不制作补充侦查报告书？
10. 制作提请复核意见书的案件应具备哪些条件？
11. 根据下列案情材料，拟写一份提请批准逮捕书。

20××年1月，徐飞、鲁达、蔡军、陈华等人先后两次在××县××镇海景宾馆207号房间内预谋，欲在王光开设的赌场中使用电子诈赌设备诈骗××籍赌客于进等人的钱财，并进行了分工，决定由蔡军负责落实场地，鲁达负责安装及操控诈赌设备，通过激光扫描、分析得知用于赌博的骰子系单数或双数后，发信号告知在赌场内参与赌博的蔡军、陈华、徐飞，并约定诈赌所得由四人平分。案发当日下午，鲁达提前到××县××镇××村一处工地，将诈赌设备安装在事先由蔡军和于进选定的赌博场地中，鲁达在赌博场地的隔壁待赌博开始后，使用该设备进行分析、传送信号。随后，先后到达赌场的徐飞、蔡军、陈华和于进等安徽赌客，一起采用"赌单双"的形式进行赌博。期间，徐飞"摇碗"，安徽人于进等五六人"喊点子"，徐飞等人根据接收到由鲁达发送的骰子单数或双数的信息来决定赌注的大小，联合诈骗安徽赌客于进等人人民币15余万元（其中安徽赌客尚欠7万元）。

该场赌博结束后，安徽赌客因怀疑赌博中有人作假，当即撬开赌桌并在桌内发现了诈赌设备，遂阻拦欲离开现场的徐飞等人，并要求退还所输的赌资。后由蔡军、陈华和于进等人一起至××镇××茶馆进行协商处理，并由蔡军出面将徐飞所赢的8万元退还于进等人，其余所欠的7万元则清零。上述事实的证据有：被害人于进的陈述，证人刘某、王某、丁某等的证言，辨认笔录及照片，蔡军、陈华、徐飞、鲁达的供述等。案件发生后，××××公安分局立即组织力量侦破案件，并将蔡军、陈华、徐飞、鲁达押回公安局刑事拘留。上述事实证明，蔡军、陈华、徐飞、鲁达的行为触犯了我国《刑法》的规定，涉嫌诈骗罪，特提请批准逮捕。案件编号是：×公刑提捕字[20××]××号。

当事人的基本情况：蔡军，男，1970年12月20日生，××省××市××县人，现住××市××县广阳路124号，汉族，无业。陈华，男，1972年11月13日生，××省××市××县人，现住××市××县清华路33号，汉族，无业。徐飞，男，1973年11月24日生，××省××市××县人，现住××市××县清华路54号，汉族，无业。鲁达，男，1972年9月8日生，××省××市××县人，现住在××市××县光阳路34号，汉族，无业。

# 第三章 人民检察院刑事法律文书

## 第一节 概 述

**一、人民检察院法律文书的概念和作用**

人民检察院法律文书，是指各级人民检察院为实现法律监督职能，依法行使检察权，根据有关法律规定制作的具有法律效力或法律意义的法律文书。

人民检察院的法律文书是各级人民检察院为实行法律监督，保证法律实施的重要载体，是行使检察权的重要文字凭证，是办理案件和反映办案质量的客观记录，是总结经验、复查案件的重要依据，也是宣传法制的重要教材。准确制作人民检察院的法律文书，提高检察机关法律文书的制作质量，对于依法行使检察权、强化法律监督、维护法律秩序和公平正义具有重要意义。

人民检察院法律文书的性质和作用是由人民检察院的性质及职能决定的。我国《宪法》规定：人民检察院是国家的法律监督机关。《刑事诉讼法》第8条、《民事诉讼法》第14条和《行政诉讼法》第11条分别明确规定了"人民检察院依法对刑事诉讼实行法律监督""人民检察院有权对民事诉讼实行法律监督""人民检察院权有对行政诉讼实行法律监督"。《中华人民共和国人民检察院组织法》中还具体规定了各级人民检察院行使以下职权：（一）对于叛国案、分裂国家案以及严重破坏国家的政策、法律、法令、政令统一实施的重大犯罪案件，行使检察权。（二）对于直接受理的刑事案件，进行侦查。（三）对于公安机关侦查的案件，进行审查，决定是否逮捕、起诉；对于公安机关的侦查活动是否合法，实行监督。（四）对于刑事案件提起公诉，支持公诉；对于人民法院的审判活动是否合法，实行监督。（五）对于刑事案件判决、裁定的执行和监狱、看守所等机关的活动是否合法，实行监督。

根据《中华人民共和国国家赔偿法》的有关规定，人民检察院作为行使检察职权的机关与其工作人员，在行使职权时有法律规定的侵犯人身权或侵犯财产权情形之一的，应当依法予以赔偿。因此，人民检察院也有刑事赔偿的工作任务。2015年12月21日，最高人民检察院第十二届检察委员会第四十六次会议正式通过了《关于人民监督员监督工作的规定》，决定对各级地方人民检察院办理直接受理立案工作中存在的问题及情形实施人民监督员监督制度。目前，人民监督员制度在全国普遍实行。

人民检察院依法实行法律监督，行使上述职权，办理各类案件，都需要依照法律规定制作相应的法律文书，这些文书在人民检察院的工作中发挥着越来越重要的作用。

## 二、人民检察院法律文书的特点和种类

（一）人民检察院法律文书的特点

（1）制作主体的特定性。人民检察院的法律文书是人民检察院为正确行使宪法和其他法律赋予的职权而制作的一种国家公文，其制作主体是独特和唯一的，只能由各级人民检察院依照有关法律的规定制作，其他任何机关、团体、单位和个人都无权制作，否则即是违法。例如，起诉书、不起诉决定书是对于经过侦查的犯罪嫌疑人是否需要提交法庭审判，给予刑事处罚的决定，必须经人民检察院审查后，才能作出起诉或者不起诉的决定，制作起诉书或者不起诉决定书。人民法院接到人民检察院的起诉书才能开庭审判。决定对于犯罪嫌疑人不起诉的，才能被释放，终止刑事追诉。由此可见，人民检察院法律文书的制作主体是唯一的，这是宪法和法律赋予人民检察院独立行使的职责，不受任何行政机关、社会团体和个人的干涉。

（2）制作内容的合法性。人民检察院制作各种法律文书，必须遵循和依照法定程序，这是法律文书合法性的要求，目的在于保证法律文书的法律效力。不能只注重追求实体上的公正，而忽视程序上的公正。

人民检察院制作的法律文书必须要有法律依据，否则是违法和无效的。我国的刑事诉讼法、民事诉讼法、行政诉讼法，以及相关司法解释是人民检察院制作法律文书的依据。任何一种法律文书的制作，都必须要有相应的法律条文做依据。例如，《纠正违法通知书》的制作，所依据的法律条文有《刑事诉讼法》第98条、第115条、第168条和第265条，以及《民事诉讼法》第14条、《行政诉讼法》第10条等有关法律的规定。这些是人民检察院依法纠正侦查机关、审判机关、执法机关违法活动时使用的法律条文，也是人民检察院制作《纠正违法通知书》时，根据不同情况需要引用的相应的法律依据。

（3）实施的强制性。人民检察院的法律文书依据有关法律的授权而制作，以国家强制力作为保障，具有法律效力，即具有普遍的约束力，任何单位或者个人都必须遵守，否则要承担相应的法律责任。

（二）人民检察院法律文书的种类

人民检察院法律文书的制作和适用，是人民检察院基本业务建设的重要内容，直接体现了人民检察院的工作程序和工作水平，反映了检察人员的素质。一直以来，最高人民检察院非常重视检察机关法律文书的规范化和制度化，近年来先后陆续制定、发布了一系列检察机关的法律文书格式样本，为各级人民检察院依法制作法律文书提供了依据。

新中国成立不久，根据开展检察工作的需要，国家检察机关就于1950年制定了一批检察文书。1979年检察机关重建后，最高人民检察院根据我国的《刑事诉讼法》和《刑法》，制定了《批捕、起诉用的法律文书格式》和《直接受理案件用的法律文书格式》共40种。1983年以后，最高人民检察院进一步总结经验，根据办案实际需要，对原规定的文书格式进行了补充修改，重新制定了《刑事检察文书格式》和《直接受理案件法律文书格式》；有关业务部门分别制定了《监所检察文书格式》《控告、申诉检察文书格式》《民事、行政诉

讼法律文书格式》和《刑事技术文书样表》等，总共 143 种。特别是 1996 年 3 月，全国人大对《刑事诉讼法》进行修改之后，为保证各级人民检察院严格执行修改后的《刑事诉讼法》，最高人民检察院对刑事诉讼法律文书进行了全面修改，将原来由院及各业务部门分别规定的主要刑事诉讼文书格式，统一规定为《人民检察院刑事诉讼法律文书格式》，共 119 种，这些格式于 1996 年 12 月 16 日正式印发执行。其余的人民检察院内部使用的工作文书格式，由各业务部门分别规定。此后，最高人民检察院有关业务部门又制发了审查批准逮捕、审查起诉、侦查、直接受理案件的内部工作文书格式样本印发执行，这些格式样本共 102 种。2002 年 1 月，最高人民检察院对原规定的刑事、民事、行政诉讼等各种法律文书格式，再次做了全面、系统的修改，并印发了《人民检察院法律文书格式（样本）》，其中，刑事法律文书 139 种，民事、行政法律文书 15 种，通用法律文书 5 种，共计 159 种法律文书格式。2004 年 9 月，最高人民检察院法律政策研究室印发了试行人民监督员制度使用的人民监督员工作文书格式 16 种。为保证检察机关正确贯彻 2012 年 3 月修改后的《刑事诉讼法》，最高人民检察院对《人民检察院刑事诉讼规则》（以下简称《规则》）和《人民检察院刑事诉讼法律文书格式样本》进行了全面修改，于 2012 年 12 月 31 日发布了《人民检察院刑事诉讼法律文书格式样本》，共计 223 种，比 2002 年发布的刑事诉讼法律文书增加了 90 余种。为了更好地保证办案需要，根据试用情况，经广泛征求地方各级人民检察院的意见，最高人民检察院又组织力量对 2012 年 12 月 31 日发布的《人民检察院刑事诉讼法律文书格式样本》进行了修订，并于 2013 年 10 月 8 日印发了《人民检察院刑事诉讼法律文书格式样本（2013 版）》（以下简称《格式样本》），共计 238 种，11 部分。根据《格式样本》，结合人民检察院办理刑事诉讼案件流程，分为立案文书、回避文书、辩护与代理文书、证据文书、强制措施文书、侦查文书、公诉文书、执行监督文书、特别程序文书、申诉文书、通用或其他文书。《格式样本》的制定和印发执行，对统一规范执法，规范各项检察工作，保证检察机关严格执法，提高检察人员工作水平都发挥了积极的推动作用，具有重要的意义。

人民检察院法律监督范围较广，法律文书格式繁多，正确进行分类，有助于提高法律文书的制作质量。具体的分类如下：

（1）按照案件诉讼性质的不同，可以分为刑事诉讼法律文书，民事、行政诉讼法律文书和各类诉讼监督使用的通用法律文书三大类。

（2）按照制作方法的不同，可以分为填空式文书和叙述式文书。填空式文书是固定项目以统一的标准格式印刷，使用时根据具体案件的情况填写有关内容的法律文书；叙述式文书是根据不同案件的事实、证据、结论等分别加以叙述说明的法律文书。填空式文书与叙述式文书的划分，突出了检察机关法律文书不同的制作方式和要求，便于掌握文书的结构和制作特点，有利于法律文书的设计、印刷、使用和管理。

（3）按照法律文书适用程序和范围的不同，可以分为诉讼法律文书和检察内部工作文书两大类。诉讼法律文书具有很强的执行性和严格的法定性，可以让律师和其他辩护人以及诉讼代理人等依法查阅，包括各级人民检察院在办理刑事、民事和行政诉讼案件中依法制作的决定书、通知书、意见书和告知书等法律文书。检察内部工作文书是人民检察院在诉讼监督过程中，按照程序制度、规定、内部进行程序流转、审查审批、请示报告、研究讨论、工作记录等形式的法律文书，是人民检察院内部的工作载体凭证，只供检察机关内部使用。

（4）按照法律文书所处诉讼阶段以及作用的不同，可以分为立案法律文书、侦查法律文书、公诉法律文书、执行监督法律文书、申诉法律文书、刑事赔偿法律文书、民事法律文书、行政法律文书、其他法律文书等。

由于人民检察院在司法实践中使用较多的是刑事诉讼法律文书，因此，本章内容将主要介绍几种常用的刑事诉讼法律文书。

## 第二节　立案决定书

### 一、概念和作用

立案决定书，是指人民检察院对本院管辖范围内有线索的案件，经过审查认为有犯罪事实需要追究刑事责任，决定立案予以侦查时制作的法律文书。

我国《刑事诉讼法》第18条第2款规定："贪污贿赂犯罪，国家工作人员的渎职犯罪，国家机关工作人员利用职权实施的非法拘禁、刑讯逼供、报复陷害、非法搜查的侵犯公民人身权利的犯罪以及侵犯公民民主权利的犯罪，由人民检察院立案侦查。对于国家机关工作人员利用职权实施的其他重大的犯罪案件，需要由人民检察院直接受理的时候，经省级以上人民检察院决定，可以由人民检察院立案侦查。"第107条规定："公安机关或者人民检察院发现犯罪事实或者犯罪嫌疑人，应当按照管辖范围，立案侦查。"第110条规定："人民法院、人民检察院或者公安机关对报案、控告、举报和自首的材料，应当按照管辖范围，迅速进行审查，认为有犯罪事实需要追究刑事责任的时候，应当立案；认为没有犯罪事实，或者犯罪事实显著轻微，不需要追究刑事责任的时候，不予立案，并且将不立案的原因通知控告人。控告人如果不服，可以申请复议。"

立案决定书为检察长、检察委员会决定对案件立案侦查时使用。它是人民检察院对案件正式开展侦查活动的合法依据，只有立案以后，人民检察院才能依法对犯罪嫌疑人采取各种侦查措施和强制措施。因此，立案决定书是人民检察院在审查起诉阶段以前最主要的法律文书之一。立案决定书的作用主要体现在以下两个方面：一是确认有犯罪事实，需要立案查明，可以依法进行侦查及采取强制措施等刑事诉讼活动；二是可以及时对侦查工作进行指导，不失时机地发现和收集证据，以利于侦查活动的顺利进行。

### 二、具体写作要求

根据最高人民检察院《格式样本》的规定，立案决定书为两联填空式文书。第一联为存根，统一保存，第二联为正本，附卷。两联均由首部、正文和尾部三部分组成。

(一) 首部

首部包括标题和案号。

1. 标题。应分两行居中写明人民检察院的名称和文书名称。第一联在文书名称的下一行居中加括号注明存根二字,以示与正本的区别,但内容与正本相同。

2. 案号。立案决定书的案号应写为:"××检××立〔20××〕×号"。

(二) 正文

第二联(正本联)正文部分应写明两项内容:一是法律依据。对于贪污贿赂犯罪,国家工作人员的渎职犯罪,国家机关工作人员利用职权实施的非法拘禁、刑讯逼供、报复陷害、非法搜查的侵犯公民人身权利的犯罪以及侵犯公民民主权利的犯罪案件,引用《刑事诉讼法》第107条、第110条的规定。对于国家机关工作人员利用职权实施其他重大犯罪案件,省级以上人民检察院决定直接由本院受理的,引用《刑事诉讼法》第18条第2款、第107条、第110条的规定。二是决定事项。即在引用法律条文后写明:"本院决定对犯罪嫌疑人×××涉嫌××一案立案侦查。"

第一联(存根联)的正文部分则应填写以下内容:案由(即涉嫌的罪名);涉案人基本情况,包括姓名、性别、年龄、身份证号码、工作单位、住址、是否人大代表、政协委员;最后由批准人签名;承办人签名;写明办案单位名称;填发人签名;填写填发时间。

(三) 尾部

尾部包括检察长签名或盖章;写明制作文书的年月日;加盖人民检察院院印。

第一联(存根联)在文书下方印有"第一联统一保存"字样,表明该联应当与其他存根联统一备查。第二联(正本联)在文书下方印有"第二联附卷"字样。

### 三、文书写作需要注意的问题

1. 立案决定书以案件为单位制作,一案一书两联。存根联与其他存根联按编号顺序统一保存,正本联由制作文书的人民检察院附卷。

2. 立案决定书的制作时间关系到人民检察院的侦查活动是否合法,填写时要注意认真、如实填写,不得马虎、草率。

3. 共同犯罪的案件,应依据顺序在相应的空格内填写全部犯罪嫌疑人的姓名等身份事项。以事立案的案件,不填写犯罪嫌疑人基本情况一栏。制作时由检察长签名或盖章,并加盖立案的人民检察院印章。

4. 根据有关规定,人民检察院对人大代表、政协委员立案,需要履行特别的程序,因此,犯罪嫌疑人如果是人大代表或者政协委员的,犯罪嫌疑人基本情况一栏中对这一内容应明确写明。

5. 立案决定书存根联中的批准人应填写批准制作该工作文书的有关负责人的姓名;办案单位应填写办案单位或者部门的名称;填发人应填写制作工作文书人的姓名;填发时间应填写实际制作工作文书的时间。

## 第三节 批准逮捕决定书

### 一、概念和作用

批准逮捕决定书,是指人民检察院对公安机关提请逮捕犯罪嫌疑人的案件进行审查后,认为犯罪嫌疑人的行为符合法定的逮捕条件,依法决定批准逮捕犯罪嫌疑人时制作的法律文书。

我国《刑事诉讼法》第79条规定:"对有证据证明有犯罪事实,可能判处徒刑以上刑罚的犯罪嫌疑人、被告人,采取取保候审尚不足以防止发生下列社会危险性的,应当予以逮捕:(一)可能实施新的犯罪的;(二)有危害国家安全、公共安全或者社会秩序的现实危险的;(三)可能毁灭、伪造证据、干扰证人作证或者串供的;(四)可能对被害人、举报人、控告人实施打击报复的;(五)企图自杀或者逃跑的。对有证据证明有犯罪事实,可能判处10年有期徒刑以上刑罚的,或者有证据证明有犯罪事实,可能判处徒刑以上刑罚,曾经故意犯罪或者身份不明的,应当予以逮捕。被取保候审、监视居住的犯罪嫌疑人、被告人违反取保候审、监视居住规定,情节严重的,可以予以逮捕。"第89条第3款规定:人民检察院应当自接到公安机关提请批准逮捕书后的7日以内,作出批准逮捕或者不批准逮捕的决定。

批准逮捕决定书是人民检察院批准逮捕犯罪嫌疑人的正式法律凭证,也是公安机关依法执行逮捕的法律依据。逮捕由人民检察院批准决定,充分体现了公安机关接受人民检察院法律监督的原则,可以防止和减少错捕无辜的现象发生,保证办案质量,最大限度保障公民的人身自由权不受侵犯。

### 二、具体写作要求

根据《格式样本》规定,批准逮捕决定书为四联填空式文书。第一联是存根,第二联是副本,第三联是正本,送达侦查机关,第四联是执行批准逮捕决定书回执,由侦查机关退回批准逮捕的人民检察院后附卷。存根和回执联依据所列项目填写即可,正本与副本内容相同,均由首部、正文和尾部三部分组成。

(一)首部

首部包括标题、案号和送达单位名称。

1. 标题和案号。应分两行居中写明人民检察院名称和文书名称。批准逮捕决定书的案号应写为:"××检××批捕〔20××〕×号"。第四联(回执联)不写文书案号。

2. 送达单位名称。二、三联填写提请批准逮捕的公安等机关名称,第四联填写批准逮捕的人民检察院名称。

(二)正文

正文是文书的核心内容,包括案件来源、人民检察院的审查意见、法律依据和决定事项。

1. 案件来源。根据《刑事诉讼法》第89条第3款规定：人民检察院应当自接到公安机关提请批准逮捕书后的7日以内作出决定。为严格掌握办案时限，这项内容应写明公安等机关提请批准逮捕书的具体时间、文书案号以及犯罪嫌疑人的姓名。例如："你局于××××年××月××日以×号提请批准逮捕书提请批准逮捕犯罪嫌疑人×××。"

2. 人民检察院的审查意见。写明："经本院审查认为，该犯罪嫌疑人涉嫌××犯罪"，这里犯罪嫌疑人涉嫌的罪名是指检察机关审查认定的罪名。检察机关认定几个罪名，就写几个罪名。

3. 法律依据和决定事项。写明："符合《中华人民共和国刑事诉讼法》第79条规定的逮捕条件，决定批准逮捕犯罪嫌疑人×××。请依法立即执行，并将执行情况在3日以内通知本院。"

批准逮捕决定书第一联（存根联）的正文，应写明案由，即涉嫌的罪名；犯罪嫌疑人基本情况，包括姓名、性别、年龄、工作单位、住址、身份证号码、是否为大代表或政协委员；最后写明送达机关名称；由批准人、承办人、填发人分别签名；填写填发时间。第四联（回执联）的正文，应写明法律依据，即写明《中华人民共和国刑事诉讼法》第88条的规定；检察机关批准逮捕决定书的时间、文书案号，以及侦查机关执行逮捕的情况。表述为："根据《中华人民共和国刑事诉讼法》第88条的规定，现将你院＿＿＿年＿月＿日＿＿号批准逮捕决定书的执行情况通知如下：犯罪嫌疑人＿＿＿＿已于＿＿＿年＿月＿日由＿＿＿＿执行逮捕（或者因＿＿＿＿未执行逮捕）。"在这段的下一行写明"特此通知"。

（三）尾部

第二、三联的尾部包括填发文书的年月日，并加盖院印。第四联应当加盖侦查机关的公章。

### 三、文书写作需要注意的问题

1. 批准逮捕决定书应当以被批准逮捕的人次为单位制作，即对于同一个犯罪嫌疑人，每一次批准逮捕时均应单独制作一书四联的批准逮捕决定书。一次对多名犯罪嫌疑人批准逮捕的，应当对每一个犯罪嫌疑人均单独制作批准逮捕决定书。

2. 对已经撤销原批准逮捕决定而释放的犯罪嫌疑人，又需要执行逮捕的，人民检察院应当重新制作批准逮捕决定书。

3. 人民检察院办理审查逮捕的案件应当指定办案人员认真进行审查。办案人员应当审阅案件材料，制作阅卷笔录，提出批准或者决定逮捕、不批准或者不予逮捕的意见，经部门负责人审核后提请检察长批准或者决定；重大案件应当经检察委员会讨论决定。审查部门办理审查逮捕案件，不能直接提出取保候审、监视居住措施的意见。

4. 人民检察院批准逮捕的危害国家安全的案件、涉外案件和检察机关直接立案侦查的案件，应当报上一级人民检察院备案。

5. 填写批准逮捕决定书第一联时，如果犯罪嫌疑人是人大代表或者政协委员的，应在其基本情况一栏中填写清楚,并依照有关程序报请许可后才能批准逮捕。

6. 批准逮捕决定书尾部印章的使用。按照规定,人民检察院对外使用的文书,应当在成文日期上方写明对外名称,即人民检察院(下同),在单位名称和成文日期上加盖能够对外独立承担法律责任的单位印章。

## 第四节 起 诉 书

### 一、概念和作用

起诉书,是指人民检察院经侦查或审查确认被告人的行为构成犯罪,依法应将其交付审判,向人民法院提起公诉时所制作的法律文书。

我国《刑事诉讼法》第 167 条规定:"凡需要提起公诉的案件,一律由人民检察审查决定。"第 172 条规定:"人民检察院认为犯罪嫌疑人的犯罪事实已经查清,证据确实、充分,依法应当追究刑事责任的,应当作出起诉决定,按照审判管辖的规定,向人民法院提起公诉,并将案卷材料、证据移送人民法院。"《规则》第 392 条规定:"人民检察院立案侦查时认为属于直接立案侦查的案件,在审查起诉阶段发现不属于人民检察院管辖,案件事实清楚、证据确实充分,符合起诉条件的,可以直接起诉;事实不清、证据不足的,应当及时移送有管辖权的机关办理。"第 393 条第 1 款规定:"人民检察院决定起诉的,应当制作起诉书。"

起诉书是人民检察院代表国家将被告人交付人民法院审判的法律凭证,一经依法作出即具有法律效力。起诉书不仅是检察机关派员出庭支持公诉,发表公诉意见,参加法庭辩论,对证据及案件情况进行辩论的基础;也是人民法院审理公诉案件的合法依据;对被告人及其辩护人来讲,起诉书既是告知已将被告人交付审判的通知,也是辩护人辩护的依据。因此,起诉书在刑事诉讼中起着重要的作用,既关系到公诉权的正确行使,也关系到人民法院的正确裁判,既关系到被告人的切身利益,也关系到国家法律的统一和正确实施。

### 二、具体写作要求

起诉书为叙述式文书。根据《格式样本》的规定,起诉书分为自然人犯罪案件适用、单位犯罪案件适用和刑事附带民事诉讼案件适用三种,本节主要介绍自然人犯罪案件适用和单位犯罪案件适用的两种。起诉书由首部、正文和尾部三部分组成。

(一)首部

首部包括标题、案号、被告人的基本情况、案由和案件来源。

1. 标题和案号。标题应分行居中写明人民检察院的名称和文书名称。人民检察院的名称应写全称,即除最高人民检察院外,各地方人民检察院的名称前应写明省(自治区、直辖市)的名称;对涉外案件提起公诉时,各级人民检察院的名称前均应注明"中华人民共和国"的字样。文书名称写为:"起诉书"。

起诉书的案号由制作起诉书的人民检察院名称的简称、办案部门简称和文书简称(即"刑诉")、起诉年度、案件顺序号四部分组成。例如,"××检××刑诉〔20××〕×号"。案号中的年度须用四位数字表述。案号应写在该行的最右端,上下各空一行。

2. 被告人(或被告单位)的基本情况。被告人或被告单位的基本情况应当按照格式中所列要素的顺序来写,并做到准确规范。

被告人是自然人犯罪的案件,应依次写明被告人的姓名、性别、出生年月日、身份证号码、民族、文化程度、职业或者工作单位及职务、出生地、户籍地、住址、曾受到的刑事处罚,以及与本案定罪量刑相关的行政处罚的情况和因本案采取强制措施的情况等。

如果是单位犯罪的案件,应写明被告单位的名称、组织机构代码、住所地、法定代表人姓名、职务等。下一行写明诉讼代理人的姓名、性别、年龄、工作单位、职务。

叙写被告人的基本情况,需要注意以下几个问题:

(1) 被告人的姓名应写正在使用的正式姓名,即户口簿、身份证等法定文件中使用的姓名。被告人如有与案情有关的曾用名、别名、化名、网名或者绰号的,应当在其姓名后面用括号注明;被告人是外国人的,除应当写明其合法身份证件上的姓名外,还应当同时写明汉语译名。根据《刑事诉讼法》第158条第2款的规定:"犯罪嫌疑人不讲真实姓名、住址,身份不明的,应当对其身份进行调查,侦查羁押期限自查清其身份之日起计算,但是不得停止对其犯罪行为的侦查取证。对于犯罪事实清楚,证据确实、充分,确实无法查明其身份的,也可以按其自报的姓名起诉、审判。"对自报姓名被告人起诉的,应当在起诉书中被告人自报姓名后面加以注明。

(2) 被告人的出生日期一般以公历(阳历)为准。除未成年人外,如果确实查不清出生日期的,也可以注明年龄。

(3) 身份证种类及号码。填写居民身份证、军官证、护照等法定身份证的种类及号码。对尚未办理身份证的,应当注明。

(4) 文化程度应写国家承认的学历。文化程度分为研究生(博士、硕士)、大学、大专、中专、高中、初中、小学、文盲等档次。

(5) 职业或工作单位及职务,被告人的工作单位名称应写全称,必要时在前面可加地域名称。认定被告人的工作单位,不能单纯凭人事档案是否在该单位,而应当视其是否实际在该单位工作。只要其实际在该单位工作的,即可认定为工作单位。职业应当写从事工作的种类。没有工作单位的,可以根据实际情况写明经商、务工、农民、在校学生或者无业等。国家工作人员利用职权实施的犯罪,应当写明犯罪期间在何单位任何职务。

(6) 被告人的住址应写被告人的经常居住地。被告人的经常居住地以户口簿登记中的住址为准。如果被告人离开户籍所在地在其他地方连续居住满1年以上的,则以该地为经常居住地,并应在写明经常居住地的同时注明户籍登记的住址。

(7) 被告人是外国人的应注明其国籍,除应当写明其合法身份证件上的姓名外,还应当同时写明汉语译名和国外居所。

(8) 对被告人曾受到过行政处罚、刑事处罚的,应在起诉书中依时间顺序写明,其中,行政处罚限于与定罪有关的情况。一般先写受到行政处罚的情况,再写受到刑事处罚的情况。叙写行政处罚时,应注明处罚的时间、种类、处罚单位;叙写刑事处罚时,应当注明处罚的时间、原因、种类、决定机关、释放时间。

(9) 采取强制措施的情况应写明原因、种类,批准或决定的机关和时间,执行的时间和机关,采取的强制措施名称等。被采取过多种强制措施的,应按照执行时间的先后分别写明。

(10) 同案被告人有数人的,按照先重犯,后轻犯,先主犯,后从犯,胁从犯的主从关系顺序排列,依次逐个写明其基本情况。

3. 案由和案件来源。案由应写明公安机关移送起诉(或建议不起诉)时认定的罪名;检察机关自侦的案件,如果侦查终结和审查起诉时认定的罪名不一致的,只写起诉时认定的罪名。案件来源应写侦查机关侦查终结后,何时移送人民检察院审查起诉或者建议不起诉。凡是由于案件审判管辖的变更,引起受理审查起诉的人民检察院变更的,均应写明法律依据和移送的时间。如有退回补充侦查、延长审查起诉期限等情况的,应一并写明日期和原由。

这部分常见情况的几种写法如下:

(1) 同级公安机关移送审查起诉的案件,写为:"本案由×××(侦查机关)侦查终结,以被告人×××(被告单位×××)涉嫌××罪,于××××年××月××日向本院移送审查起诉。本院受理后,于××××年××月××日已告知被告人有权委托辩护人,××××年××月××日已告知被害人及其法定代理人(近亲属)有权委托诉讼代理人,依法讯问了被告人,听取了辩护人×××、被害人×××及其诉讼代理人×××的意见,审查了全部案件材料……(写明退回补充侦查、延长审查起诉期限等情况)"。

(2) 对于侦查机关移送审查起诉的需要变更管辖权的案件,写为:"本案由×××(侦查机关)侦查终结,以被告人×××(被告单位×××)涉嫌××罪,于××××年××月××日向××××人民检察院移送审查起诉,××××人民检察院于××××年××月××日转至(交由)本院审查起诉。本院受理后,于××××年××月××日已告知被告人有权……"。

(3) 对于本院侦查终结并移送审查起诉的案件,写为:"被告人×××(被告单位×××)涉嫌××罪一案,由本院侦查终结,于××××年××月××日移送审查起诉。本院于××××年××月××日已告知被告人有权……"。

(4) 对于其他人民检察院侦查终结的需变更管辖权的案件,写为:"本案由×××人民检察院侦查终结,以被告人×××(被告单位×××)涉嫌××罪移送审查起诉,××××人民检察院××××年××月××日转至(交由)本院审查起诉。本院受理后,于××××年××月××日已告知被告人有权……"。

(二) 正文

正文是文书的核心内容,包括案件事实、证据、起诉的理由、法律依据和决定事项。

1. 案件事实。案件事实是人民检察院根据法律规定经过审查核实所确认的事实,是指控犯罪的基础,也是"以事实为根据"原则的体现。

起诉书叙述案件事实时,应以"经依法审理查明"领起下文,然后根据案件情况,围绕刑法规定的该罪的构成要件,特别是犯罪的特征,具体写明检察机关审查认定的被告人犯罪的时间、地点、手段、目的、动机、危害后果等与定罪量刑有关的事实要素。

单位犯罪的,在叙述案件事实时,要突出这一特殊主体的特点,写明单位犯罪构成要件的本质特征,如单位犯罪决策活动及其实施犯罪的过程,行为结果等。

对案件事实的叙述,无论是一人一罪、多人一罪,还是一人多罪、多人多罪,都必须逐一叙述。要注意层次清楚、重点突出,根据案件的特点,选择恰当的表达方法。起诉书在叙述案件事实的结构安排上,常见的记叙方法主要有以下几种:

(1) 自然顺序法。即按时间及被告人作案过程为顺序来写,从行为的起因,作案的准备,实施犯罪的情节、采取的手段、造成的后果这一顺序来写。这是起诉书最基本、最常用的一种写法,其特点是脉络清楚,一目了然。这种写法主要适用于叙述一人一次一罪、一人一次多罪、多人多次一罪和多人多次多罪的案件。

(2) 突出主罪法。即根据被告人所犯数罪的主次轻重不同,把性质严重,情节恶劣,危害较大的罪行放在前面详细叙述,把情节较轻,危害较小的罪行放在后面酌情简略叙述。这种写法的特点是重罪详述,次罪略述,主次分明,重点突出。这种写法适用于叙述数罪并罚的案件,如一人多次多罪和多人多次多罪的案件。

(3) 突出主犯法。即对共同犯罪案件,叙述时围绕主犯的活动具体安排层次,同时结合叙述从犯参与犯罪的事实。如在共同犯罪中主犯或从犯既有共同犯罪的事实,又有单独犯罪的事实,应先叙述共同犯罪的事实,后叙述单独犯罪的事实。这种写法的特点是以主代从,罪责分明,便于定罪量刑。这种写法主要适用于叙述多人一次一罪,多人一次多罪,多人多次一罪和多人多次多罪的案件。

(4) 综合归纳法。即把被告人所犯的多起同类罪行加以归纳概括,用简洁文字叙述的方法。使用这种方法的前提是被告人有多起同类犯罪,且作案手段和情节大致相同,但这种写法不宜在一份文书中叙述犯罪事实时全部使用,而应与其他方法配合使用。

(5) 先总后分法。即先将共同犯罪中多名被告人交叉作案多次的共同犯罪事实加以综合叙述,然后再按主犯、从犯的顺序,逐次分别叙述每一被告人各自所犯的罪行。这种写法适用于叙述较大的集团犯罪案件,对已形成集团的犯罪案件,综合叙述犯罪事实时还应注意,必须写明集团的形成过程、组织状况、活动情况,然后再叙述总的罪行。先总后分的写作特点是,共同犯罪的内容明确,各自的犯罪活动及罪责清楚。

(6) 罪名标题法。即根据不同罪名的重轻次序排列,分别用序号列出小标题,如"一、故意杀人罪……二、盗窃罪……",然后按突出主罪法,逐罪分别叙述被告人的犯罪事实。在共同犯罪中,如被告人又交叉单独犯罪,且共同犯罪和单独犯罪都触犯多个罪名的,也可参照此种方法。这种写法的特点是罪名清楚、主次明确,便于审判机关逐罪审查被告人的罪行,也便于最后的定罪量刑。因此,这种写法适用于被告人触犯多个罪名且作案多起的案件。

以上几种记叙方法,要根据案件的不同情况恰当选用,同时,几种记叙方法适用时也不是截然分开的,而是相互渗透,互为补充的。

2. 证据。在叙述犯罪事实后,另起一段以"认定上述事实的证据如下:……"引出对证据的列举。起诉书中对列举的证据应写明其名称、种类,但不必对证据与事实、证据与证据之间的关系进行具体的分析、论证。列举证据可以采取"一事一证"的方法,即在每一起案件事实后,写明据以认定事实的主要证据。对于作案多起的一般刑事案件,如果案件事实是概括叙述的,证据的叙写也可以采取"一罪一证"的方法集中举证,即在该种犯罪事实的叙述后写明主要证据的种类,而不再指出认定每一起案件事实的证据。

3. 起诉的理由、法律依据和决定事项。这是人民检察院对被告人提起公诉的依据和结论,是适用"以法律为准绳"原则的体现。这部分开头应以"本院认为"引起下文,然后写明以下两方面的内容:

(1) 起诉的理由。应概括说明被告人行为特征及其触犯的刑法条文和涉嫌的罪名。分析行为特征要概括行为性质、危害程度、情节轻重,结合本案的特点以及犯罪的各构成要件概括性的予以表述,既要写出符合本罪的特征,又反映本案特有情况的结论性观点。在充分阐述理由的基础上,指出被告人行为触犯的法律条款以及构成的罪名。例如:"本院认为……(概括被告人行为的性质、危害程度、情节轻重),其行为触犯《中华人民共和国刑法》第××条(引用罪状、法定刑条款),犯罪事实清楚,证据确实、充分,应当以××(罪名)追究刑事责任。"

(2) 写明提起公诉的法律依据和决定事项。例如,"根据《中华人民共和国刑事诉讼法》第一百七十二条的规定,提起公诉,请依法判处。"

(三) 尾部

尾部包括致送法院名称、署名、写明日期、加盖院印、附注等。

1. 致送法院名称。在正文之后,分两行先写送达用语"此致",下一行顶格写明主送的人民法院名称。

2. 署名。在起诉书的右下方署具体承办案件公诉人的法律职务和姓名。例如,"检察员×××","副检察长×××"。

3. 写明日期。起诉书的日期应具体写明签发起诉书的年、月、日。

4. 加盖院印。

5. 附注。主要包括以下几项内容:

(1) 被告人现在处所。具体包括在押被告人的羁押场所或监视居住、取保候审的处所。如果是单位犯罪的案件,要写明被告单位诉讼代表人的现住址,被告人现在处所,具体包括在押被告人的羁押场所或监视居住的处所等。

(2) 案卷材料和证据××册××页。

(3) 证人、鉴定人、需要出庭的专门知识的人的名单,需要保护的被害人、证人、鉴定人的名单。

(4) 有关涉案款物情况。

(5) 被害人(单位)附带民事诉讼情况。

(6) 其他需要附注的事项。

### 三、文书写作需要注意的问题

1. 起诉书首部叙写被告单位、被告人情况时,如案件系自然人犯罪和单位犯罪并存,应先叙述被告单位、法定代表人及有关属于责任人员的被告人的情况,再叙述一般自然人被告人的情况;同时,在起诉理由和法律依据部分,也需按照先单位犯罪后自然人犯罪的顺序叙写。

2. 对重大案件、具有较大影响的案件、检察机关直接受理立案侦查的案件,必须详细写明具体犯罪事实的时间、地点、实施犯罪的经过、手段、目的、动机、危害后果和被告人案发后的表现以及认罪态度等内容,特别要将属于犯罪构成要件或者与定罪量刑有关的事实要素列为重点。既要避免发生遗漏,也要避免将没有证据或者证据不足,以及与定罪量刑无关的事项写入起诉书。叙述应层次清楚,重点突出。

3. 对一般刑事案件,通常也应详细写明案件事实,但对其中作案多起但犯罪手段、危害后果等方面相同的案件事实,可以先对相同的情节进行概括叙述,然后再逐一举出每起事实的具体时间、结果等情况,而不必详细叙述每一起犯罪事实的过程。

4. 起诉书在叙述犯罪事实时,凡涉及党和国家机密的、危害国家安全内容、侦破手段、企业的经济利益、商业信誉、商业秘密、科研成果内容、淫秽犯罪具体细节、女被害人隐私和声誉、人身攻击的污言秽语等内容时,均应使用模糊词语概括性地加以表述,以防泄密和产生副作用。

5. 对共同犯罪案件中有同案犯在逃的,起诉书在写逃犯姓名后应用括号注明"另案处理"字样。

6. 对于具备轻重不同的法定量刑情节,一般应当在起诉书中作出认定。但对于适用普通程序的案件,涉及自首、立功等可能因特定因素发生变化的情节,也可以在案件事实之后仅对有关事实作客观表述。对于酌定量刑情节,可以根据案件的具体情况,从有利于出庭支持公诉的角度出发,决定是否在起诉书中作出认定。

7. 起诉书中使用数字应前后一致。除文书案号、顺序号、年月日、机械型号、百分百等专业术语和阿拉伯数字比较适宜者外,一般要求用汉字书写。引用法律时要写明法律的全称,用汉字写明法律条文号,依照条、款、项的顺序准确、具体、完整地加以引用。

## 第五节 不起诉决定书

### 一、概念和作用

不起诉决定书,是指人民检察院对公安机关侦查终结移送起诉的案件进行审查或者对自侦案件侦查终结后,认为不应当将案件提交人民法院审判而作出终止诉讼决定时所制作的法律文书。

我国《刑事诉讼法》第171条第4款规定:"对于二次补充侦查的案件,人民检察院仍然认为证据不足,不符合起诉条件的,应当作出不起诉的决定。"第173条第1款和第2款规定:"犯罪嫌疑人没有犯罪事实,或者有本法第十五条规定的情形之一的,人民检察院应当作出不起诉决定。对于犯罪情节轻微,依照刑法规定不需要判处刑罚或者免除刑罚的,人民检察院可以作出不起诉决定。"《规则》第401条至第425条对人民检察院不起诉决定也作了明确规定。根据《刑事诉讼法》以及《规则》的规定,人民检察院在审查起诉的过程中,对以下三种类型的案件,应当作出不起诉决定:第一种类型是对于二次补充侦查的案件,人民检察院仍然认为证据不足,不符合起诉条件的,应当作出不起诉决定,这种决定称为存疑不起诉决定。第二种类型是犯罪嫌疑人没有犯罪事实,或者具有本法第15条规定的情形之一的,人民检察院应当作出不起诉决定,这种决定称为法定不起诉决定。第三种类型是犯罪情节轻微,依照《刑法》规定不需要判处刑罚或者免除刑罚的,人民检察院应当作出不起诉决定,这种决定称为相对不起诉决定。

人民检察院对案件决定不起诉的,应当制作不起诉决定书。不起诉决定书具有终止刑事诉讼的法律效力,是人民检察院履行检察职能的重要手段,也是人民检察院不追究被不起诉人刑事责任的凭证。不起诉决定书一经送达,被不起诉人羁押的,应当立即释放。

**二、具体写作要求**

根据《格式样本》的规定,不起诉决定书为叙述式文书,分为三种:第一种是法定不起诉适用的不起诉决定书;第二种是相对不起诉适用的不起诉决定书;第三种是根据存疑不起诉适用的不起诉决定书。无论是针对那种情况作出的不起诉,不起诉决定书都由首部、正文和尾部三部分内容组成。

(一) 首部

首部包括标题、案号、被不起诉人的身份等基本情况、辩护人的基本情况、案由和案件来源。

1. 标题和案号。标题应分行居中写明人民检察院的名称,人民检察院的名称应写全称。文书名称写为:"不起诉决定书"。不起诉决定书的案号写为:"××检××刑不诉〔20××〕×号"。

2. 被不起诉人的身份等基本情况。应按文书格式中所列项目顺序,依次写明被不起诉人的姓名、性别、出生年月日、身份证号码、民族、文化程度、职业或工作单位及职务(国家机关工作人员利用职权实施的犯罪,应当写明犯罪期间在何单位任何职)、户籍地、住址(被不起诉人住址写居住地,如果户籍所在地与暂住地不一致的,应当写明户籍所在地和暂住地),是否受过刑事处罚,采取强制措施的种类、时间、决定机关等。

被不起诉人一栏如系被不起诉单位,则应写明单位名称、住所地等。

3. 辩护人的基本情况。应写明辩护人的姓名和单位。

4. 案由和案件来源。案由应写移送审查起诉时或者侦查终结时认定的行为性质,而不是审查起诉部门认定的行为性质。案件来源应写明公安、安全机关移送、本院侦查终结、其他人民检察院移送的情况,包括移送审查起诉的时间和退回补充侦查的情况(退回补充侦查的写明日期、次数和再次移送的日期),本院受理的具体时间。

这部分内容,常见的有以下几种写法:

(1) 如果是公安、安全等机关侦查终结移送的,写为:"本案由×××(侦查机关名称)侦查终结,以被不起诉人×××涉嫌××罪,于××××年×月×日移送本院审查起诉。"

(2) 如果是本院侦查终结的案件,写为:"被不起诉人×××涉嫌××一案,由本院侦查终结,于×××× 年× 月×日移送审查起诉或者不起诉。"

(3) 如果案件是其他人民检察院移送的,这部分应将指定管辖、移送单位以及移送时间等写清楚。

(4) 如果案件是曾经退回补充侦查的,应当写明退回补充侦查的情况,包括退回补充侦查日期、次数以及再次移送审查起诉的时间。

(二) 正文

正文是文书的核心内容,应当写明案件事实,不起诉的理由,法律依据和决定事项,告知事项。

1. 案件事实。不起诉决定书中的案件事实应写明否定或者指控被不起诉人的犯罪事实以及作为不起诉决定根据的事实。应根据三种不起诉的性质、特点和内容,针对案件的具体情况有所侧重地重点叙写。

(1) 如果是根据《刑事诉讼法》第 15 条第 1 项规定作出不起诉决定的,即侦查机关移送起诉认为行为构成犯罪,经检察机关审查后认为行为情节显著轻微,危害不大,不认为是犯罪而决定不起诉的,则不起诉决定书应当先概述公安等机关移送审查起诉意见书认定的犯罪事实(如果是检察机关的自侦案件,这部分不写),然后叙写检察机关审查认定的事实及证据,重点反映显著轻微的情节和危害程度较小的结果。如果是行为已构成犯罪,本应追究刑事责任,但审查过程中有《刑事诉讼法》第 15 条第 2—6 项法定不追究刑事责任的情形,因而决定不起诉的,应当重点叙述符合法定不追究刑事责任的事实和证据,并充分反映法律规定的内容。如果是根据《刑事诉讼法》第 173 条第 1 款规定的没有犯罪事实而决定不起诉的,应当重点叙述不存在犯罪事实或者犯罪事实并非被不起诉人所为。这一部分的叙写中如果检察机关审查认定的事实与侦查机关一致,只是看法有所不同,应着重写明"不认为是犯罪"的情形。

(2) 如果是根据《刑事诉讼法》第 173 条第 2 款规定作出不起诉决定的,应概括叙写案件事实,重点内容是叙述被不起诉人具有的法定情节和检察机关酌情作出不起诉决定的具体理由的事实。要将检察机关审查后认定的事实和证据写清楚,对侦查机关移送审查时认定的事实和证据不必叙写。对于证据不足的事实,不能写入不起诉决定书中。在事实部分中表述犯罪情节时,应当以犯罪构成要件为标准,围绕"犯罪情节轻微,依照《刑法》规定,不需要判处刑罚或者免除刑罚"。这一不起诉的法定条件重点叙述,还要将体现其犯罪情节轻微的事实及符合不起诉条件的特征叙述清楚，以分清罪与非罪、罪责轻重的界限，使所叙述的事实、处理理由和结果与法定条件相吻合。在叙述事实之后，还要将证实被不起诉人"犯罪情节轻微"的各项证据一一列出，以证明被不起诉人犯罪情节如何轻微。这样不起诉决定书不仅符合法定条件，而且有理有据，经得起复查、复议和复核，经得起历史的检验。

（3）如果是根据《刑事诉讼法》第171条第4款规定作出不起诉决定的，应概括写明侦查机关移送审查时认定的事实，然后简要写明经检察机关审查并退回补充侦查，仍然认为事实不清或者证据不足，不符合起诉条件的情况。如"×××（侦查机关名称）移送审查起诉认定……（概括叙述侦查机关认定的事实），经本院审查并退回补充侦查，本院仍然认为×××（侦查机关名称）认定的犯罪事实不清、证据不足（或本案证据不足）（应当概括写明事实不清、证据不足的具体情况），不符合起诉条件。"这种存疑不起诉决定书的事实部分，宜采用高度概括的叙述方法，并要在叙述中避免出现不利于下一步工作的文字和内容。

2. 不起诉的理由、法律依据和决定事项

（1）不起诉的理由。这部分内容是对认定的案件事实从法理上作出的分析和归纳。叙写时需要注意以下几点：一是要注意理由的法定性，即每起不起诉案件都是适用《刑事诉讼法》相应条款规定的具体体现，因此，论述理由必须与法定条件相适应，不能超越法定范围。二是注意理由的针对性，即理由应用准确精练的语言概括行为性质、情节、后果及法律责任，理由要与事实紧密相关，要与法律相互对应，不能脱离事实和法律空谈理由。三是理由必须充分，要以法定的不起诉条件为标准，从主要方面去充分地阐述理由，不能不分主次面面俱到。

（2）不起诉的法律依据和决定事项。这部分内容要根据不起诉的三种情况，分别引用相应的法律依据。

对于法定不起诉的，写为："本院认为，×××（被不起诉人的姓名）的上述行为，情节显著轻微、危害不大，不构成犯罪。依照《中华人民共和国刑事诉讼法》第十五条第（一）项和第一百七十三条第一款的规定，决定对×××（被不起诉人的姓名）不起诉"。如果是根据《刑事诉讼法》第15条第2—6项法定不追究刑事责任的情形而决定不起诉的，重点阐述不追究被不起诉人刑事责任的理由及法律依据，最后写不起诉的法律依据。如果是根据《刑事诉讼法》第173条第1款中的没有犯罪事实而决定不起诉的，应指出被不起诉人没有犯罪事实，然后再写不起诉的法律依据。

对于相对不起诉的，写为："本院认为，×××实施了《中华人民共和国刑法》第××条规定的行为，但犯罪情节轻微，具有××情节（写明从轻、减轻或者免除刑事处罚具体情节的表现），根据《中华人民共和国刑法》第××条的规定，不需要判处刑罚（或者免除刑罚）。依据《中华人民共和国刑事诉讼法》第一百七十三条第二款的规定，决定对×××（被不起诉人的姓名）不起诉。"

对于存疑不起诉的，可在事实的叙述后直接引用《刑事诉讼法》第171条第4款的规定,对被不起诉人×××作出不起诉的决定。

不起诉决定如果对侦查中查封、扣押、冻结的财产解除强制措施的,在决定事项后的下一行应写明查封、扣押、冻结涉案款物的处理情况。

3. 告知事项。根据《刑事诉讼法》第177条和《规则》第421条的规定,人民检察院如果对被不起诉人作出相对不起诉决定的,被不起诉人享有申诉权。《刑事诉讼法》第176条规定:"对于有被害人的案件,决定不起诉的,人民检察院应当将不起诉决定书送达被害人。被害人如果不服,可以自收到决定书后7日以内向上一级人民检察院申诉,请求提起公诉。人民检察院应当将复查决定告知被害人。对人民检察院维持不起诉决定的,被害人可以向人民法院起诉。被害人也可以不经申诉,直接向人民法院起诉……"根据这一规定,被害人对人民检察院作出的不起诉决定享有申诉权及起诉权。为此,不起诉决定书尾部应向被不起诉人和被害人写明告知事项。具体表述为:"被不起诉人如不服本决定,可以自收到本决定书后七日内向本院申诉。""被害人如不服本决定,可以自收到本决定书后七日以内向×××人民检察院申诉,请求提起公诉;也可以不经申诉,直接向×××人民法院提起自诉。"

(三) 尾部

尾部包括署名、日期和加盖院印。

1. 署名。在文书右下方署作出不起诉决定的人民检察院名称。
2. 写明日期。不起诉决定书的日期写签发的年、月、日。
3. 加盖院印。

### 三、文书写作需要注意的问题

1. 不起诉决定书以被不起诉单位或者被不起诉人为单位制作。每一被不起诉人或被不起诉单位一份不起诉决定书,不能合用。

2. 人民检察院决定不起诉的案件,需要对侦查中查封、扣押、冻结的财物解除查封、扣押、冻结的,应当口头或者书面通知作出查封、扣押、冻结决定的机关或者执行查封、扣押、冻结决定的机关解除查封、扣押、冻结。口头通知的,应当记录在案。

3. 对被不起诉人需要给予行政处罚、行政处分或者需要没收其违法所得的,人民检察院应当提出检察意见,连同不起诉决定书一并移送有关主管机关处理,并要求有关主管机关及时通报处理情况。

4. 人民检察院作出不起诉决定的案件,可根据案件的不同情况,对被不起诉人予以训诫或者责令具结悔过、赔礼道歉、赔偿损失。

5. 人民检察院作出不起诉的决定,应当公开宣布。公开宣布不起诉决定的活动应当记入笔录。

6. 不起诉决定书有正本、副本之分,其中正本一份归入正卷,一份发送被不起诉人,副本发送辩护人及其所在单位、被害人或者其近亲属及其诉讼代理人、侦查机关(部门)。

## 第六节 公诉意见书

### 一、概念和作用

公诉意见书,是指人民检察院指派的公诉人在出席公诉案件第一审法庭时,就案件的事实、证据、定罪量刑等问题集中发表公诉意见时制作的法律文书。

我国《刑事诉讼法》第184条规定:"人民法院审判公诉案件,人民检察院应当派员出席法庭支持公诉。"第193条第1款、第2款规定:"法庭审理过程中,对与定罪、量刑有关的事实、证据都应当进行调查、辩论。经审判长许可,公诉人、当事人和辩护人、诉讼代理人可以对证据和案件情况发表意见并且可以互相辩论。"第198条规定:在法庭审判过程中,检察人员发现提起公诉的案件需要补充侦查,提出建议的,可以延期审理。第203条规定:"人民检察院发现人民法院审理案件违反法律规定的诉讼程序,有权向人民法院提出纠正意见。"

公诉意见书是人民检察院提起公诉、出庭支持公诉的重要的法律文书,是刑事诉讼法规定法庭审理公诉案件的必备内容,是公诉人集中对起诉书指控被告人罪行、证据和适用法律等重要问题的进一步阐发和论证,也是法庭听取国家公诉人对法庭调查的事实,以及如何定罪量刑等结论性意见的重要程序,它对法庭正确审理案件,准确定罪量刑具有重要意义。同时,公诉人发表公诉意见对旁听群众也起着一种法制宣传教育的作用。

### 二、具体写作要求

公诉意见书为叙述式文书,根据《格式样本》规定,公诉意见书由首部、正文和尾部三部分内容组成。

（一）首部

首部应写明人民检察院名称和文书名称、被告人姓名（被告人为单位时写单位名称）、案由（涉嫌犯罪的罪名）、起诉书案号、法庭审判人员称谓。由于公诉意见书是用于在法庭上当庭发表,所以无需叙写文书案号。法庭审判人员的称谓,应具体根据合议庭组成人员的情况写明称呼,例如,审判长、审判员（人民陪审员）。

（二）正文

正文是文书的核心内容,应当写明出庭任务及法律依据、具体意见和结论。

1. 出庭任务及法律根据。应阐明检察人员出席法庭支持公诉的法律依据、法庭上的身份、职责。这部分内容应按格式写明。具体表述为:根据《中华人民共和国刑事诉讼法》第184条、第193条、第198条和第203条的规定,我（们）受×××人民检察院的指派,代表本院,以国家公诉人的身份,出席法庭支持公诉,并依法对刑事诉讼实行法律监督。现对本案证据和案件情况发表如下意见,请法庭注意。

2. 具体意见。这是公诉意见书的核心内容。适用时应当根据案件的具体情况从以下三个方面加以阐述：一是根据法庭调查的情况，概括法庭质证的情况、各证据的证明作用，并运用各证据之间的逻辑关系证明被告人的犯罪事实清楚，证据确实充分。二是根据被告人的犯罪事实，论证应适用的法律条款，并提出定罪及从重、从轻、减轻处罚等意见。三是根据庭审情况，在揭露被告人犯罪行为的社会危害性的基础上，做必要的法制宣传和教育工作。

以上三方面的内容，公诉意见书一般都应具备。但要注意根据具体案件和出庭工作的实际，突出重点，有针对性地加强重点内容的论证。叙写时，主要需要注意以下几点：

（1）对可能出现争议的地方，要重点论证。例如，对案件定性有争议时，应重点阐明有关犯罪构成理论和该类犯罪的本质特征，全面系统、有根有据地论证被告人只能构成本罪而不能构成他罪的意见。又如，被告人抵赖犯罪事实或诉讼参与人可能对认定的事实有异议时，应着重运用所掌握的证据充分揭露犯罪事实。

（2）对某些以法定条件为犯罪要件的案件，要重点论证被告人犯罪行为具备有关法定条件的事实和证据。例如，以"情节严重""情节特别严重"为法定条件的犯罪案件，要重点阐述、分析其情节"严重""特别严重"的具体表现。

（3）对违反其他法规，需要追究刑事责任的，公诉意见可以详细引用有关法律、法规和政策，强化论证。对需要从重、从轻或者减轻处罚的，要详细分析犯罪的社会危害性，系统分析从重、从轻或减轻处罚的理由和法律依据以及社会效果。

（4）对未成年人的犯罪或者其他有法制宣传意义的案件，应着重剖析犯罪原因、思想和社会根源，有关单位疏于防范的漏洞等，以便通过法制宣传教育，收到减少和预防犯罪，促进失足者悔过自新的效果。

（5）对共同犯罪案件，要在全面分析案情的基础上，重点揭露主犯的罪行和罪责，抓主要矛盾，带动其他问题。

总之，审查意见要重点突出，当一起案件有几个问题需要重点论证时，可以分别详细论述，也可以有所侧重。要根据实际，选择有利方案，集中重点论述支持公诉和公正履行检察职责的意见。

3. 结论。在论证部分结束后，应当归纳概括阐明人民检察院对本案被告人依法定罪量刑的意见。具体可表述为："综上所述，起诉书认定本案被告人×××的犯罪事实清楚，证据确实充分，依法应当认定被告人有罪，并建议……（提出量刑建议或从重、从轻、减轻处罚等意见）。"

（三）尾部

尾部应当写明公诉人姓名、当庭发表本公诉意见的时间。这部分是办案记载，不需要在法庭上宣读。

### 三、文书写作需要注意的问题

1. 公诉意见书是以口头的方式在法庭辩论开始时由公诉人所做的综合性发言，是事前准备的，在庭审的实际运用过程中，应根据案件的具体情况有针对性地予以调整，对庭审中出现的新情况、新问题、应适当概括、补充和评价,决定取舍,突出重点。

2. 公诉意见书要围绕起诉书的观点集中表达公诉人的意见,在制作和发表时应注意与答辩意见等法庭上公诉人发表的意见进行合理分工,各有侧重。

## 第七节　刑事抗诉书

### 一、概念和作用

刑事抗诉书,是指人民检察院对人民法院确有错误的刑事判决或裁定依法提出抗诉时制作的法律文书。

我国《刑事诉讼法》第217条规定:"地方各级人民检察院认为本级人民法院第一审的判决、裁定确有错误的时候,应当向上一级人民法院提出抗诉。"第243条第3款规定:"最高人民检察院对各级人民法院已经发生法律效力的判决和裁定,上级人民检察院对下级人民法院已经发生法律效力的判决和裁定,如果发现确有错误,有权按照审判监督程序向同级人民法院提出抗诉。"《规则》第584条规定:"人民检察院认为同级人民法院第一审判决、裁定有下列情形之一的,应当提出抗诉:(一)认为事实不清、证据不足的;(二)有确实、充分证据证明有罪而判无罪,或者无罪判有罪的;(三)重罪轻判,轻罪重判,适用刑罚明显不当的;(四)认定罪名不正确,一罪判数罪,数罪判一罪,影响量刑或者造成严重社会影响的;(五)免除刑事处罚或者适用缓刑、禁止令、限制减刑错误的;(六)人民法院在审理过程中严重违反法律规定的诉讼程序的。"第599条第1款规定:"对按照审判监督程序提出抗诉的案件,人民检察院认为人民法院作出的判决、裁定仍然确有错误的,如果案件是依照第一审程序审判的,同级人民检察院应当向上一级人民法院提出抗诉;如果案件是依照第二审程序审判的,上一级人民检察院应当按照审判监督程序向同级人民法院提出抗诉。"同条第2款规定:"对按照审判监督程序提出抗诉的申诉案件,人民检察院认为人民法院作出的判决、裁定仍然确有错误的,由派员出席法庭的人民检察院刑事申诉检察部门适用本条第一款的规定办理。"

由此可见,刑事抗诉分为二审程序的抗诉和审判监督程序的抗诉两种。不论是哪种程序的抗诉,人民检察院都应制作抗诉书,送达人民法院。

抗诉是国家赋予人民检察院的职责,是人民检察院对人民法院的审判工作进行监督的重要手段,抗诉书是人民检察院行使审判监督职权的重要工具,也是引起人民法院第二审或再审程序的法定程序之一。人民检察院通过抗诉程序,可以及时有效地纠正人民法院确有错误的判决和裁定,使犯罪分子受到应有的惩罚,保护公民的合法权益,保证法律的正确实施。

### 二、具体写作要求

刑事抗诉书为叙述式文书。《格式样本》规定了二审程序适用的刑事抗诉书和审判监督程序适用的刑事抗诉书两种。其内容均由首部、正文和尾部三部分组成。

（一）首部

首部包括标题、案号,原判决和裁定的情况。

1. 标题和案号。标题应分行居中写明制作抗诉书的人民检察院名称和文书名称。人民检察院名称应写全称；如果是涉外案件,院名前还应冠以"中华人民共和国"字样。文书名称写为：刑事抗诉书。依照二审程序制作的抗诉书,案号写为："××检××诉刑抗〔20××〕×号"。依照审判监督程序制作的抗诉书的案号,写为："××检××审刑抗〔20××〕×号"。

2. 原判决、裁定的情况。依照二审程序提出的抗诉,要写明原审人民法院名称、文书名称和案号、被告人姓名、案由、判决或裁定的结果以及本院审查后的意见。这部分的内容可表述为："××××人民法院以××号刑事判决（裁定）书对被告人×××（姓名）××（案由）一案判决（裁定）……（写明判决、裁定结果）。本院依法审查后认为（如果是被害人及其法定代理人不服地方各级人民法院第一审的判决而请求人民检察院提出抗诉的,应当写明这一程序,然后再写'本院依法审查后认为'）,该判决（裁定）确有错误（包括认定事实有误、适用法律不当、审判程序严重违法）,理由如下：……"

如果是依照审判监督程序提出抗诉的,这一部分首先要写明原审被告人的基本情况,包括姓名、性别、出生年月日、民族、职业、单位及职务、住址、服刑情况、刑满释放或者假释的具体日期等。有数名被告人的,依犯罪事实情节由重至轻的顺序分别列出。其次,要写明诉讼过程、生效判决或裁定概况。由于依照审判监督程序抗诉的案件,可能是已经生效的一审判决或者裁定,也可能是终审判决或者裁定,所以要根据案件实际,采用不同的写法。抗诉对象如果是一审生效的判决或裁定,抗诉书中除应写明一审判决或裁定的主要内容外,还要写明一审判决或裁定的法定生效原因和生效时间,以使所论述的内容清楚、完整。抗诉对象如果是终审的判决或者裁定,应在被告人的基本情况和公诉简况后,分别写明一审和二审判决或者裁定的主要内容,包括一审和二审法院的名称,判决或者裁定认定的罪名和量刑（如果是裁定,写明裁定事项）等有关情况。此外,还应写明提起审判监督程序抗诉的原因。

检察实践中,上级检察机关发现下级人民法院生效的判决或者裁定确有错误的途径主要有：根据下级检察机关提起抗诉报告,备案审查,通过办案质量检查、复查申诉等。这是提请抗诉的来源,论述时应根据实际情况简要写明即可。这一部分可表述为："××××人民法院以××号刑事判决（裁定）书对被告人×××（姓名）××（案由）一案判决（裁定）……（写明生效的一审判决、裁定或者一审及二审判决、裁定情况）。经依法审查（如果是被告人及其法定代理人不服地方各级人民法院生效判决、裁定而请求人民检察院提出抗诉的,或者有关人民检察院提请抗诉的,应当写明这一程序,然后再写'经依法审查'）,本案的事实如下：……"

（二）正文

正文是文书的核心内容,包括抗诉理由、结论性的意见、法律根据和要求事项。

1. 抗诉理由。这一部分是证明抗诉意见正确性的论据和基础,要有针对性地运用事实、证据和法律,具体指出一审或二审判决或者裁定的错误所在,同时论证检察机关抗诉意见的正确性。根据法律规定和抗诉工作的实践经验,抗诉理由主要应针对以下几方面的问题展开论述:

(1) 针对原判决或裁定在认定事实方面的错误,论述抗诉理由。认定事实方面的错误包括:应予认定的事实未认定,或者认定的事实有出入,或者遗漏罪行、遗漏罪犯等,这是提起抗诉的主要理由之一。事实是适用法律、定罪、量刑的基础,认定事实有错误必然导致定性、量刑或者适用法律的错误,因此,论证抗诉理由,要明确具体指出原判认定的哪些事实有错误,再论证检察机关查明认定的事实和证据,对检察机关认定的事实应围绕刑法规定该罪构成要件特别是争议问题,简明扼要地加以论述。一般应当具备时间、地点、动机、目的、关键行为情节、数额、危害结果、作案后表现等有关定罪量刑的事实和情节。通过摆事实,讲道理,指出抗诉理由的正确性。对于有多起犯罪事实的抗诉案件,只叙述原判决(裁定)认定事实不当的部分,认定事实没有错误的,可以只肯定一句"对……事实的认定无异议"即可。重点是突出检察院与法院两家的争议焦点,体现抗诉的针对性。对于共同犯罪案件,也可以类似地予以处理,即只对原判决(裁定)漏定或者错定的部分被告人的犯罪事实作重点论述,对其他被告人的犯罪事实可简单论述或者不论述。

(2) 原判决或裁定在适用法律方面有错误,运用犯罪构成要件的理论,分析犯罪行为的本质特征,从引用罪状、量刑情节等方面入手,阐述抗诉理由。原判决或者裁定在适用法律方面的错误具体包括:定性(罪与非罪)、定罪(此罪与彼罪)、不处罚或者处罚不当等。如果原判决认定事实无误,只是适用法律有错误的,应在指出具体错误之后,着重围绕被告人行为事实的本质特征和相关法律的本义,论证如何正确适用法律认定案件性质。如果原判决是因认定事实错误而导致适用法律错误的,应先将检察机关查明认定的事实和证据写明,并具体指出原判决适用法律的错误之处,然后阐明该案应如何正确适用法律,认定犯罪性质。

(3) 原判决或者裁定量刑不当的。具体情况包括:罪刑不相适应,刑罚畸轻畸重,具有法定从重、从轻或减轻情节未依法准确量刑的,以及适用缓刑不当等情况。抗诉书要针对量刑不当的原因阐述抗诉理由。如果原判决仅是量刑不当,而无其他错误的,应着重阐述量刑不当的原因及理由。如果原判决或裁定认定事实、认定性质和确定罪名基本无误,只是量刑畸轻畸重的,应着重从情节、社会危害等影响量刑的诸要素方面进行分析,指出原判量刑上的错误之处,进而提出准确量刑的抗诉意见。如果是认定事实错误,导致定性、定罪适用法律错误,进而导致量刑不当的,应在阐明认定事实、证据和论证准确适用法律的意见后,写清量刑的不当所在,并提出正确的量刑建议。

(4) 原判决或裁定违反法律规定的诉讼程序,影响正确判决或裁定的。要根据《刑事诉讼法》及有关的司法解释,论述原审法院违反法定诉讼程序的事实表现,包括时间、地点、审判人员或合议庭的违法行为等情况。再写明影响公正判决的现实表现或可能性,并引用《刑事诉讼法》中有关方面的规定进行对照和论证,提出纠正错误的法律规定和正确的诉讼程序。

(5) 原判决或裁定将犯罪事实清楚、证据确实充分的案件错误地认定为证据不足,并判无罪的,要针对分歧焦点,充分运用犯罪事实和证据,逐条逐项论证本案符合法定条件,足以认定的道理。其中,论述证据确实、充分的理由时,对于有新补充证据的,应说明其证明力;对于认定失误的,指出认定证据失误之处,阐明正确认定的道理;对于"证据确实、充分"的标准、规格在认识上有分歧的,要结合具体情况,阐明抗诉机关依法理解的标准、规格。

(6) 依照审判监督程序提出的抗诉,由于生效判决或者裁定都较复杂,所以,论述抗诉理由要有针对性地选择侧重点,这样才能做到观点明确,条理清晰。如果检察机关认为一审判决或者裁定正确,而二审改判有错误的,论述抗诉理由,应一方面论证一审判决或者裁定的正确性,另一方面论证二审改判的错误所在。运用事实、证据和法律,论证检察机关对案件定性定罪、处罚量刑、诉讼程序、适用法律等方面的意见。论述时要做到以法论理,以法为据。

在检察实践中,这一部分的写法一般有以下三种:

第一种写法,分段列举法。即在写明审查意见后,将抗诉理由按照论点、论据列出,并加序号分几个自然段论述。这种方法的特点是,论点明确,论述清楚,条理性强。主要适用于抗诉理由论点较多的案件。例如,"经本院审查认为,原判量刑畸轻,理由如下:(以下分段论述)一、……二、……三、……"

第二种写法,综合分析法。即将抗诉理由集中在一个自然段内分层次论述,这种写法适用于抗诉理由比较集中,论点较少的案件。特点是结构紧凑,论点概括集中。

第三种写法,分人论述法。抗诉案件中,同时有几个被告人的,应针对每个被告人的具体情况,参照上述方法,分别论述抗诉理由。这种写法适用于抗诉理由各不相同的两名以上被告人的抗诉案件。特点是被告人的情况与抗诉理由联系紧密,针对性强。

2. 结论性的意见、法律根据和要求事项。

(1) 结论性的意见。应当根据所述的抗诉理由,针对原判决或裁定的错误,概括表明检察机关认定的被告人的行为性质、罪名、量刑等意见。结论性的意见应当高度概括,简洁明确。

(2) 法律依据。抗诉书引用法律依据要针对案件的实际,写明两方面的法律依据:一是指出纠正原判决或裁定错误的法律依据。属于案件实体问题的,如定性、定罪、量刑等,要引用我国《刑法》等实体法相应的条款;属于程序问题的,如违反法律程序、错误的裁定等,要引用我国《刑事诉讼法》等程序法条款。二是据以提出抗诉的法律条款。如果是依照二审程序提出抗诉制作的抗诉书,要引用《刑事诉讼法》第217条的规定;如果是依照审判监督程序提出抗诉制作的抗诉书,要引用《刑事诉讼法》第243条第3款的规定。

(3) 要求事项。即在引用法律依据后,接着写明"特提出抗诉,请依法判处"。这部分内容可表述为:"综上所述……(概括上述理由),为维护司法公正,准确惩治犯罪,依照《中华人民共和国刑事诉讼法》第二百四十三条第三款的规定,对××××法院××号刑事判决(裁定)书,提出抗诉,请依法判处。"

(三)尾部

尾部包括受理抗诉的人民法院名称、署名、写明日期、加盖院印、附项等。

1. 受理抗诉的人民法院名称。即分行写明"此致、×××人民法院"。
2. 署名。在文书右下方署人民检察院名称。
3. 写明日期。应写明文书制作的年、月、日。
4. 加盖人民检察院院印。
5. 附项。一是写明被告人现羁押于×××(或者现住×××);二是写明其他有关材料。

### 三、文书写作需要注意的问题

1. 抗诉书中的审查意见是检察机关对原审判决或者裁定经审查后提出的看法,目的是明确指出原审判决或者裁定的错误所在,告知二审和再审法院,检察院抗诉的重点是什么。这一重点是抗诉书的论点,抗诉理由要围绕这一论点展开论证,因此要开门见山、旗帜鲜明地提出,不能含糊其辞、模棱两可。

2. 刑事抗诉书中不能追诉起诉书中没有指控的犯罪事实。被告人在案件中有自首、立功等情节的,抗诉书中应予以论述。

3. 抗诉书中的证据部分,应在论述事实时有针对性地加以列举,所列的证据要说明证据的种类,其证明的内容要点以及与犯罪事实的联系,不能空洞地用"上述事实清楚,证据确实充分,足以认定"一笔带过。

4. 根据我国《刑事诉讼法》的规定,按照审判监督程序提出抗诉时,最高人民检察院应向最高人民法院提出;作出生效判决或者裁定的人民法院的上一级人民检察院应向同级人民法院提出。因此,审判监督程序抗诉书的尾部,受理抗诉的人民法院应写同级人民法院名称。

5. 抗诉书以案件或被告人为单位制作。具体制作份数根据实际需要确定。抗诉书应抄送原提起公诉和提请抗诉的下级人民检察院。提出抗诉的人民检察院应将抗诉书正本(送达人民法院)和副本(送达被告人及其辩护人)一并送达同级人法院。

6. 抗诉书尾部的附项中,对于未被羁押的原审被告人,应将住所或居所明确写明。证据目录和证人名单如果与起诉书相同可不另附。

## 第八节 检察建议书

### 一、概念和作用

检察建议书,是指人民检察院在办案过程中,发现有关单位在管理工作中存在犯罪隐患,管理漏洞,执法不规范,以及认为应对有关人员或者行为予以表彰或者给予处分、行政处罚时,向有关单位提出建议时制作的法律文书。

根据法律规定和社会治安综合治理的精神,人民检察院应当积极参加打击犯罪、预防犯罪等社会治安综合治理的工作。人民检察院对于办理案件过程中发现的有关单位的各项管理工作混乱,规章制度不健全,有较大漏洞,给犯罪分子可乘之机,不利于打击犯罪、预防犯罪的问题,有义务协助或督促有关单位加以整顿治理。对于需要社会有关单位与人民检察院配合同犯罪作斗争的其他重要问题,也应主动提出建议。检察建议书是人民检察院参加社会治安综合治理工作的有效工具,也是人民检察院与广大人民群众密切配合、扩大办案效果、堵塞漏洞、防止和减少犯罪、维护社会治安的重要形式。

**二、具体写作要求**

根据《格式样本》规定,检察建议书为叙述式文书,由首部、正文和尾部三部分内容组成。

(一)首部

首部包括标题、案号和主送单位的名称。

1. 标题和案号。标题应写明人民检察院名称和文书名称,案号写为:"××检××建〔20××〕×号"。案号由各级人民检察院办公室统一负责。

2. 主送单位的名称。应顶格写明主送单位的全称。

(二)正文

正文是文书的核心内容,包括问题来源或提出建议的起因,应当消除的隐患以及违法现象,提出检察建议依据的法律、法规及有关规定,治理防范的具体意见和要求事项。

1. 问题来源或提出建议的起因。写明本院在办理何人、何案中发现了该单位在管理等方面存在的漏洞,以及需要提出有关检察建议的问题。叙写这一部分时,要注意所涉及的问题必须是与受文单位有密切的联系。语言要求简明、确切。例如,"我院在审查张××、李××盗窃一案时,发现你单位下属的××公司在企业管理和安全保卫方面存在严重的问题。"

2. 应当消除的隐患以及违法现象。应写明提出建议所依据的事实。检察机关是国家监督机关,提出检察建议是十分严肃的事情,必须依据确凿的事实。提出检察建议的事实,务求实事求是,客观准确,并与建议内容密切相关。

提出检察建议所依据的事实,一般包括办案中发现的打击犯罪、预防犯罪不力方面的隐患,需要加强改进或者建章立制,规范管理等几方面的内容。根据检察实践,有关单位存在下列情况或问题时可以提出检察建议:一是安全保卫不到位,疏于防范,屡次出现违法犯罪活动的;二是物资、财务管理混乱,规章制度不健全、不落实,有较大漏洞,给犯罪分子以可乘之机的;三是单位内部纠纷突出,调解、疏导不力,矛盾可能激化,或者矛盾已经激化,出现了严重后果的;四是有庇护犯罪分子、知情不举或者以说情等其他形式干扰办案的情况,但尚未达到追究刑事责任程度的;五是被不起诉人,或其他有一般违反行为的人需由主管部门予以行政处分的;六是对积极协助检察机关同犯罪作斗争的人员,需建议主管部门予以表彰的;七是其他影响国家法制和社会治安综合治理的重大问题,需要提出检察建议的等。

3. 提出检察建议依据的法律、法规及有关规定。检察建议书是人民检察院制作的有法律意义的文书,提出的建议应当有明确的法律依据。检察建议书引用的法律依据主要有两个方面:一是检察机关提出建议的行为所依据的有关法律;二是受文书单位存在的问题,不符合哪项法律规定和有关规章制度的规定,应当按照哪项法律规定去调整。

4. 治理防范的具体意见。具体意见的内容应当符合实际,实事求是,具体明确,切实可行,要与以上列举的事实紧密联系。凡是涉及对有关人员作出处理建议的,尤其应当慎重。要注意理由、证据和运用法律等规章制度规定的准确性和充足性。

5. 要求事项。要求事项是为实现检察建议内容,或者督促检察建议落实而向受文单位提出的具体意见和要求。包括三项内容:一是要求研究解决或者督促整改;二是要求加强与检察机关的联系;三是要求回复落实的情况,对此,可以提出具体时间及结果的要求。例如:"以上建议请研究落实整改,并将落实情况在××日内及时告知我院。"

(三)尾部

在文书右下方写明制作建议书的年、月、日,并加盖人民检察院院印。

### 三、文书写作需要注意的问题

1. 检察建议书主要适用于社会治安综合治理,防范、减少犯罪工作等方面的建议。对于刑事诉讼程序上的问题,人民检察院法律监督业务范围内的问题,不能使用建议书,应适用其他相应的检察文书。因此,检察建议书的受文单位,是指司法机关以外的社会上的单位。

2. 对人民检察院依照《刑事诉讼法》第171条第4款的规定,向有关主管机关提出对被不起诉人给予行政处罚、行政处分或向其他单位提出纠正意见及检察意见时,应制作"检察意见书",而不能适用本文书。

3. 严格掌握提出检察建议的标准。发现的问题及所提建议针对的事实要求客观、准确、概括性强,能反映问题的实质,要将事实要件进行综合、归纳提炼。对事实不清,证据不足的问题不宜提出检察建议。

4. 检察建议书不具有强制性。为了保证建议内容的落实,承办人员应及时主动地了解、掌握建议的落实情况,如发现建议的部分内容不妥,但不影响建议效果的,可及时向有关单位说明更正,但不撤销建议书。

5. 为了确保检察建议书的质量,体现检察建议书的严肃性,向有关单位发出检察建议书,应当报请检察长批准。

6. 检察建议书一式四份,一份附卷,一份送达受文单位,一份送达受文单位的上级主管部门,一份送本院预防部门。具体运用时,各级人民检察院可根据工作实际或根据承办部门提出的具体需要,增加印制份数。

**思考题：**

1. 人民检察院法律文书按照所处诉讼阶段及其作用的不同可以分为哪几类？
2. 起诉书中的事实部分有哪几种写法？分别适用于叙写哪类案件？
3. 对重大、具有较大影响的案件，起诉中的犯罪事实部分应写明哪些内容？
4. 不起诉决定书正文的案件事实部分应针对哪几种情况叙述？
5. 抗诉理由针对判决或者裁定的哪几个方面展开论证？
6. 人民检察院在什么情况制作检察建议书？
7. 根据下列案情材料拟写一份起诉书

2016年8月1日，被告人张××伙同王××（另案处理）、武××（已判决）通过××汽车租赁公司租用周××（男43岁）的"北京现代"牌小轿车一辆（车号为×j521…），并于当日21时许在××区××镇××村东口将该车开走。2016年8月3日，被告人张××在××市××区与温××（男40岁）签订了车辆质押借款合同，将该车以人民币4万元抵押给温××，经鉴定，该车价值人民币9万元，案发后该车起获已归还。人民检察院认为，被告人张××在签订、履行合同过程中，骗取他人财产，数额较大，其行为触犯了《中华人民共和国刑法》第224条的规定，犯罪事实清楚，证据确实、充分，根据《中华人民共和国刑事诉讼法》第172条的规定，以合同诈骗罪对张××提起起诉。起诉书的制作时间是2017年3月7日，案号为××检××刑诉〔2017〕75号。

认定被告人犯罪事实的证据有：（1）书证：交易订单详情、车辆质押借款合同、到案经过、常住人口基本信息；（2）证人证言：证人武××、周××、李×甲、宋××、李×乙、刘××等人的证言；（3）被告人的供述与辩解：被告人张××的供述与辩解的；（4）鉴定意见：对财产的鉴定结论书。

被告人张××，男，1984年出生，身份证号码××03241984……汉族，初中文化程度，户籍所在地××省××市××县××镇××村人。因涉嫌掩饰、隐瞒犯罪所得，于2016年12月17日被××市公安局××分局刑事拘留，2017年1月23日经××市××区人民检察院批准被逮捕。被告人现羁押于××市××区看守所，公安机关随案件移送了预审卷宗材料3册。

本案由××市公安局××分局侦查终结，以被告人张××涉嫌掩饰、隐瞒犯罪所得罪，于2017年2月10日向××市××区人民检察院移送审查起诉，××市××区人民检察院受理后，于当日已告知被告人有权委托辩护人，并依法讯问了被告人，审查了全部案件材料。

# 第四章 人民法院刑事裁判文书

## 第一节 概　　述

### 一、人民法院刑事裁判文书的概念和作用

人民法院刑事裁判文书,是指人民法院在刑事诉讼中,就刑事案件的实体问题和程序问题依法制作的法律文书。

刑事裁判文书的作用主要体现在以下几个方面:一是刑事裁判文书是人民法院行使审判权,具体实施法律的重要文字载体。二是刑事裁判文书展现了刑事审判的全过程,体现了司法过程与结果的公正性。三是刑事裁判文书既是法制宣传的生动教材,同时也能够为同类案件的裁判提供有益借鉴。四是刑事裁判文书是综合考核法官的重要尺度。刑事裁判文书的质量体现了法官的综合素质,是考核法官能力的重要标准。

### 二、人民法院刑事裁判文书的分类

人民法院刑事裁判文书主要包括刑事判决书和刑事裁定书两大类别。

刑事判决书按照不同的标准,可以进行不同的分类。以被告人是否构成犯罪为标准,可以分为有罪判决书和无罪判决书。其中,有罪判决书,又可以进一步分为科刑判决书和免刑判决书。以适用程序为标准,可以分为第一审刑事判决书、第二审刑事判决书、再审刑事判决书和刑事附带民事判决书。

由于刑事裁定书多用于程序方面,故以其所处程序的不同可以分为:第一审刑事裁定书、第二审刑事裁定书、死刑复核刑事裁定书、核准法定刑以下判处刑罚的刑事裁定书、再审刑事裁定书、减刑假释裁定书、减免罚金裁定书和终止审理裁定书。

## 第二节 第一审刑事判决书

### 一、概念和作用

第一审刑事判决书,是指第一审人民法院对于公诉案件按照第一审普通程序审理终结后,根据已经查明的事实、证据,依据有关法律规定,作出被告人有罪或者无罪,犯什么罪,判处什么刑罚或者免除处罚,或者宣告无罪等处理决定时制作的法律文书。

根据我国《刑事诉讼法》规定,"在被告人最后陈述后,审判长宣布休庭,合议庭进行评议,根据已经查明的事实、证据和有关的法律规定,分别作出以下判决:(一)案件事实清楚,证据确凿、充分,依据法律认定被告人有罪的,应当作出有罪判决;(二)依据法律认定

被告人无罪的,应当作出无罪判决;(三)证据不足,不能认定被告人有罪的,应当作出证据不足、指控的犯罪不能成立的无罪判决"。"判决书应当由合议庭组成人员和书记员署名,并且写明上诉的期限和上诉法院。"

第一审刑事判决书主要包括有罪和无罪刑事判决书、适用普通程序和简易程序的刑事判决书、公诉案件和自诉案件的刑事判决书等,这几种刑事判决书的内容和写作要求略有不同,本节主要介绍常用的适用普通程序的第一审公诉案件刑事判决书。

第一审刑事判决书的作用主要体现在以下几个方面:(1)是国家审判机关适用一审程序审理刑事案件的结论;(2)是判决发生法律效力后,对被告人执行刑罚的法律根据;(3)是当事人或其法定代理人、辩护人在法定期限内上诉或同级人民检察院在法定期限内抗诉的根据;(4)是适用第二审程序、审判监督程序继续审理案件的基础。

## 二、具体写作要求

第一审刑事判决书由首部、正文和尾部组成。

### (一)首部

首部应当依次写明下列内容:标题、案号、公诉机关项、被告人的基本情况和辩护人的基本情况,以及案件来源、审理组织、审判方式和审判经过。

1. 标题。应当分两行居中写明法院名称和文书名称。其中,法院名称一般应与院印的文字一致,但是基层法院应冠以省、自治区或直辖市的名称。如系涉外案件,各级法院名称前均应冠以"中华人民共和国"字样。

2. 案号。由立案年度、制作法院、案件性质、审判程序的代字和案件的顺序号组成。第一审刑事判决书的案号为:"(20××)×刑初字第×号"。其中,案件的顺序号,是指按照受理案件的时间顺序编号。例如,"(2015)济历刑初字第11号"。

3. 公诉机关项。应当写明提起公诉的检察机关的全称,即公诉机关×××人民检察院。根据我国《检察院组织法》和《刑事诉讼法》的规定,代表国家提起公诉的是人民检察院,因此应写为"公诉机关"而不应称"公诉人"。

4. 被告人的基本情况。应当依次写明以下内容,即被告人的姓名(括号注明与案情有关的别名、化名和绰号),性别,出生年月日,民族,出生地,文化程度,职业或工作单位和职务,住址,以及因本案所受强制措施情况,现羁押何处。叙写被告人的基本情况,需要注意以下问题:

(1)被告人曾经受过刑事处罚、行政处罚,或者又具有在以上限制人身自由期间逃跑等法定或者酌定从重处罚情节的,应写明其事由和时间。

(2)对涉及累犯的情形,应当写明其原判刑罚的情况和刑满释放的日期。

(3)凡被拘留、逮捕的,应写明被拘留、逮捕的年月日,以便折抵刑期。通常表述为:"因涉嫌犯××罪于××××年××月××日被刑事拘留(或者被采取其他羁押措施)"。

(4)同案被告人有二人以上的,按主犯、从犯的顺序列项书写。

(5)被告人是外国人的,应在其中文译名后用括号写明其外文姓名、护照号码、国籍。

（6）被告人是未成年人的，应当在写明被告人基本情况之后，另行叙写法定代理人的姓名、与被告人的关系、工作单位和职务及住址。

5. 辩护人的基本情况。辩护人是律师的，写明姓名、工作单位和职务，即"辩护人××××，系××律师事务所律师"；辩护人是由被告人所在单位或者人民团体推荐的，或者是经人民法院许可的公民，应写明其姓名、工作单位和职务；辩护人是被告人的亲友、监护人的，除应写明其姓名和职务外，还应写明与被告人的关系；辩护人是人民法院指定的，写为"指定辩护人"。同案被告二人以上，且各有辩护人的，分别列写在各被告人下一行。

6. 案件来源、审理组织、审判方式和审判经过。此处是一段固定化的文字表述。例如，××市人民检察院第二分院于××××年××月××日以×检×诉〔20××〕××号起诉书指控被告人蒋××犯故意杀人罪、抢劫罪，向本院提起公诉。本院于××××年××月××日受理后，依法组成合议庭，于××××年××月××日公开开庭进行了审理。××市人民检察院第二分院指派检察员竺××出庭支持公诉。被告人蒋××及其辩护人张××到庭参加诉讼。本案现已审理终结。

具体叙写这部分内容需要注意以下几个问题：

（1）公诉案件要写明起诉日期，即法院签收起诉书等材料的日期，这关系到审理期限的计算。为了客观反映公诉机关（或者自诉人）的起诉日期和人民法院审查起诉后的立案日期，便于当事人和有关部门监督、检查人民法院对案件审理期限制度的执行情况，体现审理案件的公开性和透明度，提高办案效率，应当在裁判文书中写明审理案件的起始日，即立案的日期。如公诉案件，可以在"××××人民检察院……于××××年××月××日向本院提起公诉"之后，叙写："本院于××××年××月××日立案，并依法组成合议庭………"。

（2）对于依法不公开审理的案件，为了体现审理程序的合法性，应当写明不公开审理的理由。可以表述为："本院依法组成合议庭，因本案涉及国家秘密（或者个人隐私，或者被告人系未成年人），不公开开庭审理了本案"。

（3）出庭参加诉讼的人员，不仅要写明控方人员，而且还要写明被告人和辩护人出庭的情况。写明辩护人的情况，意味着更加郑重地承认了辩护人在法庭上应有的诉讼地位，是诉讼参与人的诉讼权利依法得到保障的反映。

（4）公诉案件中，如果存在对象明显、受害严重的被害人，其与案件的利害关系密切，又是最了解案情的证人，开庭时应当依法通知其到庭，写入出庭人员之内。

（二）正文

正文是刑事判决书的核心内容，包括事实、理由和判决结果三部分。这部分是法院对案件审判情况的概括和总结，不但要突出刑事诉讼法明确的控审分离、控辩双方平等对抗、法院居中裁判的刑事诉讼原则，还要客观、真实地反映一审法院审案和裁判的实际情况。在行文进程中，必须按照审判的进程，客观地表述控辩双方的指控和举证，以及法院对案件证据、事实的分析论证。在此基础上，还要详尽表述法院对案件性质的分析、认定以及对案件处理的意见理由和法律依据，评价控辩双方的意见和理由。

1. 事实。事实是判决书的基础部分，是判决理由和判决结果的根据。判决书在事实部分，首先要概括叙述检察机关指控被告人犯罪的基本内容；然后写明被告人的供述、辩解和辩护人的观点。这样不仅有助于突出控辩双方的焦点，便于增强法院在认定事实、分析证据和阐述判决理由时的针对性，同时也能够增强刑事判决书的透明度，更好地维护控辩双方的诉讼权利。写完控辩双方的意见后，应当写明判决确认的犯罪事实。

(1) 控辩双方争议的意见。应当概述人民检察院指控被告人犯罪的事实、证据和适用法律的意见；写明被告人对指控的犯罪事实予以供述、辩解、自行辩护的意见和有关证据；概述辩护人的辩护意见和有关证据。该段文字旨在加强刑事判决的透明度，突出争讼的焦点，有利于法院在认定事实和列举证据，以及阐述判决理由时具有针对性，有利于在下文中对控辩双方的意见表态。但是，在归纳双方意见时，应简练概括，忌文字冗长，以免与后文有明显重复。原则上，可以控辩双方有无争议为标准，即控辩双方没有争议的事实，可以扼要概括，检察机关指控的证据可以用"检察机关提供了相应的证据"一句来概括。控辩双方有争议的事实，则无论是"控辩意见"还是在下文的"经审理查明"的事实部分，都应当详细叙述，并对有争议的事实、证据进行具体的分析、认证，写明采信证据的理由。具体示例如下：

××市人民检察院第二分院认定被告人蒋××于2014年12月为谋钱财，起意用偷配的钥匙到本市浙滨路150号1405室朋友章××家中盗窃。12月11日下午2时许，被告人蒋××携带铁榔头和偷配的钥匙窜至章家，敲门确认章家无人后开门入室，窃得现金人民币1400元、美元100元、邮政储蓄存单500元，合计价值人民币2700余元，以及玉挂件1枚、定期储蓄存单等财物。蒋作案后准备离开，恰遇章母谭××回家，谭见家中被翻乱，章××不在家中，遂欲抓蒋。蒋即从腰间拔出铁榔头猛击谭的头面部，致谭因颅脑损伤而死亡。被告人蒋××逃离现场后，为毁灭罪证，将劫得的存单销毁，将作案工具铁榔头、钥匙等弃于江中。

为证实指控的犯罪，公诉人当庭宣读了本市公安机关《现场勘查笔录》《尸体检验报告》，证人章××、唐××、蒋××、徐××、蒋××、蔡××等证人的证言，庭上还出示了查获的作案工具羊角榔头1把，上有"唐""玉飞"等字样的银行储蓄存单碎片等物证、书证，并宣读了公安机关搜查笔录、扣押物品清单等证据。据此认为，被告人蒋××刑满释放未满5年，为谋取钱财，在上门盗窃过程中，又为抗拒抓捕而对被害人当场使用暴力，故意杀死一人，其行为构成故意杀人罪、抢劫罪，且系累犯，要求依法严惩。

被告人蒋××当庭表示公诉机关对其的指控属实，但辩解自己持羊角榔头敲击被害人谭××头面部，目的只是为了将谭打昏。在最后陈述中，被告人蒋××强调自己无杀人故意，并表明自己将服从判决。辩护人对公诉机关的指控内容及定性未表异议，提出被告人蒋××到案后即如实交代了自己的全部犯罪事实，认罪态度较好，且有检举他人犯罪的表现，建议从轻处罚。

(2) 法院确认的犯罪事实和证据。这部分是在指控和抗辩的基础上，有针对性地对指控的证据和控辩双方的意见和理由进行分析，进而确认案件事实并据以评价控辩双方对案件事实提出的意见。该部分反映了法院按照《刑事诉讼法》的规定和证据学的原理，分析和判断在案证据对案件事实的证明效力，并根据有效证据证明和确认案件事实的过程。这不仅是一审法院对案件事实的重点论证过程，也为法院对案件进行深入研究、正确定性并最终做出正确的裁判奠定事实基础。该部分应当具体写明经法庭审理认定的事实和证据；写明据以定案的证据和证据来源，以及对控辩双方有异议的事实和证据予以分析论证。这部分内容由"经审理查明……"一语引出，要详细叙写。首先写明经庭审查明的事实，其次写明经举证质证定案的证据及其来源，最后对控辩双方有异议的事实、证据进行分析论证。

叙写案件事实需要注意以下几个问题：一是叙述案情时，要写清案件发生的时间、地点、动机、目的、手段、行为过程、危害结果、被告人事后的态度，以及涉及的人和事等要素，并以是否具有犯罪构成要件为重点，兼叙影响量刑轻重的各种情节，特别是主罪中那些与定罪量刑有密切关系的重要情节，更应叙写得详细具体。依法公开审理的案件，案件事实未经法庭公开调查的，不能认定。对自首、立功等情节的认定，应当写在事实部分，并写明确认自首、立功等情节成立的证据。二是叙述事实要层次清楚，重点突出。一般按时间顺序，着重写清主要情节。一人犯数罪时，主罪详写，没有因果关系的数罪，应按罪行主次的顺序进行叙述；一般共同犯罪的案件，应以主犯的犯罪事实为主线进行叙述；集团犯罪案件，可先综述集团的形成和共同的犯罪行为，再按主犯、从犯或者罪重、罪轻的次序分别叙述各个被告人的罪行。三是叙述犯罪事实既要客观真实，全面、具体，又要注意保守国家机密与个人隐私。例如，涉及党和国家机密、侦查技术手段的事实、有关隐私案件的具体情节、检举人的姓名、被害妇女和幼女的姓名等内容，都不能写入判决书。

在证据的表述上，应写明："上述事实，由检察机关提交，并经法庭质证、认证的下列证据予以证明"。叙写证据需要注意以下几个问题：一是证据要尽可能写得明确、具体，同时写明证据来源，即证据是由控辩双方的哪一方提供的。二是证据的写法，应当因案而异。案情简单或者控辩双方没有异议的，可以集中表述；案情复杂或者控辩双方有异议的，应当进行分析、认证；一人犯数罪或者共同犯罪案件，还可以分项或者逐人逐罪叙述证据，或者对证据进行分析、认证。三是对控辩双方没有争议的证据，在控辩主张中可不予叙述，而只在"经审理查明"的证据部分具体表述，以避免不必要的重复。四是控辩双方没有争议，并且经法庭审理查证属实的同种数罪，事实和证据部分可以按犯罪的时间、地点、手段、对象等归纳表述。

另外，在写作方法上，叙事时可采用时序法、突出法、综合归纳法、总分法的写作方法；举证时，可采用一事一证法、夹叙夹证法和全罪一证法等，因情而定，灵活运用。

时序法即通常所说的"顺叙"记叙法。以时间为线索，按着案件的发展顺序加以记叙。这是一种最常用、最基本的记叙方式，有广泛的适用性。突出法是指在叙述案情时，依突出其中主要矛盾、主要情节、主要人物的方法进行，将案件的重点人和事叙述清楚，并予以强调。这种叙述方法的特点是主次分明，以主带次，详略得当，宜于突出案件的本质特点，具体表现为突出主罪法、突出主犯法。归纳法即用概括的文字将被告人、犯罪嫌疑人的犯罪事实加以综合归纳，适合多次犯有同类罪行的案件。

2. 理由。理由是判决书的灵魂，是将犯罪事实和判决结果有机地联系在一起的纽带。该部分体现了法院的说理过程，以"本院认为"为表现形式，表明法院依据法律、运用法理阐述和确认案件的性质、处理案件的理由以及对案件的处理决定。这部分内容是依法对事实的分析论证，所提出的每一个理由，都应当在前面的事实部分找到根据。理由部分主要应当写明犯罪性质的认定、罪责的确定、犯罪的社会危害性的说明、法律条款的引用等内容，为下文的判决结果奠定基础。具体格式及表述依次如下：本院认为……（根据查证属实的事实、证据和有关法律规定，论证公诉机关指控的犯罪是否成立，被告人的行为是否构成犯罪，犯的是什么罪，能否从轻、减轻、免除处罚或者从重处罚。对于控辩双方关于适用法律方面的意见，应当有分析的表示是否予以采纳，并阐明理由。）

（1）对案件事实的分析认定。对案件事实的分析认定，就是根据法院确认的案件事实，依照法律规定的犯罪构成要件，分析论证被告人的行为属于什么性质，是否具有社会危害性，其危害性达到了什么程度，是否构成犯罪，构成何罪。该部分内容主要应当围绕定罪和量刑两方面的事实展开论证，即针对犯罪的事实、性质、情节，根据法律规定、政策精神与犯罪构成理论，阐述公诉机关的指控是否成立，分析被告人的行为是否构成犯罪，触犯了什么罪名；分析被告人所具备的量刑情节。如果被告人具有从重、从轻、减轻或者免除处罚等情节的，应当分别予以肯定或者综合论证，以明确对被告人的处理原则。

在确定罪名时，应以刑法和《最高人民法院关于执行〈中华人民共和国刑法〉确定罪名的规定》为依据，按分则各条规定的罪状特征，以被侵犯的直接客体（不是同类客体）为基础，使罪名准确合法。这部分内容的叙写，需要注意以下几个问题：一是除了法律有专门规定以外，不能根据犯罪情节来确定罪名，因为情节只影响量刑，不影响犯罪性质。对教唆犯罪的，应按他所教唆的罪确定罪名。例如，"教唆盗窃罪""教唆强奸妇女罪"等，不能笼统定为"教唆罪"。二是刑法分则有些条文，还规定了行为选择和对象选择性罪名，由于犯罪行为或对象的性质相同，故只要实施了其中一种犯罪行为，或者侵害了一种特定对象，就可以构成犯罪，并应根据实施的具体行为或侵害的具体对象，相应确定具体罪名。例如，《刑法》第227条规定的伪造车票、船票、邮票或者其他有价票证，若行为人只是伪造车票犯罪，则应定为伪造车票罪。三是法律条款中没有规定的罪名，一般按刑法分则中最相近的条款确定罪名。四是一人犯数罪时，一般先定重罪，后定轻罪；一般共同犯罪和集团犯罪案件，应在分清各被告人的地位、作用和刑事责任的前提下，依次确定主犯、从犯的罪名，做到理由和事实密切呼应。

此外，需要注意的是，该部分还要针对事实中控辩双方关于适用法律方面的意见，有分析地表示是否予以采纳，即对于检察院指控的罪名，正确的应当表示肯定，不构成犯罪或者罪名不当，应有理有据地分析评定。对于辩护、辩解的主要理由，应当表明予以采纳或据理反驳，使控、辩、审三方意见密切联系，力避脱节现象。在叙事举证时，须保守国家秘密、保护报案人、控告人、举报人、被害人、证人的安全、名誉。

例如,某贪污、行贿案刑事判决书,理由中对事实的分析认定如下:

"本院认为:××市××区工商行政管理局作为工商企业主管部门确认××长城公司是集体所有制性质的证据有效。沈××、孙××身为集体经济组织负责人,利用职务之便,共同或者单独采取欺骗等手段,侵吞公款,其行为侵犯了集体财产的所有权,已构成贪污罪,且数额特别巨大,情节特别严重,均应依法严惩;沈××为××长城公司谋取不正当利益,向国家工作人员大肆行贿,情节严重,其行为侵犯了国家机关的正常活动,依法应以行贿罪追究直接负责的主管人员沈××的刑事责任。××市人民检察院分院起诉指控沈××犯上述贪污罪、行贿罪;指控孙××犯贪污罪的证据确实、充分,定性准确,应予认定;但起诉书指控沈××、孙××共同非法占有公款人民币117万元的事实不清,证据不充分,本院不予认定。沈××、孙××及其辩护人关于沈××、孙××及其辩护人关于沈××、孙××不具备贪污罪主体身份,其行为不构成贪污罪的辩解缺乏事实和法律根据,本院不予采纳。鉴于孙××在共同犯罪中起次要作用,是从犯,在案发前,主动交回其参与共同贪污的全部赃款等情节,对孙××依法比照主犯减轻处罚。"

上述示例中,有罪名的认定、有对控辩双方意见的分析论证、有量刑情节的阐述、有对主、从犯罪责的区别,层次清楚,论析透辟,事理结合,很有说服力。

(2) 引用法律条文。在定性量刑之后,需要引用相应的法律依据,以充分体现"以事实为根据,以法律为准绳"的办案原则。通常表述为:"依照《中华人民共和国刑法》……(写明判决的法律依据)的规定,判决如下:……"在引述法律条文时,一定要坚持准确、完整、具体,具有针对性和有序性。

所谓准确,是指所引法条与判决结果相吻合。引用法律条文越准确,判决书质量越高。因此,一定要避免部分错引法律条文甚至完全错引法律条文的情况出现。例如,抢夺罪引用抢劫罪条款,包庇罪引用窝赃、销赃罪条款等的出现,会极大地损害审判机关的形象。

所谓完整,是指要把据以定性量刑的法律规定全部引出,绝不能出现缺项漏项等不严密的情况。例如,数罪并罚案件,除对每个罪定罪处刑的法律依据都要引用外,还要引用《刑法》第69条、第70条、第71条,作为判决的法律依据。对于刑法分则中有些定罪量刑条款不是同一的情形,既要引用定罪条款,又要引用量刑条款。对于既判处主刑又判处附加刑的,除了引用主刑条文外,还要引用附加刑的条文。有些情况下,不仅需要引用实体法,还需要引用程序法。

所谓具体,是指所引条文应当外延最小,内容明确,不能空泛笼统。例如,刑法分则条文中,凡条下分款、项的,一定要写明第几条第几款第几项;只分项不分款的,则写明第几条第几项。这样才能使刑与法一一对应,避免无所适从的情况出现。

所谓针对性,是指同一份判决书中,引用的法律条文之间,不能互相矛盾。例如,既引用从重条文又引用从轻条文,且没有分析论证,使判决结论处于被推测的状态,令人生疑。讲究针对性,是避免对所引条文产生歧义的重要手段。为了充分体现对被告人定罪量刑适用法律条文的准确性,增强援引法律条文的针对性,在共同犯罪案件中,对共同犯罪的各被告人所适用的法律条款,应当逐人分别引用。

所谓有序性,是指所引法律条文排列有序,有条理性,而非随心所欲。一般规范为:先主刑后附加刑;先分则后总则;先程序法后实体法;先定罪量刑后引从重、从轻、减轻和免除处罚条文;判决结果既有主刑又有附加刑内容的,应当先引用适用主刑的条文,后引用适用附加刑的条文;适用以他罪论处的条文时,先引用本条条文,再按本条之规定,引用相应的他罪条文;一人犯数罪时,应逐罪引用法律条文;一般共同犯罪的,可集中引用有关的法律条文,必要时应逐人逐罪引用法律条文;集团犯罪案件,应结合分项判处,逐人逐罪引用法律条文。既有法律规定又有司法解释规定的,应当先引用法律规定,再引用相关司法解释。

准确、完整、具体、有序性和针对性是辩证统一的,有着不可分割的内在联系,是引述法律条文规范化的必备要素。例如,下文判决理由的阐述:

本院认为,被告人蒋××上门盗窃,为抗拒抓捕而当场对被害人使用暴力,劫取财物价值人民币 2700 余元,其行为已构成抢劫罪;被告人蒋××持羊角榔头对准熟识的被害人谭××头面部这一人身要害部位连续猛击 20 下,造成谭左颞顶部粉碎性骨折、脑组织外溢的行为,反映出被告人蒋××主观上具有明确的杀人故意,其行为又构成故意杀人罪。公诉机关指控被告人蒋××的罪名成立,应予支持。蒋关于自己仅想击昏谭、无杀人故意的辩解与客观事实不符。被告人蒋××于 12 月 11 日作案后逃离现场,并毁弃罪证,对其所犯罪行无积极弥补的悔罪表现;12 月 12 日被公安机关捕获归案后,蒋在公安人员业已掌握其部分犯罪证据的情况下,始供认自己的犯罪事实,不属自首;蒋到案后检举他人违法犯罪的行为经查亦不构成立功。被告人蒋××犯罪手段残忍,后果极其严重,又是在前罪刑罚执行完毕以后 5 年以内犯罪,是累犯,依法应两罪并罚,从重惩处,辩护人提出的对蒋××从轻处罚的意见,不予采纳。为维护社会治安秩序,保护公民的人身权利和私人所有的财产不受侵犯,依照《中华人民共和国刑法》第二百三十二条、第二百六十九条、第二百六十三条、第六十五条第一款、第五十七条第一款、第六十九条、第六十四条之规定,判决如下:……

3. 判决结果。判决结果是根据事实和理由所作出的定性处理结论,是判决书画龙点睛部分,由"依照……(写明判决的依据)的规定,判决如下:……"引出。这部分内容,要与事实、理由相一致,与法律条文相吻合,做到定罪准确,量刑恰当,明确具体。选词用语应当推敲斟酌,精练妥帖。判决结果的叙写,主要有以下三种情形:

第一,定罪判刑的,表述为:

"一、被告人×××犯××罪,判处……(写明主刑、附加刑);

(刑期从判决执行之日起计算。判决执行以前先行羁押的,羁押一日折抵刑期一日,即自××××年××月××日起至××××年××月××日止)

二、被告人×××……(写明追缴、退赔或者发还被害人、没收财物的决定,以及这些财物的名称、种类和数额)。"

第二，定罪免刑的，表述为：

"被告人×××犯××罪，免予刑事处分（如有追缴、退赔或没收财物的，叙写第二项）。"

第三，宣告无罪的，表述为：

"被告人×××无罪。"

由上可见，判决结果有定罪判刑、定罪免刑和宣告无罪三种情况。制作时，需要注意以下几个问题：

（1）罪名要准确，与理由部分保持一致，不能漏写或前后矛盾。例如，"判处被告人丁××有期徒刑二年"的写法既不符合格式用语要求，又缺少罪名，是很不规范的。应当依序写明被告人的姓名、罪名、刑种和刑期。

（2）刑种、刑期要清楚、明白、准确，表述要规范。具体有以下几种表述方式：

第一，有期徒刑的刑罚，应当写明刑种、刑期和主刑的折抵办法，以及刑期的起止时间。判处结果适用缓刑的，应当写为："被告人×××犯××罪，判处有期徒刑（或拘役）×年（月），缓刑×年（月）"。不能写为："被告人×××犯××罪，判处缓刑×年"，这样叙写不符合法律规定。

第二，适用死刑的，应当表述为："被告人×××犯××罪，判处死刑，剥夺政治权利终身。"不能写为："判处死刑，立即执行"，因为这样叙写不符合《刑法》规定。而且从程序上看，任何死刑判决，都要经过死刑复核程序，由负有核准死刑权的法院院长下达执行死刑命令后，才能执行。

对判处死刑缓期执行的，应依《刑法》规定，表述为："被告人×××犯××罪，判处死刑，缓期二年执行，死刑缓期二年执行的期间，从高级人民法院核准之日起计算。"如果是判处管制的，表述中"羁押一日折抵刑期一日"，变更为"羁押一日折抵刑期二日"。

第三，数罪并罚的，应当分别定罪量刑（包括主刑和附加刑），然后按照刑法总则第四章第四节的规定，决定最后执行的刑罚，不能"估堆"量刑。例如，"被告人×××犯贪污罪，判处死刑，剥夺政治权利终身；犯抢夺罪，判处有期徒刑5年；决定执行死刑，剥夺政治权利终身。"

（3）对未成年人、精神病人和被告人死亡的三类特殊案件判决结果的表述，应当符合法律规定。根据《最高人民法院关于适用〈中华人民共和国刑事诉讼法〉的解释》（法释〔2012〕21号）第241条第（六）（七）（九）项之规定，对被告人因不满16周岁不予刑事处罚和被告人是精神病在不能辨认或者不能控制自己行为的时候造成危害结果不予刑事处罚的，应当在判决结果中写明"被告人不负刑事责任"；对被告人死亡的案件，根据已经查明的案件事实和认定的证据材料，能够认定被告人无罪的，也应在判决结果中写明"被告人无罪"。

（4）对于因证据不足，适用《刑事诉讼法》第195条第（三）项宣告被告人无罪的，应将"××××人民检察院指控的犯罪不能成立"作为判决的理由，而不应该作为判决主文。判决主文上仍只写"被告人×××无罪"。

(5) 追缴、退赔和没收的财物,应当写明其名称、数额。如果财物较多、种类复杂的,只在判决书上写明其种类和总数,另列清单作为判决书的附件。例如,"被告人刘××受贿人民币 3500 元予以没收;收缴林×人民币 3500 元予以没收。"

(6) 一案多名被告人的,应以罪责的主次或者所判刑罚的重轻为顺序,分项定罪判处。

(7) 对同一被告人既被判处有期徒刑又并处罚金的,应当在判处有期徒刑和罚金刑之后,分别用括号注明有期徒刑刑期起止的日期和缴纳罚金的期限。

(三)尾部

尾部包括交代上诉期限、上诉法院、上诉方式、署名和写明日期等内容。

1. 交代上诉期限、上诉法院、上诉方式。在主文之后,另起一行写明:如不服本判决,可在接到判决书的第 2 日起 10 日内,通过本院或者直接向××××人民法院提出上诉。书面上诉的,应当提交上诉状正本一份,副本×份。

2. 署名。应当由参加审判案件的合议庭组成人员署名。具体需要注意以下几个问题:一是合议庭成员中有陪审员的,署名为"人民陪审员×××";二是如果是助理审判员的,署名为"代理审判员×××";三是助理审判员担任合议庭审判长的,与审判员担任合议庭审判长的一样,均署名为"审判长×××";四是院长或庭长参加合议庭,应担任审判长的,亦应署名为"审判长×××"。

3. 写明日期。应当写明当庭宣判的日期或者签发判决书的日期。年月日上应当加盖院印,加盖院印应骑年盖月。在日期下方,由书记员署名。判决书正本制成后,书记员应将正本与原本进行核对,确认无异后,在日期左下方与书记员署名的左上方,加盖"本件与原本核对无异"的核对章。

### 三、文书写作需要注意的问题

1. 写入文书的证据,必须经过查证核实。用作认定事实的证据,必须确凿可靠。主要根据间接证据定案的,证据之间若有矛盾,应当综合分析,去伪存真;证据应当与被证事实之间有必然的、有机的联系;证据与证据之间要能够互相印证,环环相扣,形成一个严密的证明体系;列举证据要具体,不能抽象笼统,流于形式。不仅要列举证据,而且要通过对主要证据的分析论证,来说明本判决认定的事实是正确无误的,必须坚决改变用空洞的"证据确凿"几个字,来代替认定犯罪事实的具体证据的格式化的写法,以增强判决书中认定事实的可信性。

2. 证明案件事实的证据必须经法庭公开举证、质证,才能认证;未经法庭公开举证、质证的,不能认证。要注意通过对证据的具体分析、认证,来证明判决所确认的犯罪事实。防止并杜绝用"以上事实,证据充分,被告人亦供认不讳,足以认定"的抽象、笼统的说法,或者用简单的罗列证据的方法,来代替对证据的具体分析、认证。法官认证和采信证据的过程,应当在判决书中充分体现出来。

3. 理由部分写作时,应当注意运用议论的手法,运用逻辑推理方法,将判决理由分析透彻,真正起到画龙点睛的作用,做到让人心服口服,以增强司法公信力。

## 第三节　第二审刑事判决书

### 一、概念和作用

第二审刑事判决书,是指第二审人民法院根据当事人的上诉或者人民检察院的抗诉,依据《刑事诉讼法》规定的第二审程序,对案件审理终结后作出处理决定时制作的法律文书。

我国《刑事诉讼法》第216条第1款、第2款规定:当事人或者他们的法定代理人,不服地方各级人民法院第一审的判决裁定,有权用书状或口头向上一级人民法院上诉。被告人的辩护人和近亲属,经被告人同意,可以提出上诉。附带民事诉讼的当事人和他们的法定代理人,可以对地方各级人民法院第一审的判决裁定中的附带民事诉讼部分,提出上诉。第217条规定:地方各级人民检察院认为本级人民法院第一审的判决、裁定确有错误的时候,应当向上一级人民法院提出抗诉。根据《刑事诉讼法》第225条和第227条规定,对第二审案件的审理,其判决结果主要有以下三种情况:第一,用裁定驳回上诉或抗诉,维持原判;第二,改判;第三,用裁定撤销原判,发回原审法院重审。

第二审刑事判决书是二审人民法院对上诉或抗诉的一审刑事判决,进行全面审查的书面结论。第一审判决在认定事实上是否清楚、适用法律是否正确、诉讼程序是否合法等,都要在第二审中进行审查,第二审刑事判决书是纠正一审判决实体部分中的错误,依法准确地惩罚犯罪,保障无罪的人不受刑事追究的书面凭证;同时也是上级人民法院监督和指导下级法院的刑事审判工作,保证办案质量的依据。

### 二、具体写作要求

第二审刑事判决书的结构与第一审刑事判决书基本相同,由首部、正文和尾部组成。

(一)首部

首部主要包括标题、案号、抗诉方和上诉方的称谓及基本情况、案件来源和审判经过。

1.标题。其写法与第一审刑事判决书相同。需要注意的是,叙写标题,不需要标明审级。

2.案号。案号的写法与第一审刑事判决书基本相同,只是需要将案号中表明审级的"初"字改为"终"字。例如,(20××)×刑终字第××号。

3.抗诉方和上诉方的称谓及基本情况。具体有以下几种情形:

(1)公诉案件被告人提出上诉的,先列写原审公诉机关名称,后列写上诉人(原审被告人)的身份等基本情况,包括姓名、性别、出生年月日、民族、出生地、文化程度、职业或工作单位和职务、住址和因本案所受强制措施情况等,现羁押处所。

(2)被告人的辩护人或近亲属经过被告人同意提出上诉的,上诉人仍为原审被告人。但是,应将审理经过段中"原审被告人×××不服,提出上诉"一句改为"原审被告人××

×的近亲属(或者辩护人)×××经征得原审被告人×××同意,提出上诉"。

(3) 检察机关提出抗诉的,写为:"抗诉机关××××人民检察院;原审被告人……辩护人……"如果在同一案件中,既有被告人上诉,又有检察机关抗诉的,其表述顺序为:"抗诉机关××××人民检察院;上诉人(原审被告人)……辩护人……"

(4) 被害人及其法定代理人请求人民检察院提出抗诉,检察院根据《刑事诉讼法》第218条规定决定抗诉的,应在审理经过段中的"原审被告人×××不服,提出上诉"一句之后,叙写"被害人(或者其法定代理人)×××不服,请求×××人民检察院提出抗诉。×××人民检察院决定并于××××年××月××日向本院提出抗诉"。

(5) 涉及自诉案件的,具体列写需要注意以下几个问题:一是自诉人提出上诉的,表述顺序为:"上诉人(原审自诉人)……原审被告人……"二是被告人提出上诉的,表述顺序为:"上诉人(原审被告人)……原审自诉人……"三是自诉人和被告人均提出上诉的,表述为:"上诉人(原审自诉人)……上诉人(原审被告人)……"

如果自诉人、被告人系未成年人,其法定代理人或指定代理人提出上诉的,仍称自诉人、被告人为"上诉人"并括注其与被代理人的关系,随后叙写被代理人、"原审自诉人"项或"原审被告人"项。如果自诉人有诉讼代理人,被告人有辩护人的,应分别在各自的项下增写"诉讼代理人"项或"辩护人"项。

(6) 如果共同犯罪案件的数个被告人中,有的上诉,有的不上诉的,前面列写提出上诉的"上诉人(原审被告人)"项,后面叙写未提出上诉的"原审被告人"项。

(7) 如果有辩护人、委托代理人的,写法亦与第一审刑事判决书的写法相同。

4. 案件来源和审判经过。主要写明不服原判提出上诉或者抗诉后,第二审法院依法进行审理的经过。公诉案件中被告人提出上诉的,具体写作内容如下:

××××人民法院审理××××人民检察院指控原审被告人……(姓名)犯××罪一案,于××××年×月×日作出(年度)×刑初字第××号刑事判决,原审被告人×××不服,提出上诉。本院依法组成合议庭,公开(或不公开)开庭审理了本案。××××人民检察院指派检察员×××出庭履行职务。上诉人(原审被告人)×××及其辩护人×××等到庭参加诉讼,现已审理终结。

如果公诉机关和主要诉讼参与人项有变动的,案件的来源和审判经过,应做相应的变动。

(二) 正文

正文是文书的核心内容,主要包括事实、理由和判决结果三部分内容。

1. 事实。事实部分,主要需要写明以下两个方面的内容:

(1) 首先,概述原判决的基本内容,即写明原判认定的事实、证据、理由和判处结果;其次,写明上诉、辩护方的意见;再次,概述检察院在二审中提出的新意见。

(2) 由"经审理查明……"一语引起,首先,写明经二审审理查明的事实;其次,写明二审据以定案的证据;最后,针对上诉理由中与原判认定的事实、证据有异议的问题进行分析、认证。

需要注意的是,根据我国《刑事诉讼法》第 225 条第 1 款第(2)、(3)项规定,原判决认定事实没有错误,但适用法律有错误,或者量刑不当的,应当改判;原判决事实不清楚或者证据不足的,可以在查清事实后改判;也可以在裁定撤销原判,发回原审人民法院重新审判。因此,虽然二审刑事判决书叙述犯罪事实的原则和方法与一审刑事判决书基本相同,但仍具有自己的特点。二审改判的原因,或者是因为原判决认定事实没有错误,但适用法律有错误,或者是因为量刑不当,也可能是因为原判决认定事实不清或者证据不足,因此要有针对性地叙述案情。

2. 理由。由"本院认为……"引出,主要包括依事论理和依法论理。该部分应当根据二审查明的事实、证据和有关法律规定,论证原审法院判决认定的事实、证据和适用法律是否正确。对上诉人、辩护人或者出庭履行职务的检察人员等,在适用法律、定性处理方面的意见,应当有分析地表示是否采纳,并阐明理由。在分析论证之后,应当引用改判的法律依据,得出下文的判决结论。

理由部分从层次安排上看,首先概述二审认定的事实,即指明犯罪性质、危害等;然后论析各方意见;最后引用法律依据。在引用法律条款时的范围、顺序及注意事项可参考一审刑事判决书部分。例如,某抢夺案判决书理由部分的叙写如下:

"本院认为,上诉人×××,在光天化日之下的公共场所,乘他人不备,抢夺钱财,且数额巨大,构成抢夺犯罪,应予依法严惩。但上诉人提出,其行抢时没有使用暴力,没有侵犯被抢人的人身权利,归案后,又能如实供出赃款隐藏的地点,使国家没有遭受经济损失,此情节属实。上诉人×××的上诉理由及其辩护人的意见,均予采纳,可依法对×××适当从轻处罚。依照《中华人民共和国刑事诉讼法》第二百二十五条第 1 款第(2)项和《中华人民共和国刑法》第二百六十七条、第六十四条之规定,判决如下:……"

上述二审刑事判决书理由部分的叙写,针对一审定性为抢劫罪和上诉、辩护理由进行了分析论证,条理清楚,观点明确。

3. 判决结果。第二审刑事判决书的判决结果部分,由"依照……(写明判决的法律依据)的规定,判决如下:……"引出,主要包括两种情形,具体表述如下:

第一,全部改判的,表述为:

"一、撤销××××人民法院(××××)×刑初字第××号刑事判决;

二、上诉人(原审被告人)×××……(改判具体内容)

(刑期从……)。"

上述表述方式,主要针对原判认定事实、适用法律均有错误;原判认定事实没有错误,但适用法律有错误或者量刑不当;原判事实不清楚或者证据不足,二审法院已经查清的;原判把无罪错定为有罪的等情况,进行全部改判时使用。其表述顺序为:先写撤销内容,再写改判结果,不能颠倒。

第二,部分改判的,表述为:

"一、维持××××人民法院(××××)×刑初字第××号刑事判决的第×项……(维持的具体内容);

二、撤销××××人民法院(××××)×刑初字第××号刑事判决第×项,即……(撤销的具体内容);

三、上诉人(原审被告人)×××……(部分改判内容)。

(刑期从……)。"

上述表述方式,主要针对原判定罪或者量刑有错误,事实正确;原判对共同犯罪案件中的部分被告人定罪量刑有错误;原判仅对其他非刑罚的处理(如追缴、没收、退赔的赃款、赃物的处理)不当等情况,进行部分改判时使用。其表述顺序为:先写维持原判决的具体内容,再写撤销的部分,最后写明改判内容,不能颠倒或省略。其中,维持或撤销部分的写法,一定要明确具体,即先写明维持或撤销原判的第几项,再表述该项具体内容。

(三)尾部

尾部包括交代判决的法律效力、署名和写明日期等。

1. 交代判决的法律效力。在判决结果下方写明:"本判决为终审判决。"表明第二审判决一经宣告,即发生法律效力,交付执行。叙写这部分内容需要注意以下几个问题:

(1)自2007年1月1日起,死刑核准权已收归最高人民法院统一行使,二审判决书的制作机关如果是高级法院,改判结果中有判处死刑的被告人的,应当依照最高人民法院2006年12月29日发布的《关于统一行使死刑案件核准权有关问题的决定》之规定,在判决结果下方写明:"本判决由本院依法报送最高人民法院核准",不写"本判决为终审判决"。

(2)本判决书的制作机关如果是高级人民法院,改判结果中有判处死刑缓期二年执行的被告人的,根据《最高人民法院关于高级人民法院将死刑案件改判为死刑缓期二年执行的判决书表述问题的批复》,在判决书的尾部写明:"本判决为终审判决"即可,不再另起一行叙写"依照《刑事诉讼法》第二百三十七条的规定,本判决为核准判处×××死刑,缓期二年执行的判决"。

(3)第二审人民法院审理上诉、抗诉案件的判决结果,是在法定刑以下判处刑罚,并且依法应当报请最高人民法院核准的,在尾部应当写明:"本判决报请最高人民法院核准后生效"。

2. 署名。应当由合议庭组成人员的署名,没有独任审判的情况。

3. 写明日期。应当写明时间、加盖院印;然后由书记员署名,并加盖核对章。

### 三、文书写作需要注意的问题

1. 二审刑事判决书中叙写的事实,必须是经二审法院全面审查认定的事实和证据,不受上诉(或抗诉)范围的限制。

2. 在叙述方法上,应详略得当,焦点明确,有较强的针对性。对无异议的事实,应当简要概述;对有争议的事实,特别是作为改判根据的事实,要详细叙述,并针对上诉人或抗诉机关的异议,提出肯定、否定的根据。如果上诉或者抗诉对原判认定的事实全部否认的,应当针对上诉或者抗诉的主要理由,用二审查证核实的证据材料,逐一写明案件事实,提出认定或者否定原判事实的根据和理由；上诉或者抗诉认为原判认定的事实有部分不符合实际情况的，二审应就没有争议的事实略述，对有争议的事实详述。

3. 理由部分在写作特点上，和事实的叙述一样，仍应坚持加强针对性的原则，只是应采用议论的表达方式，重点针对一审判决中的错误，针对上诉、抗诉的意见和理由，展开论证，力求精辟透彻，是非分明，重点突出。

## 第四节 再审刑事判决书

**一、概念和作用**

再审刑事判决书，是指人民法院依照审判监督程序，对已经发生法律效力的确有错误的刑事判决或者裁定，进行重新审理后，就案件的实体问题依法作出处理决定时制作的法律文书。

根据我国《刑事诉讼法》第243条的规定，有五种情况可提起审判监督程序：(1) 各级人民法院院长发现本院已生效的判决和裁定有错误，须提交审判委员会讨论，审判委员会认为确有错误，决定再审的；(2) 最高人民法院对各级人民法院已生效的判决和裁定，发现确有错误，决定提审或者指令再审的；(3) 上级人民法院对下级人民法院已生效的判决和裁定，发现确有错误，决定提审或者指令下级人民法院再审的；(4) 最高人民检察院对各级人民法院已生效的判决和裁定，发现确有错误，按审判监督程序提出抗诉的；(5) 上级人民检察院对下级人民法院已生效的判决和裁定，发现确有错误而提出抗诉的。《刑事诉讼法》的这一规定，是人民法院提起再审程序，制作再审刑事判决书的法律依据。

再审刑事判决书体现实事求是的精神和有错必究的方针，是人民法院发挥审判监督职能，切实维护当事人合法权益的工具，也是人民法院内部加强业务指导，提高审判质量，确保法律正确实施的手段。

根据案件审理所依程序的不同，再审程序刑事判决书可分三类，即按一审程序再审改判用的刑事判决书，按二审程序再审改判用的刑事判决书，按再审程序审判后的上诉、抗诉案件二审改判用的刑事判决书。本文主要介绍按一审程序再审改判用的刑事判决书。

**二、具体写作要求**

再审刑事判决书由首部、正文和尾部组成。

（一）首部

首部包括标题、案号和案件来源三部分。

1. 标题。写明人民法院名称和文书名称。

2. 案号。因为再审刑事判决书是按第一审程序再审改判用的，因此其审级代字应写为"再初"。完整写法为："(20××)×刑再初字第×号"。

3. 人民检察院的称谓和当事人的身份事项。公诉案件的,该项写法为:原公诉机关××××人民检察院;原审被告人……辩护人……适用自诉案件时,应做如下变动:"原审自诉人×××……原审被告人×××……"

当事人身份事项的写法,可参照第一审刑事判决书的相关内容。

4. 案件来源。公诉案件的叙写,需要注意以下两种情况:

(1) 一审法院本院决定再审的,写为:"本院又于××××年××月××日作出(××××)×刑监字第××号刑事再审决定,对本案提起再审。"

(2) 上级法院指令再审的,写为:"××××人民法院于××××年××月××日作出(××××)×刑监字第××号刑事再审决定,指令本院对本案进行再审。"

(3) 如果是自诉案件的,该部分内容中,将"××××人民检察院指控……一案",改为"原审自诉人×××以原审被告人×××犯××罪提出控诉";将"××××人民检察院检察长(或员)×××出庭履行职务",改为"原审自诉人×××"。

(二) 正文

正文是文书的核心内容,包括事实、理由和判决结果。

1. 事实。事实部分的内容,应当分两大层次叙写。第一层次,首先概述原审生效判决认定的事实、证据、判决的理由和结果;然后,另起一段概述再审中原审被告人的辩解和辩护人的辩护意见。涉及检察院在再审中提出的意见,也应一起写明。

第二层次,由"经再审查明……"引出,阐明再审判决认定的事实和证据。并就诉讼双方对原判有异议的事实、证据作出分析、认证。

2. 理由。这部分内容的叙写,应当根据再审查明的事实、证据和有关部门法律规定,对原判和诉讼各方的主要意见作出分析,阐明再审改判的理由,并引用相应的法律依据。具体叙写时,应根据案件的不同情况,论述改判的理由。说理应具有较强的针对性和说服力。主要需要注意以下几个问题:

(1) 宣告无罪的,分为绝对无罪和存疑无罪两种情况:一是依据法律认定被告人无罪的,应当根据再审认定的事实、证据和有关的法律规定,通过分析论证,具体说明被告人的行为为什么不构成犯罪,原判为什么错误,并针对被告人的辩解和辩护人的辩护意见表示是否予以采纳;二是证据不足,不能认定被告人有罪的,应当根据再审认定的事实、证据和有关法律规定,通过分析论证,具体说明原判认定被告人构成犯罪的证据不足,犯罪不能成立。

(2) 定罪正确,量刑不当的,应当根据再审认定的事实、证据和有关法律规定,通过分析论证,具体阐明原判为什么定罪正确,但量刑不当,以及根据本案情节对被告人为什么应当从轻、减轻、免除处罚或者从重处罚,并针对被告人的辩解和辩护人的辩护意见表示是否予以采纳。

(3) 变更罪名的,应根据再审认定的事实、证据和有关的法律规定,通过分析论证,具体阐明为什么原判定性有误,但被告人的行为仍构成犯罪,以及犯何罪,根据本案情节应否从轻、减轻、免除处罚或者从重处罚;并针对被告人的辩解和辩护人的辩护意见表示是否予以采纳。

此外,需要注意的是,对于人民检察院在再审中提出的意见,在理由部分应表示是否予以采纳。如果再审是自诉案件,对于自诉人的意见,在理由部分也应表示是否予以采纳。涉及引用再审改判所依据的具体法律和政策,如果改判需要适用《刑法》定罪判刑的,除引用《刑事诉讼法》的有关条款外,还应引用《刑法》的有关条款,其引用顺序、范围可参考第一审刑事判决书。

3. 判决结果。判决结果的叙写,主要有两种情况,具体表述如下:

第一,全部改判的,表述为:

"一、撤销本院(××××)×刑初字第××号刑事判决;

二、原审被告人×××……(改判内容)。"

第二,部分改判的,表述为:

"一、维持本院(××××)×刑初字第××号刑事判决的第×项,即……(维持的具体内容);

二、撤销本院(××××)×刑初字第××号刑事判决的第×项,即……(撤销的具体内容);

三、原审被告人×××……(部分改判内容)。"

(三) 尾部

尾部包括交代上诉事项、合议庭组成人员署名和写明日期等。

1. 交代上诉事项。其写法与第一审刑事判决书相同。
2. 合议庭组成人员署名。
3. 写明日期。

尾部其他事项的写法与第一审刑事判决书相应部分写法相同。

### 三、文书写作需要注意的问题

1. 如果是原判事实存在争议,叙述事实时,应当突出原判与再审认定事实之间存在的异议和分歧焦点。
2. 叙写证据,应当注意不能简单罗列,一定要把证据与所认定事实间的联系反映出来。
3. 理由部分应根据案件的不同情况,重点论述改判的理由,需有较强的针对性和说服力。

## 第五节 刑事裁定书

### 一、概念、种类和作用

刑事裁定书,是指人民法院依照刑事诉讼法的规定审理刑事案件的过程中,就程序问题或部分实体问题,依法作出处理决定时制作的法律文书。

刑事裁定书和刑事判决书虽然都属刑事审判文书,但二者有明显的不同,具体区别主要体现在以下几个方面:(1)二者内容不同。刑事裁定书是就案件程序和部分实体问题所作的书面结论;刑事判决书是就案件实体问题作出的书面结论。(2)使用方法不同。刑事裁定书在案件审理刑事裁定书过程中和结案时都可以使用,一个刑事案件可以有一个以上生效的刑事裁定;刑事判决书只能在案件结案时使用,一个案件只能有一个生效的判决书。(3)上诉期限不同。刑事裁定书中规定的上诉期限为5天;刑事判决书中规定的上诉期限则为10天。(4)救济方法不同。一审判决准许上诉;一审裁定有的可以上诉,有的不准上诉。

刑事裁定书的适用范围相当广泛,依据不同的标准,可以进行不同的分类。(1)依适用程序的不同,刑事裁定书可以分为以下六类:第一审刑事裁定书,第二审刑事裁定书,死刑复核裁定书,再审裁定书,中止审理裁定书,终止审理裁定书。(2)依裁定内容的不同,可以分两类:关于程序问题的裁定书和关于实体问题的裁定书(如减刑、假释、减免罚金、核准死刑)。

刑事裁定书是人民法院常用的法律文书,其作用主要在于保障诉讼程序的顺利进行,保障法律的正确实施。

刑事裁定书的结构和具体写作要求与刑事判决书基本相同,叙写内容相对比较简单,本文主要介绍第一审刑事裁定书和第二审刑事裁定书。

## 二、第一审刑事裁定书

(一)概念和种类

第一审刑事裁定书,是指第一审人民法院在审理刑事案件过程中,依照《刑事诉讼法》规定的第一审程序,对有关程序问题作出的书面处理决定。

第一审刑事裁定书主要有五种,即驳回自诉用刑事裁定书,准许撤诉或者按撤诉处理用刑事裁定书,中止审理用刑事裁定书,终止审理用刑事裁定书,补正裁判文书失误用刑事裁定书。

第一审刑事裁定书常用于一审刑事自诉案件驳回诉讼请求。基层法院在受理自诉案件后,经审查发现控告缺乏罪证,且提不出补充证据的,或者被告人的行为不构成犯罪而自诉人又不愿撤诉的,根据《刑事诉讼法》第205条第(二)项的规定,驳回自诉时使用刑事裁定书。

(二)具体写作要求

第一审刑事裁定书(驳回自诉用)由首部、正文和尾部组成。

1. 首部。首部中"自诉人""被告人"身份情况的写法,与第一审刑事判决书相同。其余各项内容按格式要求书写即可。具体格式要求如下:

自诉人……(写明姓名、性别、出生年月日、民族、出生地、文化程度、职业或者工作单位和职务、住址等)。

被告人……(写明姓名、性别、出生年月日、民族、出生地、文化程度、职业或者工作单位和职务、住址等)。

2. 正文。正文中驳回自诉的理由,按以下格式要求叙写:

"自诉人×××以被告人×××犯××罪于××××年××月××日,向本院提起控诉。本院审查认为……(简写驳回自诉的理由)。依照……的规定,裁定如下:

驳回自诉人×××对被告人×××的起诉。"

叙写正文部分内容,应注意围绕驳回起诉刑事裁定的适用范围,有针对性地讲明道理。尤其是因被告人的行为不构成犯罪驳回自诉人的自诉时,更应注意从某一犯罪构成要件上阐明理由,不能简单地以"被告人的行为不构成犯罪"一语带过。例如,某一故意伤害案刑事裁定书的叙写如下:

"本院审查认为,自诉人陈××所述被告人贺×对其故意伤害,但提不出确凿证据。经本院就地调查,在场目睹的群众也不能证实被告人贺×有伤害自诉人的行为。因此,本案证据不足。依照《中华人民共和国刑事诉讼法》第二百零五条第二项的规定,裁定如下:……"

3. 尾部。尾部各项内容的写作方法与第一审刑事判决书相同。

(三) 文书写作需要注意的问题

1. 刑事裁定书都应注意围绕《刑事诉讼法》所规定的相应的裁定理由,从法律角度有针对性地阐明道理。应当做到重点突出,文字简洁。

2. 涉及刑事附带民事诉讼内容的自诉案件,大都适用上述写作内容的规定,只是稍有变动:一是首部。应将标题中的文书名称改为:"刑事附带民事裁定书";将"自诉人"称谓改为"自诉人兼附带民事诉讼原告人";案件来源段,在"犯××罪"之后,应增写"要求给予刑事处分。同时,要求赔偿造成的经济损失"。二是正文。在驳回自诉的理由中,应增加关于经济损失的内容。其余内容不变。

### 三、第二审刑事裁定书

(一) 概念和种类

第二审刑事裁定书,是指第二审人民法院在审理刑事案件过程中,依照刑事诉讼法规定的第二审程序,对有关程序问题或部分实体问题作出处理决定时制作的法律文书。

根据我国《刑事诉讼法》第225条第1款第(一)项和第(三)项,或者第227条、第229条规定的适用范围,第二审刑事裁定书可以分为:第二审维持原判决的刑事裁定书,第二审维持原判用的刑事附带民事裁定书,第二审发回重审刑事裁定书,第二审维持、变更、撤销原审裁定刑事裁定书,准许撤回上诉、抗诉用的刑事裁定书五种。

第二审法院在审理刑事上诉或抗诉案件时,经审理查明,原判决在认定事实上和适用法律上没有错误,量刑适当时,可依法制作驳回上诉、抗诉,维持原判决的刑事裁定书;如果经审理认为,原判决事实不清,证据不足,或者严重违反法定程序,则依法制作撤销原判、发回重审的刑事裁定书。上述两种刑事裁定书,分别适用我国《刑事诉讼法》第225条第1款第(一)项和第(三)项(或第227条)的规定。本文主要介绍第二审维持原判决的刑事裁定书和第二审发回重审的刑事裁定书。

(二) 具体写作要求

第二审刑事裁定书由首部、正文和尾部组成。

1. 首部。在首部中,除了文书名称写为"刑事裁定书"外,涉及案由和案件来源、审判经过写法,维持原判决的第二审刑事裁定书与二审刑事判决书相同。具体写作要求如下:"××××人民法院审理××××人民检察院指控原审被告人×××犯××罪一案,于××××年××月××日作出(××××)×刑初字第××号刑事判决。原审被告人×××不服,提出上诉。本院依法组成合议庭,公开(或不公开)开庭审理了本案。××××人民检察院指派检察员×××出庭履行职务。上诉人(原审被告人×××)及其辩护人×××、证人×××等到庭参加诉讼。现已审理终结。"

发回重审的二审刑事裁定书,该项内容则应表述如下:"××××人民法院审理××××人民检察院指控原审被告人×××犯××罪一案,于××××年××月××日作出(××××)×刑初字第××号刑事判决,认定被告人×××犯××罪,判处……(写明判决结果)。被告人×××不服,以……(概述上诉的主要理由)为由,提出上诉。本院依法组成合议庭审理了本案。现已审理终结。"

首部其余各项内容写法与第二审刑事判决书相同。

2. 正文。正文是文书的核心内容,主要应当写明事实、理由和裁决结果。

(1) 事实。维持原判用的二审刑事裁定书,事实部分应当分两个层次展开叙述,以概述方式为主。

第一层次:首先,概述原判决认定的事实、证据、理由和判决结果;其次,概述上诉、辩护的意见;再次,概述检察院在二审过程中提出的新意见。

第二层次:由"经审理查明"引出,首先,写明经二审审理查明的事实,肯定原判决认定的事实、情节是正确的,并列举确凿、充分的证据。其次,写明二审据以定案的证据。在叙述原判、二审认定的事实和证据时,应当力避文字重复。最后,针对上诉理由中与原判认定的事实、证据有异议的问题进行分析、认证。如果上诉、辩护等对事实、情节提出异议,应当予以重点分析否定。

涉及发回重审的第二审刑事裁定书,不写"事实"这一部分,因为该裁定不涉及案件实体问题。

(2) 理由。根据文书撰写格式的要求,两种裁定书结构要求一样,都以"本院认为"引起下文,最后以"依照……的规定,裁定如下:……"引出裁定结果。但是,涉及具体裁定理由的阐述,两者论证各有不同。具体写作要求如下:一是维持原判的裁定书,理由部分主要针对上诉、辩护或抗诉等提出的意见和理由,从事实、证据和适用法律的角度,对原判分析论证,阐明原判决定罪量刑的正确性,从而明确予以维持的道理所在。对于上诉人、辩护人或者出庭履行职务的检察人员等在适用法律、定性处理方面的意见,应当逐一作出回答,阐明不予采纳的理由。然后,引用法律依据。二是发回重审的裁定书,理由部分首先应当简述原判事实不清,证据不足,或者严重违反法律程序的情况,具体写明发回重审的理由,然后写明裁定所依法律条款。

(3) 裁定结果。裁定结果的表述如下:

第一,维持原判的裁定书,表述为:"驳回上诉,维持原判。"

第二,发回重审的裁定书,表述为:

"一、撤销××××人民法院(××××)×刑初字第××号刑事判决;

二、发回××××人民法院重新审判。"

3. 尾部。在裁定结果后,应另起一行,写明:"本裁定为终审裁定。"发回重审的,不写此句。裁定维持的结果,如遇有判处死刑、死刑缓期执行的情况时,本裁定书效力的说明,应做相应的增改,具体办法可参考二审改判用刑事判决书的写作方法。

(三) 文书写作需要注意的问题

制作第二审刑事裁定书,需要注意的问题是,文书格式要求,是按照公诉案件的被告人提出上诉设计的,如果情况发生变换,首部所列公诉机关和主要诉讼参与人各项,以及其他有关内容都应做相应的删改,具体删改办法,与前文第二审刑事判决书相同。首部中公诉机关和主要诉讼参与人项作了变动之后,案件的由来和审判经过段,以及其他有关各处,也应注意作相应的删改。

**思考题:**

1. 第一审刑事判决书的事实部分包括哪几部分内容?证据的写作需要注意哪些问题?

2. 简述刑事裁定书与刑事判决书的区别。

3. 第二审刑事判决书的判决结果部分有哪几种情形?

4. 按第一审程序审理的再审刑事判决书与第一审刑事判决书相比,制作方法有哪些不同?

5. 第二审维持原判决的刑事裁定书和第二审发回重审的刑事裁定书在具体写作要求方面存在哪些区别?

6. 根据下述案情事实材料,拟写一份第一审刑事判决书。

因家庭纠纷,夫妻两人约好一起死,服毒时丈夫假喝农药,浑然不知的妻子却将农药喝光,丈夫将昏迷的妻子推到山沟里后逃回家中,导致妻子因来不及抢救而死亡。虽然丈夫没有亲自动手实施杀人,但因其先有"见死不救",后有将妻子推到山沟延迟抢救时间,法院认定丈夫构成故意杀人罪,判处无期徒刑。

具体案情如下:李某因与妻子李某兰感情不和,经常争吵,便想到不如与妻子一同自杀,早日结束生命。20××年9月28日,李某与妻子发生争吵后,赌气说"整天吵吵闹闹地过日子,不如一起死了算了"。妻子正在气头上,顺口就说"死就死"!两人随后便商定服毒自杀。当天下午,夫妻两人一起买回一瓶"甲胺磷"农药。

当晚,两人气鼓鼓地跑到镇上河堤边的草地上,把一瓶农药平分在两个矿泉水空瓶中,双方在说了一些埋怨对方的话后,各自拿起手中瓶子就喝。就在这时,李某突然害怕了,死亡的恐惧令他退缩了,他偷看了妻子一眼,发现她没注意自己,便只喝了一点点就将瓶子放下。而妻子李某兰则是流着眼泪,一口气将整瓶农药灌下,随后仰倒地上。李某见此也假装倒在地上,两人都不说话。几分钟后,李某感到肚子有些疼痛,而妻子则是扭动了几下就没有任何动静,他偷抬起身一看,妻子已经脸色发青,不省人事了。李某随即爬起来,将妻子推到路边的山沟里,趁着夜色逃回家中。第二天,有人发现了李某兰的尸体,警方介入了此案,很快就将李某拘留。事后查明,李某兰的死亡时间是在李某逃离现场之后。检察机关随即以涉嫌故意杀人罪,将李某起诉到法院。××市中级法院公开审理此案时,李某为自己喊冤,声称双方之前协商好一起服毒自杀,妻子死亡是自愿的,他也没有对她下毒手,为何要认定他是故意杀人?请求法院从轻处理。

# 第五章 人民法院民事裁判文书

## 第一节 概 述

### 一、人民法院民事裁判文书的概念和特点

人民法院民事裁判文书，是指人民法院在民事诉讼中，为解决诉讼当事人之间的民事权利义务争议，就案件的实体问题和程序问题依法作出裁决时制作的法律文书。

人民法院独立公正地行使审判权，是宪法和法律赋予的神圣职责。裁判权是审判权的核心，裁判文书是人民法院依法行使审判权的重要表现形式。民事裁判文书的制作主要具有以下特点：

（1）规范性。民事裁判文书是法官公正审理案件，依法作出裁决，维护当事人合法权益的重要载体，要求制作必须符合规范性的要求。为了保证文书制作的规范性，1992年最高人民法院印发了《法院诉讼文书样式（试行）》，实现了民事裁判文书的规范化、统一化。20余年过去了，为了适应民事审判发展的新需要，2016年2月22日，最高人民法院审判委员会第1679次会议审议通过了《人民法院民事裁判文书制作规范》和《民事诉讼文书样式》，于2016年8月1日开始施行。在民事诉讼文书样式中，既包括法院制作的诉讼文书样式，也包括当事人参考使用的诉讼文书样式。最高人民法院统一裁判文书制作样式，为全国四级法院和广大法官提供了统一标准的文书样本，既是严格公正司法的要求，也是司法活动、司法行为规范化、公开化的最好体现。当事人参考诉讼文书样式，是当事人在诉讼过程中依法处分自己的民事实体权利、程序权利，以及承担民事义务的重要凭证。法院为当事人提供参考诉讼文书样式，帮助当事人解决了制作诉讼文书的困难，是司法为民、便民、利民的重要举措。由此可见，为了保证文书制作的规范性，最高人民法院做了大量的工作。因此，无论是人民法院，还是诉讼当事人，在文书制作中，都应当严格按照法院民事诉讼文书样式的要求，遵循格式规范要求，依法制作出符合规范性要求的法律文书。

（2）合法性。民事裁判文书，是人民法院对当事人的诉讼请求、诉讼争论作出的回应和判断，对当事人民事权利义务进行司法确认、调整和分配的凭据，是法官对民事案件依法审判的结论，是司法公正的载体，是为具体实施法律制作的。因此，文书制作具有合法性的特点。为了保证文书制作的合法性，我国《民事诉讼法》及其相关的司法解释，对民事裁判文书的制作进行了规范性的要求。最高人民法院依据法律和司法解释，对民事裁判文书的格式也作出了明确的规定。文书制作的合法性，不仅要求裁判文书的制作符合文书格式规范的要求，还要求文书内容符合实体法规范和程序法规范的要求。符合合法性

和规范性要求的裁判文书,应当做到要素齐全、结构完整、格式统一、逻辑严密、条理清晰、文字规范、繁简得当。一份内容客观、说理透彻、形式规范、裁判正确的民事裁判文书,能够以看得见的方式,向人民群众展示司法正义,体现司法公正。因此,民事裁判文书的制作具有合法性的特点。

(3)实效性。民事裁判文书是为具体实施法律制作的,具有法律效力。发生法律效力的民事裁判文书,义务人不履行裁判文书中载明的义务,权利人可以依法向人民法院申请强制执行。为了保障民事裁判文书的执行,我国《刑法》还规定了拒不执行判决、裁定罪。因此,民事裁判文书具有实施的实效性特点。为了保证民事裁判文书发挥应有的效应,2016年,最高人民法院发布施行的《民事诉讼文书样式》和《人民法院民事裁判文书制作规范》,对民事裁判文书制作内容提出了具体的要求,包括优化裁判文书体例结构、增强文书说理、实行裁判文书繁简分流、突出不同审级的特点等。主要目的是为了提高民事裁判文书的制作质量,突出民事裁判文书实效性的特点,使民事裁判文书不仅是全部诉讼活动的展现,也成为审判结果的结晶、司法公正的载体,以保证民事裁判文书在司法实践中得以切实的施行。

**二、人民法院民事裁判文书的种类和作用**

2016年2月22日,最高人民法院发布的《民事诉讼文书样式》共有568个,其中人民法院制作诉讼文书样式463个,当事人参考民事诉讼文书样式105个。以民事诉讼程序为标准,划分为22类,包括管辖、回避、诉讼参与人、证据、期间和送达、调解、保全和先予执行、对妨碍民事诉讼的强制措施、诉讼费用、第一审普通程序、简易程序、小额诉讼案件、公益诉讼、第三人撤销之诉、执行异议之诉、第二审程序、非讼程序、审判监督程序、督促程序、公示催告程序、执行程序、涉外民事诉讼程序等适用的诉讼文书。

涉及民事裁判文书,按照不同的标准可以进行不同的分类:(1)按照案件审结方式的不同,可以分为民事判决书、民事裁定书、民事调解书和民事决定书。(2)按照适用审判程序的不同,可以分为第一审民事判决书、第一审民事裁定书、第一审民事调解书、第二审民事判决书、第二审民事裁定书、第二审民事调解书、再审民事判决书、再审民事裁定书、再审民事调解书。此外,还包括适用督促程序、公示催告程序、非讼程序、涉外民事诉讼程序等审理案件制作的民事裁判文书等。

民事裁判文书是人民法院行使国家审判权的体现,是司法公正的最终载体,其作用主要体现在以下几个方面:

(1)保证文书制作质量。作为司法公正的载体,民事裁判文书不仅将诉讼过程呈现给当事人,而且是宣告诉讼结果的法律凭证,更是链接、沟通法院和社会公众的桥梁和纽带。民事裁判文书最大的价值,在于被当事人、社会认可、信服和接受,前提是保证文书的制作质量。保证文书的制作质量,在于保证民事裁判的公正性,包括实体公正和程序公正。一方面要求法官在制作文书时,符合最高人民法院发布的《人民法院民事裁判文书制作规范》的要求;另一方面,要求法官在民事裁判文书中,准确体现案件审理过程,包括认定事实、适用法律、辨析事理等。说理充分的文书，在司法实践中容易被当事人接受，也容易被社会公众认可。

（2）实现案件的繁简分流。随着我国经济的快速发展，各种矛盾频发，法院诉讼案件呈现"诉讼爆炸"趋势。民事审判案件数量多、范围广，加之法院内部现有资源的配置与案多人少不相适应的结构性矛盾，导致审判运行效力低下。2016年最高人民法院发布的《民事诉讼文书样式》，根据案件类型和不同审级的要求，实现裁判文书繁简分流，以减轻办案法官制作文书的工作量，缓解"案多人少"的压力。具体做法是，根据案件类型，分别制定普通程序、简易程序、小额诉讼案件适用的裁判文书样式。对于适用普通程序审理的新型、典型、复杂、疑难、有争议、有示范价值的案件，强调说理的详细、深入、透彻；对于适用简易程序和小额诉讼案件的审理，设计了要素式、令状式和表格式的简单裁判文书样式。同时，根据不同审级，对民事裁判文书提出了不同的要求。

（3）实现司法公正。推进审判公开，依法及时公开生效的法律文书，加强法律文书的释法说理，建立生效法律文书统一上网和公开查询制度，是十八届四中全会决定对人民法院确保公正司法、提高司法公信力提出的明确要求。施行裁判文书上网和公开查询制度，主要是为了实现阳光下的司法，保证司法的公正性。要想达到这一目的，必须保证裁判文书的质量，强化民事裁判文书的说理。裁判文书的说理，是法官对证据采信、事实认定内心确信的阐述，是对法律适用根据的公开展示。近年来，裁判文书成为了社会传播的热点，一些优秀的裁判文书，很好地阐释了法治精神，弘扬了公序良俗，引领了社会风尚，为司法公正的实现提供了保障。

## 第二节 第一审民事判决书

### 一、概念和作用

第一审民事判决书，是指第一审人民法院依照我国民事诉讼法规定的第一审程序，对审理终结的第一审民事案件，就实体问题作出处理决定时制作的具有法律效力的法律文书。

我国《民事诉讼法》第152条规定：判决书应当写明判决结果和作出该判决的理由。判决书内容包括：（一）案由、诉讼请求、争议的事实和理由；（二）判决认定的事实和理由、适用的法律和理由；（三）判决结果和诉讼费用的负担；（四）上诉期间和上诉的法院。判决书由审判人员、书记员署名，加盖人民法院印章。

根据我国《民事诉讼法》规定，第一审程序包括第一审普通程序和第一审简易程序。第一审普通程序，是指人民法院审理第一审民事案件通常适用的基础程序。简易程序，是指基层人民法院及其派出法庭审理简单的民事案件，以及非简单之民事案件当事人基于程序选择权所适用的简便易行的诉讼程序。我国《民事诉讼法》第157条第1款规定：基层人民法院和它派出的法庭审理事实清楚、权利义务关系明确、争议不大的简单的民事案件时,适用简易程序。为了提高审判效率,减轻审判人员制作文书的压力,实行案件的繁简分流,我国《民事诉讼文书样式》对适用简易程序审理案件判决书的制作,在具体内容写作要求上,作出了相对简略的规定。

第一审民事判决书的作用主要体现在以下几个方面:(1)是人民法院依法行使审判权,对当事人之间的实体争议作出的书面评判。(2)是确认当事人之间的民事权利义务关系,制裁民事违法行为,保护公民、法人和其他组织合法权益的工具。(3)是教育公民自觉遵守法律的生动教材。

**二、普通程序适用的第一审民事判决书**

(一)具体写作要求

适用第一审普通程序审理案件,制作的第一审民事判决书由首部、正文和尾部组成。

1. 首部。包括标题、案号、当事人的基本情况、诉讼代理人的身份事项,以及案由、审判组织、审判方式和开庭审理经过。

(1)标题。应当分两行书写为:"××××人民法院""民事判决书"。

(2)案号。由立案年度、法院简称、案件性质、审判程序和案件顺序号组成。应当写为:"(20××)×民初字第×号"。例如,北京市朝阳区人民法院2016年立案的第56号民事案件,应当写为:"(2016)朝民初字第56号"。其中,"2016"是立案年度;"朝"是朝阳区法院的简称;"民"指案件性质;"初"指审级;"56"指案件的顺序号。

(3)当事人的基本情况。应当写明原告、被告、第三人的基本情况。叙写当事人基本情况,需要注意以下几点:一是如果当事人是自然人的,应当写明姓名、性别、出生年月日、民族、工作单位和职务或者职业、住所。二是如果当事人是外国人的,应当写明国籍;无国籍人,应当写明"无国籍"。三是如果当事人是港澳台地区的居民的,应当分别写明:"香港特别行政区居民""澳门特别行政区居民""台湾地区居民"。四是如果涉及共同诉讼代表人参加诉讼的,按照当事人是自然人的基本信息内容写明。五是如果当事人是法人或者其他组织的,应当写明名称、住所。另起一行写明法定代表人或者主要负责人的姓名、职务。

(4)诉讼代理人的身份事项。当事人是无民事行为能力人或者限制民事行为能力人的,应当写明法定代理人或者指定代理人的姓名、住所,并在姓名后括注与当事人的关系。

当事人及其法定代理人委托诉讼代理人的,应当写明委托诉讼代理人的诉讼地位、姓名。在叙写委托诉讼代理人的身份事项时,需要注意以下几点:一是委托诉讼代理人是当事人近亲属的,近亲属姓名后括注其与当事人的关系,写明住所。二是委托诉讼代理人是当事人本单位工作人员的,应当写明姓名、性别和工作人员身份。三是委托诉讼代理人是律师的,应当写明姓名、律师事务所的名称和律师执业身份。四是委托诉讼代理人是基层法律服务工作者的,应当写明姓名、法律服务所名称和基层法律服务工作者执业身份。五是委托诉讼代理人是当事人所在社区、单位以及有关社会团体推荐的公民的,应当写明姓名、性别、住所和推荐的社区、单位或有关社会团体名称。

有关上述委托诉讼代理人的排列顺序,近亲属或者本单位工作人员在前,律师、法律工作者、被推荐公民在后。委托诉讼代理人为当事人共同委托的,可以合并写明。

(5) 案由、审判组织、审判方式和开庭审理经过。根据法院诉讼文书样式的要求,这一部分应当表述为:

原告×××与被告×××、第三人×××……(写明案由)一案,本院于××××年××月××日立案后,依法适用普通程序,公开/因涉及……(写明不公开开庭的理由)不公开开庭进行了审理。原告×××、被告×××、第三人×××(写明当事人和其他诉讼参加人的诉讼地位和姓名或者名称)到庭参加诉讼。本案现已审理终结。

当事人及其诉讼代理人均到庭的,可以合并写明:"原告×××及其委托诉讼代理人×××、被告×××、第三人×××到庭参加诉讼。"诉讼参加人均到庭参加诉讼的,可以合并写明:"本案当事人和委托诉讼代理人均到庭参加诉讼。"当事人经合法传唤未到庭参加诉讼的,写明:"×××经传票传唤无正当理由拒不到庭参加诉讼。"或者"×××经公告送达开庭传票,未到庭参加诉讼。"

当事人未经法庭许可中途退庭的,写明:"×××未经法庭许可中途退庭。"诉讼过程中,如果存在指定管辖、移送管辖、程序转化、审判人员变更、中止诉讼等情形,应当同时写明。

2. 正文。正文是文书的核心内容,应当写明事实、理由、裁判依据和判决主文。

(1) 事实。事实部分主要包括:原告起诉的诉讼请求、事实和理由,被告答辩的事实和理由,人民法院认定的证据和事实。具体叙写要求如下:

第一,当事人的诉辩意见。应当写明原告起诉的诉讼请求、事实和理由,被告答辩的事实和理由。如果有第三人的,还应当写明第三人的主张、事实和理由。

关于原告起诉的诉讼请求、事实和理由。应当先写明诉讼请求,然后写明事实和理由。叙写这部分内容需要注意以下两点:一是诉讼请求为两项以上的,应当用阿拉伯数字加点号分项写明。二是诉讼过程中增加、变更、放弃诉讼请求的,应当连续写明。其中,增加诉讼请求的,写明:"诉讼过程中,×××增加诉讼请求……"变更诉讼请求的,写明:"诉讼过程中,×××变更……诉讼请求为……"放弃诉讼请求的,写明:"诉讼过程中,×××放弃……的诉讼请求。"

关于被告答辩的事实和理由。叙写这部分内容需要注意以下几点:一是被告承认原告主张的全部事实的,写明:"×××承认×××主张的事实。"二是被告承认原告主张的部分事实的,先写明:"×××承认×××主张的……事实。"后写明有争议的事实。三是被告承认全部诉讼请求的,写明:"×××承认×××的全部诉讼请求。"四是被告承认部分诉讼请求的,写明被告承认原告的部分诉讼请求的具体内容。五是被告提出反诉的,写明:"×××向本院提出反诉请求:1……2……"后接反诉的事实和理由。再另段写明:"×××对×××的反诉辩称……"六是被告未作答辩的,写明:"×××未作答辩。"

关于第三人主张、事实和理由。叙写这部分内容需要注意以下几点:一是如果是有独立请求权的第三人,应当先写明:"×××向本院提出诉讼请求……"后接第三人请求的事实和理由。再另段写明原告、被告对第三人的诉讼请求的答辩意见:"×××对×××的诉讼请求辩称……"二是如果是无独立请求权第三人,应当写明:"×××述称……"第三人未作陈述的,应当写明:"×××未作陈述。"三是如果原告、被告或者第三人有多名,且意见一致的,可以合并写明;意见不同的,应当分别写明。

第二,人民法院认定的证据和事实。叙写这部分内容需要注意以下几点:一是对当事人提交的证据和人民法院调查收集的证据数量较多的,原则上不一一列举,可以附证据目录清单。对当事人没有争议的证据,写明:"对当事人无异议的证据,本院予以确认并在卷佐证。"对有争议的证据,应当写明争议证据的名称及法院对争议证据的认定意见和理由。二是对争议的事实,应当写明事实认定意见和理由。争议的事实较多的,可以对争议事实分别认定;针对同一事实有较多争议证据的,可以对争议的证据分别认定。对争议的证据和事实,可以一并叙明;也可以先单独对争议证据进行认定后,另段概括写明认定的案件基本事实,即"根据当事人陈述和经审查确认的证据,本院认定事实如下……"三是对于人民法院调取的证据、鉴定意见,经庭审质证后,按照是否有争议分别写明。召开庭前会议或者在庭审时归纳争议焦点的,应当写明争议焦点。争议焦点的摆放位置,可以根据争议的内容处理。争议焦点中有证据和事实内容的,可以在当事人诉辩意见之后写明。争议焦点主要是法律适用问题的,可以在本院认为部分,先写明争议焦点,再进行说理。

(2) 理由。理由应当围绕当事人的诉讼请求,根据认定的事实和相关法律,逐一评判并说明理由。叙写这部分内容需要注意以下几点:一是理由部分有争议焦点的,先列争议焦点,再分别分析认定,后综合分析认定。二是没有列争议焦点的,直接写明裁判理由。三是被告承认原告全部诉讼请求,且不违反法律规定的,只写明:"被告承认原告的诉讼请求,不违反法律规定。"四是法院就一部分事实先行判决的,写明:"本院对已经清楚的部分事实,先行判决。"五是案件经审判委员会讨论决定的,在法律依据引用前写明:"经本院审判委员会讨论决定……"

(3) 裁判依据。在说理之后,作出判决前,应当援引法律依据。叙写这部分内容需要注意以下几点:一是分项说理的,在说理后,可以另起一段,综述对当事人诉讼请求是否支持的总结评价,后接法律依据,直接引出判决主文。二是如果说理部分已经完成,无需再对诉讼请求进行总结评价的,可以直接另段援引法律依据,写明判决主文。三是援引法律依据,应当依照《最高人民法院关于裁判文书引用法律、法规等规范性法律文件的规定》处理。法律文件引用顺序,先基本法律,后其他法律;先法律,后行政法规和司法解释;先实体法,后程序法。实体法的司法解释可以放在被解释的实体法之后。

(4) 判决主文。叙写这部分内容需要注意以下几点:一是判决主文两项以上的,各项前依次使用汉字数字分段写明。单项判决主文和末项判决主文句末用句号,其余判决主文句末用分号。如果一项判决主文句中有分号或者句号的,各项判决主文后均用句号。二是判决主文中可以用括注,对判项予以说明。括注应当紧跟被注释的判决主文。例如,(已给付……元,尚需给付……元);(已给付……元,应返还……元);(已履行);(按双方订立的《××借款合同》约定的标准执行);(内容须事先经本院审查);(清单详见附件)等等。

三是判决主文中当事人姓名或者名称应当用全称,不得用简称。金额,用阿拉伯数字。金额前不加"人民币";人民币以外的其他种类货币的,金额前加货币种类。有两种以上货币的,金额前要加货币种类。

3. 尾部。包括迟延履行责任告知、诉讼费用负担、上诉权利告知和落款。

(1) 迟延履行责任告知。判决主文包括给付金钱义务的,在判决主文后另起一段写明:"如果未按本判决指定的期间履行给付金钱义务,应当依照《中华人民共和国民事诉讼法》第二百五十三条规定,加倍支付迟延履行期间的债务利息。"

(2) 诉讼费用负担。根据《诉讼费用交纳办法》决定。案件受理费,写明:"案件受理费……元"。减免费用的,写明:"减交……元"或者"免予收取"。单方负担案件受理费的,写明:"由×××负担"。分别负担案件受理费的,写明:"由×××负担……元,×××负担……元。"

(3) 上诉权利告知。当事人上诉期为15日。在中华人民共和国领域内没有住所的当事人上诉期为30日。同一案件既有当事人的上诉期为15日,又有当事人的上诉期为30日的,写明:"×××可以在判决书送达之日起十五日内,×××可以在判决书送达之日起三十日内……"

(4) 落款。落款包括合议庭署名、日期、书记员署名、院印。合议庭的审判长,不论审判职务,均署名为"审判长";合议庭成员有审判员的,署名为"审判员";有助理审判员的,署名为"代理审判员";有陪审员的,署名为"人民陪审员"。书记员,署名为"书记员"。合议庭按照审判长、审判员、代理审判员、人民陪审员的顺序分行署名。

落款日期为作出判决的日期,即判决书的签发日期。当庭宣判的,应当写宣判的日期。

两名以上书记员的,分行署名。落款应当在同一页上,不得分页。落款所在页无其他正文内容的,应当调整行距,不写"本页无正文"。

院印加盖在审判人员和日期上,要求骑年盖月、朱在墨上。加盖"本件与原本核对无异"印戳。

(二) 文书写作需要注意的问题

1. 理由部分内容的阐述,由"本院认为……"引出,应当写明争议焦点,根据认定的事实和相关法律,对当事人的诉讼请求作出分析评判,说明理由。

2. 裁判依据部分内容的叙写,由"综上所述……"引出,应当首先对当事人的诉讼请求是否支持进行总结评述。然后写明依照《中华人民共和国……法》第×条……(写明法律文件名称及其条款项序号)规定,判决如下:……

3. 上诉权利的告知。应当写明:如不服本判决,可以在判决书送达之日起15日内,向本院递交上诉状,并按照对方当事人或者代表人的人数提出副本,上诉于××××人民法院。

4. 如果确有必要的,可以在判决书后另页添加附录。

### 三、简易程序适用的第一审民事判决书

(一) 具体写作要求

适用简易程序审理案件制作的第一审民事判决书,由首部、正文和尾部组成。简易程序是普通程序的简化,是与普通程序并存的独立审判程序。设置简易程序的目的主要是:实现审判程序的多元化;有利于当事人诉讼;有利于人民法院行使审判权。简易程序第一审民事判决书与普通程序第一审民事判决书的区别主要在于正文部分。

根据2015年《最高人民法院关于适用〈中华人民共和国民事诉讼法〉的解释》第270条规定:适用简易程序审理的案件,有下列情形之一的,人民法院在制作判决书、裁定书、调解书时,对认定事实或者裁判理由部分可以适当简化:当事人达成调解协议并需要制作民事调解书的;一方当事人明确表示承认对方全部或者部分诉讼请求的;涉及商业秘密、个人隐私的案件,当事人一方要求简化裁判文书中的相关内容,人民法院认为理由正当的;当事人双方同意简化的。

根据《民事诉讼文书样式》的要求,适用简易程序审理的案件,第一审民事判决书正文部分的具体写作要求如下:

1. 当事人对案件事实没有争议的,应当首先写明原告主张的事实和理由,概括被告对法律适用、责任承担的意见;然后对当事人诉讼请求进行简要评判;最后依据法律作出裁决。具体文书格式写作要求如下:

×××向本院提出诉讼请求:1……2……(明确原告的诉讼请求)。事实和理由……(阐述原告主张的事实和理由)。

×××承认原告在本案中所主张的事实,但认为……(概括被告对法律适用、责任承担的意见)。

本院认为,×××承认×××在本案中主张的事实,故对×××主张的事实予以确认。……(对当事人诉讼请求进行简要评判)。

依照《中华人民共和国……法》第×条……(写明法律文件名称及其条款项序号)规定,判决如下:

……(写明判决结果)。

2. 当事人对案件事实有争议的,应当首先写明原告主张的事实和理由,概括被告答辩意见,概括当事人有争议的事实的质证和认定情况;然后对当事人诉讼请求进行简要评判,写明对当事人诉讼请求是否支持的评述;最后依据法律作出裁决。具体文书格式写作要求如下:

×××向本院提出诉讼请求:1……2……(明确原告的诉讼请求)。事实和理由……(阐述原告主张的事实和理由)。

×××辩称……(概括被告答辩意见)。

本院经审理认定事实如下:对于双方当事人没有争议的事实,本院予以确认。……(概括当事人有争议的事实的质证和认定情况)。

本院认为,被告承认原告诉讼请求的事实部分,不违反法律规定,本院予以支持。……(对当事人诉讼请求进行简要评判)。

综上所述……(写明对当事人诉讼请求是否支持进行评述)。依照《中华人民共和国……法》第×条……(写明法律文件名称及其条款项序号)规定,判决如下:

……(写明判决结果)。

3. 被告承认原告全部诉讼请求的,应当首先写明原告主张的事实和理由,写明被告承认原告提出的全部诉讼请求;然后写明当事人有权在法律规定的范围内处分自己的民事权利和诉讼权利,被告承认原告的诉讼请求,不违反法律规定;最后依据法律作出裁决。具体格式写作要求如下:

×××向本院提出诉讼请求:1……2……(明确原告的诉讼请求)。事实和理由……(阐述原告主张的事实和理由)。

×××承认×××提出的全部诉讼请求。

本院认为,当事人有权在法律规定的范围内处分自己的民事权利和诉讼权利。被告承认原告的诉讼请求,不违反法律规定。

依照《中华人民共和国……法》第×条规定,判决如下:

……(写明判决结果)。

(二)文书写作需要注意的问题

1. 适用简易程序审理的案件,实行独任制,由审判员一人独任审判案件。因此,在文书首部,应当予以写明。

2. 文书尾部审判人员署名,写明"审判员×××"即可。

3. 上诉权利的告知。应当写明:如不服本判决,可以在判决书送达之日起15日内,向本院递交上诉状,并按照对方当事人的人数提出副本,上诉于××××人民法院。

## 第三节 第二审民事判决书

### 一、概念和作用

第二审民事判决书,是指第二审人民法院依照我国《民事诉讼法》的规定,对当事人不服第一审人民法院民事判决提起上诉的民事案件,进行审理后,制作的具有法律效力的法律文书。

我国《民事诉讼法》第164条规定:当事人不服地方人民法院第一审判决的,有权在判决书送达之日起15日内向上一级人民法院提起上诉。当事人不服地方人民法院第一审裁定的,有权在裁定书送达之日起10日内向上一级人民法院提起上诉。

第二审民事判决书的作用主要体现在以下几个方面:(1)是第二审人民法院对二审案件进行审理,作出裁判的书面凭证。(2)是当事人对案件申请再审的依据。(3)是二审法院发现一审裁判错误,及时予以纠正的体现。

## 二、具体写作要求

第二审民事判决书由首部、正文和尾部组成。

### (一)首部

首部包括标题、案号、当事人的基本情况、诉讼代理人的身份事项,以及案由、审判组织、审判方式和开庭审理经过。

1. 标题。应当分两行书写为:"××××人民法院""民事判决书"。

2. 案号。由立案年度、法院简称、案件性质、审判程序和案件顺序号组成。应当写为:"(20××)×民终字第 ×号"。例如,北京市第二中级人民法院2017年立案的第6号民事案件,应当写为:"(2017)二中民终字第6号"。其中,"2017"是立案年度;"二中"是北京市第二中级人民法院的简称;"民"指案件性质;"终"指审级;"6"指案件的顺序号。

3. 当事人的基本情况。应当写明上诉人、被上诉人的基本情况及原审地位。从总的方面看,叙写这部分内容需要注意以下几点:一是当事人是自然人的,应当写明姓名、性别、出生年月日、民族、工作单位和职务或者职业、住所。二是当事人是法人或者其他组织的,应当写明名称、住所。另起一行写明法定代表人或者主要负责人的姓名、职务。三是在上诉人和被上诉人之后,要注明其在原审中的地位,即"原审原告""原审被告""原审第三人"。

在具体叙写过程中,还需要注意,在二审中,上诉人是指不服一审法院判决提起上诉的当事人;被上诉人一般是上诉人在一审程序中的对方当事人。列举当事人时,需要注意以下问题:

(1) 双方当事人和第三人都提出上诉的,均列为上诉人。

(2) 在必要共同诉讼中,必要共同诉讼人中的一人或者部分人提出上诉的,按下列情况处理:一是该上诉是对与对方当事人之间的权利义务分担有意见,不涉及其他共同诉讼人利益的,对方当事人为被上诉人,未上诉的同一方当事人依原审诉讼地位列明。二是该上诉仅对共同诉讼人之间权利义务分担有意见,不涉及对方当事人利益的,未上诉的同一方当事人为被上诉人,对方当事人依原审诉讼地位列明。三是该上诉对双方当事人之间以及共同诉讼人之间权利义务分担有意见的,未提出上诉的其他当事人均为被上诉人。

4. 诉讼代理人的身份事项。具体写作要求,与第一审民事判决书相同。

5. 案由、审判组织、审判方式和开庭审理经过。我国《民事诉讼法》第169条第1款规定:第二审人民法院对上诉案件,应当组成合议庭,开庭审理。经过阅卷、调查和询问当事人,对没有提出新的事实、证据或者理由,合议庭认为不需要开庭审理的,可以不开庭审理。根据上述法律规定,第二审法院审理民事案件以开庭审理为原则,不开庭审理为例外。因此,案由、审判组织、审判方式和开庭审理经过的叙写也存在区别。

(1) 开庭审理的,这部分内容应当表述为:上诉人×××因与被上诉人×××/上诉人×××及原审原告/被告/第三人×××……(写明案由)一案,不服××××人民法院……民初……号民事判决,向本院提起上诉。本院于××××年××月××日立案后,依法组成合议庭,开庭/因涉及……(写明不公开开庭的理由)不公开开庭进行了审理。上诉人×××、被上诉人×××、原审原告/被告/第三人×××(写明当事人和其他诉讼参加人的诉讼地位和姓名或者名称)到庭参加诉讼。本案现已审理终结。

(2) 不开庭审理的,在"向本院提起上诉"之后,写为:"本院依法组成合议庭审理了本案。现已审理终结。"

(二) 正文

正文部分是文书的核心内容,主要包括事实、理由和判决结果。

1. 事实。我国《民事诉讼法》第168条规定:第二审人民法院应当对上诉请求的有关事实和适用法律进行审查。根据上述法律规定,第二审民事判决书是针对第一审民事判决书认定的事实和适用法律作出的。因此,事实部分主要应当写明以下内容:上诉人提起上诉的诉讼请求、事实和理由;被上诉人的答辩意见;原审原告、被告和第三人的陈述意见;一审起诉和判决情况;二审认定的事实和证据。

(1) 双方当事人争议的事实。包括上诉人提起上诉的诉讼请求、事实和理由;被上诉人的答辩意见;原审原告、被告和第三人的陈述意见。这部分内容的叙写应当概括、简明扼要,力求反映当事人的意愿,主要是为了阐述清楚当事人不同的主张、意见和理由。

(2) 一审起诉和判决情况。这部分内容的叙写,不需要详细地重叙,只需要对一审判决的事实进行概括的介绍,并阐明写明原判的判决结果即可。如果原判的判决结果较多,只需要写清楚主要判决内容。叙写这部分内容的目的主要是:一是客观反映一审判决的情况;二是使一审、二审相互衔接,为后续二审判决叙写事实和阐述理由奠定基础。

(3) 二审认定的事实和证据。二审认定的事实,是法院作出裁决的基础。针对上诉人的上诉请求,二审法院应当围绕上诉请求对一审法院认定的事实进行审查。叙写这部分内容,主要应当写明二审法院采信证据、认定事实的意见和理由,对一审查明相关事实的评判。

在文书制作过程中,针对不同的情形,叙写二审事实时,主要应当注意以下几点:一是原判决认定事实清楚,上诉人无异议的,二审判决中,只需概括地予以确认即可;二是原审认定的主要事实有错误,或者部分事实有错误,二审判决中,对于改判认定的事实应当详细具体地叙述,并运用证据加以说明,指出原判认定事实的不当之处。对于原判认定事实正确的部分,只需简要写明即可。三是原判认定的事实有遗漏,二审判决中,对遗漏部分的事实,应当加以补充。四是原判认定的事实没有错误,上诉人提出了异议,二审判决中,应当将上诉人有异议部分的事实叙写清楚,并列举相关的证据予以证明,对原判事实加以确定,论证上诉人的异议不能成立。

在二审过程中,如果当事人围绕上诉请求提交了证据,二审判决中,应当写明法院组织当事人进行证据交换和质证的情况。如果当事人没有提交新的证据的,二审判决中,应当写明当事人没有提交新的证据。

2. 理由。事实和理由是法院依法作出判决的基础。第二审民事判决书的理由部分,主要应当根据二审认定的事实和法律规定,对当事人的上诉请求进行分析评判,说明理由。

(1) 围绕原判决是否正确,上诉是否有理进行分析、论证,阐明理由。上诉人提起上诉,是因为不服一审法院作出的裁决,认为一审法院在认定事实、适用法律等方面存在错误。二审法院围绕当事人的上诉请求,对一审判决认定事实和适用法律进行审查。如果一审判决是正确的,二审判决应当阐明正确的理由;如果一审判决部分或者全部错误的,二审判决应当阐明错误之处,以及产生错误的原因。对上诉人提出的上诉请求正确的,予以支持;错误的,予以反驳。同时,应当具体阐明理由。涉及具体的判决结果,如果原判正确,判决维持原判,应当阐明维持原判的理由;如果原判错误,需要改判,应当阐明改判的理由,以为判决结果的作出奠定基础。

(2) 引用与判决结果相适应的法律条文。引用法律条文应当明确、具体,具有针对性。

如果二审判决维持原判,只需援引《民事诉讼法》第170条第1款第(一)项;全部改判、部分改判的,除了应当援引《民事诉讼法》第170条第1款的有关条款外,还应当援引改判所依据的实体法的有关条款。具体表述要求如下:

一是驳回上诉,维持原判的,应当区分两种情形叙写:第一种情形,一审判决认定事实清楚,适用法律正确,维持原判的,写明:"综上所述,×××的上诉请求不能成立,应予驳回;一审判决认定事实清楚,适用法律正确,应予维持。依照《中华人民共和国民事诉讼法》第一百七十条第一款第一项规定,判决如下:……"

第二种情形,一审判决认定事实或者适用法律虽有瑕疵,但裁判结果正确,维持原判的,写明:"综上所述,一审判决认定事实……(对一审认定事实作出概括评价,如存在瑕疵应指出)、适用法律……(对一审适用法律作出概括评价,如存在瑕疵应指出),但裁判结果正确,故对×××的上诉请求不予支持。依照《中华人民共和国×××法》第×条(适用法律错误的,应当引用实体法)、《中华人民共和国民事诉讼法》第一百七十条第一款第一项、《最高人民法院关于适用〈中华人民共和国民事诉讼法〉的解释》第三百三十四条规定,判决如下:……"

二是依法改判的,应当写为:"综上所述,×××的上诉请求成立,予以支持。依照《中华人民共和国×××法》第×条(适用法律错误的,应当引用实体法)、《中华人民共和国民事诉讼法》第一百七十条第一款第×项规定,判决如下:……"

3. 判决主文。第二审民事判决书的判决主文,是对当事人争议的实体问题作出的终审结论。判决主文不同,具体的写作要求也不同,具体内容如下:

(1) 维持原判的,表述为:驳回上诉,维持原判。

(2) 全部改判的,表述为:

一、撤销××××人民法院(××××)……民初……号民事判决;

二、……(写明改判内容)。

(3) 部分改判的,表述为:

一、维持××××人民法院(××××)……民初……号民事判决第×项(对一审维

持判项,逐一写明);

二、撤销××××人民法院(××××)……民初……号民事判决第×项(将一审判决错误判项逐一撤销);

三、变更××××人民法院(××××)……民初……号民事判决第×项为……

四、……(写明新增判项)。

(三) 尾部

尾部写明诉讼费用的负担、判决的法律效力、合议庭组成人员署名、日期和书记员署名。

1. 诉讼费用的负担。在判决结果之后,应当另起一行写明诉讼费用的负担。具体写作方法区分为两种不同的情形:第一种情形,驳回上诉,维持原判的,对一审诉讼费用不需调整的,不必重复一审诉讼费用的负担,只需要写明二审诉讼费用的负担即可。如果一审诉讼费负担错误需要调整的,应当予以纠正。第二种情形,依法改判的,除应写明当事人对二审诉讼费用的负担外,还应将变更一审诉讼费用负担的决定一并写明。

2. 判决的法律效力。应当写明:"本判决为终审判决"。

3. 合议庭组成人员署名、日期和书记员署名。写法同第一审普通程序适用的民事判决书。

### 三、文书写作需要注意的问题

1. 第二审民事判决书一经送达当事人,立即发生法律效力,当事人不得再以上诉的方式表示不服,只能在法定期间内依照审判监督程序的相关规定,向人民法院申请再审。

2. 第二审判决作出后,当事人不得就同一标的,以同一事实和理由再提起诉讼。

3. 具有给付内容的裁判,如果义务人不履行发生法律效力裁判确定的义务,权利人可以向有管辖权的法院申请强制执行。

## 第四节　再审民事判决书

### 一、概念和作用

再审民事判决书,是指人民法院对已经发生法律效力的判决、裁定和调解书,发现符合法定再审事由,对案件再次进行审理后,针对当事人之间的权利义务争议作出裁决时制作的具有法律效力的法律文书。

根据我国《民事诉讼法》第198条、第199条、第201条和第208条的规定,各级人民法院院长对本院已经发生法律效力的判决、裁定、调解书,发现确有错误,认为需要再审的,应当提交审判委员会讨论决定。最高人民法院对地方各级人民法院已经发生法律效力的判决、裁定、调解书,上级人民法院对下级人民法院已经发生法律效力的判决、裁定、调解书,发现确有错误的,有权提审或者指令下级人民法院再审。

当事人对已经发生法律效力的判决、裁定，认为有错误的，可以向上一级人民法院申请再审；当事人一方人数众多或者当事人双方为公民的案件，也可以向原审人民法院申请再审。当事人申请再审的，不停止判决、裁定的执行。当事人对已经发生法律效力的调解书，提出证据证明调解违反自愿原则或者调解协议的内容违反法律的，可以申请再审。经人民法院审查属实的，应当再审。

最高人民检察院对各级人民法院已经发生法律效力的判决、裁定，上级人民检察院对下级人民法院已经发生法律效力的判决、裁定，发现有《民事诉讼法》第200条规定情形之一的，或者发现调解书损害国家利益、社会公共利益的，应当提出抗诉。地方各级人民检察院对同级人民法院已经发生法律效力的判决、裁定，发现有《民事诉讼法》第200条规定情形之一的，或者发现调解书损害国家利益、社会公共利益的，可以向同级人民法院提出检察建议，并报上级人民检察院备案；也可以提请上级人民检察院向同级人民法院提出抗诉。各级人民检察院对审判监督程序以外的其他审判程序中审判人员的违法行为，有权向同级人民法院提出检察建议。

民事再审判决书的作用主要体现在以下两个方面：(1)实现司法公正的载体。我国实行两审终审制，再审程序属于非正常的审判程序，是为了防止已经发生法律效力的判决、裁定、调解书存在错误，对当事人权益予以的事后救济，目的是为了实现司法公正，再审民事判决书是司法公正的载体。(2)维护当事人的合法权益的手段。已经发生法律效力的判决、裁定、调解书存在瑕疵，最终损害的是当事人的合法权益。对案件进行再审，依法作出裁决，有利于维护当事人的合法权益。因此，再审民事判决书是维护当事人合法权益的手段。

**二、具体写作要求**

再审民事判决书由首部、正文和尾部组成。

（一）首部

首部包括标题、案号、当事人的基本情况、诉讼代理人的身份事项，以及案由、审判组织、审判方式和开庭审理经过。

1. 标题和案号。再审民事判决书中，标题的写法与第一审、第二审民事判决书基本相同。但是，涉及案号的写法与一审、二审民事判决书有所不同，主要是审级代字，应当写为："再初"或者"再终"。例如，北京市高级人民法院2017年再审的第10号民事案件，应当写为："(2017)京高民再终(或再初)字第10号"。

2. 当事人的基本情况。应当写明再审申请人、被申请人的基本情况及原审地位。当事人是自然人的，应当写明姓名、性别、出生年月日、民族、工作单位和职务或者职业、住所。

当事人是法人或者其他组织的，应当写明名称、住所。另起一行写明法定代表人或者主要负责人的姓名、职务。叙写当事人的基本情况需要注意以下几个问题：

(1)在再审申请人和被申请人之后，要注明其在一审或者二审中的诉讼地位。其他当事人按原审诉讼地位表述,例如,一审终审的,列为"原审原告""原审被告""原审第三人"。二审终审的,列为"二审上诉人(一审原告)""二审被上诉人(一审被告)"等。

(2) 如果原审遗漏了共同诉讼人,再审将其追加为当事人的,其诉讼地位直接写为:"原告""被告",不必表述为"再审原告"或者"追加原告"等。

(3) 如果再审是检察机关抗诉引起的,应当在当事人前,先写明"抗诉机关×××人民检察院";然后写明申诉人和被申诉人的基本情况。

3. 诉讼代理人的身份事项。写法与第一审民事判决书基本相同。

4. 案由、审判组织、审判方式和开庭审理经过。根据我国《民事诉讼法》规定,已经发生法律效力的判决、裁定和调解书有错误,引起再审的方式主要有三种:一是经原审法院决定,或者上级法院指令或提审引起再审;二是由当事人申请引起再审;三是人民检察院抗诉引起再审。因此,这部分内容,根据再审案件的来源不同,叙写方式也存在区别。具体内容如下:

(1) 依当事人申请而提审,经审理后作出实体处理的,写为:再审申请人×××因与被申请人×××/再审申请人及×××……(写明案由)一案,不服××××人民法院(××××)……号民事判决/民事调解书,向本院申请再审。本院于××××年××月××日作出(××××)……号民事裁定,提审本案。本院依法组成合议庭,开庭审理了本案。再审申请人×××、被申请人×××(写明当事人和其他诉讼参加人的诉讼地位和姓名或者名称)到庭参加诉讼。(未开庭的,写明:本院依法组成合议庭审理了本案)本案现已审理终结。

(2) 依当事人申请,受指令或者受指定再审,按照第一审程序审理后,作出实体判决的,写为:再审申请人×××因与被申请人×××/再审申请人×××……(写明案由)一案,不服本院/××××人民法院(××××)……民×……号民事判决/民事调解书,向××××人民法院申请再审。××××人民法院于××××年××月××日作出(××××)……民×……号民事裁定,指令/指定本院再审本案。本院依法另行/依法组成合议庭(指定再审的不写另行),开庭审理了本案。再审申请人×××、被申请人×××(写明当事人和其他诉讼参加人的诉讼地位和姓名或者名称)到庭参加诉讼。本案现已审理终结。

(3) 依当事人申请,受指令或者受指定再审,按照第二审程序审理后,作出实体判决的,写为:再审申请人×××因与被申请人×××/再审申请人×××……(写明案由)一案,不服本院/××××人民法院(××××)……号民事判决/民事调解书,向××××人民法院申请再审。××××人民法院于××××年××月××日作出(××××)……号民事裁定,指令/指定本院再审本案。本院依法另行/依法组成合议庭(指定再审的不写另行),开庭审理了本案。再审申请人×××、被申请人×××(写明当事人和其他诉讼参加人的诉讼地位和姓名或者名称)到庭参加诉讼。(未开庭的,写明:本院依法组成合议庭审理了本案)本案现已审理终结。

(4) 原审法院依当事人申请裁定再审,按照第一审程序审理后,作出实体判决的,写为:再审申请人×××因与被申请人×××/再审申请人×××……(写明案由)一案,不服本院/××××人民法院(××××)……民×……号民事判决/民事调解书,向本院申请再审。本院于××××年××月××日作出(××××)……民×……号民事裁定再审本案。本院依法另行组成合议庭,开庭审理了本案。再审申请人×××、被申请人×××(写明当事人和其他诉讼参加人的诉讼地位和姓名或者名称)到庭参加诉讼。本案现已审理终结。

(5)原审法院依当事人申请裁定再审,按照第二审程序审理后,作出实体判决的,写为:再审申请人×××因与被申请人×××/再审申请人×××……(写明案由)一案,不服本院(××××)……民×……号民事判决/民事调解书,向本院申请再审。本院于××××年××月××日作出(××××)……民×……号民事裁定再审本案。本院依法另行组成合议庭,开庭审理了本案。再审申请人×××、被申请人×××(写明当事人和其他诉讼参加人的诉讼地位和姓名或者名称)到庭参加诉讼。本案现已审理终结。

(6)检察机关抗诉引起再审的,按照第一审程序审理后,作出实体判决的,写为:申诉人×××因与被申诉人×××及×××(写明原审其他当事人诉讼地位、姓名和名称)……(写明案由)一案,不服本院(××××)……号民事判决/民事裁定,向××××人民检察院提出申诉。××××人民检察院作出……号民事抗诉书,向××××人民法院提出抗诉。××××人民法院作出(××××)……号民事裁定,指令本院再审案件。本院依法另行组成合议庭,开庭审理了本案。××××人民检察院指派检察员×××出庭。申诉人×××、被申诉人×××(写明当事人和其他诉讼参加人的诉讼地位和姓名或者名称)到庭参加诉讼。本案现已审理终结。

(7)检察机关抗诉引起再审的,按照第二审程序审理后,作出实体判决的,写为:申诉人×××因与被申诉人×××及×××(写明原审其他当事人诉讼地位、姓名和名称)……(写明案由)一案,不服本院(××××)……号民事判决/民事裁定,向××××人民检察院提出申诉。××××人民检察院作出……号民事抗诉书,向××××人民法院提出抗诉。××××人民法院作出(××××)……号民事裁定,指令本院再审案件。本院依法另行组成合议庭,开庭审理了本案。××××人民检察院指派检察员×××出庭。申诉人×××、被申诉人×××(写明当事人和其他诉讼参加人的诉讼地位和姓名或者名称)到庭参加诉讼。(未开庭的,写明:本院依法组成合议庭审理了本案)本案现已审理终结。

(二)正文

正文部分是文书的核心内容,主要包括事实、理由和判决主文。

1.事实。包括双方当事人争议的事实;原审判决认定的事实、理由和判决结果;经人民法院再审认定的事实和证据。

(1)双方当事人争议的事实。应当首先写明申请人申请再审的请求、事实和理由;其次概述写明被申请人的答辩意见;最后写明原审其他当事人的意见。如果案件是由检察机关抗诉引起再审的,在阐明当事人双方意见之前,首先应当阐明检察机关抗诉的意见。这部分内容,只需要简明扼要地叙写清楚即可。

(2) 原审判决认定的事实、理由和判决结果。当事人申请再审,是认为已经发生法律效力的判决、裁定有错误,或者是调解违反自愿原则、调解协议的内容违法。再审主要是纠正原审法院判决、裁定、调解的错误。因此,在再审判决书中,应当将原审判决认定的事实、理由和判决结果,简单扼要地进行介绍,以为再审判决奠定基础。

(3) 经人民法院再审认定的事实和证据。这部分内容是再审裁决作出的基础,应当对一审、二审认定的事实进行评判,是文书叙写的重点内容。尤其是对双方当事人有争议的事实,应当重点加以分析、论证。需要注意的是,如果原审判决认定事实清楚,事实部分可以简单叙述,重点叙述改判所依据的事实;如果原审判决确实存在认定事实错误,再审认定事实部分的内容,应当详细、具体的叙写。同时,应当写明再审法院采信的证据。

2. 理由。包括依事论理和依法论理。

(1) 依事论理。应当围绕当事人的再审理由是否成立,再审请求是否应予支持,进行评判。同时,对原审相关结论是否正确进行评价。如果原审认定事实错误,在阐述理由时,主要应当指出由于原审认定事实的错误,导致适用法律和判决结果的错误。如果原审认定事实正确,只是适用法律错误,应当指出由于原审适用法律的错误,导致判决结果的不正确。如果检察机关的抗诉和当事人申请再审的理由全部是正确的,应当予以采纳;如果部分正确部分错误的,对正确的部分予以采纳,对错误的部分予以批驳。

(2) 依法论理。依法论理既是引用法律依据说明理由。再审民事判决书阐述理由需要具有针对性。既针对原审判决,也针对检察机关的抗诉和当事人提出的再审申请主张。同时,应当注意法律条文的引用。再审民事判决书引用法律条文要求具有针对性,应当全面。再审维持原判的,一般只引用程序法条文。再审改判的,不仅需要引用程序法,也需要引用实体法。

3. 判决主文。这部分内容的写作,可以参照第一审民事判决书、第二审民事判决书判决结果的写法。

(三) 尾部

尾部写明诉讼费用的负担、判决的法律效力、合议庭组成人员署名、日期和书记员署名。

我国《民事诉讼法》第 207 条规定:人民法院按照审判监督程序再审的案件,发生法律效力的判决、裁定是由第一审法院作出的,按照第一审程序审理,所作的判决、裁定,当事人可以上诉;发生法律效力的判决、裁定是由第二审法院作出的,按照第二审程序审理,所作的判决、裁定,是发生法律效力的判决、裁定;上级人民法院按照审判监督程序提审的,按照第二审程序审理,所作的判决、裁定是发生法律效力的判决、裁定。人民法院审理再审案件,应当另行组成合议庭。根据上述法律规定,再审民事判决书尾部的写法,可以参照第一审民事判决书和第二审民事判决书尾部的写法。

按照第一审程序再审的,在判决书的尾部写明上诉事项,写法参照第一审民事判决书。按照第二审程序再审的,应当写明"本判决为终审判决"。

### 三、文书写作需要注意的问题

1. 上级法院提审的案件,审判组织写明"组成合议庭",不写"另行组成合议庭"。
2. 判决主文应当对当事人的全部诉讼请求作出明确、具体的裁判,表达应当完整、准确,以便于执行。
3. 再审维持原判,且有再审诉讼费用的,只写明再审诉讼费用的负担。再审改判的,应当对一、二审以及本次再审诉讼费用的负担一并作出决定。

## 第五节 民事调解书

### 一、概念和作用

民事调解书,是指人民法院在审理民事案件过程中,根据自愿合法原则,依法对案件进行调解,依据当事人自愿达成的调解协议审结案件时,制作的具有法律效力的法律文书。

我国《民事诉讼法》第9条规定:人民法院审理民事案件,应当根据自愿和合法的原则进行调解;调解不成的,应当及时判决。第97条规定:调解达成协议,人民法院应当制作调解书。调解书应当写明诉讼请求、案件的事实和调解结果。调解书由审判人员、书记员署名,加盖人民法院印章,送达双方当事人。调解书经双方当事人签收后,即具有法律效力。

第98条规定:下列案件调解达成协议,人民法院可以不制作调解书:(一)调解和好的离婚案件;(二)调解维持收养关系的案件;(三)能够即时履行的案件;(四)其他不需要制作调解书的案件。对不需要制作调解书的协议,应当记入笔录,由双方当事人、审判人员、书记员签名或者盖章后,即具有法律效力。

根据法律规定,调解书的适用范围非常广泛,一审可以适用,二审可以适用,再审也可以适用。所以民事调解书包括:第一审民事调解书、第二审民事调解书和再审民事调解书几类。

民事调解书与民事判决书的区别主要体现在以下几个方面:(1)适用条件不同。调解和判决虽然都是人民法院行使审判权,解决民事案件的方式,但是,适用条件存在差别。调解书是双方当事人自愿达成调解协议时,制作和使用的法律文书;判决书是人民法院依法对案件作出裁决时,制作和使用的法律文书。(2)体现的意志不同。制作民事调解书的前提,是当事人自愿合法的达成调解协议,注重对当事人意志的尊重;制作民事判决书更多的是体现国家意志,是人民法院依法行使审判权的表现。(3)文书格式和内容不同。调解书与判决书相比,格式和内容相对比较简单;判决书的格式和内容相对比较复杂。(4)文书效力不同。民事调解书经双方当事人签收后,即具有法律效力。第一审民事判决书除法定一审终审的案件外,送达当事人后不立即生效,只有超过法定的上诉期限,当事人不上诉的,才发生法律效力。第二审民事判决书一经作出,即具有法律效力。

民事调解书的作用,主要体现在以下两个方面:(1)通过调解达成协议,是人民法院审理民事案件的一种结案方式,民事调解书是具体审结案件的体现。(2)人民法院制作的民事调解书,经双方当事人签收,即具有法律效力。一方当事人不履行义务,权利人可以向人民法院申请强制执行。民事调解书是当事人申请执行的根据。

**二、具体写作要求**

民事调解书由首部、正文和尾部组成。

(一)首部

首部包括标题、案号、当事人的基本情况、诉讼代理人的身份事项,以及案由、审判组织、审判方式和开庭审理经过。

1. 标题。应当分两行书写为:"××××人民法院""民事调解书"。

2. 案号。由立案年度、法院简称、案件性质、审判程序和案件顺序号组成。应当写为:"(20××)×民×字第 ×号"。例如,北京市海淀区人民法院2017年立案的第12号民事案件,应当写为:"(2017)海民初字第12号"。需要注意的是,如果是二审达成调解协议的,审判程序的代字应当写为"终"字。如果是再审达成调解协议的,审判程序的代字应当写为"再"字。

3. 当事人的基本情况。当事人是自然人的,应当写明姓名、性别、出生年月日、民族、工作单位和职务或者职业、住所。当事人是法人或者其他组织的,应当写明名称、住所。另起一行写明法定代表人或者主要负责人的姓名、职务。

叙写当事人的基本情况需要注意以下几个问题:(1)第一审民事调解书,应当写明原告、被告和其他诉讼参加人的姓名或者名称等基本信息。(2)第二审民事调解书,应当写明上诉人、被上诉人和其他诉讼参加人的姓名或者名称等基本信息。同时,应当注明当事人在原审的诉讼地位。(3)再审民事调解书,应当写明再审申请人、被申请人和其他诉讼参加人的姓名或者名称等基本信息。同时,应当注明当事人在原审的诉讼地位。

4. 诉讼代理人的身份事项。写法与第一审民事判决书相同。

5. 案由、审判组织、审判方式和开庭审理经过。

(1)第一审民事调解书,写为:原告×××与被告×××、第三人×××……(写明案由)一案,本院于××××年××月××日立案后,依法适用普通程序/简易程序,公开/因涉及……(写明不公开开庭的理由)不公开开庭进行了审理(开庭前调解的,不写开庭情况)。

(2)第二审民事调解书,写为:上诉人×××因与被上诉人×××/上诉人×××、第三人×××……(写明案由)一案,不服××××人民法院(××××)……民初……号民事判决,向本院提起上诉。本院于××××年××月××日立案后,依法组成合议庭审理了本案(开庭前调解的,不写开庭情况)。

(3)再审民事调解书,写为:再审申请人×××因与被申请人×××/再审申请人×

××及原审×××……(写明案由)一案,不服××××人民法院(××××)……号民事判决/民事裁定/民事调解书,申请再审。××××年××月××日,本院/××××人民法院作出(××××)……号民事裁定,本案由本院再审。本院依法组成合议庭审理了本案。

(二) 正文

正文是文书的核心内容,包括当事人的诉讼请求和案件事实、调解结果、法院对协议内容的确认和诉讼费用的负担。

1. 当事人的诉讼请求和案件事实。我国《民事诉讼法》第 93 条规定:人民法院审理民事案件,根据当事人自愿的原则,在事实清楚的基础上,分清是非,进行调解。根据上述法律规定,调解书中应当写清当事人的请求和案件事实。根据《民事诉讼文书样式》的规定,这部分内容的写作,第一审民事调解书,应当写明当事人的诉讼请求、事实和理由。第二审民事调解书,应当写明上诉人的上诉请求、事实和理由。再审民事调解书,应当写明当事人的再审请求、事实和理由,被申请人的答辩意见。同时,应当概括案件事实,写明原审裁判结果。

2. 调解结果。调解结果,即调解协议的内容,是调解书的核心内容,是双方当事人针对民事权利义务争议,在自愿、合法的前提下,互谅互让,依法达成的解决纠纷的一致意见。通常由以下文字引出:

(1) 第一审民事调解书,写为:"本案审理过程中,经本院主持调解,当事人自愿达成如下协议/当事人自愿和解达成如下协议,请求人民法院确认/经本院委托……(写明受委托单位)主持调解,当事人自愿达成如下协议:

一、……

二、……

(分项写明调解协议的内容)"

(2) 第二审民事调解书,写为:"本案审理过程中,经本院主持调解,当事人自愿达成如下协议/当事人自愿和解达成如下协议,请求人民法院确认:

一、……

二、……

(分项写明调解协议的内容)"

(3) 再审民事调解书,写为:"本案再审审理过程中,经本院主持调解,当事人自愿达成如下协议/当事人自愿和解达成如下协议,请求人民法院确认:

一、……

二、……

(分项写明调解协议的内容)"

3. 法院对协议内容的确认。根据我国法律规定,当事人达成调解协议,申请人民法院制作民事调解书时,人民法院应当依法对调解协议的内容进行审查,审查内容包括:调解协议的内容是否违法、是否侵害国家利益或社会公共利益等,如果有上述情形存在,人民法院对调解协议的内容将不予确认。只有符合法律规定的调解协议,人民法院才依法予以确认,经人民法院依法确认的调解协议,才具有法律效力。

人民法院依法予以确认的调解协议,在调解协议内容之后,应当写明:"上述协议,不违反法律规定,本院予以确认"。

4. 诉讼费用的负担。根据《诉讼费用缴纳办法》的规定,经人民法院调解达成协议的案件,诉讼费用的负担由双方当事人协商解决;协商不成的,由人民法院决定。以调解方式结案或者当事人申请撤诉的,减半交纳案件受理费。诉讼费用的负担,如果是由双方当事人协商解决的,可以作为调解协议内容的最后一项书写;如果是由人民法院决定的,应当在写完法院对双方调解协议确认的一段后,另起一行书写,写明当事人的姓名或者名称,以及负担的金额。

(三)尾部

尾部包括调解书生效的条件和时间、合议庭组成人员署名、注明日期和加盖人民法院印章、书记员署名。

1. 调解书生效的条件和时间。在民事调解书的尾部,应当将调解书生效的条件和时间告知双方当事人,即明确写明:"本调解书经各方当事人签收后,即具有法律效力。"

2. 合议庭组成人员署名、写明日期并加盖人民法院印章、书记员署名。写法同第一审民事判决书。

### 三、文书写作需要注意的问题

1. 调解协议的内容应当写的明确具体,以便于当事人履行。

2. 适用特别程序、督促程序、公示催告程序的案件,婚姻等身份关系确认案件以及其他根据案件性质不能进行调解的案件,不得调解。

3. 当事人自行和解或者调解达成协议后,请求人民法院按照和解协议或者调解协议的内容制作判决书的,人民法院不予准许。无民事行为能力人的离婚案件,由其法定代理人进行诉讼。法定代理人与对方达成协议要求发给判决书的,可根据协议内容制作判决书。

4. 调解书需经当事人签收后才发生法律效力的,应当以最后收到调解书的当事人签收的日期为调解书生效日期。

## 第六节 民事裁定书

### 一、概念和作用

民事裁定书,是指人民法院在诉讼过程中,对程序问题进行处理时,依法制作的法律文书。

我国《民事诉讼法》第154条规定:裁定适用于下列范围:(一)不予受理;(二)对管辖

权有异议的;(三)驳回起诉;(四)保全和先予执行;(五)准许或者不准许撤诉;(六)中止或者终结诉讼;(七)补正判决书中的笔误;(八)中止或者终结执行;(九)撤销或者不予执行仲裁裁决;(十)不予执行公证机关赋予强制执行效力的债权文书;(十一)其他需要裁定解决的事项。对前款第一项至第三项裁定,可以上诉。裁定书应当写明裁定结果和作出该裁定的理由。裁定书由审判人员、书记员署名,加盖人民法院印章。口头裁定的,记入笔录。根据上述法律规定,需要注意以下两个问题:

(1)保全和先予执行裁定。保全和先予执行涉及对当事人实体权利的处分,但是这两种对实体权利的处分不是终局性的,仅具有暂时性和程序保障性。这两种裁定对实体权利的暂时处分仅是手段,其目的是为了使审判程序更具有实效性,使判决的执行更具有保障性。从本质上看,这两种裁定解决的仍然是程序问题。

(2)其他需要裁定解决的事项。其他需要裁定解决的事项,是一项弹性条款,是为了诉讼需要作出的相应规定。根据法律规定,在诉讼中,适用民事裁定的情形还包括:用简易程序审理的案件改为普通程序审理、确认司法协议有效、依职权对本院案件再审后发回重审、督促程序驳回申请人申请、终结公示催告程序、二审发回重审、二审撤回上诉、裁定驳回再审申请等。

民事裁定书适用的范围非常广泛,包括第一审程序、第二审程序、再审程序、督促程序、公示催告程序、非讼程序、执行程序等。本文主要介绍几种常用的民事裁定书。

民事裁定书的作用主要体现在以下几个方面:(1)民事裁定书主要是针对诉讼过程中的程序问题依法作出的裁决,目的是为了解决诉讼过程中出现的各种特殊情形,以保证诉讼的顺利进行。(2)有的民事裁定书可以成为法院的一种结案方式,例如,不予受理裁定、驳回起诉裁定、终结诉讼裁定等。(3)民事裁定书具有法律效力,一经依法生效,必须严格执行。

**二、具体写作要求**

民事裁定书由首部、正文和尾部组成。

(一)首部

首部包括标题、案号、当事人的基本情况、诉讼代理人的身份事项等。

1. 标题。应当分两行书写为:"××××人民法院""民事裁定书"。

2. 案号。由立案年度、法院简称、案件性质、审判程序和案件顺序号组成。应当写为:"(20××)×民×字第 ×号"。

3. 当事人的基本情况。当事人是自然人的,应当写明姓名、性别、出生年月日、民族、工作单位和职务或者职业、住所。当事人是法人或者其他组织的,应当写明名称、住所。另起一行写明法定代表人或者主要负责人的姓名、职务。

叙写当事人的基本情况时需要注意:不予受理起诉的,当事人称为"起诉人";诉前财产保全的,当事人称为"申请人""被申请人"。

4. 诉讼代理人的身份事项。写法与第一审民事判决书相同。

(二) 正文

正文是文书的核心内容,主要包括案由和案件来源,当事人的诉讼请求、事实和理由;法院经审查认定的理由和适用的法律,以及裁决结果等。以下介绍几种常用民事裁定书的正文格式写作要求。

1. 第一审民事裁定书

(1) 起诉不予受理用。不予受理,是指人民法院依据民事诉讼法的规定,对原告的起诉进行审查后,认为不符合法定受理条件,从程序上裁定不予立案受理的司法行为。

不予受理民事裁定书的正文部分,主要应当写明原告起诉的请求、事实和理由,法院经审查对起诉不予受理的理由,以及不予受理的决定。具体格式写作要求如下:

"××××年××月××日,本院收到×××的起诉状。起诉人×××向本院提出诉讼请求:1. ……2. ……(明确原告的诉讼请求)。事实和理由……(概括原告主张的事实和理由)。

本院经审查认为……(写明对起诉不予受理的理由)。

依照《中华人民共和国民事诉讼法》第一百一十九条、第一百二十三条规定,裁定如下:

对×××的起诉,不予受理。"

(2) 驳回起诉用。驳回起诉,是指人民法院受理案件后,发现原告的起诉不符合法定受理情形,依照法定程序裁定予以驳回的司法行为。

驳回起诉民事裁定书的正文部分,主要应当写明当事人的姓名或者名称和案由,原告起诉的请求、事实和理由,法院经审查驳回起诉的理由,以及驳回起诉的决定。具体格式写作要求如下:

"原告×××与被告×××……(写明案由),本院于××××年××月××日立案后,依法进行审理。

×××向本院提出诉讼请求:1. ……2. ……(明确原告的诉讼请求)。事实和理由……(概括原告主张的事实和理由)。

本院经审查认为……(写明驳回起诉的理由)。

依照《中华人民共和国民事诉讼法》第一百一十九条/第一百二十四条第×项、第一百五十四条第一款第三项、《最高人民法院关于适用〈中华人民共和国民事诉讼法〉的解释》第二百零八条第三款规定,裁定如下:

驳回×××的起诉。"

叙写驳回起诉民事裁定书需要注意以下几点:一是该裁定书适用于第一审人民法院受理案件后,发现当事人的起诉不符合《民事诉讼法》第119条规定的起诉条件,或者具有《民事诉讼法》第124条规定的特殊情形。二是驳回起诉是从程序上以裁定的方式作出的处理,不涉及当事人的实体权利。三是驳回起诉,应当针对当事人的诉讼主张,进行充分说理。

(3) 准许或者不准许撤诉用。撤诉,是指人民法院立案后宣判前,当事人将已经成立之诉撤销。民事撤诉裁定书的正文部分，主要应当写明当事人的姓名或者名称和案由，原告申请撤诉的要求及时间，裁定理由、法律依据和结果。具体格式写作要求如下：

"……（写明当事人及案由）一案，本院于××××年××月××日立案。原告×××于××××年××月××日向本院提出撤诉申请。

本院认为……（写明准予/不准许撤诉的理由）。

依照《中华人民共和国民事诉讼法》第一百四十五条第一款规定，裁定如下：

准许×××撤诉。"

（不准许撤诉的，写明：依照《中华人民共和国民事诉讼法》第一百四十五条第一款、《最高人民法院关于适用〈中华人民共和国民事诉讼法〉的解释》第二百三十八条第×款规定，裁定如下：不准许×××撤诉。）

叙写准许或不准许撤诉民事裁定书需要注意以下几点：一是当事人的行为有损害国家、集体和其他公民利益的，人民法院不准许当事人撤诉。二是当事人有违反法律的行为需要依法处理的，人民法院可以不准许撤诉。三是在法庭辩论终结后原告申请撤诉，被告不同意的，人民法院可以不准许。

（4）中止、终结诉讼用。诉讼中止，是指在诉讼进行过程中，如果出现一些法定特殊原因，使诉讼程序暂时难以继续进行时，人民法院裁定暂停诉讼程序，等特殊原因消失以后，再行恢复诉讼程序的法律制度。诉讼终结，是指在诉讼进行过程中，因发生某种法定特殊原因，使诉讼程序无法继续进行或者继续进行已经没有必要时，由人民法院裁定终结诉讼程序的法律制度。

中止或终结诉讼民事裁定书的正文部分，主要应当写明当事人的姓名或者名称和案由，中止或终结诉讼的事实根据、理由、法律依据和裁决结果。具体格式写作要求如下：

"……（写明当事人及案由）一案，本院于××××年××月××日立案。

本案在审理过程中……（写明中止/终结诉讼的事实根据）。

本院经审查认为……（写明中止/终结诉讼的理由）。

依照《中华人民共和国民事诉讼法》第一百五十条第一款第×项、第一百五十四条第一款第六项规定，裁定如下：

本案中止诉讼。"

（如果是终结诉讼的，写明：依照《中华人民共和国民事诉讼法》第一百五十一条第×项、第一百五十四条第一款第六项规定，裁定如下：本案终结诉讼。）

（5）管辖权异议用。管辖权异议，是指人民法院受理案件后，当事人认为受诉人民法院对该案件没有管辖权，向受诉人民法院提出的不服该法院管辖的意见和主张。

管辖权异议民事裁定书的正文部分，主要应当写明当事人的姓名或者名称和案由，原告的诉讼请求、事实和理由，异议的内容和理由，法律依据和裁决结果。具体格式写作要求如下：

"原告×××与被告×××、第三人×××……（写明案由）一案，本院于××××年××月××日立案。

×××诉称……（概括原告的诉讼请求、事实和理由）。

×××在提交答辩状期间，对管辖权提出异议认为……（概括异议内容和理由）。

依照《中华人民共和国民事诉讼法》第×条、第一百二十七条第一款规定，裁定如下：

（异议成立的，写明：）×××对本案提出的管辖权异议成立，本案移送××××人民法院处理。

（异议不成立的，写明：驳回×××对本案管辖权提出的异议。）

案件受理费……元，由……负担（写明当事人姓名或者名称、负担金额）。"

（6）诉讼前的财产保全用。诉前财产保全，是指利害关系人在起诉前，人民法院根据利害关系人的申请，对被申请人的财产采取强制性保护措施的保全制度。

诉前财产保全民事裁定书的正文部分，主要应当写明申请人申请财产保全的时间、请求采取保全措施的具体内容，是否提供担保，以及法院采取保全措施的理由、法律依据和结果。具体格式写作要求如下：

"申请人×××于××××年××月××日向本院申请诉前财产保全，请求对被申请人×××……（写明申请财产保全措施的具体内容）。申请人×××/担保人×××以……（写明担保财产的名称、数量或者数额、所在地点等）。提供担保。

本院经审查认为……（写明采取保全措施的理由）。依照《中华人民共和国民事诉讼法》第一百零一条、第一百零二条、第一百零三条第一款规定，裁定如下：

查封/扣押/冻结被申请人×××的……（写明保全财产的名称、数量或者数额、所在地点等），期限为……年/月/日（写明保全的期限）。

案件受理费……元，由……负担（写明当事人姓名或者名称、负担金额）。

本裁定立即开始执行。"

（7）诉讼中的财产保全用。诉讼中的财产保全，是指人民法院受理案件后，为保证将来生效判决的执行，依据当事人的申请或者依职权，对当事人的财产或争议的标的物采取强制性保护措施的保全制度。

诉讼中财产保全民事裁定书的正文部分，主要应当写明当事人申请财产保全的时间、请求采取保全措施的具体内容，是否提供担保，以及法院采取保全措施的理由、法律依据和结果。具体格式写作要求如下：

"……（写明当事人及案由）一案，申请人×××于××××年××月××日向本院申请诉讼中财产保全，请求对被申请人×××……（写明申请财产保全措施的具体内容）。申请人×××/担保人×××以……（写明担保财产的名称、数量或者数额、所在地点等）。提供担保。

本院经审查认为……（写明采取保全措施的理由）。依照《中华人民共和国民事诉讼法》第一百条、第一百零二条、第一百零三条第一款规定，裁定如下：

查封/扣押/冻结被申请人×××的……（写明保全财产的名称、数量或者数额、所在地点等），期限为……年/月/日（写明保全的期限）。

案件受理费……元，由……负担（写明当事人姓名或者名称、负担金额）。

本裁定立即开始执行。"

(8) 先予执行用。先予执行,是指人民法院在诉讼过程中,为解决一方当事人生活或生产的紧迫需要,根据当事人的申请,裁定对方当事人预先给付申请一方当事人一定数额的金钱或其他财产,或者实施或停止某种行为,并立即付诸执行的法律制度。

先予执行民事裁定书的正文部分,主要应当写明当事人申请先予执行的时间、请求先予执行的具体内容、是否提供担保,以及法院作出先予执行裁定的理由、法律依据和结果。具体格式写作要求如下:

"……(写明当事人及案由)一案,申请人×××于××××年××月××日向本院申请先予执行,请求……(写明先予执行的内容)。申请人×××/担保人×××向本院提供……(写明担保财产的名称、数量或数额、所在地点等)作为担保(不提供担保的,不写)。

本院经审查认为,申请人×××的申请符合法律规定。依照《中华人民共和国民事诉讼法》第一百零六条、第一百零七条的规定,裁定如下:

……(写明先予执行的内容)

案件申请费……元,由……负担(写明当事人姓名或者名称、负担金额)。"

(9) 补正判决书笔误用。补正判决书笔误用民事裁定书正文部分,具体格式写作要求如下:

"本院于××××年××月××日对……(写明当事人及案由)一案作出(××××)……民×……号……(写明被补正的法律文书名称),存在笔误,应予补正。

依照《中华人民共和国民事诉讼法》第一百五十四条第一款第七项、《最高人民法院关于适用〈中华人民共和国民事诉讼法〉的解释》第二百四十五条规定,裁定如下:

(××××)……民×……号……(写明被补正的法律文书名称)中'……'(写明法律文书误写、误算,诉讼费用漏写、误算和其他笔误)补正为'……'(写明补正后的内容)。"

2. 第二审民事裁定书

(1) 二审发回重审用。二审发回重审民事裁定书正文部分,具体格式写作要求如下:

"上诉人×××因与被上诉人×××/上诉人×××及原审原告/被告/第三人×××……(写明案由)一案,不服××××人民法院(××××)……民初……号民事判决,向本院提起上诉。本院依法组成合议庭对本案进行了审理。

本院认为……(写明原判认定基本事实不清或者严重违反法定程序的问题)。依照《中华人民共和国民事诉讼法》第一百七十四条第一款第×项的规定,裁决如下:

一、撤销××××人民法院(××××)……民初……号民事判决;

二、本案发回××××人民法院重新审理。

上诉人×××预交的二审案件受理费……元予以退回。"

制作二审发回重审民事裁定书需要注意,第二审人民法院对上诉案件经过审理后,裁定撤销原判,发回重审适用于以下两种情形:一是原判决认定基本事实不清;二是原判决遗漏当事人或者违法缺席判决等严重违反法定程序的。

(2) 二审驳回起诉用。人民法院对二审案件进行审理时,发现该案件依法不应当由人民法院受理,应当驳回当事人的起诉时,制作二审驳回起诉民事裁定书。

二审驳回起诉民事裁定书正文部分,具体格式写作要求如下:

"上诉人×××因与被上诉人×××/上诉人×××及原审原告/被告/第三人×××……(写明案由)一案,不服××××人民法院……民初……号民事判决,向本院提起上诉。本院依法组成合议庭对本案进行了审理。本案现已审理终结。

×××上诉请求……(写明上诉请求)。事实和理由:(概述上诉人主张的事实和理由)。

×××辩称……(概述被上诉人的答辩意见)。

×××述称……(概述原审原告/被告/第三人陈述意见)。

×××向一审法院起诉请求……(写明原告/反诉原告/有独立请求权的第三人的诉讼请求)。

一审法院认定事实……(概述一审认定的事实)。一审法院认为……(概述一审裁判理由)。判决……(写明一审判决主文)。

本院审理查明……(写明与驳回起诉有关的事实)。

本院认为……(写明驳回起诉的理由)。依照《最高人民法院关于适用〈中华人民共和国民事诉讼法〉的解释》第三百三十条规定,裁定如下:

一、撤销××××人民法院(××××)……民初……号民事判决;

二、驳回×××(写明一审原告的姓名和名称)的起诉。

一审案件受理费……元,退还(一审原告)×××;上诉人×××预交的二审案件受理费……元予以退还。

本裁定为终审裁定。"

(三)尾部

民事裁定书尾部的写法,可以参照第一审民事判决书和第二审民事判决书。但是,需要注意以下几个问题:

1. 根据我国《民事诉讼法》的规定,涉及不予受理、驳回起诉、管辖权异议的裁定,当事人不服,可以依法提起上诉。因此,涉及不予受理、驳回起诉、管辖权异议的民事裁定书,在尾部应当交代上诉权,即写为:如不服本裁定,可以在裁定书送达之日起10日内,向本院递交上诉状,上诉于××××人民法院。

2. 涉及财产保全和先予执行的民事裁定,当事人不服,可以依法申请复议。因此,财产保全和先予执行的民事裁定书,在尾部应当交代申请复议权,即写为:如不服本裁定,可以自收到裁定书之日起5日内向本院申请复议一次。复议期间不停止裁定的执行。

3. 申请诉前财产保全的,在民事裁定书中,交代申请复议权之后,还应当写明:申请人在人民法院采取保全措施后30日内不依法提起诉讼或者申请仲裁的,本院将依法解除保全。

### 三、文书写作需要注意的问题

1. 与民事判决书的写作相比较,民事裁定书的案由、事实部分的阐述,相对要简略一些。涉及法院认定事实的理由和适用的法律依据,应当写得明确。

2. 涉及保全的民事裁定,如果没有担保人的,在民事裁定书中,不需要依照格式规范中的要求写明这部分内容。

3. 在民事诉讼中,民事裁定书的适用范围非常广泛。对此,《民事诉讼文书样式》中,对各种不同类型的民事裁定书的制作格式作出了详细具体的规定,本文限于篇幅的关系,不能一一介绍,文书制作者可以参照使用。

**思考题:**

1. 简述民事裁判文书的概念、种类和作用。
2. 第一审民事判决书的正文部分应当写明哪些内容?
3. 简述第二审民事判决书的概念和作用。
4. 第二审民事判决书的事实部分应当写明哪些内容?
5. 简述民事调解书与民事判决书的区别。
6. 民事调解书的正文部分应当写清哪些内容?
7. 简述民事裁定书的概念和作用。
8. 叙写民事裁定书的尾部应当注意哪些问题?
9. 根据下述案情材料,拟写一份第一审民事裁定书。

原告李莉与被告孙涛在公园锻炼相识,关系处得很好。2016年3月5日,孙涛找到李莉,称在城里做买卖资金周转不开,欲向李莉借款3万元,两个月后归还,并许以高额利息。2016年3月10日,李莉将3万元钱交给孙涛,孙涛给李莉出具借条一张,并将身份证复印件一份交给李莉。此后,李莉再未见到孙涛。为讨要借款,李莉于2017年1月6日,向××市××区人民法院提起诉讼,请求法院依法判令孙涛归还借款3万元,承担案件诉讼费用。人民法院接到李莉提交的民事起诉状进行审查,发现起诉状中列写的被告信息不足以认定明确的被告,李莉提供的孙涛身份证复印件是假的。法院要求李莉在7天内提供孙涛的真实姓名、住所等具体信息。7天过后,李莉无法提供。2017年1月19日法院制作不予受理民事裁定书,送达李莉,并告知李莉,如不服本裁定,可在裁定书送达之日起10日内,向本院递交上诉状,并按对方当事人的人数提出副本,上诉于××省××市中级人民法院。担任本案审理的书记员是魏平。裁定书的案号是:(2017)×民初字第56号。

当事人的基本情况:李莉:60岁,汉族,女,住××省××市××区××路××号。孙涛:男,汉族,65岁。

# 第六章 人民法院行政裁判文书

## 第一节 概 述

### 一、人民法院行政裁判文书的概念和作用

人民法院行政裁判文书,是指人民法院依照国家颁行的法律、行政法规和地方性法规,参照有关行政规章,审理当事人之间因具体行政行为引发的争议,在诉讼过程中为处理和解决有关实体问题、程序问题而制作的具有法律效力的法律文书的总称。

行政诉讼就其性质而言是解决行政争议的一种程序制度。我国《行政诉讼法》第2条第1款规定:"公民、法人或者其他组织认为行政机关和行政机关工作人员的行政行为侵犯其合法权益,有权依照本法向人民法院提起诉讼。"行政诉讼不同于民事、刑事诉讼的特点之一就在于争议双方中必有一方为行使行政职权的国家行政机关,如公安机关、税务机关、土地管理机关等,相对方当事人则是隶属于该行政机关管理权限范围内的公民、法人或者其他组织。行政诉讼当事人之间争议的焦点在于行政机关的具体行政行为是否合法或者显失公平。人民法院受案范围之内的行政案件几乎涉及所有行政管理领域,而且新类型案件层出不穷。

人民法院通过行政审判活动,依法保护公民、法人或者其他组织的人身权利、财产权利和其他权利,有助于落实人民群众诸多的宪法权利、增强社会公众的权利意识和法治观念,也有利于维护和监督行政机关依法行使行政职权。由此看来,认真制作人民法院行政法律文书的意义十分重大。

### 二、人民法院行政裁判文书的特点和种类

(一)人民法院行政裁判文书的特点

1. 裁判内容的审查性

行政案件的审理对象是当事人之间争议的具体行政行为的合法性或者行政处罚的适当性问题。行政诉讼活动主要围绕审查具体行政行为是否合法来展开,体现的是司法权对行政权的监督和制约。因此,行政裁判文书应当体现裁判内容的审查性,具体制作时应当以被诉具体行政行为的叙述为起点,阐明对被诉具体行政行为合法与否的审查过程,最后表明法院的审查结论。

2. 实体裁判的多样性

人民法院对行政案件作出何种处理,主要取决于对被诉行政行为违法状态的审查及结论。根据《行政诉讼法》的规定,第一审人民法院经过审理,认为具体行政行为证据确

凿,适用法律、法规正确,符合法定程序的,判决维持;主要证据不足的、适用法律、法规错误的、违反法定程序的、超越职权或者滥用职权的,判决撤销或者部分撤销,并可以判决被告重新作出具体行政行为;被告不履行或者拖延履行法定职责的,判决其在一定期限内履行;行政处罚显失公正的,可以判决变更。另外,人民法院还可以作出确认具体行政行为合法有效或者违法无效的判决,以及驳回当事人诉讼请求的判决。

3. 法律适用的层级性

行政诉讼中的法律适用主要解决人民法院对被诉具体行政行为的合法性进行审查判断的标准问题。由于我国行政法律法规制定主体多元,等级、效力不一,故而在行政裁判的法律适用方面显得丰富而复杂。根据《行政诉讼法》和司法解释的有关规定,人民法院审判行政案件的法律适用包括以下几类:(1)法律、法规是行政审判的依据。人民法院审理行政案件必须依据法律、法规等作为裁判的依据。(2)规章的参照适用。人民法院审理行政案件可以参照规章,对合法有效的规章可以适用为审查具体行政行为合法性的根据;对不符合或者不完全符合法律、法规规定或者立法宗旨的规章,人民法院有权灵活处理,可以不予适用。(3)人民法院审理行政案件对于合法有效的其他规范性文件可以在裁判文书中引用。(4)人民法院审理行政案件,适用最高人民法院相关司法解释的,应当在裁判文书中援引。

(二)人民法院行政裁判文书的种类

自1993年1月1日以来,人民法院行政裁判文书都按照《法院诉讼文书样式(试行)》来拟制的。为规范行政裁判文书的制作水平,2004年12月8日,最高人民法院制定了《一审行政判决书样式(试行)》,对行政作为、不作为一审行政判决书作了明确规定。近年来,随着司法改革不断深入,为了全面树立司法权威,有效提升司法公信力,提高行政法律文书的制作水平,最高人民法院以修改后的《行政诉讼法》实施为契机,于2015年4月30日,制定了统一的《行政诉讼文书样式(试行)》,新编、修订了132种行政诉讼文书样式。新样式共包括法院制作并发给当事人的判决(调解)类文书、裁定类文书、决定类文书、通知类文书等共96个,法院内部用报告、函件类文书14个和指导当事人诉讼行为用的文书22个。要求全国各级人民法院全面贯彻修改后的《行政诉讼法》,进一步规范和完善行政诉讼文书制作,不断提高行政审判工作水平。

最高人民法院制定的《行政诉讼文书样式(试行)》,将判决文书的样式由原来的两类扩展到了十三大类,主要有一审请求撤销、变更行政行为类;一审请求履行法定职责类;一审请求给付类;一审请求确认违法、无效类;一审复议机关作共同被告类;一审行政裁决类;一并审理的民事案件类;一审行政协议类及一审行政赔偿类等,对于其具体种类要根据不同的标准来划分。

(1)根据裁判方式的不同,分为行政判决书和行政裁定书。行政判决书是对行政案件的实体问题作出处理的文书,包括第一审行政判决书、第二审行政判决书、再审行政判决书、行政赔偿判决书;行政裁定书一般是对行政案件中程序问题作出处理的文书,包括驳回起诉裁定书、准许或不准许撤销裁定书、中止或者终结诉讼裁定书、发回重审裁定书、指定继续审理裁定书等。

(2) 根据行政诉讼审判程序不同,分为第一审行政裁判文书、第二审行政裁判文书、审判监督程序的行政裁判文书。第一审行政裁判文书主要有10种,即第一审行政判决书、行政附带民事诉讼判决书、不予受理起诉的行政裁定书、驳回起诉的行政裁定书、管辖权异议的行政裁定书、移送或指定管辖的行政裁定书、停止执行具体行政行为或驳回停止执行申请的行政裁定书、准许或不准许撤诉的行政裁定书、行政赔偿判决书、行政赔偿调解书。第二审行政裁判文书主要有8种,即第二审行政判决书、行政附带民事判决书、发回重审行政裁定书、驳回起诉的行政裁定书、准许或不准许撤回上诉的行政裁定书、对不服一审裁定提出上诉的案件作出的行政裁定书、行政赔偿判决书、行政赔偿调解书。审判监督程序的行政裁判文书主要有4种,即再审行政判决书、再审行政附带民事判决书、再审行政赔偿判决书、提起再审的行政裁定书。

(3) 根据裁判结果不同,分为驳回诉讼请求的判决书、撤销或部分撤销具体行政行为的判决书、限期履行法定职责的判决书、履行给付义务的判决书、变更行政处罚的判决书、确认被诉具体行政行为违法或无效的判决书、行政附带民事判决书。

## 第二节 第一审行政判决书

### 一、概念和作用

第一审行政判决书,是指第一审人民法院在受理行政诉讼案件后,依照我国《行政诉讼法》规定的第一审程序审理终结,依照法律和行政法规、地方性法规的规定,参照有关行政规章,就实体问题作出处理决定时制作的法律文书。

根据我国《行政诉讼法》第63条规定,人民法院审理行政案件,由审判员组成合议庭,或者由审判员、人民陪审员组成合议庭。合议庭审理行政案件,以法律、行政法规和地方性法规为依据。地方性法规适用于本行政区域内发生的行政案件。如果审理民族自治地方的行政案件,并以该民族自治地方的自治条例和单行条例为依据。此外,还可参照国务院各部、委根据法律和国务院的行政法规、决定、命令制定、发布的规章以及省、自治区、直辖市和省、自治区的人民政府所在地的市以及经国务院批准的较大的市的人民政府根据法律和国务院的行政法规制定、发布的规章。人民法院对行政争议审理终结后,应根据不同情况分别作出判决。

行政案件的审理对象很明确,即被诉的具体行政行为。法官应当围绕被诉具体行政行为进行合法性审查,根据"被告负举证责任"的原则,主要审查被告所举的证据是否客观、真实和充分,与被诉具体行政行为是否存在关联;审查具体行政行为所适用的法律是否正确,判断具体行政行为的程序是否合法,行政机关是否滥用职权等。行政判决书既要向诉讼当事人和社会公众公开法官对案件的实体裁判,也要充分展示诉讼程序的公平和正义。这样的行政判决书才符合行政案件的特点和行政裁判文书的制作要求。

人民法院通过审理行政案件,不仅可以对国家行政机关的具体行政行为是否合法作出公正的判决,以确定当事人之间的行政权利义务关系,纠正行政违法行为,调整、稳定行政法律关系,而且还可依法保护公民、法人和其他组织的合法权益,维护和监督行政机关依法行使职权。

**二、具体写作要求**

第一审行政判决书由首部、正文和尾部三部分组成。

（一）首部

首部应依次写明标题、案号、当事人及其诉讼代理人的基本情况,以及案件由来、审判组织和开庭审理过程等。

1. 标题、案号。标题中的法院名称,一般应与院印的文字一致,但基层法院应冠以省、市、自治区的名称。案号是不同案件的序列编号,应贯彻一案一号的原则。案号由立案年度、制作法院、案件性质、审判程序的代字和案件顺序号组成。例如,武汉市洪山区人民法院2016年第6号一审行政案件,表述为"（2016）洪行初字第6号"。

2. 诉讼参加人的基本情况。提起行政诉讼的原告包括公民、法人或者其他组织。原告是公民的,写明姓名、性别、出生年月日、居民身份证号码、民族和住址,居民的住址应写住所地,住所地和经常居住地不一致的,写经常居住地。原告是法人的,写明法人的名称和所在地址,并另起一行列项写明法定代表人及其姓名和职务等。原告是不具备法人资格的其他组织的,写明其名称或字号和所在地址,并另起一行写明负责人及其姓名和职务。原告是个体工商户的,写明业主的姓名、出生年月日、居民身份证号码、民族、住址；起有字号的,在其姓名之后用括号注明"系……（字号）业主"。原告是无诉讼行为能力的公民,除写明原告本人的基本情况外,还应列项写明其法定代理人或指定代理人的姓名、住址,并在姓名后括注其与原告的关系。

群体诉讼案件,推选或指定诉讼代表人的,在原告身份事项之后写明"原告暨诉讼代表人……",并写明诉讼代表人的基本情况,格式与原告基本情况相同。如涉及原告人数众多的,可在首部仅列明诉讼代表人基本情况,原告名单及其基本身份情况可列入判决书附录部分。

行政判决书中的被告,应写明被诉的行政主体名称、所在地址；另起一行列项写明法定代表人或诉讼代表人姓名和职务；副职负责人出庭的在此不需要列写,在交待到庭参加庭审活动的当事人及其他诉讼参加人情况时载明。法定代表人项下,另起一行列写委托代理人的基本事项。

有第三人参加诉讼的,第三人列在被告之后,第三人基本情况的写法同上。

委托代理人系律师或基层法律服务工作者的,只写明其姓名、工作单位和职务。当事人的代理人系当事人的近亲属的,应在代理人的姓名后括注其与当事人的关系。代理人系当事人所在社区、单位以及有关社会团体推荐的公民的,应写明代理人的姓名、性别、出生年月日、居民身份证号码、民族、工作单位和住址。

3. 案件由来、审判组织和开庭审理过程。应写为：

"原告×××不服×××（行政主体名称）×××（具体行政为），于××××年××月××日向本院提起行政诉讼。本院于××××年××月××日向被告送达了起诉状副本及应诉通知书。本院依法组成合议庭，于××××年××月××日公开（或者不公开）开庭审理了本案。……（写明到庭参加庭审活动的当事人、诉讼代理人、证人、鉴定人、勘验人和翻译人员等）到庭参加诉讼。……（写明发生的其他重要程序活动，如：被批准延长本案审理期限等情况）。本案现已审理终结。"

被告××××（行政主体名称）（写明作出具体行政行为的行政程序）于××××年××月××日对原告作出××号××××决定（或其他名称）……（详细写明被诉具体行政行为认定的事实、适用的法律规范和处理的内容）。被告于××××年××月××日向本院提供了作出被诉具体行政行为的证据、依据（若有经法院批准延期提供证据的情况，应当予以说明）：1.……（证据的名称及内容等），证明……（写明证据的证明目的。可以按被告举证顺序，归类概括证明目的）。2.……（可以根据案情，从法定职权、执法程序、认定事实、适用法律方面，分类列举有关证据和依据；或者综合列举证据，略写无争议部分）。

书写案件来源、审判组织和开庭审理过程时，还应写明被告与第三人应诉、当事人进行证据交换等情况，以表明法院的审判活动是公开和透明的。如有第三人参加诉讼，可选择使用："因×××与本案被诉行政行为或与案件处理有利害关系，本院依法通知其为第三人参加诉讼（公民、法人或者其他组织申请作为第三人参加诉讼的写：因×××与本案被诉行政行为有利害关系，经×××申请，本院依法准许其为第三人参加诉讼）。"如当事人经合法传唤无正当理由未到庭的，应当写明："×告×××经本院合法传唤，无正当理由拒不到庭"。进行证据交换或召开庭前会议的应写明："本院于××××年××月××日组织原、被告及第三人进行了证据交换（或召开庭前会议），并送达了证据清单副本。"如有被批准延长审理期限情况，应写明批准延长审理期限批复的文号。不公开开庭审理的，应写明不予公开的理由。有关程序活动可根据时间节点的先后顺序写明。

（二）正文

正文是文书的核心内容，包括事实、理由和判决结果三部分内容。

1. 事实。广义的案件事实部分由以下几部分组成：行政行为的叙述部分，当事人诉辩意见部分，当事人举证、质证和法庭认证部分，法庭"经审理查明"部分。这些不同的部分既可以互相独立，自成段落；也可以根据案情和证据、事实和当事人争议的具体内容，互相融合，而无需使用固定的相互独立样式。特别是要灵活区分当事人有争议的事实和无争议的事实；事实问题是当事人争议焦点的，也可采取灵活方式处理，留待"本院认为"部分再予认定。

（1）行政行为的叙述部分。行政行为叙述部分的叙写应当注意详略得当。一般应当写明行政行为认定的主要事实、定性依据以及处理结果等核心内容，通过简洁的表述说明案件的诉讼标的；行政行为内容较为简单的，也可以全文引用；行政行为理由表述有歧义，被告在答辩中已经予以明确的，也可以被告明确后的理由为准。

(2) 当事人诉辩意见部分。当事人诉辩意见与当事人提供证据的撰写应当注意逻辑关系,因案而定。证据部分的撰写主要应当注意以下几个问题:

第一,一般情况下,写明当事人的诉辩意见后,即可写明其提供的相关证据。如果当事人提供的证据有较强的关联性,合并叙述更有利于综合反映案件证据情况的,也可酌情将当事人的证据合并叙述。总之,对证据的列举可以结合案情,既可以分别逐一列举证据,写明证据的名称、内容以及证明目的;也可以综合分类列举证据,并归纳证明目的。当事人提供的证据浩繁的,也可以概括说明。

第二,对于当事人超过法定举证期限提供的证据,人民法院予以采纳的,应当在判决书中列明,并说明理由。对法院根据原告、第三人的申请调取的证据,可以作为原告、第三人提交的证据予以载明;对法院依职权调取的证据,则应当单独予以说明。当事人在法定期限内未提交证据的,应当予以说明。对于当事人在诉讼中申请调取证据,法院决定不予调取的,应当在判决书中予以记载;申请调取的证据较多,难以一一列举的,也可以概括说明。对于根据原告(或者第三人、被告)的申请,委托鉴定部门进行鉴定的,需写明鉴定部门、鉴定事项和鉴定结论以及当事人的意见。

第三,当事人的诉辩意见部分,既要尊重当事人原意,也要注意归纳总结;既避免照抄起诉状、答辩状或者第三人的陈述,又不宜删减当事人的理由要点。对于原告、被告以及第三人诉讼请求的记载,应当准确、完整。

(3)"经庭审质证"和"认证"部分。应当注意因案而异、繁简得当。既可以一证一质一认,也可以按不同分类综合举证、质证和认证。对于当事人无争议的证据或者与案件明显无关联的证据,可以通过归纳概括等方式,简要写明当事人的质证意见;对于证据浩繁的案件,可以归纳概括当事人的主要质证意见。法院对证据的认证意见应当明确,对于当事人有争议的证据,特别是对行政行为的合法性有影响的证据,应当写明采纳或者不予采纳的理由。案件的争议主要集中在事实问题的,也可将对证据的具体质证、认证意见与案件的争议焦点结合起来,置于"本院认为"部分论述。

(4)"经审理查明"部分。叙写这部分内容,需要注意以下几个问题:

第一,生效裁判文书确认的事实一般具有法定的证明力,因此事实部分应当准确、清晰。认定的事实应当是法官基于全案的证据能够形成内心确信的事实;通过推定确认事实必须要有依据,符合证据法则。

第二,事实的叙述可以根据具体案情采用时间顺序,也可以灵活采用其他叙述方式,以能够逻辑清晰地反映案件情况为原则。

第三,避免事无巨细的罗列,或者简单地记流水账,应当结合案件的争议焦点等,做到繁简适当,与案件裁判结果无关的事实,可以不认定。

第四,可以根据具体案情以及争议焦点,采取灵活多样的方式记载案件事实。比如,必要时可以摘抄证据内容;对于内容繁杂的,也可以在事实部分采用指引证据目录或证据名称等方式予以说明。

第五,要通过组织当事人庭前交换证据或召开庭前会议等方式,及时确定当事人无争议的案件事实,发现当事人有争议的事实和法律适用等。根据《中华人民共和国民事诉讼法》相关规定和法释〔2015〕5号《最高人民法院关于适用〈中华人民共和国民事诉讼法〉的解释》第225条等规定,根据案件具体情况,庭前会议可以包括下列内容:明确原告的诉讼请求和被告的答辩意见;审查处理当事人增加、变更诉讼请求的申请和提出的反诉,以及第三人提出的与本案有关的诉讼请求;根据当事人的申请决定调查收集证据,委托鉴定,要求当事人提供证据,进行勘验,进行证据保全;组织交换证据;归纳争议焦点;进行调解。因此,如果庭审前经过证据交换或者庭前会议,或者在庭审辩论时当事人对合议庭归纳的无争议事实均认可,那么事实部分可以分为两个层次:一是写"对以下事实,各方当事人均无异议,本院依法予以确认";二是"本院另认定以下事实",主要写当事人可能有异议、本院依法认定的案件事实。

另外,表述案件事实,应注意保守国家秘密,保护当事人的商业秘密和个人隐私。

2. 理由。针对行政诉讼的特点,理由部分要根据查明的事实和有关法律、法规和法学理论,就行政主体所作的行政行为是否合法、原告的诉讼请求是否成立等进行分析论证,阐明判决的理由。对于争议焦点,应当详细论述;对于无争议的部分,可以简写。阐述理由时,应当注意加强对法律规定以及相关法理的阐释,除非法律规定十分明确,一般应当避免援引规定就直接给出结论的简单论述方式。

原告请求对行政行为所依据的规范性文件一并进行合法性审查的,在对规范性文件进行审查后,应依照《行政诉讼法》及司法解释的规定,对规范性文件的合法性以及能否作为认定被诉行政行为合法性的依据予以阐明。论述被诉具体行政行为的合法性,包括:(1)被告是否具有法定职权;(2)被诉具体行政行为是否符合法定程序;(3)被诉具体行政行为认定事实是否清楚,主要证据是否充分;(4)适用法律、法规、司法解释、规章以及其他规范性文件是否正确;(5)被告是否超越职权、滥用职权,行政处罚是否显失公正。

围绕法律规范展开法律分析,对法律条文的援引要做到准确、具体。根据我国《行政诉讼法》和《最高人民法院关于执行〈中华人民共和国行政诉讼法〉若干问题的解释》的规定,审理行政案件应以法律、行政法规、地方性法规、自治条例和单行条例为依据,参照国务院各部、委以及省、自治区、直辖市人民政府和较大的市人民政府制定、发布的行政规章。

根据案件的不同需要,"本院认为"部分在援引法律依据时,既可以写明整个条文的内容,也可以摘抄与案件相关的内容;条文内容较多的,也可以只援引法律条款,将具体内容附在判决书的附录部分,兼顾表述的准确性和文书的可读性。对于在理由部分已经论述过的实体法律规范,在"判决如下"前可以不再重复援引。直接作为判决结果依据的法律规范,一般应当按照先行政诉讼法后司法解释的次序排列,并写明具体规定的条、款、项、目。

3. 判决结果。判决结果是人民法院对当事人之间的行政争议作出的实体处理结论。根据《行政诉讼法》第69条至第79条和司法解释的相关规定,行政诉讼一审判决可分为驳回诉讼请求判决、撤销或者部分撤销判决、履行判决、给付判决、确认违法判决、确认无效判决、责令被告采取补救措施与赔偿判决、变更判决和行政协议履行及补偿判决等九种情形。

(1) 判决驳回原告诉讼请求。《行政诉讼法》第69条规定:"行政行为证据确凿,适用法律、法规正确,符合法定程序的,或者原告申请被告履行法定职责或者给付义务理由不成立的,人民法院判决驳回原告的诉讼请求。"此为驳回原告诉讼请求的判决,即法院通过审理,认定行政行为合法有效,原告诉讼请求不能成立但又不适宜对被诉行政行为作出其他类型判决的情况下,直接作出否定原告诉讼请求的一种判决类型。

(2) 判决撤销或部分撤销。《行政诉讼法》第70条规定:"行政行为有下列情形之一的,人民法院判决撤销或者部分撤销,并可以判决被告重新作出行政行为:(一) 主要证据不足的;(二) 适用法律、法规错误的;(三) 违反法定程序的;(四) 超越职权的;(五) 滥用职权的;(六) 明显不当的。"撤销判决,是在法院经过对案件的审查,认定被诉行政行为部分或者全部违法,从而部分或者全部撤销被诉行政行为,并可以责令被告重新作出行政行为的判决。撤销判决是法院对被诉行政行为效力的全部或部分的否定,是司法机关纠正违法行政行为的有效手段,但需要注意的是,撤销判决只能对行政机关作为的行政行为作出,不能针对行政机关的不作为作出。

判决被告重新作出具体行政行为,是判决撤销行政机关具体行政行为的一种补充。我国《行政诉讼法》第71条规定:"人民法院判决被告重新作出行政行为的,被告不得以同一的事实和理由作出与原行政行为基本相同的行政行为。"具体行政行为虽因违法被撤销,但是问题并未得到解决,还需行政机关对相对人作出处理决定。在这种情况下,可以判决被告重新作出具体行政行为。这样做既可以使行政机关纠正原违法的具体行政行为,又可以重新作出合法的具体行政行为,以维护正常的行政管理秩序。但被告不得以同一事实和理由作出与原具体行政行为基本相同的具体行政行为。

(3) 判决被告限期履行法定职责。《行政诉讼法》第72条规定:"人民法院经过审理,查明被告不履行法定职责的,判决被告在一定期限内履行。"《最高人民法院关于执行〈中华人民共和国行政诉讼法〉若干问题的解释》第22条规定:"原告请求被告履行法定职责的理由成立,被告违法拒绝履行或者无正当理由逾期不予答复的,人民法院可以根据行政诉讼法第72条的规定,判决被告在一定期限内依法履行原告请求的法定职责;尚需被告调查或者裁量的,应当判决被告针对原告的请求重新作出处理。"

(4) 判决被告履行给付义务。《行政诉讼法》第73条规定:"人民法院经审理,查明被告依法负有给付义务的,判决被告履行给付义务。"给付判决,是指具有公法上请求权的当事人对行政机关不履行给付义务的行为不服提起行政诉讼,法院经审理判令行政机关依法承担给付义务的判决。给付诉讼最重要的起诉条件是行政相对人拥有合法的给付请求权。

(5) 判决确认行政行为违法。法院经审理后认为被诉行政行为违法但不适合作出撤销判决或者履行判决,转而确认被诉行政行为违法的判决类型。根据《行政诉讼法》第74条:"行政行为有下列情形之一的,人民法院判决确认违法,但不撤销行政行为:(一) 行政行为依法应当撤销,但撤销会给国家利益、社会公共利益造成重大损害的;(二)行政行为程序轻微违法,但对原告权利不产生实际影响的。行政行为有下列情形之一,不需要撤销或者判决履行的,人民法院判决确认违法:(一)行政行为违法,但不具有可撤销内容的;(二)被告改变原违法行政行为,原告仍要求确认原行政行为违法的;(三)被告不履行或者拖延履行法定职责,判决履行没有意义的。"

(6)判决确认行政行为无效。《行政诉讼法》第75条规定:"行政行为有实施主体不具有行政主体资格或者没有依据等重大且明显违法情形,原告申请确认行政行为无效的,人民法院判决确认无效。"确认无效判决的条件是行政行为存在重大且明显的违法情形。所谓重大且明显违法,是指行政行为存在一般正常的有理智的人都足以判断的违法性。行政行为无效的后果是其自始不发生任何法律效力,也永远不发生法律效力。

(7)判决责令被告采取补救措施与赔偿。《行政诉讼法》第76条规定:"人民法院判决确认违法或者无效的,可以同时判决责令被告采取补救措施;给原告造成损失的,依法判决被告承担赔偿责任。"可见,补救措施和赔偿判决是依附于确认判决作出的,确认判决是主判决,在法院作出确认判决的前提下,根据案件的实际情形,法院再依法判决责令被告积极采取相应的补救措施,并对当事人遭受的损害承担赔偿责任。

(8)判决变更。《行政诉讼法》第77条规定:"行政处罚明显不当,或者其他行政行为涉及对款额的确定、认定确有错误的,人民法院可以判决变更。人民法院判决变更,不得加重原告的义务或者减损原告的权益。但利害关系人同为原告,且诉讼请求相反的除外。"

(9)判决履行行政协议及补偿。《行政诉讼法》第78条规定:"被告不依法履行、未按照约定履行或者违法变更、解除本法第12条第1款第11项规定的协议的,人民法院判决被告承担继续履行、采取补救措施或者赔偿损失等责任。被告变更、解除本法第12条第1款第11项规定的协议合法,但未依法给予补偿的,人民法院判决给予补偿。"

根据上述判决结果的类型,文书的写法分别如下:

第一,驳回原告诉讼请求的,写为:

"驳回原告×××的诉讼请求。"

第二,撤销被诉行政行为的,写为:

"一、撤销被告×××(行政主体名称)作出的(×××××)……字第×××号……(行政行为名称);

二、责令被告×××(行政主体名称)在××日内重新作出行政行为(不需要重作的,此项不写;不宜限定期限的,期限不写)。"

第三,部分撤销被诉行政行为的,写为:

"一、撤销被告×××(行政主体名称)作出的(×××××)……字第××号……(行政行为名称)的第××项,即……(写明撤销的具体内容);

二、责令被告×××(行政主体名称)在××日内重新作出行政行为(不需要重作的,此项不写;不宜限定期限的,期限不写);

三、驳回原告×××的其他诉讼请求。"

第四,判决被告履行给付义务的,分为两种情况,第一种情况,直接判决被告履行给付义务的,写为:

"责令被告×××(行政主体名称)……(写明被告应当在一定期限内履行给付义务的具体内容、方式及期限;因特殊情况难于确定的,可判决被告在一定期限内针对原告的请求作出处理;原告申请依法履行返还财产、排除妨碍、停止侵害、恢复原状等给付义务且无需被告再行作出处理的,可直接写明上述内容)。"

第二种情况,判决撤销拒绝给付决定的同时,判决被告履行给付义务的,写为:

"一、撤销被告×××(行政主体名称)于××××年××月××日对原告作出×号拒绝决定(或其他名称);

二、责令被告×××(行政主体名称)……(写明被告应当在一定期限内履行给付义务的具体内容、方式及期限;因特殊情况难于确定的,可判决被告在一定期限内针对原告的请求作出处理;原告申请依法履行返还财产、排除妨碍、停止侵害、恢复原状等给付义务且无需被告再行作出处理的,可直接写明上述内容)。"

第五,确认行政行为违法及责令采取补救措施的判决的写法。确认行政行为违法的判决,要注意区分《行政诉讼法》第74条第1款和第2款规定的不同情形,分别适用相应的款项。

第一种情况,判决确认被告作出的行政行为违法(或无效)的,写为:

"一、确认被告×××作出的(××××)××字第××号……(行政行为名称)违法(或无效);

二、责令被告×××采取……(写明被告应当采取的具体补救措施,没有可采取的补救措施的,此项不写)。"

第二种情况,判决确认被告不履行法定职责行政行为违法的,写为:

"一、确认被告×××……(不履行法定职责的行为)违法;

二、责令被告×××采取……(写明具体的补救措施。没有或不需要采取补救措施的,此项不写)。"

第六,根据《行政诉讼法》第77条的规定,判决变更行政行为的,写为:

"变更被告×××(行政主体名称)作出的(××××)……字第××号……(写明行政行为内容或者具体项),改为……(写明变更内容)。"

第七,判决履行行政协议并采取补救措施的,可以分为以下几种情形:

第一种情况,协议有效,原告主张被告不依法履行、未按照约定履行协议或者变更、解除协议违法,理由成立的,可以采用以下判决方式,写为:

"一、被告继续履行协议;(可写明具体内容)

二、被告×××(行政主体名称)于本判决生效之日起××日内赔偿原告……(写明赔偿的金额)。"(原告未请求赔偿的,该项不写)

第二种情况,对于被告无法继续履行或者继续履行已无实际意义的,写为:

"一、被告×××采取相应的补救措施……(写明具体补救措施);

二、被告×××(行政主体名称)于本判决生效之日起××日内赔偿原告……(写明赔偿的金额)。"(原告未请求赔偿的,该项不写)

第三种情况,原告请求解除协议或者确认协议无效,并要求赔偿理由成立的,写为:

"一、确认(协议名称)无效或者自××××年××月××日解除(协议名称);

二、被告于本判决生效之日起××日内赔偿原告……(写明赔偿的金额)。"(原告未提出赔偿请求的,第二项不写。)

第四种情况,被告因公共利益需要或者其他法定理由变更、解除协议,给原告造成损失的,写为:

"被告×××(行政主体名称)于本判决生效之日起××日内补偿原告……(写明赔偿的金额)。"

其他情形,参照民事判决书的样式制作。

(三)尾部

尾部应依次写明诉讼费用的负担,交代上诉的权利、方法、期限和上诉审法院,合议庭组成人员署名,写明判决日期、书记员署名等内容。

1. 诉讼费用的负担。要分别写明费用名称,原告或被告应负担的数额。

2. 交代上诉事项。向当事人交代上诉事项时,应表述为:如不服本判决,可在判决书送达之日起15日内,向本院递交上诉状,并按对方当事人的人数提出副本,上诉于××××人民法院。

3. 合议庭组成人员署名。审理行政案件,一律实行合议制,不存在独任审判员署名问题。人民法院审理行政案件,由审判员组成合议庭,或者由审判员、陪审员组成合议庭。判决书应当由审理该案的合议庭组成人员署名。审判长、审判员、代理审判员、人民陪审员依次署名,院长、庭长参加合议庭审判案件,由院长、庭长担任审判长。助理审判员署为代理审判员。

4. 写明日期并加盖院印。

5. 书记员署名。判决书的正本,应由书记员署名,并在判决日期的左下方、书记员署名的左上方加盖"本件与原本核对无异"字样的印戳。

此外,第一审行政判决书还需要写明附录部分的内容,即根据案件的不同需要,可将判决书中的有关内容载入附录部分。例如,将判决书中所提到的法律规范条文附上,以供当事人全面了解有关法律规定的内容。一般应当按照先实体法律规范,后程序法律规范;先上位法律规范,后下位法律规范;先法律后司法解释等次序排列,并按1、2、3、4序号列明。另外,群体诉讼案件中原告名单及其身份情况、知识产权案件中的图案等均可以列入此部分。

### 三、文书写作需要注意的问题

1. 制作该文书应体现行政诉讼的特点。人民法院审理行政案件应当依据《行政诉讼法》的规定和要求,着重对被诉具体行政行为所认定的事实是否清楚、证据是否确实充分、作出处理的程序和结果是否合法进行评判从而根据有关的法律、法规作出判决。

2. 行政判决书的首部当事人的情况应当交待清楚。原告是自然人的,身份情况应一一交待清楚,原告是法人或者其他组织的,注意写明其全称和住所,以及法定代表人的情况。

行政诉讼中的被告只能是行政机关,应当写明行政机关的名称和住所等内容。有第三人的,写法同原被告的写法。

3. 第一审行政判决书中应全面反映当事人的诉辩情况,必须对当事人的诉辩主张加以提炼,抓住关键内容。既要避免简单地归纳起诉状或者答辩状的内容,以偏概全;又要避免篇幅过长,内容重复。

4. 理由论证应当充分有力。要充分认识判决书说理的重要性。不同案件,说理的侧重点各有不同,但其总的要求是一样的,都应该做到用词贴切,语言精练,层次分明,逻辑严谨;论述事理清楚明白,详尽具体,且说服力强。评判观点和问题,必须有理有据、论述充分。对法律、法规、规章和其他规范性文件及司法解释的引用不仅具体到条、款、项、目,而且还应将条文内容的全部或部分引述出来,并加以分析说明。

## 第三节　第二审行政判决书

### 一、概念和作用

第二审行政判决书,是指第二审人民法院依照我国《行政诉讼法》规定的第二审程序,对不服第一审判决提起上诉的行政案件审理终结后,就实体问题依法作出维持原判或者改判的处理决定时制作的法律文书。

我国《行政诉讼法》第 85 条规定:"当事人不服人民法院第一审判决的,有权在判决书送达之日起 15 日内向上一级人民法院提起上诉。当事人不服人民法院第一审裁定的,有权在裁定书送达之日起 10 日内向上一级人民法院提起上诉。逾期不提起上诉的,人民法院的第一审判决或者裁定发生法律效力。"该法第 89 条第 1 款规定:"人民法院审理上诉案件,按照下列情形,分别处理:(一)原判决、裁定认定事实清楚,适用法律、法规正确的,判决或者裁定驳回上诉,维持原判决、裁定;(二)原判决、裁定认定事实错误或者适用法律、法规错误的,依法改判、撤销或者变更;(三)原判决认定基本事实不清、证据不足的,发回原审人民法院重审,或者查清事实后改判;(四)原判决遗漏当事人或者违法缺席判决等严重违反法定程序的,裁定撤销原判决,发回原审人民法院重审。"这是制作第二审行政判决书的法律依据。

第二审人民法院对上诉案件的审理,必须全面审查第一审人民法院认定的事实是否清楚,适用法律、法规是否正确,有无违反法定程序,不受上诉范围的限制。第二审人民法院依照第二审程序审理行政案件所作的判决,是终审的判决。通过第二审人民法院的审判活动,不仅可以纠正第一审行政判决中可能发生的错误,使当事人的合法权益得到保护,而且有利于上级人民法院监督下级人民法院的行政审判工作。

**二、具体写作要求**

第二审行政判决书由首部、正文和尾部三部分组成。

（一）首部

首部应依次写明标题、案号、当事人及其诉讼代理人的基本情况,以及案件来源、审判组织和开庭审理过程等。

1. 标题、案号。标题分两行写明第二审人民法院的名称和文书名称。案号,除审判程序代字外,其他同第一审行政判决书,即"（20××）×行终字第×号"。如湖北省高级人民法院 2016 年受理的第 15 号二审行政案件,写为:"（2016）鄂行终字第 15 号"。

2. 诉讼参加人的基本情况。第二审行政案件中当事人的称谓分别为"上诉人""被上诉人",要用括号注明其在原审中的诉讼地位。原告、被告和第三人都提出上诉的,可并列为"上诉人"。当事人中一人或者部分人提出上诉,上诉后是可分之诉的,未上诉的当事人在法律文书中可以不列;上诉后仍是不可分之诉的,未上诉的当事人可以列为被上诉人。上诉案件当事人中的代表人、诉讼代理人等,分别在该当事人项下另起一行列项书写。其具体制作要求与第一审行政判决书相同。

3. 案件来源、审判组织和审判方式。根据《行政诉讼法》第 86 条规定,人民法院对上诉案件,应当组成合议庭,开庭审理。经过阅卷、调查和询问当事人,对没有提出新的事实、证据或者理由,合议庭认为不需要开庭审理的,也可以不开庭审理。因此,第二审程序的审理方式有开庭审理和书面审理两种。具体写为:

上诉人×××因……（写明案由）一案,不服××××人民法院（×××××)×行初字第××号行政判决,向本院提起上诉。本院依法组成合议庭,公开（或不公开）开庭审理了本案。……（写明到庭的当事人、诉讼代理人等）到庭参加诉讼。本案现已审理终结（未开庭的,写"本院依法组成合议庭,对本案进行了审理,现已审理终结"）。

（二）正文

正文是文书的核心内容,包括事实、理由和判决结果三部分内容。

1. 事实。第二审行政判决书的事实,由原审法院认定的事实和判决结果、当事人上诉争议的内容和二审法院确认的事实和证据组成。

（1）原审法院认定的事实及判决结果。写明原审法院认定的行政争议事实,根据案件的具体情况可概括叙述。但事实的基本要素及关键性情节仍需表述清楚。而后另起一段说明原审裁判的理由和判决结果,要引述原裁判论证说理的内容及所依据的法律规定。最后,完整列出原审的判决结果。

(2) 当事人上诉争议的内容。主要写明上诉人提出的上诉请求和理由,包括其提出的新证据;接着写被上诉人的答辩意见及对原判决的态度。有第三人的,表明第三人的意见。书写上诉争议的内容时,要概括简练,抓住争议焦点,防止照抄原审判决书、上诉状和答辩状,但又要不失原意。

(3) 二审法院确认的事实和证据。二审法院需对一审的定案证据正确与否作出评判并说明原由。二审中新提出的证据,应依据最高人民法院的司法解释,判断其是否超过举证时限,能否被采纳。然后依所认定的证据叙述二审确认的案件事实。叙述事实要有针对性,尤其对一审认定错误的情节应当详述二审的意见。二审审查认定的事实和证据,要根据不同类型的案件书写。如果原审判决事实清楚,上诉人亦无异议,简要地确认原判认定的事实即可;如果原审判决认定事实清楚,但上诉人提出异议的,应对有异议的问题进行重点分析,予以确认;如果原审判决认定事实不清,证据不足,经二审查清事实后改判的,应具体叙述二审查明的事实和有关证据。

一般情况下,二审认定事实与一审一致的,可写"本院经审理查明的事实与一审判决认定的事实一致,本院予以确认"。与一审认定的主要事实基本一致,但在个别事实作出新的认定的,可写"本院经审理查明的事实与一审判决认定的事实基本一致。但一审认定的……事实不当,应认定为……"。本院认定的事实是一审未认定的,可写"本院另查明……"。

2. 理由。第二审行政判决书的理由部分,由以下两方面的内容构成:

(1) 维持或者改判的理由。应针对上诉请求和理由,就原审判决认定的事实是否清楚,适用法律、法规是否正确,有无违反法定程序,上诉理由是否成立,上诉请求是否予以支持,以及被上诉人的答辩是否有理等,进行分析、论证,阐明维持原判或者撤销原判予以改判的理由。

(2) 二审判决所依据的法律条款。应分别引用《行政诉讼法》第 89 条第 1 款第(一)、(二)、(三)、(四)项的规定。其中,全部改判或者部分改判的,除先引用《行政诉讼法》的有关条款外,还应同时引用改判所依据的实体法的有关条款。

3. 判决结果。"判决结果"部分可分为以下四种情形:

第一,维持原审判决的,写为:

"驳回上诉,维持原判。"

第二,对原审判决部分维持、部分撤销的,写为:

"一、维持××××人民法院(××××)×行初字第××号行政判决第×项,即……(写明维持的具体内容);

二、撤销××××人民法院(××××)×行初字第××号行政判决第×项,即……(写明撤销的具体内容);

三、……(写明对撤销部分作出的改判内容。如无需作出改判的此项不写)。"

第三,撤销原审判决,驳回原审原告的诉讼请求的,写为:

"一、撤销××××人民法院(××××)×行初字第××号行政判决;

二、驳回×××(当事人姓名)的诉讼请求。"

第四,撤销原审判决,同时撤销或变更行政机关的行政行为的,写为:

"一、撤销××××人民法院(××××)×行初字第××号行政判决;

二、撤销(或变更)××××(行政主体名称)××××年××月××日(××××)×××字第××号……(写明具体行政行为或者复议决定名称或其他行政行为);

三、……(写明二审法院改判结果的内容。如无需作出改判的,此项不写)。"

(三) 尾部

尾部应依次写明诉讼费用的负担,二审判决的效力,合议庭组成人员署名,写明日期、书记员署名等内容。

1. 诉讼费用的承担。关于二审诉讼费用的负担,要区别情况作出决定。对驳回上诉,维持原判的案件,二审诉讼费用由上诉人承担;双方当事人都提出上诉的,由双方分担。对撤销原判,依法改判的案件,应同时对一、二两审的各项诉讼费用由谁负担,或者共同分担的问题作出决定,相应地变更一审法院对诉讼费用负担的决定。

2. 二审判决的效力。文末应当写明二审判决的效力,即"本判决为终审判决"。

3. 其他内容与一审行政判决书的写法相同。

### 三、文书写作需要注意的问题

1. 第二审行政判决应体现二审的全面性,强调上诉审的特点,且应合理表现二审确认的事实,结合事理和法理分析,回应当事人上诉争议的主要问题,从而得出合乎逻辑的结论。

2. 判决书应当注意写明原审法院认定的争议事实,根据案件情况予以概括。基本事实要素及关键情节仍应叙述清楚,同时写明原审裁判的理由和判决结果。写明当事人上诉争议的内容。应当陈述上诉人提出上诉的请求和理由,被上诉人的答辩意见及对原判的态度。如有第三人的,要写明第三人的意见。写明二审法院认定的事实和证据。要对一审认定事实的证据正确与否作出评判并说明理由。对二审提出的新证据要依据证据规则进行分析,决定是否采纳。然后依据证据叙述二审认定的案件事实。二审认定事实特别强调针对性,尤其对一审认定错误的情节应当详述二审的意见。如果原审判决认定的事实和证据是清楚的,上诉人仍提出异议的,应针对有异议的部分予以重点叙述;如果原审判决认定的事实不清、证据不足,经二审法院查清事实后改判的,则应具体叙述查明的事实和证据。

3. 判决书应针对当事人提出的请求和理由,就原判认定的事实是否清楚,适用法律、法规是否正确,是否违反法定程序,上诉请求应否予以支持以及被上诉人的答辩是否有理等进行分析论证,要具体阐明维持原判或者予以改判的理由。在引用法律条款时,应先引用《行政诉讼法》的有关规定,然后引用相关实体法条款。

4. 判决结果应当准确、具体、规范。第二审行政判决书的判决结果有四种情况,应当按照不同情况准确表述。

## 第四节　再审行政判决书

### 一、概念和作用

再审行政判决书，是指人民法院依照我国《行政诉讼法》规定的审判监督程序，对已经发生法律效力的判决、裁定，发现违反法律、法规规定，进行重新审理后，就案件的实体问题作出处理决定时制作的法律文书。

我国《行政诉讼法》第90条规定："当事人对已经发生法律效力的判决、裁定，认为确有错误的，可以向上一级人民法院申请再审，但判决、裁定不停止执行。"第91条规定："当事人的申请符合下列情形之一的，人民法院应当再审：（一）不予立案或者驳回起诉确有错误的；（二）有新的证据，足以推翻原判决、裁定的；（三）原判决、裁定认定事实的主要证据不足、未经质证或者系伪造的；（四）原判决、裁定适用法律、法规确有错误的；（五）违反法律规定的诉讼程序，可能影响公正审判的；（六）原判决、裁定遗漏诉讼请求的；（七）据以作出原判决、裁定的法律文书被撤销或者变更的；（八）审判人员在审理该案件时有贪污受贿、徇私舞弊、枉法裁判行为的。"第93条规定："最高人民检察院对各级人民法院已经发生法律效力的判决、裁定，上级人民检察院对人民法院已经发生法律效力的判决、裁定，发现有本法第91条规定情形之一，或者发现调解书损害国家利益、社会公共利益的，应当提出抗诉。地方各级人民检察院对同级人民法院已经发生法律效力的判决、裁定，发现有本法第91条规定情形之一，或者发现调解书损害国家利益、社会公共利益的，可以向同级人民法院提出检察建议，并报上级人民检察院备案；也可以提请上级人民检察院向同级人民法院提出抗诉。各级人民检察院对审判监督程序以外的其他审判程序中审判人员的违法行为，有权向同级人民法院提出检察建议。"

从上述规定可以看出，提起再审的条件和程序是很严格的，再审程序实际上是一种法律审查程序。其目的在于使已生效的但确实违反法律、法规规定的判决、裁定，能依照法定程序予以纠正，以保证人民法院裁判的正确性和合法性，保证公民、法人和其他组织的合法权益，维护国家法律的统一。制作再审行政判决书，应当贯彻实事求是的精神和有错必纠的方针，以体现再审程序的特点。

### 二、具体写作要求

再审行政判决书由首部、正文和尾部三部分组成。

（一）首部

首部应依次写明标题、案号、当事人及其诉讼代理人的基本情况，以及案件来源、审判组织、审判方式和开庭审理过程等。

1. 标题、案号、当事人及其诉讼代理人的基本情况。标题、案号、当事人及其诉讼代理人基本情况的写法可参照再审民事判决书。

2. 案件来源、审判组织、审判方式和审判过程，应写为：

"原审原告(或原审上诉人)×××与原审被告(或原审被上诉人)×××……(写明案由)一案，本院(或××××人民法院)于××××年××月××日作出(××××)×行×字第××号行政判决，已经发生法律效力。……(写明进行再审的根据)。本院依法组成合议庭，公开(或不公开)开庭审理了本案。……(写明到庭的当事人、代理人等)到庭参加诉讼。本案现已审理终结(未开庭的，写本院依法组成合议庭审理了本案，现已审理终结)。"

在依照我国《行政诉讼法》的规定写明对本案进行再审的根据时，可分别按下列四种情况表述：

(1) ××××人民检察院于××××年××月××日提出抗诉。

(2) 本院于××××年××月××日作出(××××)×行申(监)字第××号行政裁定，对本案提起再审。

(3) ××××人民法院于××××年××月××日作出(××××)×行申(监)字第××号行政裁定，指令本院对本案进行再审。

(4) 本院于××××年××月××日作出(××××)×行申(监)字第××号行政裁定，对本案进行提审。

(二) 正文

正文是文书的核心内容，包括事实、理由和判决结果三部分内容。

1. 事实。再审行政判决书的事实，应写明原审生效判决的主要内容，当事人的陈述或者申诉要点。若是检察机关提出抗诉的，则应简述抗诉的主要理由，经再审认定的事实和证据。一般情况下，如再审认定事实与原审一致的，写"本院经审理查明的事实与原审判决认定的事实一致，本院予以确认"。与原审认定的主要事实基本一致，但在个别事实作出新的认定的，写"本院经审理查明的事实与原审判决认定的事实基本一致。但原审认定的……事实不当，应认定为……"。本院认定的事实是原审未认定的，写"本院另查明……"。

2. 理由。再审行政判决书的理由，要有针对性和说服力，要注重事理分析和法理分析，兼顾全面审查和重点突出。针对再审申请请求和理由，重点围绕争议焦点，就原审判决及被诉行政行为是否合法，再审申请理由是否成立，再审请求是否应予支持等，阐明维持原判或者撤销原判予以改判的理由。具体写法可参照二审判决书理由部分。检察院抗诉的，还应对检察院抗诉的请求和理由进行审查。

3. 判决结果。可以根据案件的不同情况分为以下三种情形：

第一，全部改判的，写为：

"一、撤销××××人民法院××××年××月××日(××××)×行×字第××号行政判决(如一审判决、二审判决、再审判决均需撤销的，应分项写明)；

二、……(写明改判的内容。内容多的可分项写)。"

第二，部分改判的，写为：

"一、维持××××人民法院××××年××月××日（××××）×行×字第××号行政判决第×项，即……（写明维持的具体内容）；

二、撤销××××人民法院××××年××月××日（××××）×行×字第××号行政判决第×项，即……（写明部分改判的具体内容；如一审判决、二审判决均需撤销的，应分项写明）

三、……（写明部分改判的内容。内容多的可分项写）。"

第三，仍然维持原判的，写为：

"维持××××人民法院××××年××月××日（××××）×行×字第××号行政判决。"

（三）尾部

尾部应依次写明诉讼费用的负担，判决书的效力，合议庭组成人员署名，写明日期、书记员署名等内容。

1. 诉讼费用的负担。对全部改判或部分改判而变更原审诉讼费用负担的，写明原审诉讼费用由谁负担或者双方如何分担；对依照《诉讼费用交纳办法》第9条规定，需要交纳案件受理费的，同时写明一、二审及再审诉讼费用由谁负担或者双方如何分担。对驳回再审申请的，但依照《诉讼费用交纳办法》第9条规定，需要交纳案件受理费的，写明再审诉讼费用的负担。

2. 判决书的效力。按第一审程序审理的再审行政案件，应交代上诉权利、上诉的方法、期限和上诉审法院。按第二审程序审理的或上级法院提审的再审行政案件，应写明"本判决为终审判决"。

3. 尾部的其他内容与第一审行政判决书的写法相同。

### 三、文书写作需要注意的问题

1. 再审案件不存在单独的再审程序，而是根据原来的审级分别按照第一审或第二审程序进行审理。适用的程序不同，判决的效力也不同。按照第一审程序进行审理的，尾部应当向当事人交待上诉事项；按照第二审程序进行审理的，尾部应当写明终审判决的字样。

2. 再审行政判决书事实部分包括三方面的内容，应分层次逐一叙述清楚。一是要写明原审生效判决认定的事实和判决结果；二是要写明引起再审的原因；三是再审认定的事实和证据。

3. 再审判决书的理由部分是再审判决书制作的重点。在阐述理由时要着重分析原生效判决适用法律、法规是否正确，检察院抗诉或者当事人申诉的理由是否成立，阐明应予改判、如何改判或者维持原判的理由。

## 第五节 行政赔偿调解书

### 一、概念和作用

行政赔偿调解书,是指人民法院依照《行政诉讼法》的规定,在审理行政赔偿案件的过程中,主持调解,促使双方当事人自愿达成解决争议的赔偿协议,并以此为基础而制作的具有法律效力的法律文书。

我国《行政诉讼法》第60条规定:"人民法院审理行政案件,不适用调解。但是,行政赔偿、补偿以及行政机关行使法律、法规规定的自由裁量权的案件可以调解。调解应当遵循自愿、合法原则,不得损害国家利益、社会公共利益和他人合法权益。"行政案件一般不适用调解,这是一项符合行政诉讼特点的规定,也是行政诉讼所特有的一项基本原则。行政机关作为行使行政管理职能的国家机关,其所享有的行政权力,是权利义务的统一体,行政主体不得随意处分,因此在一般的行政诉讼中不允许行政主体与原告达成调解协议以解决双方之间的行政争议。但行政诉讼法考虑到行政赔偿诉讼的特性,对之作了专门规定,行政赔偿诉讼可以适用调解。最高人民法院《关于审理行政赔偿案件若干问题的规定》第30条就直接指明:"人民法院审理行政赔偿案件在坚持合法、自愿的前提下,可以就赔偿范围、赔偿方式和赔偿数额进行调解。调解成立的,应当制作行政赔偿调解书。"这就为行政赔偿案件调解结案提供了法律依据,也为制作行政赔偿调解书提供了法律依据。行政赔偿诉讼调解机制,为解决行政赔偿争议提供了一条新的途径。

调解作为非诉纠纷解决机制的方式之一,本身具有以相对平和的方式定纷止争的作用。这对于解决行政诉讼纠纷,维护当事人权益,维护政府机关信誉具有重要作用。

### 二、具体写作要求

行政赔偿调解书由首部、正文和尾部三部分组成。

(一)首部

1. 标题、案号和诉讼参加人的基本情况。除文书的名称为"行政赔偿调解书"外,制作机关名称、文书编号和诉讼参加人的基本情况的制作与同审级的行政判决书相同。

2. 案件来源、审判组织、审判方式和审判过程,应写为:

原告×××因与被告×××……(写明案由)行政赔偿一案,于××××年××月××日向本院提起行政赔偿诉讼。本院于××××年××月××日立案后,于××××年××月××日向被告送达了起诉状副本及应诉通知书。本院依法组成合议庭,于××××年××月××日公开(或不公开)开庭审理了本案(不公开开庭的,写明原因)。……(写明到庭参加庭审活动的当事人、行政机关负责人、诉讼代理人、证人、鉴定人、勘验人和翻译人员等)到庭参加诉讼。……(写明发生的其他重要程序活动,如:被批准延长审理期限等)本案现已审理终结。

(二) 正文

正文是文书的核心内容，包括事实、理由和协议内容。

1. 事实与理由

简要写明行政赔偿诉讼当事人提出的实体权利请求和理由。案件事实的陈述依达成调解协议的程序阶段的不同而有所差别。如果属于经开庭审理法官对争议事实已经认定清楚后主持调解，促使双方当事人自愿达成调解协议的，应写明由法院所确认的事实；如果案件是在受理后，庭审之前，经法院征得当事人同意进行调解而达成协议的，则主要写明当事人的诉辩主张。写为："经审理查明……（写明法院查明的事实）"。

正文中有关证据的列举、认证、说理方式以及相关的写作要求等，也可以参考第一审行政判决书样式。对当事人诉辩意见、审理查明部分应当与裁判文书有所区别，应当本着减小分歧，化解矛盾，有利于促进调解的原则，对争议和法院认定的事实适当简化叙述。

2. 协议内容

写明当事人自愿达成的解决争议的协议条款。可表述为：

"本案在审理过程中，经本院主持调解，双方当事人自愿达成如下协议：

……（写明协议的内容）。"

调解应当根据当事人自愿的原则，在查清事实，分清是非的基础上进行。协议的内容不得违反法律的规定。协议内容应明确、具体，便于履行。

(三) 尾部

尾部包括对协议内容的确认、调解书的效力、合议庭组成人员署名，写明日期、书记员署名等内容。

1. 对协议内容的确认。在调解协议之下另起一行写明："上述协议，符合有关法律规定，本院予以确认。"

2. 调解书的效力。写明："本调解书经双方当事人签收后，即具有法律效力。"

3. 文书最后的签署等内容与行政判决书相同。

### 三、文书写作需要注意的问题

1. 行政赔偿调解协议应着力体现当事人达成调解协议的平等性和自愿性，无需进行详细的分析论证。但要注意协议内容不得违反法律、法规的规定。

2. 体现调解原则。调解书的事实部分不需要对当事人双方诉辩的理由、证据进行全面介绍，也无需详细记述法院审理查明的事实，只需概述原告的诉讼请求以及法院查明的基本事实即可。调解书也无需阐述理由，只要当事人自愿，并且调解协议符合法律规定，调解就能成立，所以无需论述理由。

3. 调解协议内容规范。行政赔偿调解书的重点是调解协议，因此，在制作调解协议时，必须如实、全面反映当事人双方协商的结果，语意明确、内容合法，反映出当事人自愿的特点，不宜使用强制性的语言。

4. 注意调解协议效力的表达。当事人自愿达成的协议，要经法院确认，同时应交待该调解书经当事人双方签字后，即具有法律效力。

## 第六节 行政裁定书

### 一、概念和作用

行政裁定书,是指人民法院在审理行政诉讼案件以及执行过程中,为了保证诉讼或者执行程序的顺利进行,就需要解决的有关程序性事项作出的处理决定时制作的法律文书。行政裁定书按照审级可以分为一审裁定书、二审裁定书和再审裁定书。

《最高人民法院关于执行〈中华人民共和国行政诉讼法〉若干问题的解释》第63条规定:"裁定适用于下列范围:(一)不予受理;(二)驳回起诉;(三)管辖异议;(四)终结诉讼;(五)中止诉讼;(六)移送或者指定管辖;(七)诉讼期间停止具体行政行为的执行或者驳回停止执行的申请;(八)财产保全;(九)先予执行;(十)准许或者不准许诉;(十一)补正裁判文书中的笔误;(十二)中止或者终结执行;(十三)提审、指令再审或者发回重审;(十四)准许或者不准许执行行政机关的具体行政行为;(十五)其他需要裁定的事项。其中第(一)、(二)、(三)项裁定,当事人可以上诉。"

根据我国《行政诉讼法》第89条的规定,人民法院审理上诉案件,可以作出发回重审、驳回上诉、准许或者不准许撤回上诉等裁定。

行政裁定书解决的是程序问题,对整个行政诉讼的进程具有重要意义。在不同的诉讼阶段,为解决各种程序问题,审判人员必须依法作出不同的裁定。需要制作行政裁定书的,由审判人员、书记员署名,并加盖人民法院印章。当事人不服地方各级人民法院第一审的不予受理、驳回起诉、对管辖权异议的裁定,可以自收到第一审法院的裁定的次日起10日内向上一级法院提出上诉,逾期不提出上诉的,第一审法院的裁定即发生法律效力。相对于行政判决书来说,行政裁定书的内容单一、简明,制作难度不大。

### 二、具体写作要求

行政裁定书由首部、正文和尾部三部分组成。

(一)首部

首部应依次写明标题、案号、诉讼参加人的基本情况等。

1. 标题、案号。标题部分同样由制作机关名称和文书名称两项组成。制作机关名称的写作要求同于行政判决书。文书名称为"行政裁定书"。

案号由立案年度、制作法院简称、案件性质、审判程序代字以及案件的顺序号组成。审判程序代字与同级判决书相同。但要注意一些特殊的程序代字,如:诉前财产保全,程序代字为"保";提起再审,程序代字为"监";执行程序,程序代字为"执"等。

2. 诉讼参加人的基本情况。当事人及其他诉讼参加人的列项和基本情况的写法,除当事人的称谓外,与一审行政判决书样式相同。如果原告已经死亡,其基本情况只写姓名、性别和死亡年月日。行政裁定书因涉及的程序事项不同,当事人或利害关系人的称谓也各不相同,如不予受理起诉用的行政裁定书,应称其为起诉人;诉前财产保全的行政裁定书,利害关系人称为申请人和被申请人;执行程序的行政裁定,当事人称为申请执行人和被执行人;而提起再审的行政裁定书,无此项内容。

(二) 正文

行政裁定书的制作重点在于正文部分,主要写明裁定所针对的程序事项、理由和法律依据及裁定结果。一般先写明所要解决的程序事项,包括案件由来和基本事实。然后再另起一段说明作出裁定的理由和法律依据,最后单列出裁定结果。内容特别简单的,不必分出段落。其制作的具体方法与相应的民事裁定书较为接近。

正文部分的写法可以根据具体的裁定事项分为以下几类:

第一,裁定不予立案、指定其他下级法院立案、指定管辖、证据保全、先予执行、依职权审理下级人民法院案件及依职权停止执行行政行为的,写明作出裁定的理由以及所依据的《行政诉讼法》以及相关司法解释的条、款、项、目。例如,裁定不予立案,可表述为:

"起诉人……(写明姓名或名称等基本情况)。

××××年××月××日,本院收到×××的起诉状(口头起诉的,注明起诉方式)……(概括写明起诉的事由)。

本院认为……(写明不予立案的理由)。依照……(写明裁定依据的行政诉讼法以及相关司法解释的条、款、项、目)的规定,裁定如下:

对×××的起诉,本院不予立案。"

第二,裁定驳回起诉的,正文部分写为:

"……(各方当事人对案件是否符合起诉条件有争议的,围绕争议内容分别概括写明原告、被告、第三人的意见及所依据的事实和理由;如果没有,此项不写)。

经审理查明……(各方当事人对案件是否符合起诉条件的相关事实有争议的,写明法院对该事实认定情况;如果没有,此项不写)。

本院认为……(写明驳回起诉的理由)。依照……(写明裁定依据的行政诉讼法以及相关司法解释的条、款、项、目,如《最高人民法院关于适用〈中华人民共和国行政诉讼法〉若干问题的解释》第三条第一款)的规定,裁定如下:

驳回原告×××的起诉。"

裁定事实、理由部分仅需围绕本案是否符合起诉条件予以写明。注意运用法律规范,对案件是否符合起诉条件进行分析论证,对各方当事人提出的与起诉条件相关的诉讼理由逐一分析,论证是否成立,表明是否予以支持或采纳,并说明理由。

第三,裁定准许或不准许撤诉的,裁定书正文中,应当写明准许撤诉或者不准许撤诉的理由。准许撤诉裁定可以载明被告改变被诉行政行为的主要内容及履行情况,并可以根据案件具体情况,在裁定理由中明确被诉行政行为全部或者部分不再执行。

原告处分自己的诉讼权利,必须在法律规定的范围内进行,以不损害国家、社会的利益以及他人的合法权益为前提;即使行政机关改变其所作的行政行为,原告同意并申请撤诉的,也必须以合法为条件。"裁定结果"部分分为两种情况:第一种情况准许撤诉的,写为:"准许原告×××撤回起诉。"第二种情况不准许撤诉的,写为:"不准许原告×××撤诉,本案继续审理。"对于不符合撤回起诉的条件的,一般可以口头裁定,但必要时也可书面裁定。

第四,裁定按撤诉处理的,写明原告不预交诉讼费,或者经传票传唤,无正当理由拒不到庭,或者到庭后未经法庭准许中途退庭以及其他特殊情形,按撤诉处理的原由。一审按撤诉处理的直接在裁定结果部分写:"本案按撤诉处理。"

第五,裁定中止诉讼或终结诉讼的,写明中止或终结诉讼的事实根据和法律依据,写明中止或终结的裁定结果即可。

第六,二审裁定维持或者撤销一审不予立案的,写明裁定理由后,判决结果部分,维持原裁定的,写为:"驳回上诉,维持原裁定。"撤销原裁定的,写为:

"一、撤销××××人民法院(××××)×行初字第××号行政裁定;

二、本案指令××××人民法院予以立案。"

第七,二审裁定维持或者撤销一审驳回起诉裁定的,二审未开庭,或者案情简单、法律问题清晰,是否符合起诉条件容易判断的,二审裁定书简写。二审已开庭并且案情复杂或者法律问题疑难的,二审裁定书可以参照二审判决书的格式撰写,但与起诉条件无关的内容不写。"裁定结果"分为两种情况:

第一种情况驳回上诉,维持原裁定的,写为:"驳回上诉,维持原裁定。"

第二种情况撤销原裁定,应继续审理的,写为:

"一、撤销××××人民法院(××××)×行初字第××号行政裁定;

二、本案指令××××人民法院继续审理。"

第八,二审裁定发回重审的,裁定书的正文部分,要详细写明原判决认定基本事实不清、证据不足,遗漏当事人或者违法缺席判决等严重违反法定程序而可能影响正确判决的理由。对原裁判存在的问题一律在裁判文书中予以表述,原则上不再发内部函。裁定结果写为:

"一、撤销××××人民法院(××××)×行初字第××号行政判决;

二、发回××××人民法院重审。"

第九,上一级法院根据再审申请裁定提审的,在阐述裁定理由时,指出本案符合法律规定的情形即可,可以不作"原判确有错误""原判认定事实不清、适用法律有误"之类的表述。当事人双方申请再审,一方主张的再审事由成立,另一方主张的再审事由不成立的,本裁定书仅写明一方的再审申请符合法律规定的情形,对于另一方再审申请是否成立不必表态。

当事人在上级法院再审审查阶段达成调解协议,申请裁定提审后制作行政调解书的,提审理由写为:

"本院再审审查过程中,经本院主持调解,当事人自愿达成调解协议,申请由本院制作行政调解书。依照……(写明裁定依据的法律以及相关司法解释的条、款、项、目),裁定如下……""裁定结果"部分分为三种情况:

第一种情况,写为:"一、本案由本院提审;二、再审期间,中止原判决(裁定或调解书)的执行。"

第二种情况,若该案为支付抚恤金、最低生活保障待遇或者社会保险待遇案件,人民法院经审查认为可以不中止执行的,提审裁定主文第二项写为:"……二、再审期间,不中止原判决(裁定或调解书)的执行。"

第三种情况,原生效裁判没有实际执行内容的,如"驳回起诉""驳回诉讼请求"等,只写"本案由本院提审",主文第二项不予表述。指令再审裁定和本院再审裁定亦同。

第十,裁定准予或不准予强制执行行政决定的,事实与理由部分,写明申请执行人申请强制执行的具体执行内容、依据的事实和理由,提交的证据等。人民法院认为案件疑难复杂,需要组织听证的,应当在裁定书中列明具体情况。围绕听证会上双方当事人的争议焦点,概括写明各方当事人的意见、依据的事实和理由;如果没有听证,此项不写。针对行政机关强制执行申请所依据的事实,法院如有异议,写明认定情况及准予强制执行或不准予强制执行的理由。"裁定结果"部分分为三种情况:

第一种情况,准予强制执行的,写为:"准予强制执行……"(写明准予强制执行的申请事项,如属于可由行政机关组织实施的,一并写明"由……组织实施"。)

第二种情况,部分准予强制执行的,写为:"准予强制执行……不准予强制执行……"(写明准予和不准予强制执行的申请事项,如前者属于可由行政机关组织实施的,一并写明"由……组织实施")。

第三种情况,不准予强制执行的,写为:"不准予强制执行……"(写明不准予强制执行的申请事项)。

第十一,裁定补正裁判文书笔误的,指各级人民法院对于在本院发出的行政判决书、行政裁定书或者行政调解书中发现有个别文字上的错误或者遗漏,予以改正、补充时使用的文书。仅限于裁判文书中的文字校对等技术上的失误,不涉及对实体(包括金额或者数额)和程序问题的处理。这部分内容,应按格式写为:

"本院××××年××月××日对原告×××诉被告×××……(写明案由)一案作出的(××××)×行×字第××号行政判决书(裁定书或调解书)中,文字上存在笔误,应予补正,现裁定如下:

原行政××书……(写明错、漏的字句及其所在页次和行数),现更正为……(写明改正、补充的字句)。"

(三) 尾部

1. 人民法院裁定不予立案或驳回起诉的,尾部应写明:如不服本裁定,可在裁定书送达之日起 10 日内,向本院递交上诉状,并按对方当事人的人数提出副本,上诉于××××人民法院。

2. 裁定驳回起诉、准许撤诉、按撤诉处理及中止或者终结诉讼的,应当在尾部写明诉讼费用的承担。

3. 裁定先予执行、依申请停止执行行政行为或驳回申请、依职权停止执行行政行为的,尾部写明:"如不服本裁定,可以向本院申请复议一次,复议期间不停止裁定的执行"。

4. 二审维持或者撤销一审不予立案、驳回起诉裁定,及二审准许或不准许撤诉的还应在尾部写明"本裁定为终审裁定"。

### 三、文书写作需要注意的问题

行政裁定书中裁定结果必须准确、突出，应特别注意用语的规范化。对于裁定所要解决的各种程序事项之间的区别造成的裁定书之间的差异应当仔细鉴别。

1. 行政裁定书用于解决诉讼程序问题，适用范围非常广泛，具体写作时要根据解决的不同事项，选用正确的格式。

2. 诉讼程序问题的多样化决定了裁定结果的多样化，因此，在裁定结果的表述时一定要明确、规范。

3. 第二审裁定书主要适用于撤销原判发回重审、维持或撤销一审裁定、准许或者不准许撤回上诉等程序问题，裁定理由一般要求简单叙述，没必要详细论证，与法律依据、裁定结果前后一致即可。

**思考题：**

1. 人民法院行政裁判文书有哪些特点？
2. 第一审行政判决书包含哪些情形？
3. 第一审行政判决书的事实部分由哪些内容构成？
4. 第二审行政判决书应当如何阐述理由？
5. 行政裁定书主要适用范围有哪些？
6. 制作行政赔偿调解书应注意哪些问题？
7. 根据下述案件事实，拟写一份一审行政判决书。

原告蒋×初，男，40岁，汉族，××省××市人，身份证号为××××。被告××市××区民政局，所在地为××市××区××路××××号。

2000年5月4日，原告蒋×初的弟弟蒋×芬与王××一同前往××市××区民政局申请结婚登记。由于蒋×芬未达到法定结婚年龄，便冒用了原告蒋×初的身份与王××申请结婚登记，原告对此并不知情。原告蒋×初在1999年3月10日与汪××在安徽省宿州市办理结婚登记，并一直以夫妻名义共同生活。2015年1月份，原告与妻子汪××到××市××区民政局办理离婚手续时，得知原告与第三人王××登记为夫妻关系。原告遂提起行政诉讼，认为被告××市××区民政局在办理结婚登记过程中疏忽大意，未能查明登记人的身份信息，导致婚姻登记错误，请求人民法院依法确认被告颁发的原告蒋×初与第三人王××结婚证无效。

××市××区人民法院经审理认为，蒋×芬未达到法定结婚年龄，冒用原告的身份与王××申请结婚登记，被告××市××区民政局审查中未发现该冒用事实，为其办理了"蒋×初"与王××的结婚登记，颁发了结婚证。《中华人民共和国婚姻法》规定一夫一妻制是我国婚姻家庭的基本制度，不允许同时存在两个以上的结婚登记状况。根据本案的事实，蒋×初与王××结婚登记行为明显违法，应认为无效行为。依照《中华人民共和国婚姻法》第二条第一款及《中华人民共和国行政诉讼法》第七十五之规定，判决确认被告××市××区民政局为原告蒋×初和第三人王××进行的结婚登记行政行为无效。

# 第七章 监狱法律文书

## 第一节 概 述

### 一、监狱法律文书的概念和作用

监狱法律文书,也称监狱执法文书,是指监狱根据我国《刑事诉讼法》和《监狱法》的规定,为处理有关执行刑罚和改造罪犯法律事务制作的法律文书的总称。

我国《监狱法》第 2 条规定:监狱是国家的刑罚执行机关。依照《刑法》和《刑事诉讼法》的规定,被判处死刑缓期二年执行、无期徒刑、有期徒刑的罪犯,在监狱内执行刑罚。第 3 条规定:监狱对罪犯实行惩罚和改造相结合、教育和劳动相结合的原则,将罪犯改造成为守法公民。第 4 条规定:监狱对罪犯应当依法监管,根据改造罪犯的需要,组织罪犯从事生产劳动,对罪犯进行思想教育、文化教育、技术教育。

监狱法律文书的作用主要体现在以下几个方面:一是监狱法律文书是我国监狱对罪犯执行刑罚、进行改造全部活动的忠实记录。二是监狱法律文书是体现党和国家对罪犯采取惩办与宽大相结合的政策,促使罪犯接受改造,改恶从善,重新做人的生动教材。三是监狱法律文书对罪犯进行奖励或者惩处的凭据,是促使罪犯认罪服法,接受法律制裁的武器。

### 二、监狱法律文书的分类

监狱法律文书依据不同的标准,可以进行不同的分类:

1. 依据写作和表达方式的不同,可以分为填空类文书、笔录类文书、表格类文书和叙述类文书等。

2. 依据文书内容的不同,可以分为以下几类:(1)监狱执行刑罚事务文书,例如,建议减刑、假释文书。(2)狱政管理文书,例如,对罪犯的奖励文书、评审鉴定文书等。(3)监狱侦查文书,例如,狱内立案文书、笔录等。

3. 依据文种的不同,可以分为建议类文书、审批类文书、通知类文书、决定类文书、意见类文书等。

3. 依据受文对象和处理方式的不同,可以分为以下几类:(1)监狱内部使用的表格式文书,例如,罪犯入监登记表、罪犯奖惩审批表等。(2)向法院和检察机关提请审查决定或裁定的文书,例如,提请减刑、假释意见书,起诉意见书等。(3)向罪犯家属和有关机关送发的通知书,例如,罪犯入监通知书,罪犯奖励、惩罚通知书,罪犯病危通知书,罪犯死亡通知书等。本章主要介绍几种常用的监狱法律文书。

## 第二节　罪犯入监登记表

### 一、概念和作用

罪犯入监登记表,是指监狱在依法收押新入监的罪犯时,依据我国《监狱法》的有关规定填写的记载罪犯入监情况的法律文书。

罪犯入监登记表属于表格类文书,该文书内容全、项目多,是罪犯入监后填写的一份重要文字档案材料,也是监狱必须履行的法律手续。监狱通过该表格,可以了解和掌握罪犯个人以及罪犯家庭的基本情况,便于有针对性地对罪犯进行教育改造。

### 二、具体写作要求

罪犯入监登记表属于多栏目表格式文书,根据文书格式的要求,主要应当依次填写以下内容:

1. 单位、编号和入监日期。应写明收押罪犯单位的名称,即"××监狱"。写明罪犯入监登记表的编号和罪犯入监的时间。

2. 罪犯的基本情况。应当依次写明罪犯的姓名、别名(曾用名)、性别、民族、出生日期、文化程度、捕前职业、原政治面貌、有何特长、身份证号、口音、籍贯(国籍)、原户籍所在地、家庭住址、婚姻状况等。在表格的右上方粘贴一寸免冠照片一张。

3. 罪犯被采取强制措施的情况。应当写明罪犯被拘留的日期、逮捕机关、逮捕日期。

4. 罪犯被处罚的情况。应当写明判决书号、判决机关、判决日期、罪名、刑种、刑期、刑期起止日期、附加刑、曾受何种惩处等。

5. 罪犯个人简历。应当写明罪犯从小学至入监这段时间的主要学习和工作经历,包括起止时间、所在单位、职务等。如果有劣迹,也应当具体写明有关情况。

6. 主要犯罪事实。应当根据人民法院已经发生法律效力的裁判文书上认定的犯罪事实,简明扼要地写明主要犯罪事实。

7. 家庭成员及主要社会关系。应当写明罪犯与关系人的关系、姓名、出生日期、政治面貌、工作单位及职务(职业)、住址、电话等。填写要求准确、详细、方便查找,以便为监狱确定罪犯真实身份、利用社会力量对罪犯进行帮教等提供帮助。

8. 同案犯。如果属于共同犯罪,应当写明同案犯的姓名、性别、出生日期、捕前职业、罪名、刑期和家庭住址等。如没有同案犯,这项内容应当填写"无"或空白。

### 三、文书写作需要注意的问题

1. 填写"主要犯罪事实",应当以判决书中认定的事实为依据,案情复杂,内容篇幅较长的,应当予以精练,概括填写,不宜照抄判决书内容。

2. 如果罪犯属于外国籍,其外文名字应填写在"别名"栏中,国籍应填在"籍贯(国籍)"栏中;原户籍所在地应填写捕前户口登记所在地。

## 第三节 罪犯奖惩审批表

**一、概念和作用**

罪犯奖惩审批表,是指监狱根据监管法规的规定,给予服刑罪犯行政奖励或处罚时制作的法律文书。

我国《监狱法》第57条规定:罪犯有下列情形之一的,监狱可以给予表扬、物质奖励或者记功:(一)遵守监规纪律,努力学习,积极劳动,有认罪服法表现的;(二)阻止违法犯罪活动的;(三)超额完成生产任务的;(四)节约原材料或者爱护公物,有成绩的;(五)进行技术革新或者传授生产技术,有一定成效的;(六)在防止或者消除灾害事故中作出一定贡献的;(七)对国家和社会有其他贡献的。被判处有期徒刑的罪犯有前款所列情形之一,执行原判刑期1/2以上,在服刑期间一贯表现好,离开监狱不致再危害社会的,监狱可以根据情况准其离监探亲。第58条规定:罪犯有下列破坏监管秩序情形之一的,监狱可以给予警告、记过或者禁闭:(一)聚众哄闹监狱,扰乱正常秩序的;(二)辱骂或者殴打人民警察的;(三)欺压其他罪犯的;(四)偷窃、赌博、打架斗殴、寻衅滋事的;(五)有劳动能力拒不参加劳动或者消极怠工,经教育不改的;(六)以自伤、自残手段逃避劳动的;(七)在生产劳动中故意违反操作规程,或者有意损坏生产工具的;(八)有违反监规纪律的其他行为的。依照前款规定对罪犯实行禁闭的期限为7天至15天。罪犯在服刑期间有第1款所列行为,构成犯罪的,依法追究刑事责任。

监狱奖惩审批表属于表格类文书,填写监狱奖惩审批表是对罪犯奖励或者惩罚的必经程序,也是对罪犯奖励或者处罚的依据。根据罪犯在监狱中的表现,对积极改造的罪犯予以奖励,对抗拒改造的罪犯予以惩处,有利于促使罪犯积极改造弃恶从善,早日改造为守法公民。

**二、具体写作要求**

罪犯奖惩审批表属于多栏目表格式文书,根据文书格式的要求,主要应当依次填写以下内容:

1. 单位和罪犯编号。应写明收押罪犯监狱的名称,即"××监狱"。同时,写明罪犯的编号。

2. 罪犯的基本情况。应当依次写明罪犯的姓名、性别、年龄、民族、文化程度、罪名、刑期、刑期的起止时间、刑种及刑期变动情况。

3. 奖惩依据。应当具体写明对罪犯予以奖励或者惩罚的事实依据和法律依据。

4. 各部门意见。应当依次填写分监区意见、监区意见和狱政科意见。

5. 监狱领导批示。

**三、文书写作需要注意的问题**

1. 该表格属于呈请上级审批的法律文书，应当实事求是、认真准确地填写。

2. 各部门意见是对罪犯是否进行奖惩审核，应当认真审查，严格把关，以保证奖惩制度的正确执行。

## 第四节 罪犯评审鉴定表

**一、概念和作用**

罪犯评审鉴定表，是指监狱在年终对罪犯进行评审、鉴定时制作的法律文书。

为了促使罪犯积极改造，监狱每年都要对服刑改造的罪犯进行评审、鉴定，并填写罪犯评审鉴定表。具体作用主要体现在以下两个方面：一是有利于监狱深入细致地了解罪犯在一年的改造期间，在思想改造、生产劳动、政治文化学习等方面的表现，掌握罪犯改造的真实情况；二是帮助罪犯回顾和总结一年的改造情况，肯定成绩，找出差距，促使罪犯积极改造，认罪服法。

**二、具体写作要求**

罪犯评审鉴定表属于表格类文书，根据文书格式的要求，主要应当依次填写以下内容：

1. 罪犯的基本情况。应当依次写明罪犯的姓名、性别、年龄、民族、文化程度、籍贯、家庭住址、罪名、刑种、刑期、原判法院、刑种及刑期变动情况、健康状况、主要犯罪事实和本年度奖惩情况。

2. 个人鉴定和小组鉴定。个人鉴定由罪犯本人填写，主要应当写明认罪服法情况、思想改造表现、劳动改造表现、遵守监规纪律的情况，以及今后努力的方向等。小组鉴定通常由罪犯所在小组的小组长填写，主要应当写明罪犯在学习、生产、生活等方面，小组对罪犯改造表现的总结意见。

3. 意见和批示。应当写明分监区意见、监区意见和监狱批示。

**三、文书写作需要注意的问题**

1. 罪犯在填写个人鉴定前，管教人员应当组织罪犯进行座谈，明确要求，以使罪犯端正态度，实事求是，客观公正地评价自己的改造表现。

2. 填写意见和批示时需要注意，分监区管教人员对罪犯改造情况比较了解，应当结合年终评审鉴定情况，全面、客观地评价罪犯改造的表现，为上级机关签署意见或者作出批示提供可靠的依据。监区意见和监狱批示可以根据罪犯个人鉴定、小组意见和分监区意见，概括地写明意见即可。

# 第五节　罪犯暂予监外执行审批表

## 一、概念和作用

罪犯暂予监外执行审批表,是指监狱对符合法定条件的罪犯决定暂时予以监外执行,依法请示审批时制作的法律文书。

我国《监狱法》第25条规定:对于被判处无期徒刑、有期徒刑在监内服刑的罪犯,符合《刑事诉讼法》规定的监外执行条件的,可以暂予监外执行。第26条规定:暂予监外执行,由监狱提出书面意见,报省、自治区、直辖市监狱管理机关批准。批准机关应当将批准的暂予监外执行决定通知公安机关和原判人民法院,并抄送人民检察院。人民检察院认为对罪犯适用暂予监外执行不当的,应当自接到通知之日起1个月内将书面意见递交批准暂予监外执行的机关,批准暂予监外执行的机关接到人民检察院的书面意见后,应当立即对该决定进行重新核查。

对罪犯暂予监外执行必须履行法定的程序,罪犯暂予监外执行审批表既是提请审批的依据,也是经批准后对罪犯采取暂予监外执行措施的凭证。

## 二、具体写作要求

罪犯暂予监外执行审批表属于表格类文书,根据文书格式的要求,主要应当依次填写以下内容:

1. 罪犯的基本情况。应当依次写明罪犯的姓名、性别、民族、出生年月日、户籍所在地、捕前居住地、罪名、原判法院、原判刑期、附加刑、刑期变动情况、现刑期起止、出监后居住地。
2. 主要犯罪事实、改造表现和病情诊断。
3. 保证人情况。应当写明保证人的姓名、居住地、工作单位、与罪犯的关系、联系电话。
4. 综合评估意见。应当写明:同意(不同意)暂予监外执行。
5. 审批意见。应当分别写明监区意见、监狱法制科意见、监狱意见、监狱管理局意见等。
6. 备注。
7. 写明抄送人民检察院名称。

## 三、文书写作需要注意的问题

1. 对暂予监外执行的罪犯,依法实行社区矫正,由社区矫正机构负责执行。原关押监狱应当及时将罪犯在监内改造情况通报负责执行的社区矫正机构。

2. 暂予监外执行的罪犯具有《刑事诉讼法》规定的应当收监的情形的,社区矫正机构应当及时通知监狱收监;刑期届满的,由原关押监狱办理释放手续。罪犯在暂予监外执行期间死亡的,社区矫正机构应当及时通知原关押监狱。

## 第六节　提请减刑建议书

### 一、概念和作用

提请减刑建议书,是指监狱对服刑改造期间确有悔改或者立功表现,且已经执行符合法定要求刑期的罪犯,提请法院审核裁定时制作的法律文书。

我国《监狱法》第 29 条规定:被判处无期徒刑、有期徒刑的罪犯,在服刑期间确有悔改或者立功表现的,根据监狱考核的结果,可以减刑。有下列重大立功表现之一的,应当减刑:(一)阻止他人重大犯罪活动的;(二)检举监狱内外重大犯罪活动,经查证属实的;(三)有发明创造或者重大技术革新的;(四)在日常生产、生活中舍己救人的;(五)在抗御自然灾害或者排除重大事故中,有突出表现的;(六)对国家和社会有其他重大贡献的。第 30 条规定:减刑建议由监狱向人民法院提出,人民法院应当自收到减刑建议书之日起 1 个月内予以审核裁定;案情复杂或者情况特殊的,可以延长 1 个月。减刑裁定的副本应当抄送人民检察院。

提请减刑建议书既是监狱对罪犯提出减刑建议的工具,也是人民法院对案件进行审查,依法对罪犯作出减刑的依据。

### 二、具体写作要求

提请减刑建议书属于文字叙述类文书,由首部、正文和尾部组成。

(一)首部

首部包括标题、编号、罪犯基本情况。

1. 标题。应当分两行居中写明文书制作机关名称和文书名称,即写为:"××××监狱""提请减刑建议书"。

2. 编号。包括年度、机关代字、文书代字和文书序号,即写为:(20××)×监减字第×号。

3. 罪犯基本情况。应当依次写明罪犯的姓名、曾用名、性别、出生年月日、民族、文化程度、原户籍所在地、前科或累犯情况、罪名、作出生效判决法院名称、作出判决的时间、文书案号、主刑、附加刑、上诉情况、刑期的起止时间、收监日期、服刑期间执行刑期变动情况等。

(二)正文

正文是文书的核心内容,包括事实根据、减刑理由、法律依据和建议事项。

1. 事实根据。这部分内容由"该犯在考核期限内确有悔改表现(立功或者重大立功),具体事实如下:……"引出,然后叙述具体事实。

叙写事实根据部分内容,主要需要注意以下几个问题:

一是根据《监狱法》的规定,被判处无期徒刑、有期徒刑的罪犯,在服刑期间确有悔改或者立功表现的,根据监狱考核的结果,可以减刑。有法定重大立功表现之一的,应当减刑。因此,事实根据主要应当写明罪犯悔改立功表现或者重大立功表现的事实。

二是叙写的事实根据必须实事求是,查证属实,准确可靠,没有差错。

三是叙写事实应当详细具体,即应当写明时间、地点、动机、目的、过程、结果等。

四是叙写事实应当突出重点,抓住关键,并且做到层次清楚,脉络清晰。

2. 减刑理由。应当依据事实和法律阐述减刑理由。首先对减刑的事实依据进行客观地分析评论,阐述对罪犯减刑的理由;然后依据法律规定,说明理由,使事实与法律相结合,使减刑理由有理有据,令人信服。

3. 法律依据和建议事项。应写为:"根据《中华人民共和国刑法》第××条、《中华人民共和国刑事诉讼法》第××条第×款、《中华人民共和国监狱法》第××条的规定,建议对罪犯×××予以减刑。特提请裁定。"叙写这部分内容应当注意,叙写罪犯的姓名要准确无误,引用法律条文要具有针对性。

(三) 尾部

尾部包括致送机关名称、写明年月日、加盖公章、附项等。

1. 致送机关名称。应写明:"此致""××××人民法院"。

2. 写明年月日、加盖公章。

3. 附项。应写明罪犯卷宗材料共×卷×册×页。

### 三、文书写作需要注意的问题

1. 监狱在向人民法院提请减刑、假释的同时,应当将提请减刑、假释的建议书副本抄送人民检察院。

2. 被判处有期徒刑和被减刑为有期徒刑的罪犯的减刑、假释,由监狱提出建议,提请罪犯服刑地的中级人民法院裁定。被判处死刑缓期二年执行的罪犯的减刑,被判处无期徒刑的罪犯的减刑、假释,由监狱提出建议,经省、自治区、直辖市监狱管理局审核同意后,提请罪犯服刑地的高级人民法院裁定。

# 第七节 提请假释建议书

### 一、概念和作用

提请假释建议书,是指监狱对服刑改造期间的罪犯符合法定假释条件,向法院建议审核裁定时制作的法律文书。

我国《监狱法》第32条规定:被判处无期徒刑、有期徒刑的罪犯,符合法律规定的假释条件的,由监狱根据考核结果向人民法院提出假释建议,人民法院应当自收到假释建议书之日起 1 个月内予以审核裁定;案情复杂或者情况特殊的,可以延长 1 个月。假释裁定的副本应当抄送人民检察院。

提请假释建议书既是监狱对罪犯提出假释建议的工具,也是人民法院对案件进行审查,依法对罪犯作出假释的依据,同时也是我国对罪犯实行惩办与宽大相结合政策的具体体现。

### 二、具体写作要求

提请假释建议书属于文字叙述类文书,由首部、正文和尾部组成。

(一)首部

首部包括标题、编号、罪犯基本情况。

1. 标题。应当分两行居中写明文书制作机关名称和文书名称,即写为:"××××监狱""提请假释建议书"。

2. 编号。包括年度、机关代字、文书代字和文书序号,即写为:(20××)×狱减字第×号。

3. 罪犯基本情况。应当依次写明罪犯的姓名、曾用名、性别、出生年月日、民族、文化程度、原户籍所在地、前科或累犯情况、罪名、作出生效判决法院名称、作出判决的时间、文书案号、主刑、附加刑、刑期的起止时间、收监日期、服刑期间执行刑期变动情况等。

(二)正文

正文是文书的核心内容,包括事实根据、假释理由、法律依据和建议事项。这部分是文书的核心内容,具体叙写要求可以借鉴提请减刑建议书的写法。

需要注意的是,根据我国《刑法》第 81 条第 1 款的规定:被判处有期徒刑的犯罪分子,执行原判刑期 1/2 以上,被判处无期徒刑的犯罪分子,实际执行 13 年以上,如果认真遵守监规,接受教育改造,确有悔改表现,没有再犯罪的危险的,可以假释。如果有特殊情况,经最高人民法院核准,可以不受上述执行刑期的限制。因此,在叙写提请假释的事实根据和理由时,应当围绕法定的假释条件进行阐述和分析论证。

(三)尾部

尾部包括致送机关名称、写明年月日、加盖公章、附项等。写法同提请减刑建议书。

### 三、文书写作需要注意的问题

1. 人民法院裁定假释的,监狱应当按期假释并发给假释证明书。对被假释的罪犯,依法实行社区矫正,由社区矫正机构负责执行。

2. 被假释的罪犯,在假释考验期限内有违反法律、行政法规或者国务院有关部门关于假释的监督管理规定的行为,尚未构成新的犯罪的,社区矫正机构应当向人民法院提出撤销假释的建议,人民法院应当自收到撤销假释建议书之日起 1 个月内予以审核裁定。人民法院裁定撤销假释的,由公安机关将罪犯送交监狱收监。

3. 人民检察院认为人民法院减刑、假释的裁定不当,应当依照《刑事诉讼法》规定的期间向人民法院提出书面纠正意见。对于人民检察院提出书面纠正意见的案件,人民法院应当重新审理。

## 第八节 对罪犯刑事判决提请处理意见书

### 一、概念和作用

对罪犯刑事判决提请处理意见书,是指监狱在执行刑罚中,如果认为判决有错误,依照法定程序,提请人民检察院或原判人民法院复查处理时制作的法律文书。

我国《监狱法》第 24 条规定:监狱在执行刑罚过程中,根据罪犯的申诉,认为判决可能有错误的,应当提请人民检察院或者人民法院处理,人民检察院或者人民法院应当自收到监狱提请处理意见书之日起 6 个月内将处理结果通知监狱。

监狱在执行刑罚中,如果认为判决有错误,制作对罪犯刑事判决提请处理意见书,提请人民检察院或原判人民法院对案件复查,有利于及时纠正错误,避免和减少冤假错案。同时,对保护在押罪犯的合法权益也具有重要意义。

### 二、具体写作要求

对罪犯刑事判决提请处理意见书属于填空类文书,共两联,一联作为存根,以备查阅,一联为正本,送递提请复查机关。

(一)存根

存根包括首部和正文。

1. 首部。应当依次写明标题、编号。在标题下方,用括号标明"存根"字样。

2. 正文。应依次写明以下事项,即罪犯的姓名、罪名、刑期、提请理由、转递单位、时间、承办人、回复时间、回复结果。

(二)正本

正本由首部、正文和尾部组成。

1. 首部。应当依次写明标题、编号和转递机关。转递机关为××××人民检察院或者××××人民法院。

2. 正文。包括提请处理的事由、具体理由、法律依据和提请复查的意见。

(1)提请处理的事由。应当写为:"罪犯×××经××××人民法院以×字第×号刑事判决书判处×××。在刑罚执行中,我狱(所)发现对罪犯×××的判决可能有错误。具体理由如下:……"

(2)具体理由。这部分是文书的核心内容,应当重点叙写。主要应当针对原判决中存在的错误进行论述,抓住要害,据实分析论证,引用法律阐明提请复查的理由。在具体叙写时,需要注意以下几点:

一是如果原判决认定事实存在错误,即原判决认定的事实与客观事实不符,或者是认定事实不清,或者是认定事实的证据不足,或者是认定的事实纯属是虚假的,那么阐述理由时,就应当首先指出原判决认定事实存在的错误,然后通过摆事实、讲道理,写清有证据证明的客观事实。

二是如果原判决适用法律存在错误,即适用法律不当,或者是将此罪认定为彼罪,或者将无罪认定为有罪,或者轻刑重判等,那么阐述理由时,就应当首先指出原判决适用法律存在的错误,然后阐明应当正确适用的法律条款。

三是如果原判决存在较严重地违反诉讼程序的错误,即违反程序法的规定,剥夺被告人的辩论权、合议庭组成人员符合法定应当回避情形没有回避等,影响了案件审理的公正性,那么在阐述理由时,就应当指出原判决由于在程序适用方面存在错误,导致影响判决结果的公正性,进而阐明提请复查的意见。

(3)法律依据和提请复查的意见。应当写为:"为此,根据《中华人民共和国监狱法》第××条和《中华人民共和国刑事诉讼法》第××条的规定,提请你院对×××的判决予以处理,并将处理结果函告我监(所)。"

3. 尾部。应当写明发文的年月日,并加盖文书制作单位的公章。

### 三、文书写作需要注意的问题

1. 罪犯对生效的判决不服的,可以提出申诉。对于罪犯的申诉,人民检察院或者人民法院应当及时处理。

2. 罪犯的申诉、控告、检举材料,监狱应当及时转递,不得扣压。

## 第九节 监狱起诉意见书

### 一、概念和作用

监狱起诉意见书,是指监狱对罪犯在服刑期间又犯罪,或者发现了判决时所没有发现的罪行,认为需要追究刑事责任,提出起诉意见,移送人民检察院审查决定时制作的法律文书。

我国《监狱法》第 60 条规定:对罪犯在监狱内犯罪的案件,由监狱进行侦查。侦查终结后,写出起诉意见书,连同案卷材料、证据一并移送人民检察院。

监狱起诉意见书既是监狱向人民检察院提出起诉意见,要求人民检察院在法定期限内对案件进行审查的凭证,也是人民检察院审查起诉案件的基础和依据。

### 二、具体写作要求

监狱起诉意见书属于文字叙述类文书,由首部、正文和尾部组成。

(一)首部

首部包括标题、编号、罪犯的基本情况。

1. 标题。应当分两行居中写明文书制作机关名称和文书名称,即写为:"××××监狱""起诉意见书"。

2. 编号。包括年度、机关代字、文书代字和文书序号,即写为:(20××)×狱×字第×号。

3. 罪犯基本情况。应当依次写明罪犯的姓名、性别、出生年月日、民族、原户籍所在地、罪名、作出生效判决法院的名称、作出判决的时间、文书案号、主刑、附加刑、刑期的起止时间、交付执行日期、现押处所等。

(二)正文

正文是文书的核心内容,包括主要犯罪事实、法律依据和决定事项。

1. 主要犯罪事实。这部分内容是文书叙写的重点,由"现经侦查,罪犯×××在服刑期间涉嫌××罪。主要事实如下"过渡段引出。在具体叙写时,主要需要注意以下几个问题:

一是叙写犯罪事实,既要反映全貌,又要重点突出。应当写清犯罪发生的时间、地点、动机、目的、手段、情节、过程、涉及的人和事、危害结果等。同时,涉及案件关键性的情节要重点叙写,不能平铺直叙。

二是注重围绕犯罪构成要件叙写案件事实。

三是涉及共同犯罪的案件,除应写清全部犯罪事实外,还应当写清每个犯罪嫌疑人在共同犯罪中所处的地位、起的作用,以及各自应负的罪责等。

2. 法律依据和决定事项。应当写为:"为此,根据《中华人民共和国监狱法》第××条第×款、《中华人民共和国刑法》第××条、《中华人民共和国刑事诉讼法》第××条第×款之规定,特提请你院审查处理。"

(三)尾部

尾部包括致送机关名称、写明年月日、加盖公章、附项等。

1. 致送机关名称。应写明:"此致""××××人民检察院"。

2. 写明年月日、加盖公章。

3. 附项。应写明罪犯卷宗材料共×卷×册×页、罪犯又涉嫌犯罪(或发现余罪)的案卷材料共×卷×册×页。

### 三、文书写作应当注意的问题

1. 起诉意见书中叙写的案件事实必须经过查证属实,有充分的证据予以证明。

2. 监狱制作的起诉意见书与公安机关制作的起诉意见书存在区别,具体体现在以下几个方面:一是制作主体不同。监狱起诉意见书的制作主体是监狱;公安机关起诉意见书的制作主体是公安机关。二是起诉对象不同。监狱要求起诉的对象是正在服刑改造的罪犯;公安机关要求起诉的对象是犯罪嫌疑人。三是适用范围不同。监狱提出起诉意见,主要针对罪犯在服刑期间又犯罪,或者发现了判决时所没有发现的罪行,认为需要追究刑事责任的案件;公安机关起诉意见书,针对的主要是社会上发生的应当追究刑事责任的各类刑事案件。四是文书制作的法律依据不同。

# 第十节 罪犯出监鉴定表

## 一、概念和作用

罪犯出监鉴定表,是指罪犯出监时,监狱填写的记载罪犯在服刑改造期间的表现和监狱对罪犯表现作出结论的法律文书。

罪犯由于服刑期满、裁定假释、裁定释放、依法保外就医、监外执行等原因需要出监时,监狱应当对罪犯进行鉴定,并填写罪犯出监鉴定表,这是法定的必经程序。罪犯出监鉴定表记载了罪犯在服刑改造期间的表现,并有监狱对其表现的评价和结论性意见,便于接收单位掌握情况,有的放矢地进行帮助教育,巩固改造成果,防止出监人员重新犯罪。

## 二、具体写作要求

罪犯出监鉴定表属于表格类文书,封面印有"罪犯出监鉴定表"字样,并需要填写罪犯姓名、填表机关名称、填表日期。根据文书格式要求,罪犯出监鉴定表中主要应当依次填写以下内容:

1. 罪犯的基本情况。应当依次写明罪犯的姓名、性别、民族、出生年月日、健康状况、家庭住址、原户籍所在地、罪名、原判法院、判决字号、原判刑期、附加刑、原判刑期起止、刑期变动情况。

2. 出监原因、出监时间、文化程度、有何技术特长及等级。填写技术特长,主要是为了社会安置部门和用人单位给出监人员安排适当的工作。

3. 主要犯罪事实。应当根据原判决书的内容,写明罪犯的主要犯罪事实。如果罪犯入监后又犯有新罪,或者发现判决时有遗漏罪行的,也应当根据人民法院另行制作的判决书叙写清楚。

4. 家庭成员及主要社会关系。这部分内容应当如实填写。应当写明罪犯与关系人的关系、姓名、出生日期、政治面貌、工作单位及职务(职业)、住址、电话等。填写这部分内容不能照抄档案材料,因为罪犯在服刑改造期间,家庭成员的情况可能会发生变化。

5. 本人简历。入监前,主要应当写明罪犯从小学至入监这段时间的主要学习和工作经历,包括起止时间、所在单位、职务等。如果有何劣迹,也应当具体写明有关情况。入监后,主要应当写明罪犯接受教育改造的经历。

6. 改造表现。这部分内容是文书写作的重点,主要应当填写清楚以下内容:一是罪犯在监狱中服刑改造的情况,包括思想改造、学习改造、劳动改造等。二是罪犯遵守监规纪律的情况,以及生产技能、文化学习方面的表现等。三是在服刑改造期间,因确有悔改或者立功表现,受到奖励或者减刑、假释处理的情况。四是在服刑改造期间,因隐瞒余罪、重新犯罪,以及发生其他重大抗拒改造受到惩处的情况。五是罪犯在出监时,如果发现存在重大思想问题或者有某种异常表现的,应当着重写明,便于供有关部门参考,有针对性地对罪犯进行帮助和教育。

7. 服刑改造期间的奖惩情况。部分内容由于在改造表现中已经详细填写,此处只需简单填写即可,即何时因为何种原因,受过何种奖励或者处罚。

8. 写明分监区意见和监区意见。分监区对罪犯改造情况比较了解,应当针对罪犯改造的表现,客观全面地填写意见。监区意见可以根据罪犯分监区意见,概括地写明即可。

### 三、文书写作需要注意的问题

对依法释放的罪犯,监狱除应填写罪犯出监鉴定表外,同时还应签发释放证明书。对依法暂予监外执行的罪犯,监狱除填写罪犯出监鉴定表外,还应当签发罪犯暂予监外执行通知书,但不签发释放证明书。

**思考题:**

1. 简述监狱法律文书的概念和种类。
2. 罪犯入监登记表需要填写哪些内容?
3. 简述提请假释建议书的概念和作用。
4. 提请减刑建议书的正文部分需要写清哪些内容?
5. 简述监狱起诉意见书与公安机关起诉意见书的区别。
6. 简述罪犯出监鉴定表的概念和作用。
7. 根据下述案情材料,拟写一份提请减刑建议书。

2013年5月22日,××省××县人民法院作出(2013)×刑初字第92号刑事附带民事判决,认定文××犯抢劫罪,判处有期徒刑四年,并处罚金2000元(已履行)。判决发生法律效力后于2013年6月4日交付执行(刑期自2013年1月2日起至2017年1月1日止)。

在服刑改造期间,罪犯文××的表现如下:(1)在遵守监规纪律方面。罪犯文××能认罪服法,遵规守纪,服从管教,主动向干警汇报思想,深挖犯罪思想根源,能认识到自己的犯罪给家人、社会带来的危害,自觉矫正恶习。(2)在劳动改造方面。罪犯文××能积极主动的参加劳动,从事电子元件加工T1大环工种,劳动中能坚守劳动岗位,踏实肯干,按时完成劳动任务,表现较好。(3)在接受教育方面。罪犯文××能自觉接受和参加"三课"教育,到课率100%,尊重教师,遵守课堂纪律,从不迟到和早退,能够按时完成作业,在××省监狱服刑人员2015年度思想教育统一考试中,获A1卷91分、B1卷90分的优异成绩。由于表现优异,罪犯文××考评被评定为三级,在2013年9月至2015年2月考评周期中,被评为改造积极分子。

针对罪犯文××在监狱服刑改造期间的上述表现,2016年1月12日,××省××监狱决定对罪犯文××提请减刑,制作了编号为"(2016)×监减字第×号"提请减刑建议书,递送至××人民法院。

罪犯文××的基本情况:罪犯文××,男,1994年×月××日生,×族,××省××县人,高中文化,2013年8月27日调入××监狱,现在一监区服刑。

# 第八章 行政执法法律文书

## 第一节 概 述

### 一、行政执法法律文书的概念和特点

行政执法法律文书的概念有广义和狭义之分。广义的行政执法法律文书,是指行政机关依据法律赋予的行政职权,在行政执法过程中,依法制作或者使用的具有法律效力或者法律意义的行政公文,以及涉及行政诉讼时,行政机关制作并使用的,或者与行政机关自身利益密切相关的各种法律文书的总称。包括立案、管辖文书,调查取证文书,行政听证文书,行政复议文书,行政处罚文书,行政诉状文书,行政诉讼代理文书,行政裁决文书等。狭义的行政执法法律文书,是指行政机关依据法律赋予的行政职权,在行政执法过程中,依法制作的具有法律效力或者法律意义的行政法律文书。主要指立案、管辖文书,调查取证文书,行政听证文书,行政复议文书,行政处罚文书等。本文所指行政执法文书,是指狭义的行政执法文书。

行政执法法律文书主要具有以下特点:(1)制作的合法性。我国行政法调整的对象比较广泛,并且没有统一的实体法典,法律规定散见于宪法、法律、法规、规章中,制作不同的行政执法文书,需要依据不同的行政法律规定作为依据,文书的内容应当符合法律规定。(2)内容的规范性。行政执法文书内容的规范性,通常要求做到符合格式,事实要素叙写清楚,理由阐述充分,法律依据引用准确,处理意见明确具体。(3)实施的强制性。行政执法文书在行政执法中具有实际效用,有些文书具有法律效力,有些文书具有法律意义。无论是何种行政执法文书,都靠国家强制力保障施行,具有实施的强制性。

### 二、行政执法法律文书的种类和作用

行政执法法律文书依据不同的标准可以进行不同的分类:(1)依据文书制作主体的不同,可以分为公安行政执法文书、工商行政执法文书、税务行政执法文书、安全监察行政执法文书、卫生行政执法文书等。(2)依据写作和表达方式的不同,可以分为叙述式文书、笔录式文书、表格式文书、填空式文书等。(3)依据文种的不同,可以分为立案、管辖类文书,调查取证类文书,行政听证类文书、行政复议类文书、行政处罚类文书等。行政执法文书种类繁多,本文主要介绍行政处罚法律文书和行政复议法律文书的重点内容。

行政执法法律文书是行政机关依法行政的文字记录载体,其作用主要体现在以下几个方面:

(1)规范行政主体的行政行为。从文书制作的角度讲,规范和控制行政权,确保行政

权的运行不偏离目标,是行政执法文书的重要功能之一。完善行政执法文书的制作,可以使行政执法者的行政执法行为展示在书面上,一方面可以约束行政执法者的行政执法行为,保证其依法行政;另一方面也可以起到对行政执法者自身保护的作用。一旦涉及行政复议或者行政诉讼,这些行政执法文书即成为证明行政执法者依法行政的有利证据。

(2) 维护行政相对人的合法权益。在行政执法中,人的记忆是有限的,而且会受到各种主观因素的影响,最直接、可靠的凭证应当是不会说话的证据,即各种在行政执法过程中形成的行政执法文书。这些行政执法文书忠实地记载了行政执法的全部过程,即使记载有错误,也会通过审查被识破。因此,这些行政执法文书即是行政机关依法行政,或者不依法行政的依据,也是行政执法相对人在自身合法权益受到侵害时,依法维护自己合法权益的有利证明。

(3) 法制宣传的重要手段。在行政执法过程中,行政机关向行政执法相对人下发的行政执法文书是宣传法律的重要手段。例如,行政机关作出行政处罚决定,制作行政处罚决定书,向行政执法相对人下发。虽然被处罚者是个别行政执法相对人,但是见到行政处罚决定书的人绝非少数。因为每一位受处罚者周围,都存在一个工作、生活的群体。这些群体通过行政机关的行政执法行为,感受到了行政处罚的权威性、严肃性。同时,行政处罚决定书的下发和执行,也使这些相关群体了解到哪些行为是违法的、不能为的。这种实例宣传大于说教,因此行政执法文书在法制宣传方面的作用是不容忽视的。

## 第二节 行政处罚法律文书

### 一、行政处罚法律文书概述

(一) 概念和特点

行政处罚法律文书,是指我国行政机关对公民、法人或者其他组织实施的违反行政管理秩序的行为,依照法律规定的程序,对违法当事人予以行政处罚时制作的法律文书。

我国《行政处罚法》第3条规定:公民、法人或者其他组织违反行政管理秩序的行为,应当给予行政处罚的,依照本法由法律、法规或者规章规定,并由行政机关依照本法规定的程序实施。没有法定依据或者不遵守法定程序的,行政处罚无效。第8条规定:行政处罚的种类包括:警告;罚款;没收违法所得、没收非法财物;责令停产停业;暂扣或者吊销许可证、暂扣或者吊销执照;行政拘留;法律、行政法规规定的其他行政处罚。

行政处罚是行政机关依法行政的一种职能,行政处罚法律文书主要具有以下几个特点:

(1) 法定性。为了规范行政处罚的设定和实施,保障和监督行政机关有效实施行政管理,维护公共利益和社会秩序,保护公民、法人或者其他组织的合法权益,我国制定了《行政处罚法》。同时,为了规范行政机关、有关当事人在行政处罚过程中的行为,我国地方人民政府、行政管理部门依据我国《行政处罚法》的规定,在各自职权管辖范围颁布了行政处罚程序的规定、办法。例如,国家安全生产监督管理总局颁布的《安全生产违法行为行政处罚办法》、公安部颁布的《公安机关办理行政案件程序规定》、国家卫生部颁布的《卫生行政处罚程序》等。这些规定、办法是我国行政处罚法律规范体系的重要组成部分,制作行政处罚法律文书,应当以上述法律为依据,依法制作相关的法律文书。

(2) 适用性。行政处罚法律文书主要是依法行政过程中制作和使用的,是整个执法活动的忠实记录,文书写作应当充分考虑执法的规范性和办理案件的实际需要。因此,法律文书的适用性特点比较突出。

(3) 规范性。行政机关依法行政是法定职责,其使用的行政执法文书,是依法行政的重要载体。为了保证行政执法的合法性和权威性,行政处罚决定书的制作应当符合规范性的要求,包括文书格式符合规范性的要求、文书内容符合规范性的要求以及文书语言符合规范性的要求等。总之,行政处罚决定书的制作,必须遵循文书特点,依据法定要求制作,才能起到应有的作用。

(二) 种类和作用

行政处罚法律文书根据不同的标准,可以进行不同的分类:(1) 根据制作主体的不同,可以分为公安、海关、工商管理、税务、环保、物价、劳动、交通、卫生、教育、技术监督等部门的行政处罚法律文书。(2) 根据制作形式的不同,可以分为表格式文书、填空式文书、笔录式文书和文字叙述式文书。(3) 根据行政处罚案件办案流程,可以分为立案类文书、调查取证类文书、告知类文书、决定类文书、执行类文书、结案类文书、其他文书等。其中,立案类文书包括行政处罚案件举报登记表、行政处罚案件立案审批表。调查取证类文书包括询问通知书、询问笔录、陈述笔录、抽样取证通知书、先行登记保存通知书、采取(解除)强制措施审批表、封存(查封、暂扣、扣押)物品通知书、封存(查封、暂扣、扣押)物品清单、收缴物品清单等。告知类文书包括行政处罚事先告知书、行政处罚听证通知书等。决定类文书包括行政处罚决定书、当场行政处罚决定书等。执行类文书包括罚款催缴通知书、延期(分期)交纳罚款审批表、延期(分期)交纳罚款批准书、强制执行申请书、强制执行通知书、强制执行决定书等。结案类文书包括结案审批表、案件移送审批表等。其他文书包括责令改正通知书、送达回证等。本文主要介绍几种常用的行政处罚法律文书。

行政处罚法律文书是行政处罚措施实施的书面文字载体,其作用主要体现在以下几个方面:(1) 记载了行政机关依法行使行政处罚权的步骤和流程,是行政机关依法行使行政处罚权的基本保证。(2) 行政处罚法律文书反映了对当事人进行行政处罚的具体内容,是衡量、检查行政处罚权行使是否合法的有效依据。(3) 具有执行意义的行政处罚法律文书,对行政处罚相对人有警示、惩罚的作用,对社会公众有法制宣传教育的作用。

**二、行政处罚事先告知书**

(一) 概念和作用

行政处罚事先告知书,是指行政机关依法作出行政处罚前,告知当事人拟作出行政处罚决定的事实、理由和依据,以及当事人依法享有的权利时制作的法律文书。

我国《行政处罚法》第 31 条规定：行政机关在作出行政处罚决定之前，应当告知当事人作出行政处罚决定的事实、理由及依据，并告知当事人依法享有的权利。

行政处罚事先告知书的作用主要体现在以下三个方面：（1）告知当事人拟对其违法行为采取具体的行政处罚措施。（2）告知当事人拟作出行政处罚决定的事实、理由及依据。（3）告知当事人依法享有的申请行政听证、行政复议，提起行政诉讼等方面的权利，便于当事人在法定的期限内行使自己的权利，维护自身的合法权益。

（二）具体写作要求

行政处罚事先告知书属于填空式法律文书，由首部、正文和尾部组成。

1. 首部。包括标题、发文字号、被告知人的姓名或名称。

（1）标题。应当分两行书写为："××××（行政机关名称）""行政处罚事先告知书"。

（2）发文字号。应当写为："××罚告字〔20××〕第 ××号"。

（3）被告知人的姓名或名称。应当明确、具体。被告知人是自然人的，直接写明姓名；被告知人是法人或者其他组织的，应当写明法人或者其他组织的全称。

2. 正文。正文是文书的核心内容，包括被告知人违法行为的情况、拟决定处罚的具体形式、适用的法律依据以及交待被告知人的权利等。

（1）被告知人违法行为的情况。通常写为："你（或者单位全称）因××××（具体的违法行为）违反了《中华人民共和国××××法》第××条的规定。"

（2）拟决定处罚的具体形式、适用的法律依据。通常写为："依据《中华人民共和国行政处罚法》第××条的规定，本机关拟决定对你（或者单位全称）作出以下行政处罚：罚款××××元整（大写）。"

（3）交待被告知人的权利。通常写为："根据《中华人民共和国行政处罚法》第三十一条、第三十二条和第四十二条的规定，你（或者单位全称）可在收到本告知书之日起三日内向本机关进行陈述申辩、申请听证，逾期不陈述申辩、申请听证的，视为你（或者单位全称）放弃上述权利。"

3. 尾部。写明文书制作机关的名称并加盖印章，写明日期。同时，可以附上行政机关的地址、联系人及联系电话。

（三）文书写作需要注意的问题

1. 行政处罚事先告知书应当一式两联，第一联留存在行政机关的执法案卷中，第二联送达当事人。

2. 根据法律规定，除行政执法机关当场作出行政处罚决定外，拟对当事人采取较为严厉或者有着较重大影响的行政处罚前，都应当制作行政处罚事先告知书，依法告知当事人相关的处罚事项。

3. 行政处罚事先告知是我国行政处罚中的法定必经程序，文书一经送达签收，即发生相应的法律效力。

### 三、责令改正通知书

（一）概念和作用

责令改正通知书，是指行政机关在行政执法过程中，对于已经有证据证明的行政违法行为，责令行为人改正或者限期改正违法行为时制作的法律文书。

我国《行政处罚法》第23条规定：行政机关实施行政处罚时，应当责令当事人改正或者限期改正违法行为。

责令改正通知书的作用主要体现在以下几个方面：(1)告知当事人行政机关作出的，责令其改正违法行为的决定。(2)告知当事人行政机关责令其改正的违法行为的范围，期限等事项。(3)强制命令当事人停止违法活动、改正违法行为。

（二）具体写作要求

责令改正通知书属于填空式法律文书，由首部、正文和尾部组成。

1. 首部。包括标题、发文字号、被通知人的姓名或名称。

(1)标题。应当分两行写为："××××（行政机关名称）""责令改正通知书"。

(2)发文字号。应当写为："××责改通字〔20××〕第 ××号"。

(3)被通知人的姓名或名称。被通知人是自然人的，直接写明姓名；被通知人是法人或者其他组织的，应当写明法人或者其他组织的全称。

2. 正文。正文是文书的核心内容，应当写明被通知人违法行为的性质、违反的法律规范、行政机关决定的法律依据、责令改正的期限、改正的内容与要求等。

(1)被通知人违法行为的性质。应当写明被通知人实施违法行为的时间、地点和违法行为的具体内容。

(2)违反的法律规范、行政机关决定的法律依据。应当写得明确、具体，具有针对性。

(3)责令改正的期限、改正的内容与要求。应当写明要求改正的具体时间、具体内容，以及拒不改正的法律后果。同时，告知当事人依法享有的申请行政复议、提起行政诉讼的权利。

3. 尾部。写明行政机关的名称并加盖印章，写明日期。

（三）文书写作需要注意的问题

1. 责令改正分为立即改正与限期改正两种形式，责令改正通知书也分为责令改正通知书、责令限期改正通知书两种文书，文书制作，应当根据具体情形，写明责令改正通知书或者责令限期改正通知书。

2. 应当告知被通知人享有的申请行政复议、提起行政诉讼的权利。

3. 责令限期改正的，应当给当事人规定具体的改正时间，并在文书中写明。

### 四、当场行政处罚决定书

（一）概念和作用

当场行政处罚决定书，是指行政机关在违法行为发生现场，按照行政处罚法规定的简易程序,对违法行为人给予行政处罚时制作的法律文书。

我国《行政处罚法》第33条规定:违法事实确凿并有法定依据,对公民处以50元以下、对法人或者其他组织处以1000元以下罚款或者警告的行政处罚的,可以当场作出行政处罚决定。第34条规定:执法人员当场作出行政处罚决定的,应当向当事人出示执法身份证件,填写预定格式、编有号码的行政处罚决定书。行政处罚决定书应当当场交付当事人。前款规定的行政处罚决定书应当载明当事人的违法行为、行政处罚依据、罚款数额、时间、地点以及行政机关名称,并由执法人员签名或者盖章。执法人员当场作出的行政处罚决定,必须报所属行政机关备案。

当场行政处罚决定书的作用主要体现在以下几个方面:(1)当场处罚决定书是行政机关依法行使处罚权,处罚有关当事人违法行为的文书凭证。(2)说明行政机关已经依法确定行为人实施的违法行为事实,决定予以行政处罚。(3)标志着行政处罚程序已经终结,被处罚人不服行政处罚的,可以通过申请行政复议、提起行政诉讼的途径寻求法律救济。

(二)具体写作要求

当场行政处罚决定书属于填空式法律文书,由首部、正文和尾部组成。

1. 首部。包括标题、发文字号、被处罚人的姓名或名称。

(1)标题。应当写为:"当场行政处罚决定书"。

(2)发文字号。应当写为:"××行罚字〔20××〕第 ××号"。

(3)被处罚人的姓名或名称。被处罚人是自然人的,直接写明姓名;被处罚人是法人或者其他组织的,应当写明法人或者其他组织的全称。

2. 正文。正文是文书的核心内容,应当写明当事人的违法行为,行政处罚依据,罚款数额、时间、地点,以及交代被处罚人享有的权利等。

(1)当事人的违法行为。根据《行政处罚法》的规定,给予现场当场行政处罚的,应当是违法事实清楚、情节简单、证据确凿的违法行为。可以采用法律、法规和规章中对违法行为具体内容的表述即可。例如,厨师未取得健康许可证、聚众赌博等。

(2)法律依据。包括当事人违反的法律规范和行政处罚的依据。涉及当事人违反的法律规范和行政处罚依据的叙写,应当明确、具体,包括具体名称和具体条款。

(3)处罚的内容。要求写明处罚的种类和数额。同时,应当写明履行的方式和期限。

(4)告知权利。一般写为:"如不服本处罚决定,可在接到本处罚决定之日起××日内依法向××××(机关名称)申请行政复议;或××月内向××××人民法院起诉。逾期不申请复议,也不向人民法院起诉,又不履行处罚决定的,本机关将依法申请人民法院强制执行。"

3. 尾部。行政执法人员签名或盖章、加盖行政机关印章、写明处罚日期,并由被处罚人当场签字、盖章和写明日期等。

(三)文书写作需要注意的问题

1. 行政执法人员制作当场行政处罚决定书后,应当当场向当事人出具,不能事后向当事人出具。

2. 当事人应当在当场行政处罚决定书上签字或者盖章。

3. 当场收缴罚款的,文书制作两联,一联交当事人,一联由行政机关留存归档。要求当事人到指定银行缴纳罚款的,文书应当制作三联,一联交当事人,一联由当事人交给银行,一联由行政机关留存归档。

**五、行政处罚决定书**

(一) 概念和作用

行政处罚决定书,是指行政管理机关对违反法律、法规或者规章的当事人,根据《行政处罚法》的规定,按照通常行政处罚程序,对当事人实施行政处罚时制作的法律文书。

我国《行政处罚法》第 39 条规定:行政机关依照本法第 38 条的规定给予行政处罚,应当制作行政处罚决定书。行政处罚文书应当载明下列事项:(一) 当事人的姓名或者名称、地址;(二) 违反法律、法规或者规章的事实和证据;(三) 行政处罚的种类和依据;(四) 行政处罚的履行方式和期限;(五) 不服行政处罚决定,申请行政复议或者提起行政诉讼的途径和期限;(六) 作出行政处罚决定的行政机关名称和作出决定的日期。行政处罚决定书必须盖有作出行政处罚决定的行政机关的印章。

行政处罚决定书的作用主要体现在以下几个方面:(1) 根据法律规定,凡属行政处罚,必须制作行政处罚决定书,该文书是行政机关依法行使行政处罚权的文字凭证。(2) 行政处罚当事人不服行政机关作出的处罚决定,依法可以申请行政复议,或者提起行政诉讼,行政处罚决定书是当事人寻求上述救济的依据。(3) 行政处罚决定书是行政处罚程序终结的标志。

(二) 具体写作要求

行政处罚决定书由首部、正文和尾部组成。

1. 首部。包括标题、发文字号、被处罚人的姓名或名称等。

(1) 标题。应当写为:"行政处罚决定书"。

(2) 发文字号。应当写为:"×××行罚字〔20××〕第 ×× 号"。

(3) 被处罚人的姓名或名称。被处罚人是自然人的,直接写明姓名;被处罚人是法人或者其他组织的,应当写明法人或者其他组织的全称。

2. 正文。正文是文书的核心内容,应当写明违法事实和证据、行政处罚的种类和依据、行政处罚的履行方式和期限、救济途径等。

(1) 违法事实和证据。违法事实应当写明案件发生时的真实情况,包括案件来源、违法行为发生的时间、地点、经过、情节和结果等。叙述违法事实应当客观、全面、真实,抓住事实重点,详细叙述主要情节和因果关系。同时,应当明确、具体、全面地列举认定违法事实的主要证据。列举证据的方式,可以在叙述事实过程中列举证据,也可以在叙述违法事实后单独列举证据。

(2) 行政处罚的种类和依据。行政处罚的种类,应当写明行政机关对违法行为人实施处罚的具体内容,包括罚款、没收违法所得、责令停产停业、行政拘留等。涉及法律依据,应当写明对违法行为人实施处罚所依据的法律条款。引用法律条款应当准确,符合法律适用的原则,并且应当根据条、款、项的顺序详细列举。

(3) 行政处罚的履行方式和期限。行政处罚的履行方式,是指当事人履行行政处罚的方法和形式。例如,拆除违章建筑、到指定的银行缴纳罚款等。行政处罚的履行期限,是指行政机关限定违法行为人履行行政处罚决定的期间。例如,要求当事人在 15 日内到指定的银行缴纳罚款。

(4) 救济途径。救济途径,是指当事人不服处罚决定,申请行政复议或者提起行政诉讼的权利和期限。行政机关在作出行政处罚决定的同时,应当告知当事人不服行政处罚的救济途径,以便于当事人行使自己的权利,维护自身的合法权益。一般写为:"如不服本处罚决定,可在接到本处罚决定之日起××日内依法向××××(机关名称)申请行政复议;或××月内向××××人民法院起诉。逾期不申请复议,也不向人民法院起诉,又不履行处罚决定的,本机关将依法申请人民法院强制执行。"

3. 尾部。写明行政处罚机关的名称、加盖印章,写明作出处罚决定的日期等。

(三) 文书写作需要注意的问题

1. 行政处罚决定书必须具备法定的内容,并加盖作出行政处罚决定的行政机关的印章。

2. 行政机关及其执法人员在作出行政处罚决定之前,应当依照法律规定向当事人告知给予行政处罚的事实、理由和依据。未依法告知或者拒绝听取当事人的陈述、申辩,行政处罚决定不能成立,当事人放弃陈述或者申辩权利的除外。

3. 行政处罚决定书应当在宣告后当场交付当事人。当事人不在场的,行政机关应当在 7 日内依照《民事诉讼法》的有关规定,将行政处罚决定书送达当事人。

## 第三节 行政复议法律文书

### 一、行政复议法律文书概述

(一) 行政复议法律文书的概念和作用

行政复议法律文书,是指公民、法人或者其他组织不服行政主体作出的具体行政行为,认为行政主体的具体行政行为侵犯了其合法权益,依法向法定的行政复议机关提出复议申请,行政复议机关依法对该具体行政行为进行合法性、适当性审查,并作出行政复议决定过程中制作的法律文书的总称。

行政复议是解决行政争议的一种手段。法律设置行政复议制度的目的,主要是为了防止和纠正违法或者不当的具体行政行为,保护公民、法人和其他组织的合法权益,保障和监督行政机关依法行使职权。行政复议法律文书既是当事人申请行政复议的工具,也是行政复议机关受理、审理行政复议案件的依据。

(二) 行政复议法律文书的种类

行政复议法律文书主要适用工商、税务、海关等行政执法中,具体主要分为以下几类:(1) 申请类文书。例如,行政复议申请书、行政复议申请转送函等。(2) 通知类文书。例如,行政复议申请受理通知书、补正行政复议申请通知书、行政复议答复通知书、停止执行具体行政行为通知书、责令受理通知书、行政复议听证通知书、责令履行行政复议决定通知书等。(3) 决定类文书。例如,不予受理行政复议申请决定书、行政复议终止决定书、行政复议决定书、驳回行政复议申请决定书等。(4) 函件、调解、建议类文书。例如,规范性文件转送函、行政复议调解书、行政复议建议书等。

### 二、行政复议申请书

(一) 概念和作用

行政复议申请书,是指公民、法人或者其他组织,认为行政机关作出的具体行政行为侵犯其合法权益,向上一级行政机关请求救济时制作的法律文书。

公民、法人或者其他组织认为具体行政行为侵犯其合法权益的,可以自知道该具体行政行为之日起60日内提出行政复议申请;但是法律规定的申请期限超过60日的除外。行政复议申请书既是行政管理相对人申请行政复议,维护自身合法权益的工具,也是行政复议机关受理行政复议案件的依据。

(二) 具体写作要求

根据我国《行政复议法实施条例》第19条的规定,申请人书面申请行政复议的,应当在行政复议申请书中载明下列事项:申请人的基本情况;被申请人的名称;行政复议请求、申请行政复议的主要事实和理由;申请人的签名或者盖章;申请行政复议的日期。根据上述法律规定,行政复议申请书由首部、正文和尾部组成。

1. 首部。包括标题和当事人的基本情况。

(1) 标题。应当居中写为:"行政复议申请书"。

(2) 当事人的基本情况。应当分两种情形叙写:如果申请人和被申请人是公民的,应当写明姓名、性别、年龄、身份证号码、工作单位、住所、邮政编码等;如果申请人和被申请人是法人或者其他组织的,应当写明法人或者其他组织的名称、住所、邮政编码,法定代表人或者主要负责人的姓名和职务等。

2. 正文。正文是文书写作的重点,主要包括行政复议请求、申请行政复议的主要事实和理由两部分内容。

(1) 行政复议请求。行政复议请求,是指申请人请求行政复议机关维护自身合法权益的具体内容。这部分内容应当写的明确具体,通常包括以下三种情形:一是请求行政复议机关撤销原具体行政行为的决定,终止原决定的法律效力;二是认为原具体行政行为不当,请求行政复议机关予以更改;三是请求行政复议机关核实、确定原具体行政行为违法。

(2) 申请行政复议的主要事实和理由。事实部分主要应当写明行政机关实施的具体行政行为侵犯申请人合法权益的事实。叙写事实应当将事情发生的过程、前因后果叙写清楚,并应当重点围绕申请人实施行为的合法性、行政机关作出具体行政行为的违法性进行叙写。同时应当注意,叙写事实应当以相关的证据作为依据。理由部分应以事实为依据,写明支持复议请求的理由和法律依据,阐明申请人不服行政机关具体行政行为的观点、看法,以及适用法律的理由。

3. 尾部。主要包括以下三项内容:一是致送机关;二是申请人的签名、盖章和申请时间;三是附项。应当写明申请书副本的份数、所附证据的份数和所附授权委托书等情况。

(三)文书写作需要注意的问题

1. 被申请人的确定性。根据法律规定,公民、法人或者其他组织对行政机关的具体行政行为不服,可以申请行政复议。因此,行政复议申请书中的被申请人,只能是作出具体行政行为的行政机关。

2. 申请行政复议必须符合法定期限。我国《行政复议法》第 9 条第 1 款规定:公民、法人或者其他组织认为具体行政行为侵犯其合法权益的,可以自知道该具体行政行为之日起 60 日内提出行政复议申请;但是法律规定的申请期限超过 60 日的除外。

3. 申请人申请行政复议,应当向复议机关提交相关的证据材料。

### 三、行政复议受理通知书

(一)概念和作用

行政复议受理通知书,是指行政复议机关收到复议申请后,在法定期限内进行审查,认为行政复议申请符合法定条件,告知申请人受理复议案件时制作的法律文书。

我国《行政复议法实施条例》第 27 条规定:公民、法人或者其他组织认为行政机关的具体行政行为侵犯其合法权益提出行政复议申请,除不符合《行政复议法》和本《条例》规定的申请条件的,行政复议机关必须受理。

行政复议受理通知书的作用主要体现在以下两个方面:一是表明申请人提交的行政复议申请已经通过了行政复议机关的初步审查,所提申请符合《行政复议法》规定的法定条件。二是标志着行政复议机关正式启动了行政复议程序,案件开始进入复议阶段。

(二)具体写作要求

行政复议受理通知书属于填空类文书,通常为一式两份,一份交被通知人,一份附卷。该文书由首部、正文、尾部三部分内容组成。

1. 首部。包括标题、发文字号和被通知人的姓名或者名称等。标题由文书制作机关名称和文书名称组成,应当分两行书写。例如,"××市国土资源局""行政复议受理通知书"。发文字号一般由文书制作单位简称、文书性质简称、年度、编号组成。例如,××土资行复〔2017〕5 号。被通知人如果是自然人的,直接写明姓名;被通知人是法人或者其他组织的,应当写明该法人或者其他组织的名称。

2. 正文。应当写明受理复议案件的情况、审查依据、审查结果等。文书具体格式内容如下:

"你(们/单位)不服被申请人(名称)＿＿＿年＿月＿日作出的＿＿＿(具体行政行为),于＿＿＿年＿月＿日向(行政复议机关)申请行政复议。经审查,该行政复议申请符合《中华人民共和国行政复议法》和《中华人民共和国行政复议法实施条例》的有关规定,本机关决定予以受理。

特此通知。"

3. 尾部。写明文书制作机关名称、加盖印章,写明制作日期及附项。在附项中,通常附有委托书、法定代表人身份证明书等。

(三) 文书写作需要注意的问题

1. 行政复议机关收到行政复议申请后,应当在 5 日内进行审查。

2. 申请人提交的复议申请符合法定条件,但不属于收到申请的行政机关受理范围的,应当告知申请人向有关行政复议机关提出申请。

3. 对于已经受理,依法属于其他行政复议机关受理范围的行政复议申请,应当自接到该行政复议申请之日起 7 日内,转送有关行政复议机关,并告知申请人。

**四、行政复议答辩书**

(一) 概念和作用

行政复议答辩书,是指行政复议被申请人收到行政复议申请后,针对申请人提出的行政复议请求、事实和理由,在法定期限内,进行答复和辩驳时制作的法律文书。

我国《行政复议法》第 23 条第 1 款规定:行政复议机关负责法制工作的机构应当自行政复议申请受理之日起 7 日内,将行政复议申请书副本或者行政复议申请笔录复印件发送被申请人。被申请人应当自收到申请书副本或者申请笔录复印件之日起 10 日内,提出书面答复,并提交当初作出具体行政行为的证据、依据和其他有关材料。第 28 条第 1 款第(四)项规定:被申请人不按照本法第 23 条的规定提出书面答复、提交当初作出具体行政行为的证据、依据和其他有关材料的,视为该具体行政行为没有证据、依据,决定撤销该具体行政行为。

行政复议答辩书的作用主要体现在以下两个方面:一是被申请人发表辩解意见,陈述被申请人作出的具体行政行为所认定的事实、理由与法律依据,针对申请人的复议申请进行辩驳,是行使法定答辩权的体现。二是被申请人通过答辩阐明实施具体行政行为合法性的意见,有助于复议机关全面了解案情,作出正确的复议决定。

(二) 具体写作要求

行政复议答辩书由首部、正文和尾部三部分构成。

1. 首部。应当写明标题、答辩人的基本情况和案由。标题应当写为:"行政复议答辩书"。答辩人的基本情况,应当写明答辩人的名称、所在地址、法定代表人的姓名和职务等。如果有委托代理人的,应当写清委托代理人的姓名、职务、工作单位等。案由通常写为:"对×××(申请人)××××年×月×日提出的复议申请,提出答辩如下:……"

2. 正文。主要应当写明答辩理由。叙写答辩理由,主要应当注意以下几点:一是应当针对申请人提出复议申请阐述的事实和理由进行答辩,阐明行政机关在实施具体行政行为时,认定事实、适用法律,以及依法行政的程序等方面的合法性,指出申请人提出复议请求的不合法性。二是如果申请人提出的复议请求部分合法、部分不合法,答辩人对不合法的部分予以辩驳,对合法的部分可以表示接受。三是在具体辩驳方法上,可以根据案件的具体情况,采取综合论辩的方法,也可以采取逐条论辩的方法。

3. 尾部。应当写明致送复议机关的名称、答辩人的名称和答辩时间。

（三）文书写作需要注意的问题

1. 行政复议答辩书中的答辩人即是行政复议申请书中的被申请人。

2. 答辩意见的阐述,仅限于作出具体行政行为时的范围。

3. 在答辩过程中,答辩人不能再擅自调查、取证,并将其作为作出具体行政行为合法性的补充写入答辩书。

### 五、行政复议决定书

（一）概念和作用

行政复议决定书,是指行政复议机关通过对申请复议案件的审理,对原具体行政行为重新审查后,依法作出裁决时制作的法律文书。

我国《行政复议法》第 31 条规定:行政复议机关应当自受理申请之日起 60 日内作出行政复议决定;但是法律规定的行政复议期限少于 60 日的除外。情况复杂,不能在规定期限内作出行政复议决定的,经行政复议机关的负责人批准,可以适当延长,并告知申请人和被申请人;但是延长期限最多不超过 30 日。行政复议机关作出行政复议决定,应当制作行政复议决定书,并加盖印章。行政复议决定书一经送达,即发生法律效力。

行政复议决定书的作用主要体现在以下几个方面:一是行政复议是解决行政争议的一种方式,是由行政行为相对人提出申请,行政复议机关依法进行审理作出的结论,是对行政复议申请人的一种答复。二是行政复议决定书载明的裁决内容,是复议结论。行政复议是国家行政机关所具有的一种职能,维持合法的具体行政行为,驳回申请人不合法、不合理的请求,有利于维护国家法律的尊严;对不合法、不合理的具体行政行为予以否定,有利于维护行政复议申请人的合法权益。三是制作行政复议决定书,并送达双方当事人,标志着行政复议程序的终结。

（二）具体写作要求

行政复议决定书由首部、正文和尾部三部分组成。

1. 首部。包括标题、发文字号、当事人的基本情况、案件复议组织情况等。

（1）标题。应当分两行书写为:"××××（行政复议机关名称）""行政复议决定书"。

（2）发文字号。应当写为:"××复决字〔20××〕××号"。

（3）当事人的基本情况。首先,应当写明申请人的基本情况。申请人是自然人的,应当依次写明申请人的姓名、性别、年龄、职业、住址等情况。申请人是法人或者其他组织的,应当依此写明法人或者其他组织的名称、所在地址,法定代表人或者主要负责人的姓名、职务等。其次,应当写明被申请人的基本情况,包括被申请人的名称、所在地址、法定代表人的姓名和职务等。被申请人是两个或者两个以上的,应当依次分别写明被申请人的有关情况。双方当事人如果有委托代理人的,应当写明委托代理人的姓名、职务和工作单位。

(4)案件复议组织情况。应当写明案件由来、审理过程等。根据行政复议决定书格式的要求,这部分内容通常表述为:

"申请人×××(姓名或者名称)不服被申请人×××(被申请人名称)于××××年×月×日作出的××行决字〔年度〕××号××××(具体行政行为名称)决定,于××××年×月×日向本机关提出行政复议申请,本机关依法已予受理,现已审理终结。"

2. 正文。正文是行政复议决定书的核心内容,主要应当写明申请复议的请求、事实与理由,被申请人答辩的主要事实和理由,复议机关认定的事实、理由和法律依据,行政复议的决定四个方面的内容。具体内容如下:

(1)申请复议的请求、事实与理由。这部分内容的叙写,应当以申请人提交的复议申请书为依据。如果申请人申请行政复议的内容冗长、繁琐,应当概括归纳申请人申请复议的事实、理由和请求,并应做到真实、准确,反映申请人的原意。

(2)被申请人答辩的主要事实和理由。根据法律规定,被申请人应当提交复议答辩书,对申请人的复议申请进行答复和辩驳,以证明其作出的具体行政行为的合法性。这部分内容的叙写,应当以被申请人提交的行政复议答辩书的内容为依据,概括被申请人答辩的事实、理由和法律依据,准确、真实地反映被申请人答辩的原意。如果有两个被申请人,应当分别对被申请人答辩的内容进行叙述。

(3)复议机关认定的事实、理由和法律依据。这部分内容是复议机关作出行政复议决定的基础,包括对双方当事人争议事实的认定、作出复议决定的理由和适用的法律依据等。具体内容阐述应当注意以下几点:一是行政复议机关在确定案件事实时,应当详细叙写确认的被申请人实施具体行政行为的事实,为行政复议决定的作出奠定基础。二是在具体阐述理由时,应当根据认定的事实,结合法律规定,阐述行政机关作出的具体行政行为是否合法。同时,应当对申请人申请复议的请求和理由作出回应,依法说明支持或者不予支持的理由,以增强行政复议决定书的说理性。三是援引法律依据应当明确具体。

(4)行政复议的决定。这部分内容是案件处理的最终结果,叙写应当简洁、明确,具有可执行性。根据我国《行政复议法》和《行政复议法实施条例》的规定,行政复议的处理决定可以分为以下几种情形:一是决定维持原具体行政行为;二是决定驳回申请人的行政复议申请;三是责令被申请人在一定的期限内履行法定职责;四是撤销被申请人作出的具体行政行为,并责令被申请人重新作出具体行政行为;五是变更被申请人作出的具体行政行为等。

3. 尾部。包括向当事人交代有关事项、明确行政复议决定书的效力、写明复议机关、注明日期等。具体内容如下:

(1) 向当事人交代有关事项。应当写明："如不服本决定,可在接到行政复议决定书之日起××日内向人民法院提起行政诉讼。逾期不起诉又不履行行政复议决定的,依法强制执行。"

(2) 明确行政复议决定书的效力。应当写明："本决定书一经送达,即发生法律效力。"

(3) 写明复议机关名称和日期。

(三) 文书写作需要注意的问题

1. 行政复议期间,行政复议机构认为申请人以外的公民、法人或者其他组织与被审查的具体行政行为有利害关系的,可以通知其作为第三人参加行政复议。申请人以外的公民、法人或者其他组织与被审查的具体行政行为有利害关系的,也可以向行政复议机构申请作为第三人参加行政复议。第三人不参加行政复议,不影响行政复议案件的审理。第三人参加行政复议的,在行政复议决定书中应当写明第三人的相关情况。

2. 申请人、第三人可以委托一至二名代理人参加行政复议。申请人、第三人委托代理人的,应当向行政复议机构提交授权委托书。授权委托书应当载明委托事项、权限和期限。代理人参加复议的,在行政复议决定书中,应当写明代理人的基本情况,包括姓名、职业、工作单位等。

3. 根据法律规定,行政复议机关在申请人行政复议请求范围内,不得作出对申请人更为不利的行政复议决定。

**思考题：**

1. 简述行政执法法律文书的概念和种类。
2. 简述行政处罚事先告知书的概念和作用。
3. 什么是责令改正通知书？其正文部分需要写清哪些内容？
4. 什么是行政处罚决定书？其正文部分应当写明哪些内容？
5. 简述行政复议法律文书的概念和作用。
6. 行政复议申请书的正文部分需要写明哪些内容？
7. 简述行政复议答辩书的概念和作用。
8. 什么是行政复议决定书？其正文部分应当写明哪些内容？
9. 根据下述案情材料,拟写一份行政处罚决定书。

2016年10月20日下午,××县××乡××村居民张小明(男、37岁)、谢小红(女、35岁)夫妇因琐事与邻居张小强(男,40岁)、韩小杰(女,38岁)夫妇发生口角。双方当事人相互辱骂,勾起积怨,继而引起厮打。张小明用铁锹将张小强的头部打伤,谢小红用砖头砸伤韩小杰的头部,并将韩小杰的脸部抓伤。随后,韩小杰向××××公安局报案。经××××公安局技术室法医鉴定,张小强、韩小杰伤情分别为轻微伤。以上事实有控告人指控,违法行为人张小明、谢小红的供述材料,邻居证人陆琦、张威、高庆的证言,张小强、韩小杰的法医学人体损伤程度鉴定书为证。××××公安局依据《中华人民共和国治安管理处罚法》的规定,决定给予张小明、谢小红拘留4日的行政处罚。

# 第九章 律师实务文书

## 第一节 概 述

### 一、律师实务文书的概念和作用

律师实务文书,是指律师在从事业务、履行职责的过程中,根据事实和法律的要求制作或者代为书写的各种法律文书的总称。

律师制度是一个国家现代法律制度的重要组成部分,是法治文明进步的重要标志。律师的工作主要是以书面形式为当事人提供法律帮助与服务,因此,律师实务文书是律师履行职责的具体表现形式,具有以下几个方面的作用:

(1) 律师从事业务的工作成果。律师接受当事人的委托,作为诉讼案件的辩护人、代理人或者提供法律顾问服务等,运用自身具备的法律修养与能力为当事人解决所遇到的各种法律问题。律师的基本工作是书写制作各种法律文书,将符合当事人合法权益的要求依据客观事实纳入到法律框架内,递交司法等机关争取获得法律的认同和保护。

(2) 实现当事人所享有的各种权利。律师为当事人制作的相关文书依法明确当事人的主张,是司法机关启动相应的法律程序、采取相关法律措施的依据。因此,律师实务文书是律师为当事人提供的依法行使各项权利的保障,使当事人能获得法律救济等途径切实维护自身的合法权益。

(3) 维护当事人的合法权益。律师根据当事人的委托参加人民法院各类案件的审理,制作并向合议庭递交相关的文书,阐明有利于委托人的案情事实和理由,组织提交证据,提出合理的主张,使得合议庭能够接受各方的意见,全面地了解掌握案情,公平、公正地审理案件,实现维护当事人的合法权益的最终目的。

(4) 相关案件诉讼中的证据。律师依据实际情况向有关当事人提交的法律文书,陈述、分析当事人相关行为的性质,提示当事人行为可能承担的法律责任,督促当事人依法履行所承担的各项义务。同时,可以作为案件诉讼中的证据,证明争议发生的经过与原因等。

(5) 学习交流、总结经验教训的材料。律师实务文书记载了律师运用法律专业知识解决法律问题的工作成果,反映出律师分析、解决问题的能力与水平。作为历史档案留存可以检查、评估律师的工作质量与基本工作能力。通过评阅、交流可以从中总结经验与教训,丰富、提升律师的专业素质与实际工作能力。

## 二、律师实务文书的特点和种类

（一）律师实务文书的特点

1. 客观独立性。律师接受一方当事人的委托从事工作，作为辩护人、代理人履行职责具有独立的诉讼地位。律师根据案件的客观事实与法律规定发表意见、提出主张，既不受委托人意思的支配，也不受人民检察院、人民法院或者其他国家机关的干预与约束。因此，律师制作的表达自己意见与主张的文书，具有鲜明的客观独立性。

2. 内容的规范性。律师实务文书的写作内容应当符合一定的规范要求，通常需要按照顺序写明事实、证据、理由、法律依据，以及主张与要求。有的文书还应当写全法律要求必须具备的内容，具备各项要素齐全，内容规范的特点。

3. 形式的程式性。律师实务文书在形式上属于程式化的文书，文书的结构与写作要求基本固定。律师实务文书大都由首部、正文和尾部三部分构成。同时，使用法律专业的基本术语，以及统一的规范性文字。

（二）律师实务文书的种类

律师实务文书按照不同的标准可以划分为不同的种类。

1. 依据文书制作主体的不同，可以分为律师代书的法律文书和以律师与律师事务所的名义出具的文书。

律师以当事人的名义书写制作的文书，是指律师接受当事人的委托代其书写的各种诉状，以及申请书等文书。这类文书主要用于当事人在各类案件的诉讼活动中，例如，刑事自诉状；民事、行政起诉状；民事、行政答辩状；民事反诉状，以及各类案件的上诉状等。

以律师的名义出具的文书，是指律师从事业务、履行职责的工作中书写制作的文书，主要包括：辩护词、代理词、法律意见书、催告函等，以及律师在从事业务工作中制作的各种笔录等。

以律师事务所的名义出具的文书，是指律师事务所处理与当事人、其他组织之间的关系而达成的协议，或者处理相关律师业务而制作的文书。主要包括：刑事辩护委托协议、民事代理委托协议、行政诉讼代理委托协议，以及非诉讼代理委托协议等。除此之外，还有律师事务所向公检法等机关出具的各种信函等文书。

2. 依据律师业务范围和性质的不同，可以分为诉讼类、仲裁类与其他法律文书。

诉讼类文书，是指律师在接受当事人的委托参加各类案件诉讼活动中制作的文书。例如，起诉状、答辩状、上诉状、辩护词、代理词，以及各类案件的申请书、笔录等。

仲裁类文书，是指律师在接受当事人的委托参加仲裁活动中制作的文书。主要包括：仲裁申请书、仲裁答辩状等。

其他法律文书，是指律师从事的非诉讼、非仲裁业务活动中制作的文书。主要包括：法律意见书、律师见证书、催告函等。

除此之外，律师实务文书依据文书功能的不同，可以分为外部事务文书与内部事务文书等。

人民法院刑事、民事、行政案件审理过程中,律师在法庭辩论中当场发表的辩护词、代理词,尽管不属于法定文书,但辩护词、代理词集中展示了律师运用法律知识与法律思维,全面维护当事人合法权益的观点与意见,是律师依法行使权利、履行职责的重要组成部分,具有非常重要的现实意义。因此,辩护词、代理词论证说理的写作方法,也是本章讲授的内容。

## 第二节 诉状类文书

### 一、概述

(一)概念和作用

诉状类文书,是指律师代替刑事、民事和行政案件的当事人书写并递交人民法院提起诉讼或者主张自身权利、维护合法权益的法律文书。

诉状类文书用于当事人各类案件的诉讼活动,有四个方面的作用:(1)当事人行使诉讼权利的根本体现。律师为当事人制作、使用诉状类文书向人民法院提起各类案件的诉讼程序,依法行使当事人享有的诉讼权利。(2)陈述自己持有的观点与理由,表达对案件处理的态度与主张,依法维护自身的合法权益。(3)针对有关当事人进行辩驳,发表论述自己的观点与看法,便于人民法院全面听取各方的意见,查明案情审理案件,为依法作出裁判奠定基础。(4)人民法院启动各类案件相关诉讼程序的基本依据。诉状类文书经当事人依法递交人民法院,一旦为人民法院受理,案件即进入一审、二审或者相关的诉讼程序。同时,这些文书也是人民法院开展各类案件审理活动的前提条件。

诉状类文书包括有:自诉状、起诉状、上诉状、反诉状、答辩状等,一般由各类案件的当事人书写制作。然而,这类文书在格式、内容等方面,有着一定的法律规定与要求。因此,诉状类文书通常由律师代为书写,为当事人"代写各类诉状"是律师从事的一项主要业务。

(二)特点与种类

1. 诉状类文书的特点

(1)用途的限定性。诉状类文书的适用仅限于各类案件审理的诉讼活动,专门用于当事人递交人民法院以便提起各类案件不同程序的诉讼,用于诉讼中各方当事人陈述自己的主张与理由,辩驳对方的看法与意见。

(2)内容、形式的规定性。我国颁布的民事、行政诉讼法规定了当事人的诉讼权利,并对当事人向人民法院递交的各类诉状的内容作出原则性规定。我国最高人民法院发布的有关诉讼文书样式,规定了诉讼文书的基本格式。因此,诉状类文书内容、形式具有较强的规定性。

(3)时间的限定性。我国刑事、民事、行政诉讼法在案件审理的期限方面有着许多的具体规定。人民法院根据案件审理的实际情况,要求当事人在指定的期限内递交相关的书面材料。因此,诉状类文书大多受到期限的制约,必须在规定的时间内完成制作并递交案件审理的合议庭。

2. 诉状类文书的种类

诉状类文书主要包括刑事自诉状、上诉状；民事起诉状、上诉状、反诉状；行政起诉状、上诉状，以及人民法院受理的各类案件中当事人递交的答辩状。不同种类的文书分别适用当事人不同诉讼活动的需要。

诉状类文书依据不同的标准可以分为不同的种类。

(1) 依据涉及案件性质的不同，可以分为民事诉状类文书、刑事诉状类文书以及行政诉讼类文书。(2) 依据案件审理程序的不同，可以分为一审诉状类文书、二审诉状类文书、再审文书等。(3) 依据内容与作用的不同，可以分为起诉状、答辩状、反诉状等。

**二、民事起诉状**

(一) 概念和作用

民事起诉状，是指当事人因权益受到侵害或者与他人发生民事争议，依据事实和法律规定，作为原告按照法定程序，向人民法院提起第一审民事诉讼程序时制作的法律文书。

我国《民事诉讼法》第120条第1款规定："起诉应当向人民法院递交起诉状，并按照被告人数提出副本。"第121条规定："起诉状应当记明下列事项：(一) 原告的姓名、性别、年龄、民族、职业、工作单位、住所、联系方式，法人或者其他组织的名称、住所和法定代表人或者主要负责人的姓名、职务、联系方式；(二) 被告的姓名、性别、工作单位、住所等信息，法人或者其他组织的名称、住所等信息；(三) 诉讼请求和所根据的事实与理由；(四) 证据和证据来源，证人姓名和住所。"

民事起诉状的作用主要体现在以下几个方面：(1) 原告用来向人民法院提起民事争议案件的第一审诉讼程序，是行使所享有的民事诉讼权利的体现。(2) 作为载体陈述原告自身权益受到损害的事实经过，阐明诉讼请求以及所持有的理由。(3) 被告获知原告起诉原由等的途径，以便被告应诉并组织答辩。(4) 人民法院启动第一审民事诉讼程序的基本依据，也是人民法院查明案情，依法审理案件的前提条件。

(二) 具体写作要求

民事起诉状为文字叙述式文书，由首部、正文和尾部三部分内容组成。

1. 首部。包括标题、当事人的身份情况与信息。

(1) 标题。居中写明："民事起诉状"。

(2) 当事人的身份情况与信息。包括原告、被告、第三人，以及诉讼代理人的身份情况与信息。

一是原告的身份情况与信息。原告是自然人的，写明原告的姓名、性别、年龄、民族、职业、工作单位、住所、联系方式。例如，"原告×××(姓名)，男，××××年×月×日出生，汉族，××有限公司职员，现住××市××区××大街×号×楼，联系电话：1391……"

原告为法人或者其他组织的，写明单位全称、地址(即注册地址)和法定代表人或者负责人的姓名、职务、联系方式。例如，"原告北京××科技发展有限公司，地址：××市×

×科技园区××大街×号"。另起一行写明:"法定代表人×××(姓名),男 ,职务:董事长 ,联系电话:1390……"

二是被告的身份情况与信息。在写明原告的各项事项之后,另起一行写明被告的身份情况与信息,具体内容与所列原告的身份情况与信息的事项相同。

三是第三人的身份情况与信息。民事纠纷中涉及第三人的,在写明被告情况与信息之后,另起一行写明第三人的身份情况与信息。具体内容与所列原告的身份情况与信息的事项相同。

(3)代理人的身份情况与信息。民事诉讼案件中,代理人可以分为法定代理人、委托代理人两大类。在民事起诉状中,应当分别写明不同种类的代理人的具体情况。

当事人是未成年人的,应当由其监护人作为法定代理人参加诉讼。在写明未成年人的身份情况与信息之后,在其法定代理人项下,按照以上所列原告的身份情况与信息的要求,逐一写明法定代理人(即当事人的监护人)的身份情况与信息,并在法定代理人的姓名之后,用括号注明与当事人的关系。例如,法定代理人张××(系原告之父亲)……

原告为公民个人的,可以委托其近亲属作为诉讼代理人;原告为法人或者其他组织的,可以委托本单位的职工作为诉讼代理人。为此,原告委托诉讼代理人项下,应当按照以上所列原告的身份情况与信息的要求,逐一写明委托诉讼代理人的身份情况与信息,如委托人系近亲属的应在其姓名之后,用括号注明与当事人的关系。例如,"委托诉讼代理人李××(系原告之母),女,××××年×月×日出生,汉族,××市××局干部 ,现住××市××区××大街×号×楼,联系电话:1381……"

原告已经聘请律师作为诉讼代理人的,在委托诉讼代理人的事项中写明律师的姓名、性别、工作单位、职务、联系方式。例如,"委托诉讼代理人×××(姓名),女,××市××律师事务所律师,联系电话:1361……"

2. 正文。是起诉状的核心内容,应当写明诉讼请求、事实和理由,以及证据和证据来源、证人姓名和住址。

(1)诉讼请求。诉讼请求,是指原告希望通过人民法院对争议案件的审理所要达到的目的和要求。诉讼请求应当明确、具体,请求的事项可以分别列举。

诉讼请求可以概括为几个方面:一是原告对民事纠纷所涉及法律关系的态度。二是被告应当负有的义务与责任。三是案件受理、鉴定等费用的负担等。

在离婚案件中,一般都会涉及原、被告婚姻关系的解除,夫妻共有财产的分配,子女抚养等问题的处理。因此,首先应写明:"判决原告×××与被告×××离婚。"其次,写明子女抚养的具体要求,例如,"原被告双方所生女儿(姓名、年龄)归原告抚养,被告按月提供生活费××××元,到女儿独立生活为止"。再者,写明原被告共同财产的分割。例如,"原、被告共有现金××××××元,其中××××××归原告;现有住房判归原告所有;个人衣服生活用品归原、被告个人"等。最后,写明案件受理费的负担。

在商品买卖合同中,通常涉及买卖双方合同关系的处理,被告的义务与赔偿责任等。因此,原告的诉讼请求一般包括:"一、解除原、被告双方于××××年×月×日签订的

《机电产品销售合同》;二、被告向原告支付所拖欠的货款共计×××万元;三、被告按照合同约定向原告支付违约金××万元;四、本案受理费××××元,由被告全部负担。"

(2) 事实和理由。写明原告与被告之间存在的关系、争议形成的原因与过程,争议的后果与现状。之后,写明原告主张的依据。

首先,写明原、被告双方建立关系的事实经过。在离婚纠纷案件中,一般应当简要交代原、被告建立婚姻、家庭关系的情况。例如,"原告×××与被告×××自××××年经人介绍相识,之后确立恋爱关系,并于××××年××月自愿登记结婚。婚后感情尚好,生有一子×××(姓名),现年×岁。"

在房屋租赁合同纠纷案件中,首先简要写明原、被告建立房屋租赁关系以及合同执行的情况。例如,"原告×××与被告×××在租房网上建立了联系,经实地查看双方均表示满意,遂于××××年×月×日签订《房屋租赁合同》。其中,主要约定:原告将自有的位于××市××区××大街×号的平房两间出租给被告居住使用,租赁期限为两年,每月租金为 1800 元。合同签订时被告同时预付两个月房租的保证金,之后,每月 5 号之前由被告向原告支付当月租金。合同签订后原、被告双方如约履行了各自的义务。"

其次,写明争议发生的原因与事实经过。在离婚纠纷案件中,应当重点写明夫妻感情破裂的主要原因,被告的过错行为与大致经过。例如,"原告与被告婚后两年时女儿出生,抚养女儿的生活琐事繁杂,被告为躲避做家务经常外出找人打麻将。后来,逐渐嗜赌成性整宿打麻将常常几天不回家。经过几年的折腾,被告已经赌输了家里的全部积蓄。尽管原告一再劝解、忍让,被告总是说一套做一套。近来竟然背着原告打算变卖家里现在住房以供其继续赌博。被告的行为严重影响了家庭的正常生活,伤害了原告的感情……"

再者,写明被告行为所带来的损失以及纠纷的现状。在商品买卖合同纠纷中,应当写明被告违约行为所造成的具体经济损失。例如,"按照合同约定,被告应当在收到货款后 30 天内向原告全部交货。然而,被告自收到原告支付的货款后仅提供了 30%的货物,之后,无故拒绝向原告交货,致使原告停工待料,无法维持正常的生产经营。为此,已经造成原告的经济损失××万元。现被告仍然不能向原告交货,致使原告全面停工,每天损失为×万元。"

最后,归纳写明原告主张的法律依据与有关规定。在商品买卖合同纠纷中,应当写明被告的违约行为违背了合同的具体约定。例如,被告不能按期向原告交货的行为违反了双方签订的《机电产品购销合同》第 38 条的规定:"乙方无故不能按期向甲方交货的,应当承担违约责任,按照不能交货产品的总值每日 3‰计算向甲方支付违约金。"

(3) 证据和证据来源、证人姓名和住址。列明证据、证人的具体情况。证据数量较多时,可以单独列为一项书写内容,附在起诉状后一并递交人民法院。为此,需在尾部写明:附证据××份。

3. 尾部。包括致送法院的名称、附项、署名和日期。

(1) 致送法院名称。写明:"此致""××××人民法院(全称)"。其中,"××××人民法院"应另起一行顶格书写。

（2）附项。应当写明："本诉状副本×份"。

（3）署名和日期。在起诉人项下由原告本人手书签名，原告为法人或者社会组织的，应当在起诉人项下写明单位全称，由法定代表人或者主要负责人手书签名，之后加盖单位公章。最后，写明递交起诉状的年月日。

（三）文书写作需要注意问题

1. 起诉状中的事实经过与理由部分，应当写明争议发生的时间、地点、人物等几个方面的要素，做到简明扼要、重点突出、层次分明。同时，归纳原、被告争议的焦点，重点指出被告违法或者违反约定的行为，以及应当承担的具体责任，明确原告主张的理由与依据。

2. 起诉状中列明的证据应当附在起诉状后，一并递交案件审理的人民法院。

3. 起诉状正本一份，并按照被告人数制作副本×份。起诉状正、副本一并递交人民法院。

4. 案由是指民事诉讼案件的名称，反映案件所涉及的民事法律关系的性质，是人民法院将诉讼争议所包含的法律关系进行的概括。为方便当事人提起民事争议的诉讼，我国《民事诉讼法》以及有关司法解释的规定中，均未将案由作为起诉状的绝对必要条款。因此，案由不必一定要写在起诉状中。

### 三、民事上诉状

（一）概念和作用

民事上诉状，是指民事案件的诉讼当事人不服人民法院一审判决或者裁定，在法定的期限内向上一级人民法院提出上诉，请求撤销、改变第一审判决或者裁定时制作的法律文书。

我国《民事诉讼法》第165条规定："上诉应当递交上诉状。上诉状的内容，应当包括当事人的姓名，法人的名称及其法定代表人的姓名或者其他组织的名称及其主要负责人的姓名；原审人民法院名称、案件的编号和案由；上诉的请求和理由。"第166条第1款规定："上诉状应当通过原审人民法院提出，并按照对方当事人或者代表人的人数提出副本。"

民事上诉状的作用主要体现在以下几个方面：（1）上诉人用来向人民法院提起民事案件的第二审诉讼程序，是行使所享有的民事诉讼权利的体现。（2）作为载体用来陈述上诉人分析、论证原审判决存有的错误，阐明自己的诉讼请求以及所持有的理由。（3）被上诉人获知上诉人上诉原由等的途径，以便被上诉人应诉并组织答辩。（4）人民法院启动民事案件第二审诉讼程序的基本依据，也是人民法院查明案情，依法审理案件的前提条件。

（二）具体写作要求

民事上诉状为文字叙述式文书，包括首部、正文和尾部三部分。

1. 首部。包括标题、当事人的身份情况与信息，原审人民法院名称、案件的编号和案由。

(1) 标题。居中写明:"民事上诉状"。

(2) 当事人的身份情况与信息。包括上诉人、被上诉人、第三人,以及委托诉讼代理人的身份情况与信息。

当事人的身份情况与信息的具体内容与民事起诉状中的要求相同。在上诉人、被上诉人的姓名或者名称之后,用括号注明原审诉讼地位。

原告上诉的,写为:上诉人(原审原告)……被上诉人(原审被告)……被告上诉的,写为:上诉人(原审被告)……被上诉人(原审原告)……一审中被告反诉的,被告提出上诉时,写为:上诉人(原审被告、原审反诉原告)……

(3) 委托诉讼代理人的身份情况与信息。具体内容与民事起诉状中有关委托诉讼代理人的各项内容相同。

(4) 原审人民法院名称、案件的编号和案由。写明:"×××(上诉人姓名或者名称)因与×××(被上诉人姓名或者名称)××(案由)一案,不服××××人民法院××××年××月××日作出的(年度)××字××号判决/裁定,现提出上诉。"

2. 正文。写明上诉请求与上诉理由。

(1) 上诉请求。上诉请求是上诉人提起上诉所要达到的目的和要求,上诉请求应当明确、具体。例如,在离婚案件中,当事人不服原审不准许离婚的判决时,写为:"一、撤销一审判决,改判上诉人××与被上诉人××离婚;二、……"再如,在货物买卖合同纠纷案件中,当事人不服原审赔偿数额的判决时,写为:"一、撤销第一审判决的第二项,改判被上诉人向上诉人赔偿经济损失××万元;二、……"最后,写明上诉费用的负担,例如,上诉费用由被上诉人全部负担。

(2) 上诉理由。指出原审裁判文书中存有的错误,以此展开论述,阐明上诉请求的合理、合法性。叙写时,应当注意以下几个问题:

第一,明确指出原审裁判的错误所在。从事实认定、适用法律两个方面入手,分析说明原审在认定事实方面所依据的证据不足、存有瑕疵等,论证原审法律适用错误与问题。

第二,围绕着上诉请求展开论述。上诉请求表明了上诉人的观点与主张,上诉理由则是阐明持有观点正确、主张合理的根据。为此,以上诉请求为出发点,逐一分层次、有重点的加以论证。

第三,必须有充分、可信的依据。理由与主张应以案件所涉及的相关法律规定、司法解释,以及有关政策、类似判例等作为基本依据。在法律尚无规定或者规定不明确的领域,可以考虑引用具有权威性的专著、论文中的观点来支持自己的主张。切忌毫无依据的"凭空白说""自说自话"。

3. 尾部。包括致送法院名称、附项、署名和日期。

(1) 致送法院名称。写明:"此致""××××人民法院(全称)","××××人民法院"另起一行顶格书写。

(2) 附项。写明:"本上诉状副本×份"。

(3) 署名和日期。在上诉人项下，由上诉人本人手书签名。上诉人为法人或者社会组织的，应当写明单位的全称，由法定代表人或者组织负责人手书签名，之后加盖单位公章。最后，写明递交上诉状的年月日。

(三) 文书写作需要注意的问题

1. 诉讼请求应当完整，不要有所遗漏。遗漏的上诉请求事项，人民法院不会必然地作为案件审理的内容。

2. 有新的证据的，应当在上诉理由之后写明证据和证据来源，证人姓名和住所，并将证据附在上诉状之后一并递交人民法院。

3. 上诉状正本一份，并按照被上诉人的人数制作副本×份。上诉状正、副本应当在法定期限内一并递交人民法院。

### 四、行政起诉状

(一) 概念和作用

行政起诉状，是指当事人因权益受到侵害发生行政争议，依据事实和法律规定，作为原告按照法定程序向人民法院提起第一审行政诉讼程序时制作的法律文书。

我国《行政诉讼法》第49条规定："提起诉讼应当符合下列条件：(一) 原告是符合本法第25条规定的公民、法人或者其他组织；(二) 有明确的被告；(三) 有具体的诉讼请求和事实依据；(四) 属于人民法院受案范围和受诉人民法院管辖。"第50条第1款规定："起诉应当向人民法院递交起诉状，并按照被告人数提出副本。"

行政起诉状的作用主要体现在以下几个方面：(1) 原告用来向人民法院提起行政案件的第一审诉讼程序，是行使所享有的行政诉讼权利的体现。(2) 作为载体用来陈述行政纠纷发生的起因，原告自身权益受到损害的事实经过，阐明诉讼请求以及所持有的理由。(3) 被告获知原告起诉原由等的途径，以便被告应诉并组织答辩。(4) 人民法院启动第一审行政诉讼案件诉讼程序的基本依据，也是人民法院查明案情，依法审理案件的前提条件。

(二) 具体写作要求

行政起诉状为文字叙述式文书，包括首部、正文和尾部三部分。

1. 首部。包括标题、当事人的身份情况与信息。

(1) 标题。应当居中写明："行政起诉状"。

(2) 当事人的身份情况与信息。当事人的情况包括原告、被告、第三人，以及诉讼代理人的身份情况与信息。

第一，原告的身份情况与信息。原告是自然人的写明姓名、性别、年龄、民族、职业、工作单位、住所、联系方式。原告为法人或者其他组织的，写明单位全称、地址（即注册地址）和法定代表人或者负责人的姓名、职务、联系方式。

第二，被告的身份情况与信息。写明国家行政机关的全称、住所（即注册地址）、法定代表人姓名、职务、联系方式。

第三,第三人的身份情况与信息。行政争议案件中涉及第三人的,在写明被告情况与信息之后,另行写明第三人的身份情况与信息。具体内容与所列原告的身份情况与信息的事项相同。

第四,代理人的身份情况与信息。具体内容与所列原告的身份情况与信息的事项相同。聘请律师、基层法律服务工作者作为诉讼代理人时,应当在委托诉讼代理人项下写明律师或者法律服务工作者的姓名、工作单位、职务、联系方式。

2. 正文。包括诉讼请求与事实依据。

(1) 诉讼请求。写明不服行政机关处理决定的具体内容,依据我国最高人民法院相关司法解释,诉讼请求事项应当限定在以下的九种情形之内:

第一,请求判决撤销或者变更行政行为;第二,请求判决行政机关履行法定职责或者给付义务;第三,请求判决确认行政行为违法;第四,请求判决确认行政行为无效;第五,请求判决行政机关予以赔偿或者补偿;第六,请求解决行政协议争议;第七,请求一并审查规章以下规范性文件;第八,请求一并解决相关民事争议;第九,其他诉讼请求。

诉讼请求应当准确、具体。例如,要求撤销行政机关作出的行政处理决定的,应当照抄行政处理决定书的文号,写为:"撤销××市土地管理局(2017)行处字第××号行政处罚决定"。或者"请求撤销被告对原告作的××公管决字(2016)第××号行政处罚决定书"。

诉讼请求中可以写明诉讼费用的负担,例如,本案诉讼费由被告全部负担。

(2) 事实依据。写明事实和理由,陈述行政争议发生的事实经过,说明原告主张撤销行政处理决定的具体理由。应当紧紧围绕着诉讼请求进行阐述,可以分段、分开叙写,案情简单的可以一并叙写。

叙写事实经过时,一般按照时间顺序,首先,写明争议发生的时间、地点、人物与事件,以及事后接受行政处理决定的过程。其次,写明行政机关作出具体行政行为的详细内容。最后,写明具体行政行为有无复议,以及复议结果等情况。

叙写理由时,首先指出对被告具体行政行为不服之处。之后,援引法律、法规等具体规定,从事实认定、法律适用两个方面说明行政处理或者处罚的错误所在,论证诉讼请求的合法性。阐述理由应当具有针对性,集中说明具体行政行为的错误之处,行文应当简明扼要、条理清楚。

3. 尾部。包括致送法院的名称、署名、日期和附项。

(1) 致送法院名称。写明:"此致""××××人民法院(全称)","××××人民法院"另起一行顶格书写。

(2) 署名和日期。起诉人项下,由原告本人手书签名。原告为法人或者其他组织的,写明单位的全称,由法定代表人或者组织负责人手书签名,之后加盖单位公章。最后,写明递交起诉状的年月日。

(3) 附项。写明:起诉状副本×份;被诉行政行为××份;其他材料××份。

（三）文书写作需要注意的问题

1. 起诉状列明的原告应当符合《行政诉讼法》的规定，有权提起诉讼的公民死亡，其近亲属可以作为原告提起诉讼。有权提起诉讼的法人或者其他组织终止，承受其权利的法人或者其他组织可以提起诉讼。

2. 起诉状列明的被告必须符合《行政诉讼法》的规定，经复议的案件，复议机关决定维持原行政行为的，作出原行政行为的行政机关和复议机关是共同被告。复议机关改变原行政行为的，复议机关是被告。起诉复议机关不作为的，复议机关是被告。行政机关被撤销或者职权变更的，继续行使其职权的行政机关是被告。

3. 原告持有证据的，可以在附项中写明，并与起诉状一并递交人民法院。

4. 行政起诉状正本一份，并按照被告人数制作副本×份。起诉状正、副本一并递交人民法院。

### 五、行政上诉状

（一）概念和作用

行政上诉状，是指行政诉讼案件的当事人不服人民法院第一审判决或裁定，在法定的期限内向上一级人民法院提出上诉，请求撤销、改变第一审判决或裁定时制作的法律文书。

我国《行政诉讼法》第 85 条规定："当事人不服人民法院第一审判决的，有权在判决书送达之日起 15 日内向上一级人民法院提起上诉。当事人不服人民法院第一审裁定的，有权在裁定书送达之日起 10 日内向上一级人民法院提起上诉。逾期不提起上诉的，人民法院的第一审判决或者裁定发生法律效力。"

行政上诉状的作用主要体现在以下几个方面：(1) 上诉人用来向人民法院提起行政案件第二审诉讼程序，是行使所享有的行政诉讼权利的体现。(2) 作为载体用来陈述上诉人分析、论证原审判决存有的错误，阐明诉讼请求以及所持有的理由。(3) 被上诉人获知上诉人上诉原由等的途径，以便被上诉人应诉并组织答辩。(4) 人民法院启动行政案件第二审诉讼程序的基本依据，也是人民法院查明案情，依法审理案件的前提条件。

（二）具体写作要求

行政上诉状为文字叙述式文书，包括首部、正文和尾部三部分。

1. 首部。包括标题、当事人的身份情况与信息、上诉人提起上诉的事由。

(1) 标题。应居中写明："行政上诉状"。

(2) 当事人的身份情况与信息。当事人的情况包括上诉人、被上诉人、第三人，以及诉讼代理人的身份情况与信息。行政上诉状中当事人的身份情况与信息的具体内容，与行政起诉状中的要求相同。

(3) 上诉人提起上诉的事由。写为："上诉人因××（案由）一案，不服××××人民法院××××年×月×日作出的（年度）×行×字第××号判决/裁定，现提出上诉。"

2. 正文。包括上诉请求与上诉理由。

（1）上诉请求是上诉人通过上诉所要达到的目的和要求，应当明确、具体。例如，要求撤销或者改变原审裁判的具体内容，写为："撤销一审判决第二项""撤销一审判决，改判……"等。

（2）上诉理由。首先，应当简要概括本案的审理经过与处理结果，之后，针对原审裁判中的错误和问题进行分析论证，反驳错误观点，阐明上诉理由与主张，为上诉请求提供事实与法律依据。上诉理由可以从以下三个方面反驳、论证原审裁判：

第一，原审裁判在事实认定方面的错误。案件事实是当事人承担法律责任的基础，关键性的事实认定错误，必然使原审处理结果出现问题。为此，应当逐一分析、指出原审裁判错误所在，利用提供与掌握的证据还原、澄清事实真相。

第二，原审裁判适用法律方面的错误。原审裁判引用法律、法规等的规定有误，或者不能正确理解法律、法规等规定的内容，必然致使原审裁判处理结果错误。应当正确援引法律、法规，以及司法解释等的规定，还可以引用权威性学术专著、论文中的观点，解释说明原审裁判适用法律方面的错误。

第三，原审裁判适用程序方面的错误。适用程序错误势必影响案件审理的客观公正性，应当指出第一审案件审理过程中，适用程序方面存在瑕疵与错误，作为撤销或者改变原审裁判的理由。

3. 尾部。包括致送法院名称、署名、日期和附项。

（1）致送法院名称。写明："此致""××××人民法院（全称）"，"××××人民法院"另起一行顶格书写。

（2）署名和日期。在上诉人项下，由上诉人本人手书签名。上诉人为法人或者其他组织的，应当在上诉人项下写明单位的全称，由法定代表人或者组织负责人手书签名，加盖单位公章。最后，写明递交上诉状的年月日。

（3）附项。写明："上诉状副本×份"。

（三）文书写作需要注意的问题

1. 保持前后观点的一致性。大多数行政案件已经经过了行政处理决定、复议，以及人民法院第一审的程序，有关证据已经固定，适用法律的正确性经过了多次争辩已经有所结论。为此，如果没有新的证据、新的法律依据时，上诉状应当与原审中的观点保持一致。

2. 上诉人有新证据的，可以在附项中写明，并与上诉状一并递交人民法院。

3. 上诉状正本一份，按照被上诉人的人数制作副本×份。上诉状正、副本应当在法定期限内一并递交人民法院。

### 六、民事、行政答辩状

（一）概念和作用

答辩状，是指人民法院审理的民事、行政案件中的被告、被上诉人针对原告或者上诉人的起诉、上诉，向人民法院及对方当事人递交的依法为自己辩解时制作的法律文书。

我国有关法律规定，民事、行政案件的被告、被上诉人都有陈述辩解的权利。当事人可以在案件审理过程中，以递交答辩状的形式进行辩解。我国《民事诉讼法》第125条第1款规定："人民法院应当在立案之日起5日内将起诉状副本发送被告，被告应当在收到之日起15日内提出答辩状。答辩状应当记明被告的姓名、性别、年龄、民族、职业、工作单位、住所、联系方式；法人或者其他组织的名称、住所和法定代表人或者主要负责人的姓名、职务、联系方式。人民法院应当在收到答辩状之日起5日内将答辩状副本发送原告。"《行政诉讼法》第67条第1款规定："人民法院应当在立案之日起5日内，将起诉状副本发送被告。被告应当在收到起诉状副本之日起15日内向人民法院提交作出行政行为的证据和所依据的规范性文件，并提出答辩状。人民法院应当在收到答辩状之日起5日内，将答辩状副本发送原告。"

答辩状的作用主要体现在以下几个方面：(1) 答辩人用来应诉的意思表示，是依法行使辩解权的主要形式与体现。(2) 答辩人表达对原告、上诉人观点与主张的答复和辩驳，说明自身行为的合法性，论证自己主张的正确性。(3) 人民法院了解答辩人持有的观点与主张的主要形式，是人民法院全面了解案情、审理案件的前提条件。

(二) 具体写作要求

答辩状为文字叙述式文书，由首部、正文和尾部三部分组成。

1. 首部。居中写明标题："民事/行政答辩状"，然后写明答辩人及其委托诉讼代理人的身份情况与信息。

(1) 答辩人是自然人的，应当写明姓名，性别，出生年月日，民族，工作单位和职务或职业，住址，联系方式。

(2) 答辩人是法人或者其他组织的，应当写明单位全称、地址（即注册地址）和法定代表人或者负责人的姓名、职务、联系方式。

(3) 诉讼代理人身份情况与信息，与民事起诉状中的具体内容与要求相同。

(4) 答辩缘由。民事答辩状写明："对××人民法院（年度）××字××号（写明当事人和案由）一案的起诉/上诉，答辩如下：……"行政答辩状写明："因×××诉我单位……（写明案由或起因）一案，现答辩如下：……"

2. 正文。正文是文书的核心内容，应当写明答辩意见。主要从以下几个方面进行叙写。

(1) 针对起诉状、上诉状中陈述的事实进行辩驳。原告、上诉人多在书状中陈述有利于自己的案件事实。为此，应当逐一驳斥对方关于案件事实的不实陈述，解释说明事情的经过。同时，组织证据说明有利于己方的事实情况。通过辩驳与陈述，大体形成符合客观事实的案情经过，还原事情真相，澄清争议发生的起因，为明确各自的责任奠定基础。

(2) 针对起诉状、上诉状适用的法律进行辩驳。原告、上诉人依据对案件事实的陈述提出自己的理由与法律依据。答辩时，应当指出对方提出的法律适用方面的瑕疵，提出己方关于法律适用的看法。除此之外，还应注意引用相互之间签订的合同，以及达成共识的协议等内容。对于当事人具有约束力的合同的约定，也是处理当事人之间关系的依据。

(3) 答辩的主张与要求。在充分阐述答辩理由的基础上，针对原告、上诉人的诉讼请求明确提出自己的看法与主张。例如，"请求贵院依法驳回被答辩人的全部诉讼请求"或者"××万元的经济损失应当由被答辩人全部自行承担"等。

(4) 证据。写明答辩人组织、整理的各项证据。写明证据名称和来源、证人姓名和住址。

3. 尾部。写明致送法院的名称、附项、署名和日期。

(1) 致送法院名称。写明："此致""××××人民法院（全称）"，"××××人民法院"另起一行顶格书写。

(2) 附项。写明："本答辩状副本×份"。行政答辩状的附项应当写于署名及日期之后。

(3) 署名和日期。在答辩人项下，由本人手书签名。答辩人为法人或者其他组织的，应当在答辩人项下写明单位的全称，由法定代表人或者主要负责人手书签名，之后加盖单位公章。最后，写明递交答辩状的年月日。

（三）文书写作需要注意的问题

1. 答辩状应当具有针对、辩驳性，对原告、上诉人提出的事实和理由逐一进行辩驳。在阐述答辩意见时，既要驳斥对方的诉求，又要证明争议中自身行为的合法性。

2. 答辩意见要全面，不仅限于对原告、上诉人的诉求进行辩驳，还应对依据的事实、证据，以及理由进行全方位的分析与辩驳。

3. 答辩状正本一份，并按照被告人的人数制作副本×份。答辩状正、副本应当在规定的期限内一并递交人民法院。

**七、刑事自诉状**

（一）概念和作用

刑事自诉状，是指自诉人因自得人身权利、财产权利受到侵害，根据法律规定直接向人民法院提出第一审刑事诉讼，控告加害人、要求追究其刑事责任时制作的法律文书。

我国《刑事诉讼法》第 204 条规定："自诉案件包括下列案件：（一）告诉才处理的案件；（二）被害人有证据证明的轻微刑事案件；（三）被害人有证据证明对被告人侵犯自身人身、财产权利的行为应当依法追究刑事责任，而公安机关或者人民检察院不予追究被告人刑事责任的案件。"

刑事自诉状的作用主要体现在以下几个方面：（1）自诉人向人民法院提起刑事案件第一审诉讼程序，要求追究被告人的刑事责任，行使所享有的诉讼权利，维护自身的合法权益。（2）作为载体控诉被告人的罪行，陈述案件事实、提供证据，并提出合法的主张。（3）人民法院启动审理刑事案件第一审诉讼程序的基本依据，也是人民法院查明案情，依法审理案件的前提条件。

（二）具体写作要求

刑事自诉状为文字叙述式文书，包括首部、正文和尾部三部分。

1. 首部。居中写明标题："刑事自诉状"，之后写明当事人的身份情况。当事人的称谓分别是自诉人、被告人。另外，写明诉讼代理人的身份情况与信息。叙写这部分内容，需要注意以下问题：

（1）自诉人、被告人项下应当依次写明姓名、性别、出生日期、民族、职务、工作单位、住址，以及联系方式。

（2）自诉人、被告人有诉讼代理人的，应当在自诉人、被告人基本情况项下分别写明诉讼代理人的基本情况。

2. 正文。包括案由、诉讼请求、事实和理由、证据和证据来源、证人姓名和住址。

（1）案由。是指被告人行为所构成犯罪的罪名，案由必须限定在我国《刑法》规定的刑事自诉案件的范围之内。自诉案件涉及的主要罪名包括：侮辱、诽谤；暴力干涉婚姻自由；虐待家庭成员；侵占；轻伤害；非法侵入住宅；侵犯通信自由；重婚；遗弃等。

（2）诉讼请求。诉讼应当明确、具体。例如，"被告人犯××罪，请求依法予以惩处。"

（3）事实和理由。应当写明被告人犯罪的事实，说明理由以及法律依据，具体包括以下几方面的内容：

第一，被告人实施犯罪行为的全过程。写明案件发生的具体时间、地点、涉案人员、实施犯罪的手段、被害人的人身或财产受到伤害的程度与状况，以及被告人作案的动机、目的，案发后的表现等。其中，重点写明被告人实施犯罪行为的具体状态。

第二，说明被告人已经构成犯罪的理由。援引我国现行《刑法》、相关司法解释的具体规定，逐一说明被告人行为符合具体的犯罪构成要件，已经构成了犯罪。

第三，案发后的处理情况。说明有无相关司法机关介入，以及对被告人行为的处理意见与结果。

（4）证据和证据来源、证人姓名和住址。分别写明证明被告人犯罪事实的各项证据、证人的具体情况。

3. 尾部。包括致送人民法院的名称、附项、署名和日期。

（1）致送人民法院名称，写明："此致""××××人民法院（全称）"，"××××人民法院"另起一行顶格书写。

（2）附项。写明："本诉状副本×份""证据××份"。

（3）署名和日期。在自诉人项下由本人手书签名，然后，写明递交自诉状的年月日。

（三）文书写作需要注意的问题

1. 自诉状中必须写有充分、确凿的犯罪证据。叙写的犯罪事实必须客观、准确，不得随意编造或者夸大其词。

2. 自诉状写明的案由必须是我国《刑法》规定的人民法院得以受理的自诉案件的范围。

3. 自诉状正本一份，并按照被告人的人数制作副本×份。正、副本一并递交人民法院。

### 八、刑事上诉状

（一）概念和作用

刑事上诉状，是指刑事公诉案件的被告人、刑事自诉案件的当事人不服人民法院第一审判决或裁定，在法定的期限内，向原审法院的上一级人民法院提出上诉，请求撤销、改变原审判决或裁定时制作的法律文书。

我国《刑事诉讼法》第216条第1款规定：被告人、自诉人和他们的法定代理人，不服地方各级人民法院第一审的判决、裁定，有权用书状或者口头向上一级人民法院上诉。被告人的辩护人和近亲属，经被告人同意，可以提起上诉。

刑事上诉状的作用主要体现在以下几个方面：（1）上诉人用来向人民法院提起刑事案件第二审诉讼程序，是行使所享有的诉讼权利的体现。（2）作为载体用来陈述当事人分析、论证原审判决存有的错误，阐明自己的诉讼请求以及所持有的理由。（3）人民法院启动刑事案件第二审诉讼程序的基本依据，也是第二审人民法院了解案情、审理案件的前提条件。

（二）具体写作要求

刑事上诉状为文字叙述式文书，包括首部、正文和尾部三部分。

1. 首部。居中写明标题："刑事上诉状"。然后，叙写当事人的身份情况与信息。叙写这部分内容，需要注意以下几个问题：

（1）刑事公诉案件中，被告人提出上诉的，只写上诉人（原审被告人）的基本情况，没有被上诉人。

（2）刑事自诉案件中，应当分别写明上诉人、被上诉人的身份情况与信息，并在上诉人、被上诉人的称谓后，用括号内注明其在原审中的诉讼地位。例如：上诉人（原审被告人/原审自诉人）。

（3）上诉人、被上诉人有委托诉讼代理人的，写法可参考民事起诉状中的相关内容。

之后，写明上诉的事由，即写明："上诉人（原审自诉人/被告）×××因××（案由）一案，不服××××人民法院××××年×月×日××字第××号判决（或裁定），现提出上诉。上诉请求与理由如下：……"

2. 正文。包括上诉请求与上诉理由两部分。

（1）上诉请求。应陈述两方面的事项：第一，表明上诉人的态度，指出不服第一审裁判之处。第二，表明上诉人希望通过第二审程序所达到的目的与要求。上诉请求应当明确、具体。例如，"一、撤销××人民法院（年度）××字第××号判决。二、依法重新审理本案，改判上诉人无罪。"

（2）上诉理由。从辨明事实入手，利用证据解释、还原事情真相，指出原审裁判适用法律的错误，阐明上诉请求的合法、正确。具体主要应当从以下几个方面进行论述：

第一，证据认定瑕疵。证据必须具有合法性、客观性、关联性，案件审理中的各项证据必须经过举证、质证、认证的步骤，必须符合法律规定的程序。原审过程中，证据存有瑕疵或者举证、质证环节存有工作上的疏漏,均可影响证据的效力,导致案件事实认定上的偏差。证据认定瑕疵是上诉的重要理由之一。

第二,事实认定错误。原审裁判认定的某种行为事实不存在,或者与客观事实有重大出入,或者缺乏证据证实等,应当指出错误之处,利用证据说明事实真相,从客观上否定原审裁判的错误。

第三,适用法律错误。原审裁判在案件性质、确定罪名方面有误,或者在量刑上存在重大的偏差的,可以引用法律的具体规定,从刑法理论上论证错误所在。

第四,诉讼程序有误。原审法庭在审理案件过程中,未能按照程序规定的要求从事审判活动,在审判方式、审判组织、辩护人等方面存有瑕疵,或者侵害被告人申请回避的诉讼权利等,应当引用法律的具体规定,指明原审法庭诉讼程序方面的错误。

3. 尾部。包括致送法院名称、附项、署名和日期。

(1) 致送法院名称。写明:"此致""××××人民法院(全称)","××××人民法院"另起一行顶格书写。

(2) 附项。写明:"本上诉状副本×份"。

(3) 署名和日期。在上诉人项下由上诉人本人手书签名。然后,写明递交上诉状的年月日。

(三) 文书写作需要注意的问题

1. 上诉状中当事人的称谓应当符合法律规定,公诉案件中被告人提出上诉的,不得将作为公诉人的检察机关列为被上诉人。

2. 上诉状制作正本一份,副本×份,一并递交人民法院。

## 第三节 申 请 书

### 一、概述

(一) 申请书的概念和作用

申请书,是指各类案件的当事人向人民法院提出的请求采取相关措施或者启动相关诉讼程序时制作的法律文书。

申请书的作用主要体现在以下两个方面:(1) 在发生法律规定的情形时,当事人请求人民法院采取法律规定的措施或者启动相关的诉讼程序,申请保护自身的合法权益。(2) 人民法院采取措施或者启动诉讼程序的依据。人民法院根据申请可以采取措施,以便保证人民法院的依法裁决得以执行,或者启动相关的诉讼程序纠正可能存在的错误裁判,保证法律的正确实施,保证法律的正确实施。

(二) 申请书的特点和种类

1. 申请书的特点

(1) 适用条件的法定性。当事人向人民法院提出的请求事项必须符合法律规定的情形,这是人民法院接受当事人的申请采取相关措施的先决条件。因此,各项申请书的使用必须限定在法律规定的范围之内。

(2) 内容的规定性。我国有关法律、司法解释明确规定了人民法院采取相应措施或者启动相关诉讼程序的情形,这些规定是申请书必须具备的法定内容。所以,申请书的内容具有明显的法律规定性。

(3) 请求事项单一、明确。申请书以一事一书为原则,一项请求制作一份申请书。当事人有两个或者两个以上请求事项时,应当分别制作申请书。请求事项应当明确、具体,只需写清要素即可,不必面面俱到。

2. 申请书的种类

申请书依据不同的划分标准可以分为不同的种类。

(1) 依据申请事项性质的不同,可以分为诉讼程序类申请书与措施类申请书。前者有民事再审、增加诉讼请求、撤回起诉等申请书,后者有财产保全、先预执行等申请书。

(2) 依据提出申请主体的不同,可以分为当事人提出请求事项的申请书与其他主体提出请求事项的申请书等。前者包括绝大多数的申请书,后者有其他机关、有关组织参加公益诉讼申请书等。

(3) 依据申请事项提出的诉讼阶段的不同,可以分为诉前、诉讼中以及执行类申请书。诉前申请书有诉前财产保全等申请书;诉讼中申请书有撤回反诉、恢复诉讼等多种申请书;执行类申请书主要有执行等申请书。

**二、民事再审申请书**

(一) 概念和作用

民事再审申请书,是指当事人不服已经生效的民事判决、裁定或者调解,以及其他的法定情形,在法定期限内向相关人民法院提起再审申请时制作的法律文书。

我国《民事诉讼法》第203条规定:当事人申请再审的,应当提交再审申请书等材料。人民法院应当自收到再审申请书之日起5日内将再审申请书副本发送对方当事人。对方当事人应当自收到再审申请书副本之日起15日内提交书面意见;不提交书面意见的,不影响人民法院审查。人民法院可以要求申请人和对方当事人补充有关材料,询问有关事项。

《最高人民法院关于适用〈中华人民共和国民事诉讼法〉的解释》第378条规定:再审申请书应当记明下列事项:(一) 再审申请人与被申请人及原审其他当事人的基本信息;(二) 原审人民法院的名称,原审裁判文书案号;(三) 具体的再审请求;(四) 申请再审的法定情形及具体事实、理由。再审申请书应当明确申请再审的人民法院,并由再审申请人签名、捺印或者盖章。

民事再审申请书的作用主要体现在以下两个方面:(1) 当事人用来请求人民法院再次审理已经审结并已有生效裁判的民事案件,依法行使所享有的民事诉讼的权利,主张、维护自身合法权益。(2) 人民法院依法启动民事审判监督程序的基本依据。人民法院通过再次审理案件纠正原审判决中存有的错误,保证法律的正确实施,切实保护当事人的合法权益。

(二) 具体写作要求

民事再审申请书为文字叙述式文书,包括首部、正文和尾部三部分。

1. 首部。居中写明标题:"民事再审申请书"。然后写明再审申请人、被申请人及原审其他当事人的基本情况。

(1) 当事人的基本情况。当事人是自然人的,应列明姓名、性别、年龄、民族、职业、工作单位、住所及有效联系电话、邮寄地址。当事人是法人或者其他组织的,应列明名称、住所和法定代表人或者主要负责人的姓名、职务及有效联系电话、邮寄地址。指定代理人、委托诉讼代理人的身份情况与信息,具体写法与民事起诉状的相关内容和要求相同。

(2) 当事人称谓之后在括号内注明该人在审中的诉讼地位。叙写时需要注意以下两种情况:

第一,当事人对经过一、二审程序审理并且已经生效的民事判决、裁定或者调解书向人民法院申请再审的,写为:再审申请人(一、二审诉讼地位):姓名,性别,出生日期,民族,工作单位和职务或者职业,住址,联系方式……

第二,当事人认为有错误的已经发生法律效力的一审民事判决、裁定或者调解书,向上一级人民法院申请再审的,写为:原审原告/被告/第三人(一审诉讼地位):×××……

(3) 申请事由。应写明:"再审申请人×××(姓名)因与×××(被申请人姓名)××(写明案由)一案,不服××××人民法院(写明原审人民法院的名称)××××年××月××日作出的(年度)×字×号民事判决/民事裁定/民事调解书,现提出再审申请。"

2. 正文。包括再审请求、事实和理由两部分。

(1) 再审请求。应当写明请求撤销或者改变已经生效的原审裁判,这部分内容,应当叙写的明确、具体。例如,"撤销××人民法院××年×月×日作出的(年度)××字第××号(判决/裁定/调解)之第×项,依法再次审理本案。"

(2) 事实与理由。首先,应当写明再审事由。依据我国《民事诉讼法》第 200 条的规定,人民法院应当受理的再审案件有 13 种情形。依据第 201 条的规定,已生效的调解书违反自愿原则或者调解协议内容违反法律,当事人提出申请,经人民法院审查属实的应当再审。为此,在叙写事实与理由时,应当先明确指出原审裁判、调解书存在问题属于应当再审的具体情形。例如,"原判决认定事实的××证据是伪造的,属于我国《民事诉讼法》第 200 条第 3 项规定的情形"。或者"原审调解书违反自愿原则,属于我国《民事诉讼法》第 201 条规定的情形"。其次,围绕再审事由陈述事实、理由,论证原审案件应当予以再审。例如,属于"有新的证据,足以推翻原判决、裁定的"情形,应当解释、说明新的证据的具体情况,论证依据新的证据得以推翻原审裁判。再如,"调解协议内容违反法律的"情形,应当正确援引有关法律、法规等规定,阐明调解协议内容违反法律之处,论证该调解协议应当无效。

3. 尾部。包括致送法院名称、附项、署名和日期。

(1) 致送法院名称。必须写明申请再审的人民法院名称:"此致""××××人民法院(全称)","××××人民法院"另起一行顶格书写。

(2) 附项。写明:本民事再审申请书副本×份;申请人的身份证明×份;原审判决书/裁定书/调解书(复印件)×份;反映案件基本事实的主要证据及其他材料×份。

(3) 签署和日期。再审申请人项下由申请人手书签名、捺印或者盖章。最后,写明递交申请书的年月日。

(三) 文书写作需要注意的问题

1. 申请书中应当正确的填写原审人民法院的名称,以及已生效裁判文书制作的时间、案号等。

2. 当事人如有新的证据,应在事实和理由之后写明证据和证据来源,证人姓名和住所。

3. 申请书正本一份,按照被申请人的人数制作副本×份。正、副本一并提交人民法院。

**三、财产保全申请书**

(一) 概念和作用

财产保全申请书分为诉前财产保全、诉讼财产保全申请书两种法律文书。

诉前财产保全申请书,是指在起诉前,利害关系人因情况紧急,如不立即采取措施将会受到难以弥补的损害,为请求人民法院对被申请人的财产采取强制保全措施时制作的法律文书。

诉讼财产保全申请书,是指在诉讼过程中,诉讼当事人可能因被申请人的行为或者其他原因,使判决难以执行或者造成申请人其他损害,为请求人民法院对被申请人的财产采取强制保全措施时制作的法律文书。

我国《民事诉讼法》第100条第1款规定:人民法院对于可能因当事人一方的行为或者其他原因,使判决难以执行或者造成当事人其他损害的案件,根据对方当事人的申请,可以裁定对其财产进行保全、责令其作出一定行为或者禁止其作出一定行为;当事人没有提出申请的,人民法院在必要时也可以裁定采取保全措施。

财产保全申请书的作用主要体现在以下两个方面:(1) 申请人用来表示请求人民法院依法对被申请人采取法定措施,依法行使所享有的权利,维护自身的合法权益。(2) 人民法院实施强制保全措施的基本依据,人民法院依法采取保全措施,可以暂时排除被申请人对被保全财产占有与处分的权利,用来保护申请人合法的经济利益,保证人民法院生效裁判的执行。

(二) 具体写作要求

诉前财产保全申请书和诉讼财产保全申请书均为文字叙述式文书,二者的格式、内容大体相同,两者的区别在于诉讼财产保全申请书中,需要写明人民法院受理案件的案号与案由。另外,诉讼财产保全由审理案件的人民法院决定是否提供担保。

1. 首部。居中写明标题:"申请书"。然后写明当事人、法定代理人/指定代理人、委托诉讼代理人的身份情况与信息,具体写法参考民事再审申请书的相关内容。

2. 正文。包括请求事项、事实和理由、担保三部分。

(1) 请求事项。明确提出对被申请人财产采取的具体保全措施,以及财产的详情。写明:查封/扣押/冻结被申请人×××的(以下写明保全财产的名称、性质、数量或数额、所在地等),期限为×年×月×日(写明保全的期限)。例如,"立即冻结被申请人张红光银行存款人民币144,000元或查封、扣押被申请人张红光相当于人民币144,000元的其他财产。"

(2) 事实和理由。事实和理由部分,应写明当事人正在或者可能实施擅自转移、隐匿、毁损、挥霍、出卖其财产或争议标的物的恶意行为,或者由于客观事由,导致争议标的物的毁损、灭失,而使法院生效裁判不能执行或难以执行,说明采取强制保全措施的紧迫性、必要性。涉及申请诉前财产保全的,直接写明事实和理由。涉及申请诉讼财产保全的,写明:"……(案件的案号)×××(申请人姓名)与×××(被申请人姓名)××(案由)一案……(写明申请诉讼财产保全的事实和理由)"

(3) 担保。写明:"申请人提供(写明担保财产的名称、性质、数量或数额、所在地等)作为担保。"申请诉前财产保全的,担保的数额应相当于请求保全的数额。

3. 尾部。包括致送法院名称、署名和日期。

(1) 致送法院名称。写明:"此致""××××人民法院(全称)","××××人民法院"另起一行顶格书写。

(2) 署名和日期。申请人项下由本人手书签名或盖章。最后,写明递交申请书的年月日。

(三) 文书写作需要注意的问题

1. 申请书应当言简意赅,简明扼要,清楚肯定,切忌用语啰嗦。

2. 申请诉前财产保全必须提供担保,而且担保的数额应当与请求保全的数额相等。申请诉讼财产保全的根据人民法院的决定叙写担保的内容。

3. 财产保全申请书涉及的案件应属于给付之诉,其判决具有执行性。保全物应当属于我国《民事诉讼法》规定的范围。

### 四、先予执行申请书

(一) 概念和作用

先予执行申请书,是指申请人遇到生活、生产经营等方面的紧急情况,在案件受理后判决作出前,请求人民法院依法强制被申请人先行向其履行一定给付义务时制作的法律文书。

我国《民事诉讼法》第106条规定:"人民法院对下列案件,根据当事人的申请,可以裁定先予执行:(一)追索赡养费、扶养费、抚育费、抚恤金、医疗费用的;(二)追索劳动报酬的;(三)因情况紧急需要先予执行的。"

先予执行申请书的有两个方面的作用:(1)申请人用来表示请求人民法院依法强制被申请人先行向申请人履行给付义务,维持申请人生活、生产经营必要的基本需求。(2)人民法院对被申请人实施先予执行措施的基本依据,通过采取法律规定的措施使得申请人摆脱陷入的困境,切实维护申请人的合法经济利益。

(二)具体写作要求

先予执行申请书为文字叙述式文书,包括首部、正文和尾部三部分。

1. 首部。居中写明标题:"申请书"。然后,写明当事人、法定代理人/指定代理人、委托诉讼代理人的身份情况与信息。具体写法参考民事再审申请书的相关内容。

2. 正文。包括请求事项、事实和理由、担保三个部分。

(1)请求事项。必须属于我国《民事诉讼法》第106条规定的范围,必须是追索赡养费、扶养费、抚育费、抚恤金、医疗费用,以及追索劳动报酬。再有就是因情况紧急需要先予执行。情况紧急的情形包括:第一,需要立即停止侵害、排除妨碍的;第二,需要立即制止某项行为的;第三,追索恢复生产、经营急需的保险理赔费的;第四,需要立即返还社会保险金、社会救助资金的;第五,不立即返还款项,将严重影响权利人生活和生产经营的。

请求事项应当明确、具体,应写明:"请求裁定……(写明先予执行措施)"。例如,"请求裁定先予支付赡养费/抚养费/抚恤金/医疗费××××元。"或者:"请求裁定先予支付恢复生产经营急需的保险费××××元。"

(2)事实和理由。写明:"申请人×××(姓名)与被申请人×××(姓名)××(写明案由)一案,你院……(写明案号)已立案。……(写明申请先予执行的事实和理由)。"

首先,说明请求事项已经发生的基本事实。其次,说明请求事项符合法定的条件,主要应写明两个方面的内容,即申请人与被申请人之间的权利义务关系明确,不先予执行将严重影响申请人的生活或者生产经营;被申请人有履行能力等事实。

(3)担保。写明:"申请人提供……(写明担保财产的名称、性质、数量或数额、所在地点等)作为担保。"

3. 尾部。包括致送法院名称、署名和日期。

(1)致送法院名称。写明:"此致""××××人民法院(全称)","××××人民法院"另起一行顶格书写。

(2)署名和日期。申请人项下由本人手书签名或盖章。最后,写明递交申请书的年月日。

(三)文书写作需要注意的问题

1. 按照时间、人物、事情经过的顺序,写明双方之间存在明确的债权债务关系,确定被申请人负有依法或者依约定必须向申请人履行的给付义务。

2. 写明被申请人具备实际履行给付义务的能力,因无故拒绝履行给付义务,使得申请人陷入生活、生产经营的困境,充分说明先予执行的紧迫性。

3. 申请人可在起诉状中阐明对方违反约定、违法行为的事实和理由,一般不在先予执行申请书中重复叙写。

4. 依据我国《民事诉讼法》第100条的规定,人民法院可以根据案情决定是否要求申请人提供担保。对追索赡养费、抚养费、抚育费、抚恤金和劳动报酬的,一般不要求申请人提供担保。除此之外,认为申请人有必要提供担保的,可以责令申请人提供担保。

### 五、申请执行书

（一）概念和作用

申请执行书,是指申请人在被申请人拒不履行已经发生效力的人民法院裁判等法律文书确定的给付义务的情况下,请求人民法院依法采取措施责令被申请人必须履行义务时制作的法律文书。

我国《民事诉讼法》第236条规定:发生法律效力的民事判决、裁定,当事人必须履行。一方拒绝履行的,对方当事人可以向人民法院申请执行,也可以由审判员移送执行员执行。调解书和其他应当由人民法院执行的法律文书,当事人必须履行。一方拒绝履行的,对方当事人可以向人民法院申请执行。第237条第1款规定:"对依法设立的仲裁机构的裁决,一方当事人不履行的,对方当事人可以向有管辖权的人民法院申请执行。受申请的人民法院应当执行。"第238条第1款规定:"对公证机关依法赋予强制执行效力的债权文书,一方当事人不履行的,对方当事人可以向有管辖权的人民法院申请执行,受申请的人民法院应当执行。"

申请执行书的作用主要体现在以下两个方面:（1）申请人用来请求人民法院依法采取措施,强制被申请人履行已生效法律文书中载明的义务,行使所享有的权利,依法维护自身的合法权益。（2）人民法院启动相关执行程序的基本依据,也是对被申请人实施强制措施,保证生效的裁判等法律文书得以执行的前提条件。

（二）具体写作要求

申请执行书为文字叙述式文书,包括首部、正文和尾部三部分。

1. 首部。居中写明标题:"申请执行书"。然后写明当事人、法定代理人/指定代理人、委托诉讼代理人的身份情况与信息。具体写法参考民事再审申请书的相关内容。

2. 正文。

首先,写明:"申请执行人×××（姓名）与被执行人×××（姓名）××（写明案由）一案,××××人民法院（或其他生效法律文书的作出机关）……号民事判决（或其他生效法律文书）已发生法律效力。被执行人×××（姓名）未履行/未全部履行生效法律文书确定的给付义务,特向你院申请强制执行。"

其次,叙写请求事项。写明请求执行的具体内容,应当以人民法院或者其他机关作出的已生效的裁判等法律文书为依据,写明法律文书中载明的被申请人所负担的给付义务。例如,请求法院依法采取强制执行措施的,写为:"责令被申请人履行（年度）×民终字第×××号民事判决书之判决,向申请人给付人民币现金××××元。"

3. 尾部。包括致送法院名称、署名和日期。

(1) 致送法院名称。写明:"此致""××××人民法院(全称)","××××人民法院"另起一行顶格书写。

(2) 附项。写明:生效法律文书副本×份,申请执行人的身份证明×份,有关证明文件×份,其他文件和证件×份。

(3) 署名和日期。申请执行人项下由本人手书签名或盖章。最后,写明递交申请书的年月日。

(三) 文书写作需要注意的问题

1. 请求事项直接引用已生效的法律文书中的相关内容,引用时切忌错写、漏写。

2. 申请书的内容必须为生效法律文书确定的给付义务。

3. 申请书的日期为递交人民法院的时间,应当在我国《民事诉讼法》规定的期限之内。

## 第四节 法庭发言词

### 一、概述

(一) 概念和作用

法庭发言词是指律师在人民法院各类案件审理的法庭辩论中,当庭为其委托人在案件中行为的性质所做系统性发言而制作的法律文书。包括辩护词、代理词两个文种。

法庭发言词用于律师在各类案件审理中法庭辩论时当庭发表的演说,又称为法庭演说词。法庭发言词有四个方面的作用:(1) 律师依法履行职责、维护当事人合法权益的集中体现。法庭发言全面表达了律师对案件性质、当事人行为分析,以及案件裁判结果等看法与意见。(2) 人民法院审理各类案件时,查清案件事实、明辨是非,听取律师看法与主张的重要途径。(3) 律师递交的发言词能够促使人民法院客观、全面地掌握案情,充分了解当事人各方的意愿,促进案件得到公平、公正的审理。(4) 总结律师执业的经验与教训,评估律师工作质量与业务能力的主要依据。

(二) 特点和种类

1. 法庭发言词的特点

(1) 执业的特定性。法庭发言词是律师接受当事人的委托独立从事工作的成果,反映了律师运用法律原理与知识,分析解决实际问题的能力与价值。法庭发言词全面阐述当事人行为的性质,论述当事人负有的法律责任,驳斥对方持有的观点,论证己方提出主张的合法性。案件审理过程中,这是律师维护委托人合法权益的主要形式之一。

(2) 即时辩驳性。法庭辩论中,首先,律师发表辩护、代理意见,陈述自己持有的观点与主张,对案件争议的焦点问题发表意见。其次,当场驳斥对方的说法,证明自己持有观点、主张的合理性。因此,法庭发言词具有鲜明的即时性、辩驳性。

(3) 查明案情的重要途径。律师在法庭辩论中的发言,全面、集中、系统地表达对案件焦点问题的看法与理由。而且,各方持有的观点经过当庭的争论、辩解,能够使得审理案件的合议庭成员,以及旁听人员明确各方的观点,弄清案情、明辨曲直是非。所以,法庭发言词是查明案情的一个重要途径。

2. 法庭发言词的种类

法庭发言词主要分为辩护词、代理词两大类。辩护词,是指律师作为刑事案件被告人的辩护律师在法庭辩论时发表的辩护意见。代理词,是指律师作为民事案件原、被告一方的代理人在法庭辩论时发表的代理意见。具体分类如下:

(1)辩护词根据诉讼程序的不同分为刑事第一审辩护词、刑事第二审辩护词。

(2)代理词根据审理案件性质的不同可以分为民事案件代理词、行政案件代理词。根据不同的诉讼程序可以分为民事案件一审、二审代理词,行政案件一审、二审代理词。根据委托人的不同还可以分为原告代理词、被告代理词等。

(三)法庭发言词与自诉状、起诉状、答辩状的区别

法庭发言词与当事人已经向人民法院递交的自诉状、起诉状、答辩状等有所不同,主要有四个方面的区别:

1. 两者的主体不同。自诉状、起诉状、答辩状的制作主体是各类案件诉讼中的当事人,用来行使各自的诉讼权利,陈述各自的观点与主张。法庭发言词则是辩护律师、代理律师以自己的名义制作,并用于法庭辩论时发言的文书。

2. 两者递交的时间不同。自诉状、起诉状、答辩状主要用于向人民法院提起各类案件的诉讼程序,在案件开庭审理之前递交合议庭及对方当事人。法庭发言词则是用于法庭的辩论阶段,在案件审理终结后,经过整理递交人民法院及对方当事人。

3. 两者的内容不同。自诉状、起诉状、答辩状是当事人就争议提出的初步看法、理由与辩解意见,并未充分利用证据展开论证。法庭发言词则是在案件审理已经过提交证据与质证,案件事实已经查清,各方已经亮出各自的观点与理由,所以,法庭发言词是律师全面系统阐述所持有的看法、理由与主张的文书。

4. 两者涉及的范围不同。自诉状、起诉状、答辩状主要表达当事人一方持有的看法与意见。法庭发言词中,既有己方观点、理由的陈述,也包括驳斥对方观点的内容。而且,法庭发言词带有很大程度上的实时性,律师除当场陈述自己的观点外,必须针对对方的观点当即提出辩驳意见。所以,法庭发言词的内容更加丰富、充实,综合表达了各方当事人的全部看法与意见,是人民法院审理各类案件时不容忽略的重要文书。

(四)论辩说理的方法

论辩说理必须严格遵循"以事实为根据,以法律为准绳"的原则,作为论辩说理的立脚点。论辩说理的方法主要有以下几种:

1. 据实论理

查清案件事实是审理案件的首要工作,也是确定当事人是否负有,以及负有具体责任形式的基础。在确有法律明文规定的前提下,一旦查清案件关键性的主要事实即可达到明了是非、明确责任的目的。据实论理就是采用"摆事实、讲法律"的方法阐明事理,通过

清楚的陈述事情发生的经过与原委,说明事件或者争议的起因,是非曲直一目了然,自然能够推导出当事人是否负有责任的结论。据实论理是常见的论辩说理的方法之一,使用这种方法必须以充分、可信的合法证据作为陈述案件事实的基本依据。

2. 据法论理

法律的明文规定是衡量当事人行为是非的准绳,查清案件事实是适用法律的前提,适用法律是查清案件事实的最终目的。当事人的行为是否负有责任,关键在于当事人的行为是否为法律规定的禁止性或者限制性行为。据法论理必须以现行的法律、法规,以及司法解释或者行政规章的具体规定为基础,正确解读法律规定的适用范围与条件,充分说明当事人行为性质以及法律责任。

3. 据情说理

人情事理在社会生活当中普遍存在,多为广大民众普遍认可并自觉遵守。大多数情况下,人情事理与法律相一致,这时,从人情事理入手阐明是非正误也就成为论辩说理的一种方法。法庭发言词除了采用据实论理、据法论理的方法外,在案件事实涉及的人情事理并不违背法律的具体规定时,适当采用据情说理的方法可以取得较好的论辩说理的效果。

**二、辩护词**

(一) 概念和作用

辩护词,是指被告人委托的辩护人为维护被告人的合法权益,在法庭辩论阶段所作的系统性发言。

辩护词有两个方面的作用:(1) 律师全面阐述被告人无罪或者罪轻等理由,实现为被告人进行辩解的权利,保障律师依法履行职责,切实维护被告人的合法权益。(2) 人民法院在审理刑事案件时,听取有利于被告人方面的申辩的主要途径,避免偏听偏信,全面掌握案情依法审理刑事案件。

(二) 具体写作要求

辩护词的结构可以分为前言、辩护意见、结束语三个部分。

1. 前言。首先明确辩护词的接受人,即审理本案的合议庭。然后,说明辩护律师的身份,概括前期从事的辩护工作的情况,申明辩护人对本案持有的看法。通常,辩护词前言用高度概括的语言说明情况。例如:

尊敬的审判长、人民陪审员:

我受被告人×××的委托/××人民法院的指定,依法出庭参加诉讼为被告人×××辩护。在此之前,我听取被告人×××陈述本案的事实经过,查阅了本案的卷宗,阅读了被告人的全部供述,核对本案的证据,走访了本案的证人……经过以上工作,已经掌握本案的基本事实。我认为:本案被告人×××无罪。(或者:本案被告人×××的行为不构成公诉人指控的××罪。或者:本案被告人×××有重大立功表现,依法应当予以从轻/减轻处罚。)现发表以下辩护意见。

2. 辩护意见。主要用来阐述辩护人持有观点的理由与主张,围绕着被告人行为性质,逐一分析说明被告人无罪、罪轻或者减轻,或者免除刑事责任等。写作时,应当做到层次清楚、用语准确、论证有力,具有充分的确定性和不可辩驳性。

需要注意的是,辩护词的核心内容是辩护意见的叙写,在具体叙写辩护意见时需要阐述辩护理由。由于辩护人的责任是根据事实和法律,提出证明被告人无罪、罪轻或者减轻、免除其刑事责任的材料和意见,维护犯罪嫌疑人、被告人的合法权益。被告人行为性质不同,辩护词理由叙写的侧重点也有所不同,具体叙写需要注意以下几点:

(1) 无罪辩护。侧重点在于被告人有罪的证据是否成立。案件事实是认定被告人是否承担刑事责任的基础,查清案情事实必须通过一系列的证据来还原事情的全部经过。因此,应当从事实认定入手,逐一分析认定被告人有罪的证据不实,或者取证程序、步骤等存有违法之处,或者被害人受到的伤害与被告人的行为之间无因果关系等。指明现有证据无法认定被告人有罪。

被告人实施的行为并不构成公诉人或者自诉人所指控的罪名,这时,应着重从理论上分析被指控罪名的犯罪构成,强调现有证据与指控罪名之间无对应的因果关系,充分说明已有证据不能证明被告人的行为犯有被指控的罪名。

(2) 罪轻或者减轻刑事责任辩护。被告人犯有被指控的罪名,然而,具有自首、重大立功表现等从轻、减轻处罚的法定情节,侧重点在于解读我国《刑法》、司法解释的相关规定,充分说明被告人实施犯罪行为的过程中或者案发后,具有的法定的从轻、减轻的情节,依法应当予以从轻、减轻处罚。

(3) 免除刑事责任辩护。侧重点在于被告人行为性质的认定,在确认案件事实的基础上,着重分析被告人实施相关行为的合法性、必要性,充分论证被告人的行为符合我国《刑法》,以及相关司法解释规定的免除刑罚的条件,指明应当依法免除被告人的刑事责任。

3. 结束语。用来概括、归纳辩护词的中心论点,应当以简短的语言再次强调辩护人对本案的看法与意见。理由与主张部分已经展开充分的论证,可以省略结束语,写明:"以上辩护意见供合议庭审理本案时参考",以此结束法庭辩论时的首轮辩护发言。

(三) 文书写作需要注意的问题

1. 第一审辩护词与第二审辩护词的结构、写作要求相同,但侧重点则略有区别。第一审辩护词主要针对起诉书、公诉意见书以及刑事自诉状的指控进行辩驳。第二审辩护词则主要是针对第一审的刑事判决书,对不服判决书的内容进行辩驳。

2. 辩护人事先撰写的辩护词用于法庭辩论中的第一轮发言,辩护人在第二轮、第三轮的发言,属于当庭即时的临时发言。因此,辩护人应当将法庭辩论中临时发言的内容补充写进辩护词。

3. 叙写时,应当做到层次分明、逻辑关系清楚,阐明的观点应当保持前后一致。

4. 辩护词由辩护律师手书签名,并写上递交的日期。

### 三、代理词

（一）概念和作用

代理词，是指人民法院审理的民事、行政案件当事人、刑事案件被害人的代理律师，在法庭辩论中为维护委托人的合法权益，所做的系统性发言而制作的法律文书。

代理词的适用范围较为广泛，依据我国刑事、民事、行政诉讼法的规定，人民法院审理行政、民事、刑事附带民事案件中，代理律师都有权利参加法庭辩论、当庭发表代理意见。代理词有三个方面的作用：(1)律师依法履行职责，切实维护委托人的合法权益的主要形式。(2)作为载体记述律师全面阐述案件的事实经过，理由与法律依据等代理意见。(3)人民法院获取各方律师对案件审理意见的重要渠道，有利于听取各方意见全面掌握案情依法审理案件。

（二）具体写作要求

律师使用的常见的代理词，结构大体可以分为前言、代理意见、结束语三个部分。

1. 前言。即开场白，应当高度概括、精练。写明："尊敬的审判长、人民陪审员：作为原告/被告代理人现发表以下代理意见。我认为：原告/被告的行为已经……具体理由如下……"

2. 代理意见。用来阐述代理律师持有观点的理由与主张。主要陈述己方认可的事实经过，分析当事人的行为性质，说明当事人负有的具体责任形式，以及对案件处理结果的看法与建议。叙写时应当注意以下几个方面的问题：

第一，论证当事人行为、法律关系的性质。在案件审理过程中，首先需要确认案件中的主要事实、法律行为是否存在及其效力，这是查清事实经过，以及确认当事人法律责任的前提。应当重点论证有利于己方当事人行为的合法性，指出对方当事人行为上的瑕疵。另外，依据相关法律规定认定当事人之间形成的法律关系，准确评价法律关系的效力，为确认对方当事人的法律责任奠定事实方面的基础。

第二，充分利用证据证明有利于己方的事实。在客观上，任何一个民事、行政案件都会存在有利于当事人各方的证据。应当根据案情的具体情况，充分肯定有利于己方证据所证明的事实，驳斥对方歪曲真实事实的辩解。同时，应当对不利于己方证据所证明的事实作出符合情理的解释。

第三，分析、评价当事人的行为及其法律责任。在社会交往中，人们的行为应当符合相关法律规定或者相互之间的合同约定，任何一方当事人的行为违反法定、约定，都应当承担相应的责任。应当指明对方当事人行为违反法定、约定之处，要求对方当事人承担相应的法律责任。

第四，提出、论证己方的合理主张。在说明案件事实、明确对方当事人责任的基础上，论证己方主张的合理性。

3. 结束语。可以重申或者强调自己的主张，应当高度概括、确定，无须过多赘述。之后写明："以上代理意见仅供合议庭审理本案时参考。"以此结束在法庭辩论时的首轮发言。

(三) 文书写作需要注意的问题

1. 第一审代理词与第二审代理词的结构、写作要求大体一致。叙写时,应做到阐述清楚、层次分明、重点突出、语言简练。

2. 代理词中的主要观点应当与当事人的自诉状、起诉状、答辩状保持一致,注意前后的同一性、连续性,应当是对原有观点与理由的进一步补充与展开论述。

3. 代理词用在法庭辩论中的第一轮发言,应当把法庭辩论第二、三轮……当场临时发言的内容补充写进代理词。

4. 代理律师递交的代理词应当在最后手书签名,并写上递交的日期。

**思考题:**

1. 律师实务文书的含义及其分类,其中诉讼类文书主要包括有哪些书状?
2. 民事起诉状的正文有哪些内容?怎么叙写事实和理由部分?
3. 叙写民事上诉状的理由部分应当注意哪几个问题?
4. 怎样叙写行政起诉状、行政上诉状?
5. 叙写民事、行政答辩状的答辩意见应当注意哪几个问题?
6. 怎样叙写刑事自诉状、刑事上诉状?
7. 怎样叙写民事再审申请书、财产保全申请书、先予执行申请书、申请执行书?
8. 怎样叙写辩护词、代理词?
9. 根据下列案情材料拟写一份民事起诉状。

2015年7月18日,王某与地实公司签订《预售合同》,购买地实公司开发建设的902号房屋,总房款100万元。《预售合同》主要约定:(1) 2015年7月18日前,王某向地实公司支付房款计人民币50万元。2015年10月28日之前,王某以贷款方式向地实公司支付剩余房款计人民币50万元。(2) 地实公司负责办理王某向银行贷款的手续,王某不能在约定时间内提交办理贷款所需文件及材料,则同意在签署本合同后30天内一次性支付剩余房款。但未约定如因地实公司的原因不能办理王某银行贷款手续时将如何处理。(3) 王某超出以上约定的付款期限支付房价款即构成逾期,应当按日计算向地实公司支付逾期应付款1‰的违约金,并于实际支付应付款之日起30日内向地实公司支付违约金,合同继续履行。(4) 2015年11月18日之前,地实公司应向王某交付902号房屋。如果不能按期交付房屋超过60天的,王某有权解除预售合同。

合同签订后,王某向地实公司支付购房首付款50万元,并且提交了办理贷款所需文件及材料。然而,由于地实公司的原因未能给王某办理银行贷款。2016年3月1日,地实公司向王某发出入住通知,通知王某于2016年3月28日之前办理入住手续。但此时902号房屋尚未取得竣工验收备案手续,王某因房屋不符合交付条件拒绝办理入住手续。2016年6月26日,地实公司办理完毕902号房屋所在楼栋的竣工验收备案手续。2016年10月8日,王某向地实公司邮寄《解除合同通知书》,认为:地实公司逾期交付房屋构成违约,现依据约定解除双方之间签订预售合同。地实公司收到通知后不同意王某的意见,反而认为:王某在没有办理银行贷款手续后,未按约定一次性向地实公司支付剩余的50万元购房款,王某已经违约在前。而且,地实公司早已通知王某办理入住手续。所以,王某应当向地实公司一次性交付剩余的50万元购房款,并向地实公司支付10万元违约金。双方未能就此达成一致意见,王某遂向××市××区人民法院提起诉讼,要求解除与地实公司之间签订的《预售合同》,地实公司应按约定向王某支付10万元的违约金。

以上事实有以下证据:1. 2015年7月18日双方签订的《预售合同》;2. 王某向地实公司提交银行贷款所需文件材料的收条及委托书;3. 地实公司2016年3月1日向王某发出的入住通知书;4. 2016年6月26日902号房屋所在楼栋的竣工验收备案手续;5. 2016年10月8日王某向地实公司邮寄的《解除合同通知书》。

# 第十章 仲裁、公证法律文书

## 第一节 仲裁法律文书

### 一、概述

（一）仲裁法律文书的概念和种类

仲裁法律文书，是指仲裁机构和仲裁申请人依据《仲裁法》和仲裁规则制定的具有法律意义和法律效力的法律文书。

仲裁法律文书可以根据不同的标准划分为不同的类型。具体分类如下：

(1) 依据制作主体的不同，仲裁法律文书可分为申请人制作的仲裁法律文书和仲裁机构制作的仲裁法律文书。申请人制作的仲裁法律文书包括仲裁协议书、仲裁申请书、仲裁反请求书、仲裁答辩书、仲裁保全措施申请书等；仲裁机构制作的仲裁法律文书，包括仲裁调解书、仲裁裁决书以及受理或不受理仲裁申请通知书等。

(2) 根据仲裁当事人、所发生纠纷提交仲裁的法律关系是否具有涉外因素，可以将仲裁法律文书分为国内仲裁法律文书和涉外仲裁法律文书。国内仲裁法律文书是基于本国公民、法人或其他组织之间以及其相互之间在本国内发生的纠纷，由本国仲裁机构仲裁并制作出的法律文书；涉外仲裁法律文书是指涉及外国或外法域的民商事纠纷的仲裁，即基于涉外经济贸易、运输和海事活动中发生的纠纷而制作的仲裁法律文书。

(3) 根据申请或作出的内容是实体还是程序方面，前者包括仲裁申请书、仲裁答辩书、仲裁决定书、仲裁调解书及仲裁裁决书等，后者则包括仲裁通知书、指定仲裁员通知书、受理或不受理仲裁申请通知书等。

（二）仲裁法律文书的特点

仲裁法律文书主要具有以下几个特点：

(1) 制作主体的特定性。仲裁法律文书的制作主体包括仲裁申请人和仲裁机构。仲裁申请人为参加仲裁活动而制作，仲裁机构为处理争议事实和确定申请人之间的权利义务关系而制作。在我国，仲裁机构即仲裁委员会，包括中国国际经济贸易仲裁委员会、中国海事仲裁委员会以及依仲裁法新组建的各种仲裁委员会。

(2) 制作内容的法定性。仲裁法律文书的制作必须符合《仲裁法》和仲裁规则的规定。仲裁机构和仲裁申请人只能依据《仲裁法》和仲裁规则所赋予的职权或者权利制作和使用仲裁法律文书。《仲裁法》或者仲裁规则如果对仲裁法律文书的格式、内容有明确要求的，应当按照相应的要求制作仲裁法律文书。

(3) 文书使用的效力性。仲裁法律文书具有法律意义或法律效力。仲裁法律文书是在仲裁过程中由仲裁机构和仲裁申请人依法制作和使用的法律文书,是如实反映和记录仲裁活动的专业文书,也是具体适用法律、实现权利义务的结果。因此,无论是仲裁机构制作、使用的仲裁法律文书,还是申请人制作、使用的仲裁法律文书,都是具有一定法律意义或效力的。尤其是仲裁机构制作的仲裁裁决书、仲裁调解书,依法生效后具有强制执行的法律效力,非经法定程序,任何人不得随意变更或者撤销。

(三) 制作仲裁法律文书的要求

仲裁文书的制作应当具有一定的规范性。仲裁文书的格式,既要区别于行政文书格式,也不能直接照搬民事诉讼文书格式,而应当根据《仲裁法》的规定和仲裁工作的具体情况,制定出仲裁专用的文种和格式。所以仲裁文书的制作应符合以下要求:

(1) 符合法律、法规。制作仲裁文书必须符合相关法律、法规的规定。我国《仲裁法》对仲裁申请书、仲裁庭的组成、仲裁裁决书的内容都作了具体的规定,制作时要严格遵守。同时,对于仲裁文书的格式要求,制作时必须符合相关仲裁规则,对于程式化的文字不得随意进行改变,叙写的事项要齐全,结论的作出要有理有据。

(2) 内容客观真实。我国《仲裁法》规定:裁决所根据的证据若是伪造的,则申请人可向人民法院申请撤销裁决;仲裁裁决认定事实的主要证据不足的,人民法院可裁定不予执行。客观真实是仲裁文书必须遵循的最基本的要求,是仲裁文书的生命力所在。这既是对申请人的要求,也是对仲裁机构的要求。申请人在订立仲裁协议、申请仲裁时,所提供的事实要客观真实,不能捏造虚假的证据;仲裁机构在制作仲裁文书时,也要以客观事实为依据。

(3) 各种事项具体明确。仲裁文书应包含法律规定的全部内容,同时内容应该明确,使申请人及相关机构能够理解或执行。仲裁文书的内容不具体明确,就不能达到预期的法律后果。例如,根据《仲裁法》的规定,仲裁协议中如果仲裁委员会不确定,则无法将纠纷提交仲裁;如果达不成补充协议,该仲裁协议就无效。

## 二、仲裁协议书

(一) 概念和作用

仲裁协议书,是指申请人将已经发生或将来可能发生的争议提交仲裁机构予以解决,并服从仲裁机构的裁决,以解决纷争为目的的书面协议。

仲裁协议在整个仲裁制度中处于至关重要的位置,是仲裁的前提和依据。无论是国际公法上的仲裁,还是国际商事仲裁,抑或是海事仲裁,仲裁协议是整个仲裁制度的基石。

我国《仲裁法》第16条第1款规定:仲裁协议包括合同中订立的仲裁条款和以其他书面方式在纠纷发生前或者纠纷发生后达成的请求仲裁的协议。根据该条法律规定,仲裁协议包括两种形式:合同中订立的仲裁条款和单独的仲裁协议书。仲裁条款是仲裁协议的最常见和最主要的表现形式,是指双方申请人在其所签订的合同中约定将来就合同的相关事项发生的争议提交仲裁机构解决的条款,作为合同的一项内容。同时根据《仲裁法》的规定,仲裁协议独立存在,主合同的变更、解除、终止或者无效,不影响仲裁协议的效力。仲裁条款通常制作比较简单,通常是在合同中插入"凡因执行本合同而产生的或者与本合同有关的一切争议,双方申请人一致同意提请××××仲裁委员会进行仲裁"这样的条款。仲裁协议的另一种重要的表现形式是专门性的单独订立的仲裁协议书。这是独立于主合同之外专门为解决争议,在约定没有仲裁条款的情况下而订立的合同。这种形式是本节介绍的内容。

仲裁协议书的作用主要体现在以下几个方面:(1)订立仲裁协议的双方均受该协议的约束。仲裁协议书是申请人选择仲裁方式解决纠纷的依据,如果发生争议,以仲裁方式解决,不得向法院起诉。任何一方提请仲裁的,应向协议中约定的仲裁机构提起申请,不得任意改变仲裁机构或仲裁地点。(2)赋予仲裁机构或仲裁庭的管辖权。申请人申请仲裁,应当向仲裁委员会递交仲裁协议,仲裁庭便有权进行审理并裁决,否则不予受理。(3)排除法院的管辖权。即如果申请人对仲裁裁决不服,申请人向法院起诉或上诉的,法院也不得立案受理。

(二)具体写作要求

仲裁协议书由首部、正文和尾部组成。

1. 首部。包括标题、申请人与被申请人的基本情况。

(1)标题。应写明文书的名称"仲裁协议书",文书名称要求居中书写,并要求写明文书的全称,不能简写成"协议书"。

(2)申请人与被申请人的基本情况。具体应当写明申请人与被申请人的姓名、性别、年龄、职业、通讯方式、工作单位和住所。申请人如果是法人或者其他组织的,写明法人或者其他组织的名称、住所和法定代表人或者主要负责人的姓名、职务。如果申请人委托律师或者其他人员作为代理人进行仲裁活动的,还应写明委托代理人的基本情况。

2. 正文。正文部分应写明仲裁协议的具体内容。仲裁协议书的内容直接关系到仲裁协议的效力,也就决定争议能否通过仲裁方式予以解决,关系到仲裁机构的管辖权。为了保证仲裁协议有效,仲裁协议书的内容必须全面、完整、清楚地表明申请人的仲裁意愿。根据《仲裁法》第16条第2款的规定,仲裁协议应具备以下内容:请求仲裁的意思表示、仲裁事项、选定的仲裁委员会。

(1)请求仲裁的意思表示。各方申请人在订立合同或者签订其他形式的仲裁协议时,一致同意将他们之间已发生或者将来可能发生的争议,采取仲裁方式予以解决的共同而明确的意思表示。请求仲裁的意思表示必须明确,也就是说将争议提交仲裁解决的意思必须是肯定的,不允许含糊;同时请求仲裁的意思表示必须单一指向,不能既指向仲裁又指向诉讼。

(2)仲裁事项。仲裁事项,即申请人提请仲裁解决争议的范围。仲裁事项决定申请人提起仲裁的争议以及仲裁委员会受理的争议的范围。要求仲裁协议中约定仲裁事项要广泛、明确。常见的用语有"因本合同引起的争议""与本合同有关的争议""因执行本合同或与本合同有关的一切争议"等。

(3) 选定的仲裁委员会。仲裁协议书中必须写明申请人约定的有权解决争议的仲裁委员会的名称,该名称必须正确。同时,选定的仲裁委员会必须确定、唯一。

3. 尾部

由申请人或者其委托代理人签字、加盖公章,并写明仲裁协议书签订的日期和地点。

(三) 文书写作需要注意的问题

1. 选定的仲裁委员会的名称一定要书写正确。仲裁委员会的名称通常容易写错,如有的写"北京市仲裁委员会",这是不准确的,正确的写法应该是"北京仲裁委员会"。《仲裁法》第18条规定,仲裁协议对仲裁委员会没有约定或者约定不明确的,当事人可以补充协议;达不成补充协议的,仲裁协议无效。

2. 达成仲裁协议一定是双方协商一致的意思表示,不是一方当事人的意思表示,因此仲裁协议书必须有双方的签字和盖章。

3. 仲裁协议书中约定的提交仲裁的争议事项,必须具有法律规定的可仲裁性,如婚姻、收养、监护、抚养、继承等具有人身性质的纠纷被排除在争议事项之外,所以,仲裁协议中约定的仲裁事项必须符合法定的仲裁范围,否则,仲裁协议无效。

### 三、仲裁申请书

(一) 概念和作用

仲裁申请书,是指平等主体的公民、法人或者其他组织在发生合同纠纷或者其他财产权益纠纷后,申请人一方或双方根据双方自愿达成的仲裁协议,向其所选定的仲裁委员会提出仲裁申请,要求通过仲裁解决纠纷的书面请求。

根据我国《仲裁法》第22条规定,当事人申请仲裁,应当向仲裁委员会递交仲裁协议、仲裁申请书及副本。

仲裁申请书是仲裁机构受理仲裁案件的前提和基础。申请人达成仲裁协议只是表明申请仲裁的可能,仲裁程序还未启动。只有纠纷发生后,申请人向其选定的仲裁机构提交仲裁申请书时,仲裁程序才被启动。一份质量较高的仲裁申请书,不仅有利于申请人完整准确地陈述自己的意见和主张,也有利于案件的顺利受理。

(二) 具体写作要求

仲裁申请书由首部、正文和尾部组成。

1. 首部。包括标题、申请人与被申请人的基本情况。

(1) 标题。应当居中写明文书的名称,即"仲裁申请书",不能简写成"申请书"。

(2) 申请人与被申请人的基本情况。应当具体写明申请人和被申请人的姓名(名称)、住所、邮政编码、电话、传真等;如果申请人或被申请人是法人或者其他组织的,写明法人或者其他组织的名称、住所、邮政编码、电话以及法定代表人(负责人)的姓名、职务、住所、邮政编码、电话、传真。有委托代理人的,也要写明委托代理人的上述事项,但如果委托代理人是律师的,只写明律师的姓名和所在律师事务所的名称。

2. 正文。正文是文书的核心内容,包括仲裁依据、仲裁请求和申请仲裁的事实与理由。

(1) 仲裁依据。写清申请仲裁所依据的书面的仲裁协议的内容。因为书面仲裁协议是使仲裁机构具有解决纠纷的管辖权的依据,所以在仲裁申请书中必须写明申请人双方已经自愿达成了仲裁协议。

(2) 仲裁请求。仲裁请求,即申请人要求仲裁机构予以评断、解决的具体事项,包括要求仲裁机构确认某种法律关系是否存在,裁决被申请人履行给付义务,变更某种法律关系等。仲裁请求要具体、明确,合理合法、具体完整,语言表达力求言简意赅。如有多项请求要逐项分行写明。同时注意仲裁请求只能在仲裁协议所约定的范围内,且不能超出仲裁委员会有权裁决的事项范围。

(3) 申请仲裁的事实与理由。这是仲裁申请书的核心内容,也是仲裁机构审理的对象和依据。事实与理由主要包括:申请人之间争议事项形成的事实;双方申请人争执的具体内容和焦点,被申请人应承担的责任并说明理由以及所适用的法律等。仲裁申请大多为合同纠纷案,这类案件事实部分写明订立合同的时间、地点和合同的主要内容;被申请人违反合同中的什么义务事项,给申请人造成了怎样的经济损失,被申请人以什么理由为借口拒不履行合同等内容。在写作时还要根据具体的案情,侧重点有所不同,如果因合同本身发生争执,要写明订立合同的经过及合同的内容,如果是在履行合同时产生纠纷,着重写明履行合同的情况。

涉及理由部分,首先,必须判明当事人存在何种法律关系及所存在的争议事项,如买卖合同关系是否有效;其次,对违反合同的事实进行概括、归纳,使案情与分析衔接呼应;再次,依据有关实体法、冲突法、法规、政策等,联系上述事实,指明被申请人行为的违反合同的性质,说明申请人的正当权益应该受到保护。最后,引用《仲裁法》第 21 条说明提起仲裁的法律依据。

3. 尾部。包括致送的仲裁委员会名称、申请人署名、写明日期、附项。

(1) 致送的仲裁委员会名称。致送的仲裁委员会,即在仲裁协议中选定的仲裁委员会,应分两行写明"此致""××××仲裁委员会"。

(2) 申请人署名。右下方写明申请人的姓名或者名称,申请人是法人或者其他组织的,要加盖印章,并写明法定代表人的姓名和职务。

(3) 写明日期。应另起一行,写明制作文书的日期。

(3) 附项。注明仲裁申请书副本的份数,提交证据的名称、份数,并按编号顺序附于申请书后。

(三) 文书写作需要注意的问题

1. 仲裁请求要恰当、合理。仲裁请求的提出关系到案件的胜败,因此提出仲裁请求要围绕法律和合同进行,且不得超越合同的规定。仲裁申请所提仲裁请求一定要有相应的法律及合同依据,不能凭主观臆断,更不能感情用事。

2. 事实要客观、真实。仲裁事实虚假也不会得到仲裁庭的支持,因此注意运用证据证明事实的真实性与合法性。书写的事实要围绕纠纷发生的起因、经过和结果来写事实,并突出双方的争执点或主要分歧。

3. 理由的论证要充分、严密。首先针对仲裁请求、主张或意见进行分析,有针对性地论证,做到有的放矢。其次要运用法律论理,不能仅凭法律意识空发议论。

**四、仲裁答辩书**

(一)概念和作用

仲裁答辩书,是指仲裁案件的被申请人针对申请人在仲裁申请书中,提出的仲裁请求以及所依据的事实和理由作出辩解和反驳而制作的法律文书。

根据《仲裁法》第 25 条第 2 款规定:被申请人收到仲裁申请书副本后,应当在仲裁规则规定的期限内向仲裁委员会提交答辩书。仲裁委员会收到答辩书后,应当在仲裁规则规定的期限内将答辩书副本送达申请人。

答辩是被申请人所享有的一项重要权利,被申请人提交仲裁答辩书是其行使答辩权的重要体现。仲裁答辩书的提出,一方面有利于维护被申请人的合法权益。因为答辩书主要针对申请人的仲裁请求进行答复和反驳,可以表明自己对申请人的仲裁态度,维护自己的合法权益。另一方面,有利于仲裁机构作出公正的裁决。仲裁答辩书可以使仲裁机构在全面了解案情,掌握双方申请人争议的焦点,查明案件事实之后作出裁决。因此,仲裁答辩书是一种非常重要的仲裁文书。当然,仲裁答辩书在仲裁程序中并非必不可少的,被申请人未提交答辩书的,不影响仲裁程序的进行。

(二)具体写作要求

仲裁答辩书由首部、正文和尾部组成。

1. 首部。包括标题、被申请人(答辩人)的基本情况、案由及案件来源。

(1)标题。应居中写明文书名称,即"仲裁答辩书"。

(2)被申请人(答辩人)的基本情况。应当写明被申请人与申请人的姓名或名称、住所、邮编、电子信箱、电话、传真等。被申请人如果是法人或者其他组织的,还要写明法定代表人或者主要负责人的姓名、职务。如果有委托代理人的,还应写明其姓名、地址、邮编、电话和传真。

(3)案由及案件来源。写明答辩人进行答辩所针对的具体纠纷。一般表述为:"答辩人就与×××之间的争议仲裁案(案件编号:(××××)×仲案字第××号)提出答辩意见如下:……"

2. 正文。正文包括答辩理由和答辩意见,这是仲裁答辩书的核心。答辩人既可以从事实、证据和法律方面对申请人的仲裁请求进行答复和反驳,也可以从程序和实体方面的内容进行反驳。答辩人要清楚地表明自己的态度,提出对案件的主张和理由。如果认为申请人提出的事实有误,要澄清事实并提供相应的证据;如果认为申请人适用法律错误,则援引自己认为正确的法律依据并阐明理由。同样,也可以从仲裁程序方面进行反驳,如指出仲裁协议无效或者仲裁委员会对该争议无权管辖等。无论从哪个方面进行答辩,都要注意有理有据,合理、合法。最后要在充分反驳仲裁申请书的内容之后,提出自己的主张及要求。

3. 尾部。包括致送的仲裁委员会的名称、答辩人署名、写明日期、附项。

(1) 致送的仲裁委员会的名称。应分两行写明"此致""××××仲裁委员会"。

(2) 答辩人署名、写明日期。右下方写明答辩人的姓名或者名称,答辩人是法人或者其他组织的,要加盖印章。另起一行写明制作文书的日期。

(3) 附项。写明仲裁答辩书副本的份数,提交证据的名称、份数,并按编号顺序附于答辩书后。

(三) 文书写作需要注意的问题

1. 围绕申请人的仲裁请求及双方签订的合同进行答辩。一方面答辩书的事实及理由应当紧紧围绕申请人的仲裁请求进行,证明申请人的仲裁请求哪些是不成立的,哪些是没有事实依据的,哪些是缺乏法律依据的。答辩书切忌漫无目的,而应当有针对性,通过事实及法律依据,反驳对方观点并提出自己的主张。另一方面还要针对合同进行答辩。仲裁是对具体合同项下双方当事人因履行合同而产生争议的审理。因此,合同中有明确规定的,当事人才能享受相应的权利;同样,也只有合同中有明确规定的,当事人才应当承担相应的义务。被申请人应对照合同,看对方指责己方如何违反合同,违反的是什么条款,再结合实际作出答辩。

2. 事实和理由要有针对性地展开。答辩人要根据申请人在仲裁申请书中所叙述的事实和理由进行回答和反驳。要紧紧围绕争议的事实是否存在,谁有过错,谁承担责任等问题,结合法律进行反驳,不要脱离仲裁申请书所阐述的内容。反驳要有理有据,不能强词夺理。

3. 答辩书应当尽量全面完整,不能对仲裁申请作简单的反驳,否则会不利于答辩人维护自己的合法权益。反驳对方的事实时,都应当列举相应的证据。

**五、仲裁反请求书**

仲裁反请求书,是指仲裁机构在受理一方申请人的仲裁申请后,对方申请人就同一争议,依据同一仲裁协议,向同一仲裁机构针对申请人的仲裁请求提出要求仲裁机构作出对自己有利的裁决的书面请求。

仲裁反请求书不同于仲裁答辩书,而是兼具仲裁申请书与仲裁答辩书的特点。仲裁答辩书只是反驳申请人的主张,说明其仲裁请求不能成立,仲裁机构应予驳回;而仲裁反请求书不仅要反驳申请人的仲裁请求,更重要的是要提出自己的仲裁请求,要求仲裁机构支持自己的仲裁请求。仲裁反请求是在仲裁开始后提出的,如果仲裁申请人撤回仲裁,仲裁反请求依然存在。

仲裁反请求是在仲裁程序进行过程中,被申请人对申请人提出的独立的反请求。仲裁中提起反请求不得以口头的方式提出,必须以书面的形式,即书写仲裁反请求书。仲裁反请求的作用主要体现在以下两个方面：一方面仲裁反请求可以用以抵消或吞并申请人的诉讼请求,有利于案件得到全面、公正的解决；另一方面,使双方当事人处于平等的地位,有利于保护双方当事人的合法利益。

（二）具体写作要求

1. 首部。包括标题、申请人与被申请人的基本情况。

（1）标题。写明文书的名称,即"仲裁反请求书"。

（2）申请人与被申请人的基本情况。具体应当写明申请人与被申请人的姓名、性别、年龄、职业、通讯方式、工作单位和住所。申请人如果是法人或者其他组织的,写明法人或者其他组织的名称、住所和法定代表人或者主要负责人的姓名、职务。如果申请人委托律师或者其他人员作为代理人进行仲裁活动的,还应写明委托代理人的基本情况。

2. 正文。包括仲裁反请求、提出反请求所根据的事实、提出反请求的理由。

（1）仲裁反请求。反驳对方的仲裁请求和所根据的事实、理由,充分论证对方的仲裁请求不能成立或不能完全成立。具体可参照仲裁答辩书的相关要求。

（2）提出反请求所根据的事实。仲裁反请求书从根本上说就是一个独立的仲裁申请书,所以一定要明确提出自己的仲裁请求,不能只反驳申请人的请求,而忘了提出自己的请求事项。

（3）提出反请求的理由。通常需要运用法律进行论证,说明反请求的合法性以支持自己的主张。

3. 尾部。包括致送的仲裁委员会名称、反申请人署名、写明日期、附项。

（1）致送的仲裁委员会名称。应分两行写明"此致""××××仲裁委员会"。

（2）反申请人署名。右下方写明反申请人的姓名或者名称,反申请人是法人或者其他组织的,要加盖印章,并写明法定代表人的姓名和职务。

（3）写明日期。应另起一行,写明制作文书的日期。

（3）附项。注明仲裁反申请书副本的份数,提交证据的名称、份数,并按编号顺序附于反申请书后。

（三）文书写作需要注意的问题

1. 仲裁反请求书与仲裁请求书的提出都必须基于同一份有效的仲裁协议,且必须向同一个仲裁机构申请。

2. 仲裁的反请求是一项独立的仲裁请求,且与仲裁请求标的和理由方面有牵连。

3. 仲裁反请求的事实理由应重点论证自己所提出的仲裁反请求的合理性与合法性。采用立论和反驳的方法,一般先证明对方所提事实与证据虚假因而不能成立,或者说明对方的主张没有法律依据或与法律相抵触,再证明自己所提事实的真实性和请求的合法性。

**六、仲裁裁决书**

（一）概念和作用

仲裁裁决书,是指仲裁庭根据申请人的申请,依照法定的程序,对申请人与被申请人之间的纠纷进行审理后,根据查明的事实和认定的证据,适用相关的法律,最终在实体上对双方的权利义务争议所作出的具有法律效力的法律文书。

《仲裁法》第 54 条规定:"裁决书应当写明仲裁请求、争议事实、裁决理由、裁决结果、仲裁费用的负担和裁决日期。当事人协议不愿写明争议事实和裁决理由的,可以不写。裁决书由仲裁员签名,加盖仲裁委员会印章。对裁决持不同意见的仲裁员,可以签名,也可以不签名。"这是制作仲裁裁决书的法律依据。

仲裁裁决分为中间裁决、部分裁决和最终裁决。这里主要是指最终裁决。在案件审理结束时所作的裁决是终局的,仲裁裁决书的作出标志着仲裁程序的终结,裁决对争议双方具有约束力和强制执行力。

仲裁裁决书的作用主要体现在以下两个方面:(1)有助于解决纠纷,维护当事人的合法权益。仲裁委员会在查明事实的基础上,确定当事人的责任,从而解决纠纷,确认他们之间的权利、义务关系,维护当事人的合法权益。(2)有效地约束双方当事人。仲裁裁决书一经作出即发生法律效力。仲裁裁决书的效力与生效的民事判决书相同,非经法定程序,任何人不得随意变更。如果一方不执行仲裁裁决的内容,另一方有权向人民法院申请强制执行。

(二) 具体写作要求

仲裁裁决书由首部、正文和尾部三部分内容组成。

1. 首部。包括标题、文书编号、申请人与被申请人的基本情况、引言。

(1) 标题。应写明文书制作机关名称、文书名称,并且应居中,分两行书写。

(2) 文书编号。在标题的右下方,应当写明文书编号,"(20××)×仲字第×号"。

(3) 申请人与被申请人的基本情况。写法同仲裁申请书。

(4) 引言。包括仲裁委员会受理案件的依据、仲裁庭的产生和组成情况,以及仲裁庭对案件的审理情况等程序性事项。主要是为了表明仲裁程序的合法性。

2. 正文。这部分是仲裁裁决书的重点,包括案情、仲裁庭的意见和裁决结果三部分内容。

(1) 案情。案情包括两个方面:一是写明经过案件受理的过程、庭审情况;二是对仲裁申请书、仲裁答辩书及仲裁反请求书的主张和意见加以概括。

(2) 仲裁庭的意见。先提出双方争议的焦点,然后根据仲裁庭查明的事实和证据,依据有关的法律、法规,说明双方的哪些主张和请求是合法的应予支持,哪些主张和请求是不合法的,不予支持或驳回。该部分要说理充分,有针对性,针对双方的争议焦点和仲裁请求,摆事实、讲道理,对申请人的每个仲裁请求都要明确表明态度。焦点问题通常包括:适用的法律、合同的效力、双方的责任等。书写仲裁庭的意见应当注意以下几点:

第一,论证清楚申请人与被申请人之间的法律关系或双方行为的效力。有时案件很复杂,申请人与被申请人之间存在多重关系,因此首先说明他们之间存在何种法律关系,其次说明法律关系是否有效,这是解决纷争的前提。论述时不能含混不清、似是而非,或不论述有效、无效及合法、违法的原因与理由。

第二,运用法律论理。这是目前仲裁裁决书比较缺乏的,如果双方对适用法律有争议时,裁决书更要对为什么适用此种法律规定而不适用彼种法律规定加以解释。至于具体的违约事实有哪些,当事人为什么要承担违约责任的具体理由,也要详细论证,如果仲裁的结论是一果多因,就要论证充分,从多个角度进行分析,不能只选择其中一二项加以说明。

第三,针对申请人的仲裁请求、主张或意见进行分析。仲裁裁决书应当认真地分析当事人的请求、主张或意见是否合理和合法,有针对性地发表支持或否认的评论和理由,一定要做到有的放矢,使论述的理由准确,说服力强。

(3)裁决结果。裁决结果是对案件实体问题所作的处理决定,是根据仲裁庭查明的事实、证据和法律依据等,针对申请人的仲裁请求作出的仲裁裁决。裁决结果明确双方的法律关系以及责任的承担,确定双方的权利义务以及履行责任的期限和方式等。对这部分的表述要清楚,对仲裁请求都要作出决定。同时,还应写明仲裁费用的数额及分担,确定是一方负担还是双方分担以及分担的理由。

3. 尾部。包括仲裁裁决书的生效时间、仲裁庭成员署名与盖章、写明日期、仲裁秘书署名。

(1)仲裁裁决书的生效时间。根据《仲裁法》的规定,一般表述为:"本裁决为终局裁决,自作出之日起发生法律效力"。

(2)仲裁庭成员署名与盖章、写明日期。仲裁庭的成员应当署名,并加盖仲裁委员会印章,同时写明制作裁决书的日期。由三名仲裁员组成仲裁庭的,依序写明首席仲裁员及其他两名仲裁员的姓名。由一名仲裁员组成仲裁庭的,只写其姓名即可。对仲裁裁决持有不同意见的仲裁员,在仲裁书上可以签名,也可以不签名。

(3)仲裁秘书署名。

(三)文书写作需要注意的问题

1. 仲裁裁决书的引言部分一定要写明受理案件的依据,即申请人之间的仲裁协议和申请人的仲裁申请。因为根据法律规定,如果没有仲裁协议,作出的仲裁裁决可能会因申请人的申请,由人民法院予以撤销。

2. 仲裁裁决书与民事判决书很相似,尤其是正文部分。但是相比之下,仲裁裁决书的制作灵活性较大,对争议事实和裁决理由,申请人协议不愿写明的,可以不写。

3. 仲裁裁决书一般情况下应写明争议事实和仲裁理由,但如果申请人不愿写明争议事实和理由的,可以不写。这是仲裁裁决书与民事判决书的不同之处。

4. 仲裁裁决书的案情部分,要概括双方申请人在仲裁申请书和仲裁答辩书中,以及仲裁过程中提出的事实、理由和仲裁请求。排列顺序是先写申请人的主张和请求,再写被申请人的答辩理由和要求。要注意全面、客观,表达清楚,抓住争执的焦点。

5. 对于仲裁结果,既要对双方的请求予以答复,或支持或驳回,分项表述;同时又不能超出仲裁请求,必须针对双方的请求事项作出。裁决结果必须明确、具体,便于申请人与被申请人执行。

6. 裁决书的文字表达要清楚明确。仲裁裁决书是仲裁庭行使仲裁权的集中体现,也是申请人行使权利、履行义务的依据,所以语言表达要清楚明确。

### 七、仲裁调解书

(一) 概念和作用

仲裁调解书,是指在仲裁过程中,仲裁庭根据各方当事人就争议事项自愿达成协议制作的具有法律效力的法律文书。

我国《仲裁法》第51条第1款规定:"仲裁庭在作出裁决前,可以先行调解。当事人自愿调解的,仲裁庭应当调解。调解不成的,应当及时作出裁决。"调解达成协议的,仲裁庭应当制作调解书或者根据协议的结果制作裁决书。仲裁调解书自双方申请人签收之日起生效,与裁决书具有同等的法律效力,可作为执行的根据,如果一方申请人不履行调解书,另一方申请人可以据此向有关的人民法院申请强制执行。《仲裁法》第52条规定:"调解书应当写明仲裁请求和当事人协议的结果。调解书由仲裁员签名,加盖仲裁委员会印章,送达双方当事人。调解书经双方当事人签收后,即发生法律效力。在调解书签收前当事人反悔的,仲裁庭应当及时作出裁决。"这是制作仲裁调解书的法律依据。

调解并不是仲裁的必经程序,仲裁庭应当在查明事实、分清是非的基础上,以自愿、合法为原则,进行调解。根据《仲裁法》的规定,仲裁调解书只适用于国内仲裁,在涉外仲裁中,仲裁庭运用调解方式使双方申请人达成和解的,除非申请人另有约定,仲裁庭应根据申请人书面和解协议的内容制作仲裁裁决书来结案。

(二) 具体写作要求

1. 首部。包括标题、文书编号、申请人与被申请人的基本情况、引言。

(1) 标题。包括文书制作机关名称和文书名称,例如:"×××仲裁委员会调解书"。

(2) 在标题的右下方,应当写明文书编号,即"(20××)×仲字第×号"。

(3) 申请人与被申请人的基本情况。写法同仲裁申请书。

(4) 引言。包括仲裁委员会受理案件的依据、仲裁庭的产生和组成情况以及仲裁庭对案件的审理情况等程序性事项。主要是为了表明仲裁程序的合法性。

2. 正文。包括双方申请人争议的事实和仲裁请求、调解协议的具体内容和仲裁庭对调解协议的审查。

(1) 双方申请人争议的事实和仲裁请求。双方当事人争议的事实可以简要概括,但是对于仲裁请求则要根据申请人的仲裁申请书以及仲裁反请求书写清楚、完整。写明仲裁请求是法律要求写出的内容。

(2) 调解协议的具体内容。应当写明双方当事人达成的调解协议的具体内容。仲裁法明确规定,调解书应当写明申请人与被申请人协议的结果。该部分是仲裁调解书的核心部分,其内容决定双方的权利义务,既包括实体权利争议所达成的协议内容,也包括有关仲裁费用分担的内容。

(3) 仲裁庭对调解协议的审查。应当写明仲裁庭对调解协议的审查,表明对调解协议的态度。仲裁庭应当对双方申请人达成协议的内容进行审查,确认其与事实相符,不违反法律规定,不损害他人的合法权益。对其予以确认。

3. 尾部。包括仲裁调解书的生效时间、署名和盖章、写明日期、仲裁秘书署名。

(1) 仲裁调解书的生效时间。根据《仲裁法》的规定,可表述为:"本调解书与仲裁裁决书具有同等法律效力,自双方申请人签收之日起生效。"

(2) 署名和盖章。应当由仲裁庭成员署名,并加盖仲裁委员会印章。由三名仲裁员组成仲裁庭的,依序写明首席仲裁员及其他两名仲裁员的姓名。由一名仲裁员独任仲裁的,只写其姓名即可。

(3) 写明日期。应当写明制作调解书的日期。

(4) 仲裁秘书署名。

(三) 文书写作需要注意的问题

1. 仲裁调解书的内容,一定是申请人双方达成协议的内容。另外,写入调解书的内容必须是符合法律规定的。

2. 仲裁调解书对于争议的事实可以简要概括,但对于仲裁请求和协议内容一定要具体、明确。同时对于放弃仲裁请求的内容也应一并写明。协议的内容不止一项的,应分项列明,并记载履行的期限和履行方式,使调解书具有可操作性。

3. 调解依据的写作必须实事求是。申请人达成调解协议既可以依法而成,也可以是依照一定的社会情理,应结合实际情况表明其依据。

## 第二节 公证法律文书

### 一、概述

(一) 公证法律文书的概念和特点

公证是公证机构根据自然人、法人或者其他组织的申请,依照法定程序对民事法律行为、有法律意义的事实和文书的真实性、合法性予以证明的活动。

从广义上讲,公证法律文书是指公证机构依法制作的各类法律文书、表格的总称。具体包括公证书、公证决定书、公证申请表、公证受理通知书、公证告知书、公证送达回证、公证谈话笔录等。从狭义上讲,公证法律文书主要是指各类公证书,即公证机构根据当事人的申请,依照事实和法律,按照法定程序和格式出具的证明民事法律行为、有法律意义的事实和文书真实、合法的证明文书。

公证法律文书主要具有以下几个特点:

(1) 公证法律文书是由法定机构出具的文书。我国《公证法》第6条规定:"公证机构是依法设立,不以营利为目的,依法独立行使公证职能、承担民事责任的证明机构。"根据上述法律规定,公证法律文书是公证机构进行公证活动时,依法制作的法律文书。

(2) 公证法律文书是按照法定程序及格式出具的法律文书。公证证明活动要按照法律规定的程序进行。为了规范办证程序,保证公证质量,司法部专门制定了《公证程序规则》来规范公证办证程序。因此,公证法律文书是经过严格审查的,按照法律程序出具的,具有特殊效力的法律文书。公证书从申请、办理到最后的出证环节,都严格遵循法定程序,是在法定期限内出具的。对外,司法部先后颁布了《要素式公证书格式》及《定式公证书格式》,要求公证书严格按照固定格式出具,不得随意更改,以保证公证法律文书的严肃性。

(3) 出具公证法律文书应遵循"真实、合法"的原则。公证机构受理公证申请后,公证人员应当根据不同公证事项的办证规则审查当事人的意思表示是否真实、申请公证的文书的内容是否完备,含义是否清晰、签名、印鉴是否齐全、提供的证明材料是否真实、合法、充分、申请公证的事项是否真实、合法。当事人应当向公证机构如实说明申请公证的事项的有关情况,提交的证明材料应当真实、合法、充分。公证机构在审查中,对申请公证的事项的真实性、合法性有疑义的,认为当事人的情况说明或者提供的证明材料不充分、不完备或者有疑义的,可以要求当事人作出说明或者补充证明材料。作为公证证明活动的记录和成果的公证法律文书,应遵循"真实,合法"的原则。

(二) 公证法律文书的种类

公证法律文书按照不同的标准,可以进行不同的分类。

1. 按照公证证明对象的不同分类

按照公证证明的对象的不同,分为法律行为类公证书、有法律意义的事实和文书类公证书、认证类公证书三类。

(1) 法律行为类公证书,主要是证明公证申请人具有从事所为行为的资格和相应的民事行为,意思表示真实,行为内容和形式合法。根据法律规定,法律行为类公证主要包括:各类合同、协议、委托、声明、招标、投标、拍卖、贷款、抵押、股票发行、保全证据以及继承、收养、遗嘱、赠与等。

(2) 有法律意义的事实和文书类公证书,主要是证明申请人与申请的公证事项具有利害关系,所证事实或文书真实无误,事实或者文书的内容和形式合法。

有法律意义的事实,是指法律上对当事人民事权利义务关系的设立、变更、或者终止,或民事权利的实现有一定影响作用的客观事实,分为法律事件及非争议性事实两类,包括:意外事件、空难、海难、出生、生存、死亡、亲属关系、国籍等。

有法律意义的文书,是指一切在法律上和事实上具有特定意义或作用、能够对当事人之间权利义务关系的设立、变更和终止产生影响的各种文件、文字材料和证书等的总称,包括法人资格证书、公司章程、存款证明、毕业证书、学位证书、成绩单、结婚证书、离婚证书等。

(3) 认证类公证书,是证明文书上的签字、印鉴、日期真实无误;文书的副本、影印本、译本等文本内容与原本相符。

认证,是指领事认证机构根据自然人、法人或其他组织的申请,对国内涉外公证书上最后一个印鉴、签名的真实性予以确认的活动。认证的目的是使公证书能在其他国家境内得以承认,不会因怀疑公证法律文书上的印鉴、签名的真实性而影响其域外的法律效力。

公证书的认证分为单认证和双认证两种。其中,单认证,是指中国外交部领事司的认证。双认证,是指中国外交部和各国驻华使馆的认证。

2. 按公证申请主体和公证书使用地的不同分类

按照公证申请主体和公证书使用地的不同,分为国内经济公证书、国内民事公证书、涉外公证书、涉港澳台公证书四类。

在国内公证书中,公证申请主体为法人或者其他组织的为国内经济类。民事公证,是指公证机关对民事法律规范调整平等主体之间的财产关系和人身关系,所形成的具体的民事权利义务关系进行公证,以确认其民事权利义务关系的真实性、合法性。国内民事公证包括遗嘱公证、继承公证、收养公证、赠与公证、民事协议类公证等。国内经济类公证包括合同、抽奖、招投标、拍卖、证据保全等。

凡在我国大陆使用的公证书均为国内公证书,因在我国港澳台地区使用的公证书具有特殊性,专设一类。在我国领域外使用的公证书为涉外公证书。涉外民事类公证包括学历、学位、成绩、未受刑事处分、婚姻状况、出生等。涉外经济类公证包括公司章程、法人委托书、完税证明等。

3. 按照证词格式的不同分类

按照证词格式的不同,可分为要素式公证书和定式公证书两类。

(1) 要素式公证书。自2009年7月1日起,司法部在全国范围内推行继承类、强制执行类要素式公证书和法律意见书格式。目前,已有六大类公证书采用了要素式公证书格式。

要素式公证书的内容包括必备要素和选择要素两部分。推行要素式公证书格式,是深化公证工作改革的一项重要内容,对于进一步完善公证制度、增强公证公信力具有重要的推动作用。一方面,要素式公证书能够更好地满足社会多层次、多方面的公证法律服务需求,有助于进一步拓展公证服务领域,使公证工作更好地适应经济社会发展的需要;另一方面,要素式公证书更加符合法律规定的公证法律文书作为"认定事实的根据"和"强制执行的根据"的标准和要求,有助于进一步强化公证法律文书的法律效力,使公证法律文书和公证工作更好地取信于社会。

(2) 定式公证书。定式公证书,即具有固定格式的公证书。原定式公证书格式是1992年制定的,为规范公证活动,保证公证质量,司法部于2011年颁布了《定式公证书格式》(计35式),涉及人身状况、婚姻状况、亲属关系、学历、经历、职务(职称)、未受刑事处罚等大部分事项的,均适用定式公证书。

(三) 公证法律文书的作用

公证法律文书的作用,即公证法律文书的效力,是指公证法律文书所具有的法律上确定的效果,公证法律文书的作用包括:法定的证据效力、强制执行效力、确认权利与义务效力、对于特定民事行为具有的不可撤销的法律效力和法律行为成立生效要件效力。

(1) 法定的证据效力。公证法律文书的法定证据效力,是指公证书具有证明公证对象真实、合法的证明力,可直接认定为事实的依据。公证法律文书的法定证据效力是公证法律文书最基本的效力,公证法律文书的其他效力都是建立在这一基础之上。任何公证法律文书都具有证据效力,而且公证法律文书证据效力不受一国空间所限制,也不受各国政治或者法律制度的影响,可以延伸至域外。

(2) 强制执行效力。强制执行效力,是指公证机构依法赋予强制执行效力的债权文书,当债务人不履行或者不适当履行时,债权人可以直接向有管辖权的人民法院申请强制执行,而不再经过诉讼程序。根据法律规定,公证机构出具的公证法律文书与法院生效的裁判文书、仲裁机构的裁决书具有同样的执行力。

(3) 确认权利与义务效力。公证法律文书的确认权利与义务效力,是指在财产继承领域,公证机构出具的继承权公证书具有确认自然人继受取得财产合法、有效的作用。

(4) 对于特定民事行为具有的不可撤销的法律效力。在财产赠与、继承等民事活动中,某些特定的民事行为一旦经过公证,效力即被固定,主要有以下两种情形:一是民事行为经公证即不得撤销;二是民事行为一经公证不得以未经公证方式自行撤销或变更。如《继承法》规定的"自书、代书、录音、口头遗嘱,不得撤销、变更公证遗嘱"。

(5) 法律行为成立生效要件效力。公证法律文书的法律行为成立要件效力,是指法律、法规、规章的规定或者国际惯例或当事人的约定,特定的法律行为只有经过公证证明才能成立,并产生法律效力;不履行公证程序,该项法律行为就不能成立,不具有法律效力,具有法律要件效力的公证法律文书主要有三种:一是根据我国法律、法规、规章规定应当办理公证的行为和文书;二是根据当事人约定需要办理公证的法律行为或者文书;三是根据国际惯例、双边协定或者外国法律的规定,涉外法律行为或者文书,非经公证不能生效。

(四) 公证书的结构和写法

公证书应当按照司法部规定或批准的格式和要求制作,根据规定,公证书为 16 开大小,由封面、主要内容,封底组成。封面上部居中为"公证书"三个字,使用初号宋体字,下部居中为公证处全称,使用二号宋体字。

一份完整的公证书主体内容由首部、正文和尾部三部分组成,主要包括以下主要内容:(1) 公证书编号;(2) 当事人及其代理人的基本情况;(3) 公证证词;(4) 承办公证员的签名(签名章)、公证机构印章;(5) 出具日期。

公证书应当使用全国通用的文字。在民族自治地方,根据当事人的要求,可以同时制作当地通用的民族文字文本。两种文字的文本,具有同等效力。发往香港、澳门、台湾地区使用的公证书应当使用全国通用的文字。发往国外使用的公证书应当使用全国通用的文字。根据需要和当事人的要求,公证书可以附外文译文。

1. 首部。包括文书名称、文书编号、当事人的基本情况和公证事项。

(1) 文书名称。应当居中写明"公证书"。

(2) 文书编号。在公证书正文的右上方,由年度编号、公证处及公证类别和公证书序号编码组成,年度编号代码分为国内民事、国内经济、涉外民事、涉外经济、涉港澳、涉台、公证事务、补正等。公证类别代码因不同的公证处办证业务量不同而异。序号编码应当以年度内为单位编排,同一公证处在同一年度办理的同类公证的序号编码应当连续,不得有断号和重号。

(3) 当事人的基本情况。应写明公证申请人、关系人、代理人的基本情况。

(4) 公证事项。叙写这部分内容,在叙写公证事项的基本情况后,单独列一行,写明公证证明对象的名称。

2. 正文。主要应当写明公证书的证词。根据公证书格式的不同,定式公证书和要素式公证书的首部和尾部没有太大的区别,但是正文部分有明显区别。

(1) 定式公证书正文。顾名思义是有固定的格式,只需按照模板"填空"即可,在办理公证的过程中,根据当事人的实际情况填入统一的格式中。

(2) 要素式公证书正文。正文由两部分组成,即选择性要素和必备性要素,前者是根据公证的实际情况选择性填写的内容,后者是证词中必须具备的内容。

3. 尾部。公证书的尾部包括公证机构全称、承办公证员签名章或签名、出证日期、公证机构红色公证钢印,钢印应该加盖在公证书左下方。另外,部分涉外和涉港澳台证书,还需要粘贴公证申请人的照片,照片应贴在证词左下方的空白处,公证机构的钢印则应加盖在照片的骑缝处。

**二、公证申请书**

(一) 概念和作用

公证申请书,是指公民、法人、非法人团体向国家公证机构提出的,请求其依照法定程序对法律行为及有法律意义的文书或事实的真实性与合法性予以证明时制作的法律文书。

我国《公证程序规则》第17条规定:自然人、法人或者其他组织向公证机构申请办理公证,应当填写公证申请表。公证申请表应当载明下列内容:(1) 申请人及其代理人的基本情况;(2) 申请公证的事项及公证书的用途;(3) 申请公证的文书的名称;(4) 提交证明材料的名称、份数及有关证人的姓名、住址、联系方式;(5) 申请的日期;(6) 其他需要说明的情况。申请人应当在申请表上签名或者盖章,不能签名、盖章的由本人捺指印。

公证申请书是当事人向公证机关申请公证的工具,也是公证机关依法受理公证申请、办理公证事项的依据。

(二) 具体写作要求

公证申请书由以下五部分组成:

1. 标题。应居中写明"公证申请书"。

2. 申请人的身份情况。申请人如果是自然人的,应写明姓名、性别、年龄、职业、籍贯、单位、住址、联系方式等内容。如果委托代理人代为公证的,还应写明代理人的上述自然情况。申请人如果是法人的,应写明单位名称、法定地址、企业性质、开户银行、账号;法定代表人的姓名、性别、年龄、职务、籍贯、电话和住址,如委托代理人代为公证的,还应写明代理人的上述情况。

3. 申办事项及作用。在这一项中,主要应写明办理的公证是属于哪种公证。如"证明经济合同的证明文件的副本与原本相符"等。如果办理的公证事项有特殊用途,也应一并注明。

4. 所提供的证明材料。在这一项里,应逐一说明办理公证所需的证明材料的名称。

5. 结尾。这一部分内容,应当首先写明申请人或单位,并签字盖章,然后由法定代表人签字或盖章,最后注明申请时间。

（三）文书写作需要注意的问题

1. 当事人向公证机构申请公证,一般应提交书面申请书,如书写申请书有困难的,可请公证员代为书写。

2. 申请人申请办理公证的,应当按照规定提交身份证明,委托他人代为申请的,代理人须提交当事人的授权委托书,法定代理人或者其他代理人须提交有代理权的证明。

3. 申请公证涉及财产关系的,须提交有关财产权利证明。

### 三、几种常用公证书的具体写作

（一）合同公证书

1. 概念和作用

合同公证书,是指公证机构根据法律的规定和当事人的申请,依法证明当事人之间签订合同行为的真实性、合法性而制作的法律文书。

合同公证有利于预防、减少经济诉讼、保护合同当事人合法权益。

2. 具体写作要求

（1）首部。首部包括标题、编号、申请人、公证事项四项内容。

申请人为合同当事人,可以是自然人或法人、非法人组织,申请人有数个时,应一并申请。公证事项为"×××合同（协议）"。应当列明合同（协议）的名称或类别,如承包合同、租赁合同、借款合同等。

（2）正文。正文（证词）应该包括必备要素和选择性要素。

第一,必备要素。包括当事人的基本情况、公证处审查（查明）的事实和公证结论。

一是当事人的基本情况。应当写明自然人的基本情况或者法人或非法人组织的全称,并要写明法定代表人或代理人姓名,申请日期及申请事项。

二是公证处审查（查明）的事实。包括当事人的身份、资格及签订合同的民事权利能力和行为能力;代理人的身份及代理权限;担保人的身份、资格及担保能力;当事人签订合同的意思表示是否真实,是否对合同的主要条款取得了一致意见;合同条款是否完备,内容是否明确、具体。可简述合同的关键性内容;是否履行了法律规定的批准或许可手续,不需要经批准或许可的,不写此内容。

三是公证结论。首先,证明当事人签订合同（协议）行为的合法性。其次,证明合同

(协议)内容的合法性。最后,证明当事人在合同(协议)上的签字、盖章的真实性。

第二,选择性要素。选择性要素主要包括以下内容:

一是合同标的物的权属情况及相关权利人的意思表示,权属情况是指所有权、使用权、担保物权、专有权、专用权等;相关权利人包括与合同标的物有关的共有权人、所有权人、使用权人、担保权人等。涉及转让、承包或租赁合同标的物时,应经法律规定的相关权利人同意或认可。

二是当事人对合同内容的重要解释或说明。

三是当事人是否了解合同的全部内容。

四是合同生效日期及条件等,如法律规定合同须经登记或批准方能生效的,公证书中应予以注明。

五是公证员认为需要说明的其他事实或情节。

六是有附件的,附件的名称、顺序号应在公证词中列明。

(3)尾部。尾部包括承办公证机构的名称、承办公证员的签名或签名章、公证书出具日期和公证处印章等内容。

3. 具有强制执行效力的合同公证书的具体写作要求

合同公证书按照是否具有强制执行效力,分为具有强制执行效力的公证和不具有强制执行效力的公证。具有强制执行的债权文书公证,是指公证机构按照当事人的申请,对债权债务关系明确、无疑义的具有给付货币、物品、有价证券内容的债权文书赋予强制执行效力,当债务人未履行或者未能够适当履行债权文书中约定的义务时,债权人可向原出具债权文书强制执行效力公证书的公证机构申请签发执行证书,公证机构经审查并向债务人核实后出具执行证书,依据公证的债权文书和执行证书直接向有管辖权的人民法院申请强制执行。办理了强制执行公证后,债务人到期不履行债务时,债权人不经审判程序,可以直接向有管辖权的人民法院申请执行。公证程序和法院执行程序的有序衔接,疏减了诉源,减轻了诉累,同时为民事经济活动的顺利进行提供了有力的保障。

(1)首部。具有强制执行效力的公证书的格式与合同类公证书的格式无异,但公证事项为"赋予×××合同/协议强制执行效力"。

(2)正文。正文中需要增加的必备要素有:一是向各方当事人告知强制执行的效力的法律意义和后果,并将此告知情况写入证词。二是债权文书当事人对强制执行的约定及债务人、担保人自愿直接接受强制执行的意思表示。三是债权文书当事人就《执行证书》出具前公证机构核查内容、方式达成的在先约定。

4. 执行证书的具体写作要求

执行证书是与具有强制执行效力的债权文书配套使用的法律文书,当债务人不履行或不完全履行公证机构赋予强制执行效力的债权文书时,债权人可以向公证机构申请签发执行证书。

(1)首部。首部由公证书标题、公证书编号、申请执行人、被申请执行人四项内容构成。公证书标题为"执行证书"。申请被执行人和申请执行人的基本情况,应当叙写清楚。

(2) 正文。正文内容分为必备要素和选择性要素。

第一，必备要素。必备要素包括以下内容：

一是申请执行人和申请被执行人的名称或姓名，申请日期及申请事项。

二是申请执行人申请所提交的证据材料。

三是公证机构查明的事实。包括申请执行人与申请被执行人订立债权文书经公证并赋予强制执行效力的情况；被申请执行人履行、被申请执行人不履行或履行不适当的事实；申请执行人与被申请执行人在债权文书中就公证机构核查内容、方式做的在先约定；公证机构签发本证书前的核实过程。

四是公证结论。包括被执行人；具体执行标的（违约金、利息、滞纳金等列入可执行标的）；第三人对申请出具本执行证书是否提出过异议；申请执行的期限。

第二，选择性要素。选择性要素主要包括以下内容：抵押物或者质押物的登记情况；可供执行的标的；有管辖权的人民法院；公证员认为需要说明的其他情况；附件。

(3) 尾部。尾部包括承办公证机构的名称、承办公证员的签名或签名章、公证书出具日期和公证处印章等内容。

(二) 继承权公证书

1. 概念和作用

继承权公证，是指公证机构根据当事人的申请，依照法律规定证明哪些人对被继承人的遗产享有继承权并证明其继承活动真实、合法而制作的法律文书。继承权公证根据被继承人生前有无遗嘱分为依遗嘱继承、依法定顺序继承。

办理继承权公证，能够有效预防纠纷的产生，有利于维护继承人的合法权益。

2. 具体写作要求

(1) 首部。首部包括标题、编号、申请人、被继承人、公证事项五项内容。其中，涉及申请人，应写明所有继承人的基本情况。涉及被继承人，应写明被继承人的基本情况。涉及公证事项，表述为"继承权"。

(2) 正文。正文（证词）包括必备要素和选择性要素。

第一，必备要素。必备要素包括以下内容：

一是继承人姓名、申请日期、申请事项。

二是当事人提供的证明材料。

三是公证机构向当事人告知了继承权公证的法律意义和可能产生的法律后果。

四是公证机构查明（审查核实）的事实。包括被继承人的死亡时间、地点；继承人申请继承被继承人的遗产的情况；经向所有继承人核实，被继承人生前是否立有遗嘱，遗赠抚养协议；被继承人的全体继承人，有无死亡的继承人；继承人与被继承人的亲属关系；有无代位继承情况及其他继承人；继承人中有无丧失继承权的情况，有无放弃继承权的情况。

五是公证结论，包括：法律事实与理由；被继承人遗留的个人财产为合法财产；被继承人的合法继承人；被继承人的遗产由何人继承、如何继承。

第二,选择性要素。选择性要素包括以下内容:
一是被继承人死亡的原因。
二是继承人提供的主要证据材料的真实性、合法性。
三是适用遗嘱继承的,当事人是否了解遗嘱的内容;公证机构经向所有继承人核实,用于遗嘱继承的遗嘱为被继承人所立的最后一份有效遗嘱。
四是对遗嘱见证人、执行人、遗产的使用人、保管人等事项的说明。
五是根据遗嘱信托办理继承公证的,应当根据遗嘱的内容,列明受托人应当承担的义务;根据《公司法》《保险法》《合伙企业法》《个人独资企业法》等有关继承的特别法的规定办理继承权公证的,写明特别法的具体适用。
六是被继承人生前未缴纳的税款和债务情况,继承人对此所作出的意思表示;
七是公证员认为需要告知的有关继承的其他法律规定。
八是公证员认为需要说明的其他事实或情节。
(3)尾部。尾部包括承办公证机构名称、承办公证员的签名或签名章、公证书出具日期和公证处印章等内容。

(三)遗嘱公证书

1. 概念和作用

遗嘱公证书,是指公证机构根据当事人的申请,依法证明遗嘱真实性和合法性而制作的法律文书。

遗嘱属于单方法律行为,是基于当事人一方意思表示即可成立的法律行为,遗嘱公证属于公证证明的单方法律行为公证。遗嘱公证书是遗嘱继承人享有继承权的法律凭证。

2. 具体写作要求

(1)首部。包括标题、编号、申请人、公证事项四项内容。

第一,标题。应写为"公证书"。应使用宋体二号字,居中写明。

第二,编号。由公证机构根据本处编号规则确定,不得有重号,使用宋体四号字编写。

第三,申请人。申请人的基本情况,设立共同遗嘱的,立遗嘱人均应当列为申请人,使用仿宋三号字体书写。

第四,公证事项。写明"遗嘱",使用仿宋三号字体书写。

(2)正文。正文主要由以下两部分构成:一是对遗嘱行为事实过程的表述,即对行为真实性的证明。包括单方法律行为发生的时间、地点、行为的内容及表现形式、签署形式,行为人对行为的法律意义和法律后果的了解程度等内容。如果是公证机构的其他工作人员或者见证人,应当据实表述。签署的形式应当据实表述:仅有签名的,表述为"签名";签名、印鉴、指纹等几种形式同时存在的,一并予以表述;申办公证时提交了已签署的遗嘱书,且未作修改,表述为"×××(申请人)在本公证员的面前确认,前面的遗嘱是其真实的意思表示,遗嘱上的签名(印鉴)是×××(申请人)本人所为"。二是对单方法律行为合法性的表述。表述为"符合《中华人民共和国民法通则》第五十五条和《中华人民共和国继承法》第十七条第一款的规定"。但是,有新法或者专门规定的,表述作相应调整。

(3) 尾部。尾部包括承办公证机构的名称、承办公证员的签名或签名章、公证书出具日期和公证处印章等内容。

(四) 委托公证书

1. 概念和作用

委托公证书，是指公证机构出具的证明当事人委托行为和在委托书上签字的真实性和有效性的法律文书。

委托公证书属于证明单方委托行为，是被委托人取得委托权、行使委托行为的合法凭证。

2. 具体写作要求

(1) 首部。首部包括标题、编号、申请人、公证事项四项内容。

第一，标题。写为"公证书"。应使用宋体二号字，上部居中写明。

第二，编号。由公证机构根据本处编号规则确定，不得有重号，使用宋体四号编写。

第三，申请人。应写明申请人的基本情况。申请人为自然人的，申请人的信息包括：姓名、性别、公民身份号码，可以根据公证的内容增加出生日期、住址、联系方式等情况，发往域外使用的公证书应当注明出生日期；申请人为外国人的，还应当写明国籍和护照号码。法人或者非法人组织的基本情况包括：组织名称、登记注册地址，另起一行注明法定代表人或者负责人的姓名、性别、公民身份号码。由代理人代办的公证事项，应当在申请人基本情况后另起一行注明代理人的姓名、性别、公民身份号码。此部分内容，使用仿宋三号字体书写。

第四，公证事项。写明"委托"，使用仿宋三号字体书写。

(2) 正文。正文主要由以下两部分构成：一是对委托行为事实过程的表述，即对行为真实性的证明。包括单方法律行为发生的时间、地点、行为的内容及表现形式、签署形式、行为人对行为的法律意义和法律后果的了解程度等内容。二是对单方法律行为合法性的表述，表述为"符合《中华人民共和国民法通则》第五十五条的规定"。但是，有新法或者专门规定的，表述作相应调整。

(3) 尾部。尾部包括承办公证机构的名称、承办公证员的签名或签名章、公证书出具日期和公证处印章等内容。

3. 文书写作需要注意的问题

(1) 在本公证机构以外的地点办证的，公证书应该据实表述办证地点。

(2) 如果公证书是用于特定的用途，可以根据需要在公证书中另起一行注明公证书的用途，例如："本公证书仅用于办理继承×××在北京市的遗产手续"。

**思考题：**

1. 仲裁申请书在写作时应注意哪些问题？
2. 仲裁裁决书应主要写明哪些内容？
3. 公证书的作用是什么？

## 第十章　仲裁、公证法律文书

4. 遗嘱公证书应主要写明哪些内容？

5. 根据下列案情材料，拟写一份仲裁裁决书：

申请人与二被申请人于2002年11月11日签订了合资合同，约定三方在中国境内就××危险废物综合处置场（以下简称"处置场"）的建设和产业化运营项目建立中外合资公司。但被申请人未能按合同约定于2003年3月10日前将全部出资到位。至2003年6月，被申请人仅到资折合人民币8,280,295元。为解决出资问题，双方经协商，合资公司于2003年6月30日报送了"关于公司申请延期到资报告"。2003年7月11日取得批复，"同意该企业注册资本未到资部分延期至2003年12月30日前缴清"。

在经批准的延长出资期限内，申请人按照约定，于2003年8月将处置场在建工程的建设单位变更为合资公司，于2003年10月28日将处置场的土地使用权过户到合资公司名下。经合资公司委托，××会计师事务所于2003年10月30日出具了验资报告，确认申请人出资到位。但尽管申请人一再催促，被申请人均未在经批准延长的出资期限内再汇入任何款项。

由于被申请人迟迟不能到资，合资公司自设立以来未能开展营业，也无法通过工商年检。工商局决定吊销合资公司营业执照；并要求合资公司在被吊销营业执照后依法组织清算，自清算结束之日起30日内，由清算组织到该局依法办理注销登记。此后，申请人要求被申请人共同对合资公司进行清算，并承担违约责任，但被申请人均拒绝了申请人的合理要求。由于被申请人拒不履行出资义务，已构成严重违约，致使合资合同的目的无法实现，导致处置场建设处于停顿状态，申请人的巨额投入长期闲置，造成了重大损失。

申请人根据本案合同中的仲裁条款提出仲裁申请。其仲裁请求如下：（1）裁决终止本案合同，对合资公司进行清算；（2）裁决被申请人共同承担合资公司设立、存续和清算而产生的一切费用；（3）裁决在合资公司债权债务清理后，将申请人投入该公司的全部实物资产返还申请人；（4）裁决被申请人共同赔偿申请人经济损失；（5）裁决本案仲裁费由被申请人共同承担。

被申请人在其提交的"答辩及反请求"中称，被申请人已出资人民币8,280,295.67元，该出资得到了工商局的核准登记，也在合资公司的营业执照上得到了反映。该出资是截至合资公司被吊销营业执照之日，唯一一笔被工商局核准的注册资本之合法出资。但截至法定最后出资期限乃至提请仲裁之日，申请人未将任何设备、厂房、土地以及人员等交付给合资公司实际占有、支配和使用，根本没有履行出资义务，根本违反了本案合同和合资公司章程。

被申请人于2004年1月8日与申请人达成《资金到资补充协议》，约定被申请人在原已到资100万美元的基础上，在2004年1月31日前，应将100万美元注册资金汇到合资公司的外资账户，在2004年2月28日前再汇到50万美元，其余注册资金按本案合同约定在2004年5月29日前到位；申请人应在合资公司收到被申请人于2004年1月底前汇到的100万美元注册资金之日起10日内，将处置场所有的人、财、物及业务移交给合资公司。被申请人于2004年3月1日再次出资100万美元。但是，由于申请人单方面的拖延和不配合,该笔资金进入合资公司账号后,未能得到验资和工商局的核准登记。同时,申请人怠于配合合资公司年检、尤其不履行任何出资义务,造成合资公司的营业执照于2005年1月12日被工商局吊销。在出资的过程中,被申请人发现合资公司账目不明,资金为申请人所私自拆借等。2005年2月,被申请人自行对合资企业进行了审计,从审计调查报告中可以反映出这些情况。

  在出资问题的纠纷中,被申请人就申请人出资额转让事宜进行了磋商,签订了《合资公司股东间转让股权及出售实物资产协议书》,并得到批准。但是,最终因申请人要求的价格显著超过审定价格,并且在支付方式上要求一次性支付,磋商无果而终。尽管此后三方就出资额转让进行了其他方案的商谈,仍无结果。

  被申请人认为申请人并未出资,并首先违约,造成被申请人不得不行使合同同时履行抗辩权,暂不继续履行合资合同。而申请人根本违约,给被申请人造成了巨大的经济损失。被申请人提出了如下仲裁反请求:(1)请求裁定申请人向合资公司返还借款人民币2,313,716元;(2)请求裁定申请人向被申请人支付被申请人因本次仲裁所发生的律师费人民币550,000元;(3)请求裁定申请人向被申请人支付项目建议书中预期利润(投资额的7%)计人民币1,157,800元(200万美元×8.27×7%=人民币1,157,800元)。

# 第十一章 笔 录

## 第一节 概 述

### 一、笔录的概念和特点

在法律活动中,凡是以实录的性质记录的文字材料,均可统称为笔录。笔录的适用主体非常广泛,包括公安、检察、法院、仲裁、律师等。上述法律适用主体,在进行各种诉讼活动和非诉讼活动中如实记载的文字材料,都应属于笔录的范围。

笔录主要具有以下几个方面的特点:

(1) 客观性。这是笔录文书最基本的特征。笔录用书面文字再现法律活动的现场、经过、材料及对话内容等情况,是对诉讼活动和非诉讼法律活动客观、忠实的记录。笔录的内容必须客观真实、实事求是。笔录的制作者应当如实记录自己的所见所闻,不得凭借主观愿望擅自变动、取舍,更不能弄虚作假、生编硬造。否则,笔录的作用就无从发挥,笔录也就失去了存在的价值。

(2) 合法性。作为一种法律文书,笔录的制作必须符合法律规定。笔录的合法性主要表现在三个方面,即制作主体的合法、制作程序的合法和制作形式的合法。具体而言,笔录必须由法定的主体依照法定程序,按照法律规定的形式来制作。只有如此,笔录所具有的法律效力和法律意义才能得以体现。

(3) 即时性。笔录具有"即现即记,即记即成"的特点。笔录必须当场制作,与正在进行的执法执纪活动同时进行,不得事后加工、修改、润饰、变动。只有这样才能确保记录内容的准确,也能有效防止因为记忆或者其他因素对笔录的客观性产生不利的影响。不及时制作笔录会使其证明力和证据能力受到减损甚至怀疑。事后擅自修改、伪造、变造笔录的,要承担相应的纪律或者法律责任。

### 二、笔录的作用和种类

笔录作为一种实录性的公文,有的具有法律效力,有的具有法律意义,在司法实践中起着不可替代的重要作用。对于诉讼案件而言,笔录是案卷材料的重要组成部分,是法定诉讼证据之一。在各种非诉活动中,笔录也同样起着证明作用。从外在表现形式看,笔录是用规范的文字记录相关事项,不能采用图形、符号等方式进行记载,也无须利用录音、录像等现代化手段。作为不同的证据种类,它们所起的作用各不相同,可以互相印证补充,但不能相互替代。以司法机关为例,从立案、侦查、起诉到审判各个环节,都需要制作相应的笔录。笔录的作用主要体现在以下几个方面:

(1) 笔录是案件事实情况和承办人员活动情况的真实反映。承办人员在诉讼的各个阶段所进行的法律活动,都须有相应的笔录予以记载。例如,讯问犯罪嫌疑人,有讯问笔录;审判被告人,有法庭审理笔录;律师进行调查,有调查笔录等。同时,办案人员在诉讼中要了解案件有关情况。必须进行调查、访问、勘验、讯问、审查等活动,与此相关的便有相应的调查笔录、讯问笔录、勘验笔录、法庭审理笔录等。

(2) 笔录是承办人员进行法律活动的重要手段。承办人员在进行法律活动的过程中,一般都会借助笔录手段。例如,搜集证据,要制作讯问笔录、调查笔录、搜查笔录、现场勘查笔录等;审查案件,了解案情,阅读卷宗制作阅卷笔录。如果没有这些笔录手段,承办人员的法律活动便难以进行,甚至根本无法完成。

(3) 笔录是承办人员依法进行活动的忠实记录。司法机关以及律师进行的某些法律活动,必须按照法律程序进行。例如,对死刑犯执行死刑的时候,必须验明正身,执行后要将执行情况如实记录,要制作验明正身笔录、执行死刑笔录,从而证明执行死刑是依法定程序进行的。

(4) 笔录是制作其他法律文书的重要依据。无论是制作侦查、预审、检察文书,还是辩护代理文书、裁判文书,都必须以可靠的事实和证据为依据,各类笔录正是这些材料的固定形式,应依据这些笔录制作相应的文书。例如,依据法庭审理笔录、合议庭评议笔录,才能制作判决书等。

(5) 笔录是重要的证据和诉讼材料。笔录经合法制作,有关人员签名盖章或者捺指印后,即具有法定证据效力。例如,证人证言笔录、调查笔录、勘验笔录。笔录完成立卷归档后,这些证据能够使诉讼材料得以固定保存,对掌握分析案情、研究核实证据、侦查起诉、辩护代理、定性处理、审判执行、复核申诉,都是具有相当实用价值的资料;同时,笔录作为重要的司法资料,对案件的调研总结以及法制教育也具有重要的参考价值。

在各种诉讼和非诉讼活动中,笔录种类较多。笔录按照不同的标准可以进行不同的分类:

依制作主体不同,笔录可以分为公安机关笔录、检察机关笔录、审判机关笔录、公证笔录、律师笔录和仲裁笔录等。依案件性质不同,笔录可以分为刑事笔录、民事笔录和行政笔录三大类。

在民事和行政诉讼中,从起诉到执行,都涉及笔录的具体运用。在刑事诉讼中,从立案侦查到执行,每个诉讼阶段也都需要制作相应的笔录。在整个诉讼程序进行中,涉及的笔录种类繁多,包括口头起诉笔录、控告笔录、勘验笔录、调查笔录、调解笔录、法庭审理笔录、口头裁定笔录、合议庭评议笔录、审判委员会讨论案件笔录、宣判笔录、执行笔录、查封扣押财产笔录、讯问被告人笔录、询问证人笔录、搜查笔录、执行死刑笔录等。本章主要介绍现场勘验笔录、询问笔录、讯问笔录、法庭审理笔录、合议庭评议笔录。

## 第二节 现场勘验笔录

### 一、概念和作用

现场勘验笔录,又称勘查笔录,是指公安机关、人民检察院依法对刑事案件现场进行勘验、检查,以及人民法院的审判人员对各类案件勘验物证或现场时,制作的客观文字材料。

我国《刑事诉讼法》第 126 条规定:"侦查人员对于与犯罪有关的场所、物品、人身、尸体应当进行勘验或者检查。在必要的时候,可以指派或者聘请具有专门知识的人,在侦查人员的主持下进行勘验、检查。"第 131 条规定:"勘验、检查的情况应当写成笔录,由参加勘验、检查的人和见证人签名或者盖章。"同样,我国《民事诉讼法》第 80 条第 3 款、《行政诉讼法》第 33 条第 1 款也都规定了勘验笔录的制作。

现场勘验笔录多采用文字形式固定勘查工作情况和现场状况,它与现场照相、绘图、录像互为补充,互相印证,全面客观地反映勘查工作情况和现场状况。在刑事诉讼中,现场勘验笔录对刑事案件搜查罪证、发现线索、证实犯罪、揭露犯罪,及时抓获罪犯有着重要意义。在民事诉讼中,现场勘验笔录对民事、行政案件辨认物证真伪和纠纷的是非曲直有重要作用。

### 二、具体写作要求

现场勘验笔录由首部、正文和尾部组成。

(一)首部

首部包括标题和笔录头。笔录头,是印制好的有关项目。以法院的勘验笔录为例,标题应当写为:勘验笔录。笔录头包括时间、天气情况、勘验地点和场所、勘验人、记录人、在场当事人和成年家属、被邀参加人、勘验对象八项内容。其中,时间应具体写到时、分。勘验时,如果当事人或其成年家属拒不到场,应将情况记入笔录。"被邀参加人",是指人民法院邀请的当地基层组织或者有关单位的人员,该项应写明姓名、性别、工作单位和职务。

公安机关、检察机关的勘验笔录,首部与法院的略有不同。标题要写明制作机关名称和文书名称,不能只写文书名称。笔录头包括报案的时间,案件发生和发现的时间、地点、发现人,当事人身份事项及他们之间的关系,他们叙述的案件情况,勘验人员的组织和分工,勘验起止时间,天气情况等。

(二)正文

正文是文书的核心内容,主要包括勘验情况和勘验结果,应当记载现场勘验的详细情况,包括现场的位置,位置是否有变动,变动的原因、勘验过程,提取物证的情况,现场访问的情况以及其他需要说明的事项等。

1. 勘验情况。进行勘验,应当按照一定的程序和步骤展开。勘验情况应当将勘查的程序、步骤、路线、方法和手段等情况记载清楚;勘查人员在现场进行测量或翻动,发现和提取痕迹、物品时间,见证人所作的提示以及提取痕迹、物品的方法等,都应当记录清楚;在现场勘查中拍摄的各种现场照片,也应随时予以注明。

根据勘验情况的记录,可以审查、判断现场勘查笔录在诉讼中是否具有合法、有效的证据使用价值。因此,应如实记载勘验情况。

2. 勘验结果。勘验结果,是案件现场状况通过勘查后的真实反映,是揭示案件现场状况本质特征的客观依据。因此,固定勘查结果情况,是制作勘验笔录的主要任务。

勘验结果的记录内容,包括现场位置、周围环境、现场状况、勘查发现情况、现场拍照制图、录音录像等情况。在民事案件中,勘验笔录主要应当记明物证的名称、种类、质量、规格、外形、大小等,以及现场勘验的其他有关情况。刑事勘验应当记明现场的位置和周围环境;现场的具体情况,如地形、地物、走道、门窗、楼梯和物品的陈设情况,以及被破坏的情况,犯罪对象被侵害或者被损害的情况,现场的保护情况,勘验发现的情况,提取的血迹、痕迹、犯罪遗留现场的物证或者其他可疑物品等。民事勘验应当记明民事损害的有关场所、物品损害情况,不动产的方位、面积、质量状况,标的物和有关物证的名称、种类、数量、质量、外形、规格及其他特征等。各类案件的现场拍照和现场制图,要附文字说明,成为勘验笔录的一部分。

(三) 尾部

尾部主要包括附项和签署。

1. 附项。应当分别记明照片、绘图、录音、录像、提取物证的名称、数量等。

2. 签署。刑事勘验笔录,由参加勘验、检查的人、见证人、记录人签名或盖章;民事勘验记录,由勘验人、当事人、被邀参加人签名或盖章。最后写明日期。

**三、文书写作需要注意的问题**

在制作勘验笔录时应当注意,笔录记载的内容应当与勘验工作的顺序相一致,应当边记载勘验的工作情况,边记录勘验的结果情况,使二者浑然一体,秩序井然。

## 第三节 询问笔录

**一、概念和作用**

询问笔录,是指公安机关、检察机关和人民法院的案件承办人员,依法向知情人等进行调查询问时,制作的具有证据意义的书面文字材料。

我国《刑事诉讼法》第50条规定:审判人员、检察人员、侦查人员必须依照法定程序,收集能够证实犯罪嫌疑人、被告人有罪或者无罪、犯罪情节轻重的各种证据。严禁刑讯逼供和以威胁、引诱、欺骗以及其他非法方法收集证据,不得强迫任何人证实自己有罪。必须保证一切与案件有关或者了解案情的公民,有客观地充分地提供证据的条件,除特殊情况外,可以吸收他们协助调查。

《民事诉讼法》第64条第2款规定:"当事人及其诉讼代理人因客观原因不能自行收集的证据,或者人民法院认为审理案件需要的证据,人民法院应当调查收集。"《行政诉讼法》第40规定:"人民法院有权向有关行政机关以及其他组织、公民调取证据。但是,不得为证明行政行为的合法性调取被告作出行政行为时未收集的证据。"

根据上述法律规定,调查笔录可以适用于刑事、民事、行政各类诉讼案件。需要注意的是,公安文书、检察文书中,调查笔录与询问证人笔录并用。

询问笔录是为了查明违法案件事实,收集证据,依法向案件当事人、直接责任人或者知情人调查了解有关情况,记录被询问人陈述的规范性文书。它是案件的主要证据之一,是违法案件定性的重要依据,是违法案件证据链的要求,是必备的法律文书之一。询问笔录有助于查明案件真实情况,通过对主要涉案人员的询问,可以核实已经掌握的违法事实,查清违法活动的具体细节,发现没有掌握的违法事实和其他主要违法当事人,特别是通过违法当事人的供述,把各个间接证据串联起来,形成有机联系的证据体系,使证据更充分。

## 二、具体写作要求

询问笔录由首部、正文和尾部组成。

(一) 首部

首部包括标题和笔录头。

1. 标题。公安机关、检察院的调查笔录,要求写明制作机关名称和文书名称,即××××公安局(××××人民检察院)、询问笔录;法院的调查笔录,则只要求写文书名称,即询问笔录。

2. 笔录头。应当依次填写调查的时间、地点,调查人和记录人的法律职务和姓名,被调查人的基本情况,即姓名、性别、出生年月日、民族、籍贯、文化程度、职业(或工作单位和职务)、住址。询问证人或者其他有关人员时,笔录中应写明其与当事人的关系。调查时,如果有其他人在场,应当写明在场人的姓名、性别、职业(或工作单位和职务)等。

(二) 正文

正文是文书的核心内容,应当写明调查人向被调查人告知的有关事项、提问的内容和被调查人的陈述内容。涉及调查询问的具体内容,应采用一问一答的形式记录,调查人与被调查人的对话内容前,应标明"问"和"答",按第一人称记录。

1. 调查人向被调查人告知的有关事项。我国《刑事诉讼法》第123条规定:"询问证人,应当告知他应当如实地提供证据、证言和有意作伪证或者隐匿罪证要负的法律责任。"第125条规定:"询问被害人,适用本节各条规定。"因此,告知事项,应记载调查人向被调查人告知政策、法律的具体内容,这是防止伪证的重要诉讼保障,是重要的法律程序,必须认真记载。

2. 提问的内容和被调查人的陈述内容。提问的内容应当因案而异,各有不同的侧重点,记录时应当明确、具体,文字力求简洁。被调查人的陈述内容,是笔录的重点。应当按照问答的顺序,记录被调查人了解的案情。在记录时,需要注意以下几个问题:一是应当尽可能记录原话,对重复之处可概括归纳,但要不失原意;二是涉及被调查人知情原因、知情程度一定要记清,因为知情原因不同,证言的价值也不同,知情程度的差别,亦与案情的分析判断准确性有密切关系;三是被调查人提供的其他知情人,应当记明其姓名、所在单位和住址;四是提供的书证、物证应当记明名称、件数等;五是要求保密的,也应当载明。

(三)尾部

尾部应当记明履行核对手续和署名手续的情况。在记录结束后,记录人应当先编写笔录页码,然后让被调查人核对笔录内容,对没有阅读能力的,应向其宣读。凡有记错、记漏的,应予改正和补充,增删涂改之处,应由被调查人签名或盖章或捺手印。核对完毕后,由被调查人在笔录末尾书写"以上笔录我已看过(或已读给我听过),与我讲的一样"字样,并由被调查人签名或盖章,注明年月日。最后由调查人和记录人分别签名,写明年月日。

### 三、文书写作需要注意的问题

制作询问笔录需要注意,案件性质不同,询问笔录记录的重点也有差别。在刑事案件中,涉及关键性问题、重要情节,诸如构成某种犯罪的特征、从重从轻情节等,应详问详记。在民事案件中,民事纠纷发生的原因、纠纷的焦点、经过等,应重点详查详记。

## 第四节 讯问笔录

### 一、概念和作用

讯问笔录,是指公安机关、人民检察院和人民法院为查明案件事实,在依法讯问犯罪嫌疑人或被告人时,记录讯问情况的文字材料。

根据我国《刑事诉讼法》第116条、第118条、第119条、第120条的规定,讯问犯罪嫌疑人必须由人民检察院或者公安机关的侦查人员负责进行,并规定讯问犯罪嫌疑人应当制作讯问笔录。

讯问笔录客观地记载和反映了讯问犯罪嫌疑人的过程和讯问情况,全面如实地记录了犯罪嫌疑人的供述和辩解。根据《刑事诉讼法》的规定,讯问笔录,记录了被告人、犯罪嫌疑人的供述和辩解,是刑事诉讼证据之一,经查证属实,可以作为定案的根据。

侦查讯问是整个刑事诉讼过程中的一个关键环节,又是一项法定必经程序,是通过讯问犯罪嫌疑人查明案件事实的必要手段和方法,作为固定讯问成果的笔录而言,它在刑事诉讼中的重要价值和作用不可忽视,讯问笔录在刑事诉讼中被作为一种重要的证据而广泛使用,其制作的质量不仅关系到侦查讯问的质量,而且也会影响整个案件的侦办质量,甚至可能直接影响法官对犯罪嫌疑人的定罪量刑。经过查证核实的讯问笔录可被采纳为证据。讯问笔录对分析、判断犯罪嫌疑人供述和辩解的真伪,了解和掌握犯罪嫌疑人的犯罪根源、犯罪心理,以及发现新的犯罪或者新的犯罪分子,防止冤假错案和检查办案质量等,都具有重要意义。

**二、具体写作要求**

讯问笔录由首部、正文和尾部组成。

(一)首部

首部包括标题和笔录头。

1. 标题。包括制作文书机关的名称和文书名称。

2. 笔录头。分别填写下列内容:

(1)第×次讯问。

(2)讯问时间。涉及讯问的时间,应当如实填写,因为其对分析、判断犯罪嫌疑人供述和辩解的可靠性、认罪态度、思想动向,以及讯问的合法程度,均具有一定的作用。

(3)讯问地点。应具体、切实。

(4)讯问人和记录人。应填写清楚其法律职务和姓名。

(5)犯罪嫌疑人姓名。

(二)正文

正文是文书的核心内容,主要包括查明犯罪嫌疑人身份情况和讯问实况,一般采用问答的方式进行记录。

1. 查明犯罪嫌疑人身份情况。第一次讯问时,应当依次记明犯罪嫌疑人的姓名、曾用名、年龄(出生年月日)、民族、籍贯、文化程度、政治面目、工作单位、职务、住址以及家庭情况,主要经历、曾否受过刑事处罚或劳动教养处分等。第二次讯问时,该项内容可以从简,只记明犯罪嫌疑人姓名、职业等即可。

2. 讯问实况。这部分内容是讯问笔录的主体,应当尽可能记录原话,以使记录内容客观、全面、准确,具有实际价值。具体需要记明的内容,包括讯问人告知事项,提问内容,犯罪嫌疑人的供述和辩解,讯问过程中发生的特殊事项等。其中,犯罪嫌疑人的供述和辩解是笔录的核心内容。

(1)告知事项。这部分内容,涉及讯问人向犯罪嫌疑人告知有关政策、法律事项等,应当简要记录。例如,在讯问过程中,告知犯罪嫌疑人所享有的权利、应当履行的义务,以及向犯罪嫌疑人宣布有关的刑事政策等。

(2)提问内容。涉及提问内容,应当按照讯问人、犯罪嫌疑人的问答顺序,依次进行记录,不能将几次问答综合在一起记录。记录要紧紧抓住犯罪嫌疑人犯罪的七个要素,即时间、地点、情节、手段、动机、目的和结果,将犯罪事实记全、记准、记清。属于共同犯罪的,还要记明其与其他犯罪人勾结作案的事实,以及其在共同犯罪中的地位和作用。如果是经济犯罪案件,还要记明犯罪涉及财物的金额、赃款赃物的去向,以及退赃情况等。记录内容应当力求做到简练、完整、准确。

(3) 犯罪嫌疑人的供述和辩解情况。这部分内容，要尽可能逐字逐句地记录其原话，以保持原意。

具体记录中，主要需要注意以下几个问题：一是如果遇方言土语，亦应先记原话，后用括号注明其意。二是对于犯罪嫌疑人的供述或辩解，无论是有利于犯罪嫌疑人，还是不利于犯罪嫌疑人，犯罪嫌疑人无论是作有罪或罪重的供述，还是作无罪或罪轻的辩解，都应如实全面记录。三是犯罪嫌疑人供述或辩解中涉及的案件事实情节，诸如涉及犯罪构成特征、罪行轻重程度的关键性情节，以及具有从重或从轻、加重或减轻、免除处罚的有关情节，尤其应具体地记录清楚。四是供述或辩解中涉及有关财物的名称、数量、型号、规格、质量、色泽、有关地名等一定要记录准确。五是供述或辩解过程中关键之处犯罪嫌疑人的语气、表情以及态势语言（如低头不语、哭、笑等）应用括号注明，以便通过对犯罪嫌疑人的心理状态和供认态度的掌握，分析、判断、鉴别案情。

(4) 讯问过程中发生的特殊事项。涉及这部分内容，有则如实记录，无则不写。

(三) 尾部

尾部主要包括核对笔录内容、签名盖章和写明日期。

1. 核对笔录内容。讯问笔录应当交犯罪嫌疑人核对，对于没有阅读能力的，应当向他宣读。如果记载有遗漏或者差错，犯罪嫌疑人可以提出补充或者改正。犯罪嫌疑人承认笔录没有错误后，应当签名或者盖章。讯问人员也应当在笔录上签名。因此，在记录结束后，记录人应当让被讯问人核对笔录内容，对没有阅读能力的，应向其宣读。凡有记错、记漏的，应予改正和补充，增删涂改之处，应由被讯问人签名或盖章或捺手印。核对完毕后，由被讯问人在笔录末尾书写"以上笔录我已看过（或已读给我听过），与我讲的一样"字样。

2. 由被讯问人签名或盖章，并写明年月日。如果被讯问人拒绝签名，记录人应在笔录结尾处载明：犯罪嫌疑人×××拒绝签名。最后写明年月日。

3. 由讯问人、记录人签名或盖章，并注明年月日。

**三、文书写作需要注意的问题**

1. 犯罪嫌疑人的供述和辩解情况，是该笔录的重点，应忠实、全面地记载、反映犯罪嫌疑人当时供述和辩解的全部内容和全部情况。涉及这部分内容，要求尽可能逐字逐句地记录原话，以保持原意。

2. 涉及口语向书面语转换的，以及手势语言向书面语转换的等，应当通过书面语的文字进行转写，以更加准确地反映讯问时的具体情境和被讯问人的心理活动。

## 第五节　法庭审理笔录

### 一、概念和作用

法庭审理笔录，又称庭审笔录、开庭笔录，是指人民法院依法开庭审理各类案件，由书记员当庭记载的法庭全部审判活动的文字材料。

根据我国《刑事诉讼法》第 201 条第 1 款规定:"法庭审判的全部活动,应当由书记员写成笔录,经审判长审阅后,由审判长和书记员签名。"《民事诉讼法》第 147 条第 1 款规定:"书记员应当将法庭审理的全部活动记入笔录,由审判人员和书记员签名。"尽管《行政诉讼法》中没有直接规定相应的条款,但是《行政诉讼法》本身有很多内容是为了避免重复而遵循《民事诉讼法》的规定。因此,三大诉讼法都明确规定了应当将法庭审理的全过程如实记录下来。

法庭审理笔录具有法律意义,其作用主要体现在以下几个方面:(1) 法庭审理笔录通过的文字形式正确反映法庭审理的全过程,把经过庭审核实的事实、证据固定下来。(2) 该笔录既能反映刑事案件被告人以及民事案件当事人的供词、陈述和证人证言等证据的提取情况,又能反映出人民法院的审判活动是否严格依照相关法定程序进行。(3) 法庭审理笔录既是一审法院制作判决书,二审、再审法院全面审查原审判决,并制作判决或裁定的依据,也是审判委员会总结审判工作经验、讨论重大疑难案件时的重要材料。(4) 法庭审理笔录是加强审判监督、检查办案和执法情况、总结经验教训的宝贵资料。因此,必须全面完整、准确真实地反映开庭审理活动,认真制作好法庭审理笔录。

**二、具体写作要求**

法庭审理笔录由首部、正文和尾部组成。

(一) 首部

首部包括文书名称和笔录头。

1. 文书名称。应当写明"法庭审理笔录",并括注标明第几次开庭审理案件。例如,标明"(第一次)"。

2. 笔录头。这部分内容,应当依次填写清楚时间、地点、是否公开审理和旁听人数、审判人员姓名、书记员姓名、审判长(员)宣布开庭审理×××一案等。对不公开审理的,应当根据三大诉讼法的相关规定,记明不公开审理的具体理由。

(二) 正文

正文是文书的核心内容,主要包括宣布开庭、法庭调查、法庭辩论、当事人最后陈述、合议庭评议、法庭宣判等内容,是对法庭审理全部活动的忠实记载。该部分内容,是依照诉讼法规定的诉讼程序展开的。

1. 宣布开庭。开庭之前,应当先由书记员宣布法庭纪律。开庭时,审判长(员)应当依照诉讼法的规定,依次核对当事人是否到庭,问明当事人的基本情况、宣布案由、宣布审判人员、书记员、公诉人、辩护人、鉴定和翻译人员名单,告知当事人诉讼权利和义务,询问案件当事人是否申请回避等。

2. 法庭调查。法庭调查是法庭审理的中心环节。审判长宣布法庭调查开始后,刑事案件,应当先由公诉人宣读起诉书,再由被告人、被害人就起诉书指控的犯罪进行陈述。公诉人可以讯问被告人。被害人、附带民事诉讼的原告人和辩护人、诉讼代理人,经审判长许可,可以向被告人发问。审判人员可以讯问被告人。审判成员审问被告人,应当抓住审问重点,即查明起诉书中所指控的被告人的犯罪行为是否属实,证据是否确实、充分等,对上述内容,应依次记明。然后,是询问证人、被害人,当事人供述、陈述和辩解,诉讼参与人的讯问与发问,鉴定人宣读鉴定结论,证人证言及当庭出示的物证,当事人的请求等情况的记录。民事和行政案件先由当事人进行陈述,审判人员可以向当事人发问。

进入举证质证阶段,在询问证人、鉴定人之前,根据我国《刑事诉讼法》第185条、《民事诉讼法》第137条的规定,审判人员应当告知其诉讼权利义务、有意作伪证或者隐匿罪证需要负的法律责任。对此要如实记明。经审判长许可,先由提供证人的一方对证人发问,再由相对方对证人提出问题。公诉人、当事人、辩护人与诉讼代理人可以对鉴定人发问。审判人员可以询问鉴定人、证人。当事人的辩护人和诉讼代理人有权申请通知新的证人到庭,调取新的物证,申请重新鉴定或者勘验。是否准许由法庭决定。

在民事、行政案件的法庭审理笔录中,应清楚记载证据的名称、来源、内容以及与待证事实的关系,双方当事人对证据的异议。当事人质证,主要记录其针对证据的效力和证明力发表的意见。

3. 法庭辩论。法庭辩论是在审判长主持下,根据法庭调查查明的事实情况和有关法律规定,公诉人、被害人与被告人、辩护人就被告人是否有罪,犯罪的性质、情节,罪责轻重,以及如何适用刑罚等问题,阐明各方的意见和理由,进行互相辩论。这部分内容的笔录,应当记明公诉意见的要点,辩护的论点和论据,相互辩论的焦点及其依据,被告人的陈述和辩护等内容。

根据《刑事诉讼法》的规定,公诉人、当事人和辩护人、诉讼代理人可以对证据和案件情况发表意见并且可以相互辩论。对上述人员发表的意见和辩论发言,应当记明基本内容。根据《民事诉讼法》的规定,在法庭辩论时,先由原告及其诉讼代理人发言,后由被告及其诉讼代理人答辩,再由第三人及其诉讼代理人发言或者答辩,最后当事人之间进行辩论。对上述人员的发言、答辩以及辩论的内容,应当依次记明。

刑事诉讼的庭审中,审判长在宣布法庭辩论结束后,被告人有最后的陈述权利。同样,依照《民事诉讼法》的规定,法庭辩论终结后,由审判长按照原告、被告、第三人的顺序征询各方当事人的最后意见。对当事人依照上述法律规定进行最后的陈述、发表的最后意见,应当将发言要点记明。《民事诉讼法》还规定,法庭辩论终结,可以进行调解。法庭是否进行了调解,调解有没有达成协议,笔录中应当记录清楚。

4. 当事人最后陈述。这是法庭审理的一个独立的诉讼阶段,主要需要记明当事人未曾陈述过的新情况。

5. 合议庭评议。当事人最后陈述后,审判长宣布休庭,合议庭成员退庭,对案件进行评议。涉及评议的程序应当如实记录,但是,涉及评议的具体情况,应当另行制作合议庭评议笔录。我国《刑事诉讼法》第195条规定,在被告人最后陈述后,审判长宣布休庭,由合议庭进行评议。《民事诉讼法》也规定,调解不成的,应当及时判决。如果是当庭判决,合议庭应当及时进行评议。因为评议笔录需要单独制作,所以在法庭审理笔录中只需注明"合议庭休庭评议"即可。

6. 法庭宣判。当庭宣判的,应将判决结果内容逐一记明;定期宣判的,应当另行制作宣判笔录。当庭宣判的,对宣判后当事人的表现、态度等也应记入笔录。告知当事人上诉权利、上诉期限和上诉的法院,并问明当事人是否提起上诉以及当事人的意见;宣告离婚判决的,必须告知当事人在判决发生法律效力之前不得另行结婚。刑事案件当庭宣判的,应当在 5 日内将判决书送达当事人和提起公诉的人民检察院,民事案件当庭宣判的,应当在 10 日内送达判决书。审判员依法告知此项内容,也应当记明。定期宣告判决的各类案件,应当说明在宣判后,当即送达判决书。

（三）尾部

法庭审理笔录要由有关人员签名或盖章。法庭审理笔录应当交当事人阅读或者向当事人宣读。当事人认为记载有遗漏或者差错的,可以请求补充或者改正。当事人认为没有错误后,应当签名或者盖章。依照法律规定,法庭审理笔录经审判人员审阅后,最后在笔录尾部由审判人员和书记员签名。

笔录中的证人证言、鉴定意见部分,应当当庭宣读或者交给证人、鉴定人阅读。证人、鉴定人在承认没有错误后,应当签名或者盖章。

### 三、文书写作需要注意的问题

1. 在法庭审理过程中,法庭对诉讼参与人违反法庭秩序和法庭规则而依法采取措施的情况,应当制作笔录备案,对于哄闹、冲击法庭,甚至侮辱、殴打审判人员的严重事件,也应当记录在案。

2. 对于法庭主持进行的调解,属于法庭审理活动的组成部分,因此,调解活动应记入法庭笔录。对于不需要开庭审理而进行调解的,适用调解笔录。

3. 笔录要客观如实地反应审理活动的全部过程,对于一般性的问话、答话、发言,在不违背愿意的情况下,可以适当归纳、综合,但是关键性的地方,必须一字不漏地记录原话,做到准确无误,逐字记录原话不能只作简单机械的理解,必须注意回答的语气、声调和表情动作,准确表达答话的意思。

4. 法庭笔录的记载顺序要按照庭审各项活动实际顺序进行,但是每项活动在庭审中的作用,每个案件审理的重点各不相同,因此,笔录的制作要抓住关键,掌握重点。

5. 记录前要熟悉案情和相关法律。熟悉案情是为了更好地进行记录做准备,了解情况以后,把握起来相对容易。书记员在记录之前除了查阅案件材料和弄懂案件所涉及的专业知识以外,还应该对该案件涉及的法律有一个大致的了解。否则在庭审中记录所提及的有关法律时,难免出现错误。

## 第六节 合议庭评议笔录

### 一、概念和作用

合议庭评议笔录,是指审判长宣布休庭后,合议庭根据已经查明的事实、证据和相关法律规定,对案件进行评议时所作出的文字记载。

根据我国法律规定,除重大、疑难案件依法应由审判委员会决定外,案件经过合议庭评议后所制作的评议笔录,是制作裁判文书的根据。我国《民事诉讼法》第42条规定:"合议庭评议案件,实行少数服从多数的原则。评议应当制作笔录,由合议庭成员签名。评议中的不同意见,必须如实记入笔录。"《刑事诉讼法》第179条规定:"合议庭进行评议的时候,如果意见分歧,应当按多数人的意见作出决定,但是少数人的意见应当写入笔录。评议笔录由合议庭的组成人员签名。"因此,合议庭评议笔录的制作有充分的法律依据。

合议庭评议笔录的作用主要体现在以下几个方面:一是合议庭评议案件的原始记录;二是我国合议制度的具体体现;三是制作裁判文书的重要依据;四是检查办案情况、总结经验教训的参考资料。它在一定程度上反映了审判过程的公正性,是司法公正的前提和基础。

### 二、具体写作要求

合议庭评议笔录由首部、正文和尾部组成。

（一）首部

首部包括标题和笔录头。

1. 标题。应写为"评议笔录"或"合议庭评议笔录"。

2. 笔录头。在标题的下方,依次写明评议的时间、地点;合议庭成员的姓名,其中合议庭成员包括审判长、审判员或陪审员,案件主持人的姓名,书记员的姓名,"评议×××一案,评议如下：……"。

（二）正文

正文是文书的核心内容,刑事案件和民事案件合议庭评议笔录的正文部分内容,存在较大的差别。

1. 刑事案件。根据《刑事诉讼法》第195条规定,在被告人最后陈述后,审判长宣布休庭,合议庭进行评议,根据已经查明的事实、证据和有关的法律规定,作出被告人有罪或者无罪、犯的什么罪、适用什么刑罚或者免除刑罚的判决。因此,刑事案件合议庭评议笔录的正文部分,应主要记明:对案件事实、证据、性质、罪名的认定;适用法律定罪量刑的具体意见;对赃证物的处理;对有附带民事诉讼的如何解决;评议中的分歧意见、评议结果。

2. 民事案件。民事案件合议庭评议笔录的正文部分,应当记明评议人员对纠纷事实、证据的认定;对是非责任、权利义务的认定;适用法律解决纠纷的处理意见;对事实不清、证据不足所采取的具体措施;对民事违法行为的制裁情况;评议中的分歧意见和评议的结果。

3. 二审和再审案件。涉及二审、再审案件合议庭评议笔录的正文部分,应当记明承办审判员对案件事实的简介,对原审判决、裁定的意见及其评价(二审案件还应针对上诉或抗诉理由作出评定);评议中的分歧意见和评议结果等。这部分内容刑民通用,但只针对二审、再审刑民案件的评议,参照一、二审评议的记载内容。

(三)尾部

合议庭笔录应当由合议庭成员和书记员核对审阅,并由合议庭成员签名。

**三、文书写作需要注意的问题**

1. 制作合议庭评议笔录,应如实记载评议的全过程,对重点问题应详细记录。对评议结果,尤其应当记录得明确具体。涉及具体意见有分歧的,也应当如实记入笔录。

2. 记录合议庭评议笔录,应注意语句通顺,保持评议人员评议意见的原意,不能妄自推测。有些案件,评议不止一次的,应在各次的笔录上记明是第几次评议。

3. 合议庭评议笔录清楚地反映着合议庭成员对案件裁决的意见,根据法律规定,当事人、诉讼代理人、辩护人(包括律师),均不能查阅。因此,评议笔录是人民法院的内部文书,应注意保守秘密,归入副卷保存。

**思考题:**

1. 简述笔录的概念、特点和作用。
2. 勘验笔录的正文部分需要记明哪些内容?
3. 简述询问笔录的概念和作用。
4. 简述法庭审理笔录正文部分应当记录的具体内容。
5. 简述合议庭评议笔录的概念和作用。
6. 简述讯问笔录的概念和作用。

# 参 考 文 献

1. 宁致远主编:《法律文书写作》,北京大学出版社2006年版。
2. 宁致远主编:《法律文书》,高等教育出版社2011年版。
3. 顾克广、刘永章主编:《司法文书》,中国政法大学出版社2002年版。
4. 陈国庆主编:《人民检察院刑事诉讼法律文书适用指南》,中国检察出版社2014年版。
5. 最高人民检察院法律政策研究室编著:《检察法律文书制作与适用》,中国法制出版社2002年版。
6. 赵汝琨主编:《检察机关刑事诉讼法律文书适用》,法律出版社1997年版。
7. 张泗汉主编:《法律文书教程》,中国政法大学出版社2001年版。
8. 宁志远主编:《法律文书学》,中国政法大学出版社2000年版。
9. 刘永章、刘金华、程滔:《民用法律文书格式与写作技巧》,西苑出版社2001年版。
10. 刘金华:《律师文书写作方法与技巧》,大众文艺出版社2001年版。
11. 刘金华主编:《司法文书写作方法与技巧》,大众文艺出版社2002年版。
12. 宁致远主编:《法律文书教程》,中央广播电视大学出版社2005年版。
13. 宁致远主编:《行政执法文书教程》,中央广播电视大学出版社2009年版。
14. 马宏俊主编:《法律文书学》,中国人民大学出版社2014年版。
15. 刘永章、刘金华:《检察机关诉讼文书写作方法与技巧》,大众文艺出版社2002年版。
16. 马宏俊主编:《法律文书写作与训练》,中国人民大学出版社2009年版。
17. 沈德咏主编:《民事诉讼文书样式》,人民法院出版社2016年版。
18. 宁致远主编:《法律文书学》,中国政法大学出版社2003年版。
19. 孙茂利主编:《公安机关刑事法律文书制作指南与范例》,中国长安出版社2015年版。

# 后 记

经全国高等教育自学考试指导委员会同意,由法学类专业委员会负责高等教育自学考试法律专业教材的审定工作。

《法律文书写作》自学考试教材由中国政法大学刘金华教授担任主编,参加编写的人员有山西省政法管理干部学院雷梅英教授、山东大学田荔枝副教授、中南财经政法大学卓朝君副教授、北京联合大学王小明副教授、中国政法大学程滔教授。

参加本教材审稿讨论会并提出修改意见的有中国政法大学顾克广教授、率蕴铤教授,北京市政法职业学院葛燕青教授。全书由主编刘金华教授修改定稿。

编审人员付出了大量努力,在此表示一并感谢!

全国高等教育自学考试指导委员会

法学类专业委员会

2018 年 1 月